GLOBALIZAÇÃO, DIREITOS FUNDAMENTAIS E DIREITO ADMINISTRATIVO

NOVAS PERSPECTIVAS PARA O DESENVOLVIMENTO ECONÔMICO E SOCIOAMBIENTAL

Anais do I Congresso da Rede Docente Eurolatinoamericana de Direito Administrativo

ROMEU FELIPE BACELLAR FILHO
EMERSON GABARDO
DANIEL WUNDER HACHEM
Coordenadores

JUSTO J. REYNA
Prefácio

GLOBALIZAÇÃO, DIREITOS FUNDAMENTAIS E DIREITO ADMINISTRATIVO

NOVAS PERSPECTIVAS PARA O DESENVOLVIMENTO ECONÔMICO E SOCIOAMBIENTAL

Anais do I Congresso da Rede Docente Eurolatinoamericana de Direito Administrativo

Belo Horizonte

2011

© 2011 Editora Fórum Ltda.

É proibida a reprodução total ou parcial desta obra, por qualquer meio eletrônico, inclusive por processos xerográficos, sem autorização expressa do Editor.

Conselho Editorial

Adilson Abreu Dallari
André Ramos Tavares
Carlos Ayres Britto
Carlos Mário da Silva Velloso
Carlos Pinto Coelho Motta (*in memoriam*)
Cármen Lúcia Antunes Rocha
Cesar Augusto Guimarães Pereira
Clovis Beznos
Cristiana Fortini
Dinorá Adelaide Musetti Grotti
Diogo de Figueiredo Moreira Neto
Egon Bockmann Moreira
Emerson Gabardo
Fabrício Motta
Fernando Rossi
Flávio Henrique Unes Pereira
Floriano de Azevedo Marques Neto

Gustavo Justino de Oliveira
Inês Virgínia Prado Soares
Jorge Ulisses Jacoby Fernandes
José Nilo de Castro
Juarez Freitas
Lúcia Valle Figueiredo (*in memoriam*)
Luciano Ferraz
Lúcio Delfino
Marcia Carla Pereira Ribeiro
Márcio Cammarosano
Maria Sylvia Zanella Di Pietro
Ney José de Freitas
Oswaldo Othon de Pontes Saraiva Filho
Paulo Modesto
Romeu Felipe Bacellar Filho
Sérgio Guerra

Luís Cláudio Rodrigues Ferreira
Presidente e Editor

Coordenação editorial: Olga M. A. Sousa
Revisão: Equipe Fórum
Bibliotecários: Ricardo Neto – CRB 2752 – 6ª Região
Tatiana Augusta Duarte – CRB 2842 – 6ª Região
Capa e projeto gráfico: Walter Santos
Diagramação: Karine Rocha

Av. Afonso Pena, 2770 – 15º/16º andares – Funcionários – CEP 30130-007
Belo Horizonte – Minas Gerais – Tel.: (31) 2121.4900 / 2121.4949
www.editoraforum.com.br – editoraforum@editoraforum.com.br

G562 Globalização, direitos fundamentais e direito administrativo: novas perspectivas para o desenvolvimento econômico e socioambiental: Anais do I Congresso da Rede Docente Eurolatinoamericana de Direito Administrativo / Coordenadores: Romeu Felipe Bacellar Filho; Emerson Gabardo; Daniel Wunder Hachem. Prefácio de: Justo J. Reyna. Belo Horizonte: Fórum, 2011.

443 p.
ISBN 978-85-7700-501-7

1. Direito administrativo. 2. Direito constitucional. I. Bacellar Filho, Romeu Felipe. II. Gabardo, Emerson. III. Hachem, Daniel Wunder. IV. Reyna, Justo J.

CDD: 341.3
CDU: 342.9

Informação bibliográfica deste livro, conforme a NBR 6023:2002 da Associação Brasileira de Normas Técnicas (ABNT):

BACELLAR FILHO, Romeu Felipe; GABARDO, Emerson; HACHEM, Daniel Wunder (Coord.). *Globalização, direitos fundamentais e direito administrativo*: novas perspectivas para o desenvolvimento econômico e socioambiental: Anais do I Congresso da Rede Docente Eurolatinoamericana de Direito Administrativo. Belo Horizonte: Fórum, 2011. 443 p. ISBN 978-85-7700-501-7.

SUMÁRIO

PREFÁCIO
Justo J. Reyna 13

APRESENTAÇÃO
Romeu Felipe Bacellar Filho, Emerson Gabardo, Daniel Wunder Hachem 17

PARTE I
CONFERÊNCIAS E PAINÉIS

CONFERÊNCIA DE ABERTURA

GLOBALIZACIÓN, PLURALIDAD SISTÉMICA Y DERECHO ADMINISTRATIVO:
APUNTES PARA UN DERECHO ADMINISTRATIVO MULTIDIMENSIONAL
Justo J. Reyna 25
1   El derecho administrativo clásico 25
1.1   Un componente de la historia reciente 25
1.2   Concepto elegido 26
1.3   Derecho administrativo en Argentina. Las distintas dimensiones
       jurídicas 27
1.4   Peculiaridad común de los derechos administrativos 28
1.5   Legalidad de la aplicación normativa. La relación entre la
       Administración y la ley 29
1.6   Técnicas clásicas de armonización de sistemas jurídicos domésticos
       argentinos 30
2   Globalización y pluralidad sistémica 33
2.1   El neoconstitucionalismo 39
2.2   El caso administrativo multidimensional 41
3   El Derecho Administrativo Multidimensional 45
4   El reglamento conjunto 50
5   Colofón 52

PAINEL I
DESENVOLVIMENTO URBANO E O DIREITO
FUNDAMENTAL À CIDADE

EL DERECHO URBANO TIENE VOCACIÓN PARA HABILITAR EL PLENO EJERCICIO
DEL DERECHO A LA CIUDAD
Adriana Taller 57

1	Introducción	57
2	Diagnosis de las ciudades	58
3	Carta Mundial del Derecho a la Ciudad	60
4	El derecho urbano	63
5	A manera de una primera conclusión: Los desafíos del derecho urbano	67

MARCOS NORMATIVOS FUNDANTES DA CIDADE DEMOCRÁTICA DE DIREITO NO BRASIL
Rogério Gesta Leal 73

1	Introdução	73
2	Aspectos teórico-constitutivos da formação do espaço urbano no Brasil e o Estatuto da Cidade	74
3	Considerações sobre o marco normativo regulatório das cidades e seus princípios vinculantes	80

PERSPECTIVAS DO DESENVOLVIMENTO URBANO À LUZ DO DIREITO FUNDAMENTAL À CIDADE
Angela Cassia Costaldello 85

1	Considerações iniciais	85
2	Desenvolvimento urbano e o direito fundamental à cidade	86
3	Conclusão	91

CONFERÊNCIA

A EFICÁCIA DOS DIREITOS FUNDAMENTAIS SOCIAIS
Clèmerson Merlin Clève 95

PAINEL II
DESENVOLVIMENTO SUSTENTÁVEL E O DIREITO FUNDAMENTAL AO MEIO AMBIENTE EQUILIBRADO

DESARROLLO SUSTENTABLE: ¿UNA UTOPÍA?
Raquel Cynthia Alianak 111

APUNTES INTRODUCTORIOS SOBRE LA CONTRATACIÓN PÚBLICA VERDE EN EUROPA Y EN ESPAÑA
Juan José Pernas García 125

1	Introducción: el potencial de la contratación pública ecológica y límites actuales a su desarrollo	125
2	El contexto político-jurídico de la contratación pública ecológica	128
2.1	La contratación pública verde en la esfera internacional y comunitaria	128
2.2	La contratación pública ecológica en España	133

FUNDAMENTOS FILOSÓFICOS DO DIREITO AO DESENVOLVIMENTO
SUSTENTÁVEL
Janriê Rodrigues Reck 139

PAINEL III
GLOBALIZAÇÃO, DIREITOS FUNDAMENTAIS E CONTRATOS ADMINISTRATIVOS

GLOBALIZACIÓN Y CONTRATOS ADMINISTRATIVOS
Juan Carlos Cardona 151
1   A manera de introducción 151
2   Lamentable posibilidad de corrupción cuando las partes en una contratación administrativa internacional son el estado o empresas del Estado 152
3   Dificultades prácticas en torno a la contratación de sistemas informáticos 154
4   Licitación adquisición de desarrollo del sistema integral de administración tributaria para la Municipalidad de Rosario 158

LA CONSTITUCIÓN DOLIENTE. UN DERECHO CONSTITUCIONAL-
ADMINISTRATIVO PARA LOS TIEMPOS DE LA CRISIS
Antonello Tarzia 163
1   Premisa: ¿La globalización como paradigma? 163
2   Derecho administrativo y *lex mercatoria.* 167
3   Constitución, globalización y pluralismo sostenible 170

FATORES VINCULANTES DA DEFINIÇÃO DO OBJETO DO CONTRATO
ADMINISTRATIVO EM CENÁRIO GLOBALIZADO
Luiz Alberto Blanchet 175

PAINEL IV
DIREITOS FUNDAMENTAIS E PROCESSO ADMINISTRATIVO DEMOCRÁTICO

EL SILENCIO DE LA ADMINISTRACIÓN EN EL PROCEDIMIENTO
ADMINISTRATIVO
Federico José Lisa 189
1   Introducción: las funciones del procedimiento administrativo y el silencio de la Administración 189
2   El silencio en general: las contradicciones del silencio 192
3   Silencio y Derecho 193
4   El silencio administrativo 193
4.a   Inactividad administrativa material y formal 193
4.b   El deber de resolver 194
4.c   El derecho del particular a obtener una "resolución expresa" 195

4.d Los principios y normas jurídicas sobre el derecho a obtener una "resolución expresa" y sobre el deber de resolver 196
4.d.1 El derecho fundamental a peticionar ante las autoridades 196
4.d.2 El derecho fundamental a la tutela "administrativa" efectiva 197
4.d.3 Los principios y normas del procedimiento administrativo y el régimen jurídico de los actos administrativos expresos 198
5 Precisiones en torno al deber de resolver y al derecho del particular a obtener una "resolución expresa" 200
5.a La legitimación 201
5.b Los deberes del particular en el procedimiento administrativo 203
6 Algunas reflexiones 205

DEMOCRACIA, DERECHOS FUNDAMENTALES Y PROCESO ADMINISTRATIVO
Enrique Omar Aragón 207
1 Conceptos y condiciones de partida 207
2 El acceso a la información 210
3 Modificación de reglas en materia elaboración, ejecución, modificación de los presupuestos públicos 214
4 Participación ciudadana en la planificación, dirección y control de prestación de servicios públicos 218
5 Participación ciudadana en procedimientos administrativos de formación de normas 221
6 A modo de conclusión 224

A FEIÇÃO DEMOCRÁTICA DO PROCESSO ADMINISTRATIVO COMO INSTRUMENTO DE PROTEÇÃO DO CIDADÃO
Ana Cláudia Finger 227

PAINEL V
DESENVOLVIMENTO ECONÔMICO, INCLUSÃO TECNOLÓGICA E DEMOCRACIA

DESARROLLO, INCLUSIÓN TECNOLÓGICA Y DEMOCRACIA
Claudio Martín Viale 241
1 Consideraciones generales 241
2 Consideraciones especiales 242
2.1 El sujeto 242
2.2 La globalización 243
2.3 Desarrollo o desenvolvimiento 246
2.4 La tecnología 247
2.5 La democracia 249

DEMOCRACIA, INCLUSÃO DIGITAL E ACESSO À INTERNET
Carol Proner 251
1   Introdução 251
2   O Brasil na era do acesso: Plano Nacional para Banda Larga 252
3   As concessões: tensão público-privada 255

INCLUSÃO TECNOLÓGICA E DESENVOLVIMENTO DEMOCRÁTICO
Eneida Desiree Salgado 259
1   Considerações iniciais...259
2   O acesso à informação e aos meios de manifestação de opinião........260
3   Participação política — a promessa da democracia eletrônica...........263
4   O espaço de discussão pública e as novas tecnologias 266
5   Por "uma democracia mais democrática" 269

PAINEL VI
SERVIÇOS PÚBLICOS E ATIVIDADE ECONÔMICA COMO MEIOS DE DESENVOLVIMENTO

SERVIÇO PÚBLICO, DESENVOLVIMENTO ECONÔMICO E A NOVA
CONTRATUALIZAÇÃO DA ADMINISTRAÇÃO PÚBLICA: O DESAFIO
NA SATISFAÇÃO DOS DIREITOS FUNDAMENTAIS
Vivian Lima López Valle..273
1   O serviço público...274
2   O novo modelo contratual da Administração Pública através do
contrato de parceria público-privada 279
3   A promoção do desenvolvimento econômico através da
materialização dos direitos fundamentais..282

SERVIÇO PÚBLICO COMO DIREITO FUNDAMENTAL: MECANISMO DE
DESENVOLVIMENTO SOCIAL
Adriana da Costa Ricardo Schier...285

PAINEL VII
TRATADOS INTERNACIONAIS DE DIREITOS HUMANOS E ADMINISTRAÇÃO PÚBLICA DEMOCRÁTICA

DEMOCRACIA, DERECHOS HUMANOS Y ADMINISTRACIÓN PÚBLICA
Pablo Angel Gutiérrez Colantuono 299
1   Derechos humanos...299
2   Democracia y derechos humanos 300
3   Administración pública y derechos humanos 301
4   La igualdad como garantía estructural 301
5   El carácter tuitivo de la función administrativa................................304
6   Administración pública e igualdad 306

OS DIREITOS FUNDAMENTAIS DECORRENTES DE TRATADOS INTERNACIONAIS
Regina Maria Macedo Nery Ferrari 309
1 A supremacia da Constituição e os limites à sua reforma 309
2 A supremacia da Constituição, a internalização dos tratados internacionais de direitos humanos e os direitos fundamentais 314
3 O controle da constitucionalidade dos tratados 319
4 Os direitos fundamentais decorrentes de tratados internacionais, internalizados com *status* de emendas constitucionais, podem integrar as denominadas cláusulas pétreas, previstas no artigo 60, §4º, inciso IV, da CF? 324

DIREITO INTERNACIONAL DOS DIREITOS HUMANOS E SEUS REFLEXOS NO DIREITO ADMINISTRATIVO: BREVES APONTAMENTOS
Larissa Ramina 327

CONFERÊNCIA DE ENCERRAMENTO

DERECHO ADMINISTRATIVO GLOBAL Y DERECHO FUNDAMENTAL A LA BUENA ADMINISTRACIÓN PÚBLICA
Jaime Rodríguez-Arana Muñoz 345
1 Introducción 345
2 El derecho administrativo norteamericano y la buena administración 350
3 El espacio jurídico-administrativo europeo y los derechos fundamentales de la persona 354
4 El derecho fundamental a la buena administración en su dimensión global 367
5 Reflexión conclusiva 379

PARTE II
TRABALHOS APRESENTADOS

PRÊMIO ROBERTO LINHARES DA COSTA

A ECOEFICIÊNCIA COMO PRINCÍPIO NORTEADOR DAS CONTRATAÇÕES PÚBLICAS
Caroline da Rocha Franco 387
1 Introdução 387
2 Novas perspectivas de modelo de consumo: a questão ambiental e social 388
3 Administração Pública e seu papel para a construção de um novo modelo de consumo 389
4 Princípio constitucional da eficiência 391
5 Ecoeficiência e seus efeitos práticos 393
6 Possível colisão de princípios: economicidade versus ecoeficiência 395
7 Mecanismos de implementação do princípio da ecoeficiência 397
8 Conclusão 397

RESUMOS EXPANDIDOS

A OTIMIZAÇÃO DA APLICAÇÃO DOS RECURSOS ORÇAMENTÁRIOS COMO
INSTRUMENTO DE IMPLEMENTAÇÃO DE POLÍTICAS PÚBLICAS
CONCRETIZADORAS DE DIREITOS SOCIOAMBIENTAIS E AS POSSIBILIDADES
DE CONTROLE SOCIAL
Adriana Estigara, Daniela Musskopf 401

ALGUMAS LINHAS SOBRE A PROTEÇÃO DO MEIO AMBIENTE NO
SISTEMA INTERAMERICANO DE PROTEÇÃO DOS DIREITOS HUMANOS
Alexandre Citolin 403
1   Introdução 403
2   Âmbito administrativo, jurisprudencial e normativo do SIDH 403
3   Proteção do meio ambiente, direito ao desenvolvimento e vontade
     política dos Estados 404
4   Conclusão 405

A EFETIVIDADE DO MERCOSUL E A RECEPÇÃO DE SUAS NORMAS NOS
ORDENAMENTOS JURÍDICOS NACIONAIS
Alexandre Gaio, Ana Paula Pina Gaio 407

A PARTICIPAÇÃO SOCIAL NOS CONSELHOS DE SAÚDE: A CIDADANIA
ATIVA COMO CONDIÇÃO DE EFETIVIDADE
Andressa Fracaro Cavalheiro 411

O PRINCIPIO DA PRECAUÇÃO E A PREVALÊNCIA DO MEIO AMBIENTE
Daniel Gaio 415
1   Introdução 415
2   Desenvolvimento 415
3   Conclusão 417

OS MOVIMENTOS SOCIAIS COMO ELEMENTO CONSTRUTO DA CONSCIÊNCIA
SOCIOAMBIENTAL EM UMA SOCIEDADE GLOBAL
José Querino Tavares Neto, Claudia Maria Barbosa 419
1   Introdução 419
2   Desenvolvimento 420
3   Conclusão 421

O DESENVOLVIMENTO DA PERSPECTIVA SOCIOAMBIENTAL NO ÂMBITO
DO DIREITO INTERNACIONAL E SEUS REFLEXOS NA ATUAÇÃO DO ESTADO
BRASILEIRO
Leandro Ferreira Bernardo 423

O DEVER CONSTITUCIONAL DE CONCRETIZAÇÃO DO DIREITO À SAÚDE
Saulo Lindorfer Pivetta 427

SOBRE OS CONFERENCISTAS E PALESTRANTES (PARTE I) 431

SOBRE OS AUTORES DE TRABALHOS APRESENTADOS (PARTE II) 441

PREFÁCIO

Los trabajos de la presente publicación han sido expuestos en las conferencias y paneles del *I Congresso da Rede Docente Eurolatinoamericana de Direito Administrativo – Novas Perspectivas para o Desenvolvimento Econômico e Socioambiental*, celebrado en Curitiba-PR, Brasil, durante los días 22, 23 y 24 de febrero de 2011 en el Auditorio Gregor Mendel, de la Pontifícia Universidade Católica do Paraná.

La Red Docente Eurolatinoamericana de Derecho Administrativo – REDOEDA, de este modo, ha sido presentada formalmente en el ámbito académico del aludido congreso internacional. Es una red de docentes nueva, que está desarrollando su proceso de consolidación dirigido a la suscripción final de su convenio marco por parte de todas las Universidades e instituciones intervinientes.

La Red se encuentra constituida, en esta instancia, por doce (12) universidades fundadoras y adheridas de Argentina, Brasil, España e Italia; a las que se le suma una asociación sin fines de lucro, como miembro adherente.

Las universidades argentinas que conforman la Red son: la Universidad Nacional del Litoral (UNL), la Universidad Nacional de Rosario (UNR), la Universidad Nacional del Comahue (UNCo) y la Universidad Empresarial Siglo 21 (UES 21). De la República Federativa de Brasil son: el Instituto Romeu Felipe Bacellar (IDRFB), la Universidade de Santa Cruz do Sul (UNISC), la Pontifícia Universidade Católica do Paraná (PUCPR) y las Faculdades Integradas do Brasil (UniBrasil). Al Reino de España corresponden las siguientes universidades: la Universidad de La Coruña (UDC), la Universidad de Huelva (UHU) y la Universidad de Salamanca (USAL). A la República Italiana pertenece la Università Commerciale Luigi Bocconi. El miembro adherente es la Asociación Argentina de Derecho Administrativo.

Está a cargo de la REDOEDA el Consejo Directivo conformado por cuatro consejeros. Sus integrantes son: el Profesor Romeu Felipe Bacellar Filho (IDRFB); el Profesor Jaime Rodríguez-Arana Muñoz (UDC)y por la Profesora Irmgard Elena Lepenies (UNL), todos ellos en representación de las universidades fundadoras, y por el Prof. Giuseppe Franco Ferrari (Università Commerciale Luigi Bocconi), en representación de los miembros plenos.

La organización de la Red se completa con: a) la dirección ejecutiva (integrada por dos directores ejecutivos, uno por Latinoamérica y otro por Europa); b) la coordinación ejecutiva (compuesta por un coordinador por cada país integrante de la red); c) el director de publicaciones; y d) la asamblea.

Me permito señalar que las calidades humanas y científicas de los honorables integrantes del Consejo Directivo representan un fuerte compromiso para todos aquellos que, con distintas funciones, formamos parte de nuestra red docente.

Se trata, nada más ni nada menos, de una decisión personal-institucional de desarrollar un nuevo camino de análisis e investigación de distintos aspectos del orden establecido, en aras de generar una acción sinérgica que pueda conducir a resultados concretos. Construir, de este modo, un espacio de reflexión e investigación que quizás lleve a modular, mejorar o transformar situaciones actuales a las que los docentes de las distintas universidades e instituciones no debemos mantenernos ajenos.

El Convenio Marco de la red prevé como operativo encuentros anuales de manera rotativa con el objeto del desarrollo de cursos y seminarios (*Artículo 4 – Puesta en Ejecución*). Nos comprometimos también a realizar distintas acciones, siendo una de ellas la investigación sobre temas de interés común.

En tal sentido, acordamos investigar primeramente sobre "*Globalización y los procesos de armonización externa e interna en un contexto de equidad, inclusión social, de tutela de derechos fundamentales y sustentabilidad ambiental*" (*Artículo 2 – Acciones – ítem "3"*). En todo esto estamos centrando nuestros mayores esfuerzos.

El cumplimiento de esos compromisos personales-institucionales es lo que nos permite presentarnos como una red nueva en funcionamiento.

En la ciudad de Santa Fe (Argentina) se realizaron los días 6 y 7 de septiembre de 2010, en la Facultad de Ciencias Jurídicas y Sociales de la Universidad Nacional del Litoral, las Jornadas Internacionales sobre *Globalización, Derechos Fundamentales y Derecho Administrativo*, en la que contamos con la presencia del Profesor Jaime Rodríguez-Arana Muñoz de España, del Profesor Daniel Wunder Hachem de Brasil y de distintos profesores argentinos.

Luego en la ciudad de Curitiba (Brasil), celebramos el primer congreso de nuestra Red docente (21, 22 y 23 de febrero de 2011).

En este orden, hemos acordado la continuidad de la actividad académica de la Red, desarrollando en la ciudad de Santa Fe (Argentina) durante los días 3, 4 y 5 de noviembre de 2011, el *Primer Encuentro de Cursos de Posgraduación de Universidades Latinoamericanas de la REDOEDA*. Además nos comprometimos a realizar el segundo y tercer congreso de la Red en los últimos días del mes de mayo de 2012 y de 2013, en Argentina y en Europa respectivamente. En este contexto, decidimos trabajar sobre programas de graduación y posgraduación, planeamiento y metodologías de aulas e investigación.

El funcionamiento de la Red, según creo, merece ser calificado como sólido y dinámico. Desagradecido e injusto sería no hacerlo, frente al esfuerzo, la seriedad y la profundidad personal y técnica que nos permitió presentarnos en Curitiba.

Se impone, por lo tanto, efectuar un reconocimiento especial a los organizadores del evento académico por su éxito y proyección y a los distintos docentes por sus producciones concretas sobre los temas de investigación presentados en el Congreso.

Para finalizar, destaco que la "Declaración de Curitiba" concentra, según mi parecer, las energías y sueños que subyacen y promueven nuestras acciones.

Dicha Declaración establece que:

La Red Docente Eurolatinoamericana de Derecho Administrativo nació como un compromiso plural. Un grupo de profesores de universidades públicas y privadas de América y Europa que nos involucramos en un proyecto institucional-personal en aras de interactuar sinérgicamente en pos asumir la docencia y la investigación en temas de Derecho Administrativo que respondan a las necesidades locales y globales.

Nos impulsa la certeza de que las instituciones y los docentes, debemos cumplir nuestras responsabilidades, en estos tiempos de ritmos frenéticos, de escala y de transformación social global, que acorralan a un mayoritario grupo de personas sin respeto a sus derechos fundamentales. Ese es nuestro norte.

Justo J. Reyna

Profesor de Derecho Administrativo de la Facultad de Derecho de la Universidad Nacional del Litoral. Co-Director de la Carrera de Posgrado en Derecho Administrativo de la Universidad Nacional del Litoral. Decano de la Escuela de Abogados de la Provincia de Santa Fe. Docente invitado en diversas Carreras de Especialización en Derecho. Director de la Revista de la Asociación Argentina de Derecho Administrativo. Miembro del Consejo Ejecutivo de la Asociación Argentina de Derecho Administrativo. Miembro fundador y Director Ejecutivo de la Red Docente Eurolatinoamericana de Derecho Administrativo.

APRESENTAÇÃO

O estudo do Direito Administrativo nos países de raízes culturais latinas e a interação entre administrativistas de distintas nacionalidades experimentaram, nos últimos anos, uma guinada excepcional. É preciso reconhecer que, no início da década de 90, talvez por excessiva vaidade de alguns, aliada a um exagerado nacionalismo, faziam nascer, sobretudo entre Brasil e Argentina, um imenso distanciamento. Descontentes com essa realidade, um importante grupo de professores argentinos, uruguaios, chilenos, paraguaios e bolivianos a que somou-se a representação brasileira, reuniu-se na cidade de Buenos Aires, em 1998, com o objetivo de criar uma associação que fosse efetivamente representativa e que passasse ao largo de eventuais ruídos fronteiriços.

Restou, então, criada a Associação de Direito Público do Mercosul, fruto da inspiração de Guillermo Andrés Muñoz, destacado expoente do Direito Administrativo argentino e um homem digno de orgulhar o gênero humano. Anos depois, ampliando-se as relações com outros Estados da América Latina e da Europa, foi fundada a Associação Iberoamericana de Direito Administrativo, alargando a esfera de interações científicas neste ramo jurídico.

A base responsável por dar liga a essa união consiste na identidade cultural latina das nações envolvidas em tais projetos. Afinal, como oportunamente pôde salientar o professor platino Jorge Luis Salomoni, "a dimensão cultural é (...) um dos mais importantes problemas da integração: sem cultura comum não há real integração. Então porque o direito é cultura, o grande desafio da hora atual para os juristas da América do Sul constitui-se, sem dúvida alguma, no estabelecimento de um torrencial e fluido intercâmbio de idéias que permitam, em prévio contraste com a realidade, o assentamento das bases jurídicas em geral e do Mercosul em particular".[1]

---

[1] SALOMONI, Jorge Luís. Reforma del Estado y Mercosur. *Actualidad en el Derecho Público – AeDP*, n. 6, p. 8, jan./abr. 1997.

No ano de 2010, uma nova investida na ideia de integração acadêmica emerge do fértil solo da República Argentina, desta feita capitaneada pelo ilustre Professor Justo J. Reyna, da Universidad Nacional del Litoral, de Santa Fe. Propôs o respeitado administrativista a criação da **Rede Docente Eurolatinoamericana de Direito Administrativo (REDOEDA)**, voltada ao intercâmbio de conhecimento entre professores e alunos de graduação e pós-graduação de universidades latino-americanas e europeias, na área do Direito Administrativo. Para consolidar o convênio firmado entre instituições de ensino argentinas, espanholas, italianas e brasileiras, foi realizado o *I Congresso da Rede Docente Eurolatinoamericana de Direito Administrativo*, que contou com a participação ativa dos professores das entidades conveniadas e com mais de 700 inscritos.

A presente obra reúne, integralmente, todas as conferências, palestras e trabalhos apresentados por docentes e discentes no mencionado evento, ocorrido nos dias 22, 23 e 24 de fevereiro nas dependências da Pontifícia Universidade Católica do Paraná, em Curitiba, Brasil. O tema central do encontro — *Globalização, Direitos Fundamentais e Direito Administrativo: Novas Perspectivas para o Desenvolvimento Econômico e Socioambiental* — segue a primeira linha de pesquisa a que se propôs investigar no marco da Rede.

A temática não poderia ser mais adequada, uma vez que foi justamente sob a forte influência dos laços de afetividade e fraternidade existentes entre os professores latino-americanos e europeus, aliada ao intenso trabalho de investigações e debates travados em congressos, seminários e encontros, que o Direito Administrativo contemporâneo, em todos os países da Ibero-América, passou por significativos avanços.

Dentre as diversas transformações que esse ramo do direito tem enfrentado nos mais variados Estados e realidades sociais, sobressai o abandono de uma feição autoritária e de uma estrutura hierarquizada da Administração Pública, possibilitando-lhe apresentar-se cada vez mais próxima do cidadão e aberta à participação popular. A doutrina, sobretudo, exerceu incomensurável influência na reviravolta vivenciada por essa disciplina jurídica nas últimas décadas. De outro tanto, esse processo de democratização do Direito Administrativo só foi possível em virtude da adoção de um modelo de Estado que tem em seu epicentro o ser humano, subsumindo-se a sua legitimidade à proteção e à promoção da dignidade do homem em todas as suas dimensões.

Nesse caminho, a incidência dos direitos humanos e fundamentais sobre todas as atividades realizadas pelo Estado tornou-se a peça-chave do Direito Público hodierno, revelando-se o dever de efetivação de tais direitos — com a finalidade de plena satisfação da dignidade da pessoa humana — como o objetivo último a ser perseguido pelo Poder Público. Assim, com a expansão dos direitos humanos, através da positivação de respectivos preceitos nas declarações, tratados e convenções internacionais, especialmente a partir da segunda metade do século XX, além da sua inserção nos ordenamentos constitucionais internos sob a forma de direitos fundamentais, modificou-se a orientação da Administração Pública, reafirmando-se a imposição da busca do interesse público que passa a ter como norte esse feixe jurídico fundamental.

Não é por outra razão que, apesar das diversidades culturais, históricas, políticas e econômicas existentes em diferentes Estados, que influem e conformam a roupagem do Direito Administrativo em cada ordem jurídica específica, é possível identificar uma linha de aproximação entre os variados sistemas, que, nada obstante suas particularidades, têm caminhado para a formação de um *Direito Administrativo Global*. Isso se deve à peculiar concepção de Administração Pública que, respeitadas as diferenças que existem e devem existir entre distintas realidades sociais, deve preocupar-se, também, com a ampla realização dos direitos humanos.

Renovando os sinceros votos de gratidão ao Professor Justo J. Reyna e à Universidad Nacional del Litoral, de Santa Fe (Argentina), pela brilhante e enriquecedora ideia de criação da Rede e realização do Congresso, agradecemos à sempre disposta Editora Fórum, por acolher prontamente a proposta de publicação dos anais do Congresso. Cumpre-nos agradecer, ainda, à CAPES – Coordenação de Aperfeiçoamento de Pessoal de Nível Superior, pelo apoio financeiro concedido para o custeio do evento e editoração desta obra, à Fundação Araucária, pelo patrocínio, e à Pontifícia Universidade Católica do Paraná, pela aceitação em sediar o evento e fornecer a estrutura adequada para a sua bem-sucedida realização.

Romeu Felipe Bacellar Filho
Emerson Gabardo
Daniel Wunder Hachem
Coordenadores

PARTE I

CONFERÊNCIAS E PAINÉIS

CONFERÊNCIA DE ABERTURA

GLOBALIZACIÓN, PLURALIDAD SISTÉMICA Y DERECHO ADMINISTRATIVO: APUNTES PARA UN DERECHO ADMINISTRATIVO MULTIDIMENSIONAL*

JUSTO J. REYNA

1 El derecho administrativo clásico

1.1 Un componente de la historia reciente

Como generación posterior a la mitad del siglo pasado he asistido a un aspecto saliente de la historia reciente de lo contemporáneo.

La génesis de la generación a la que pertenezco está signada, en América Latina, por el funcionamiento discontinuo del Estado de Derecho por rupturas sucesivas del orden constitucional hasta aproximadamente los principios de la década de 1980.

---

* Conferencia de apertura presentada en el I CONGRESSO DA REDE DOCENTE EURO-LATINOAMERICANA DE DIREITO ADMINISTRATIVO, a las 19h del día 22.02.2011, en la Pontifícia Universidade Católica do Paraná. Esta publicación se corresponde a la etapa 4 del compromiso asumido en la carrera de doctorado en derecho de la Facultad de Ciencias Jurídicas y Sociales de la UNL (resolución HCD nº 191-10-CD); proceso en cuyo plan de actividades el autor se ha comprometido a la asistencia a eventos académicos y a la difusión de trabajos relacionados con la problemática abordada. Se complementa por el presente un trabajo pendiente de publicación en el Anuario de la Facultad de Derecho de la Universidad de Madrid – España.

El elemento personal de nuestros estados, su sociedad, fue afectado en su formación democrática básica no sólo desde lo formal de la organización estatal y la consiguiente creación y aplicación del derecho; sino también en el mismo desarrollo de los procesos educativos estatales e intrafamiliares — en términos generales —.

Los modelos personales a ser alcanzados por los integrantes del cuerpo social, eran acotados, uniformes, preestablecidos verticalmente desde afuera. La prescindencia del núcleo de la persona humana, su esencia no era objeto de preocupación principal; a pesar de que ella es constitutiva, fundante o elemento basilar de toda organización social.

Las reglas eran discutidas y fijadas solo por los responsables de la conducción y de la información. A esta última sólo se accedía por pertenencia a los niveles conductivos. La información no se retroalimentaba entre los componentes de la sociedad y tampoco en el seno de la familia, y de las organizaciones. El cuidado de la información era un pilar básico de la estructuración del modelo no democrático.

Dicho modelo no democrático, por ende y desde el punto de vista técnico, no es susceptible de ser calificado como un sistema. Debe tenerse presente que, desde la misma concepción básica de la teoría general de los sistemas — creada en los años 30 del siglo pasado por el autor de la cita del presente párrafo —, se ha considerado como inherente a los sistemas a los conceptos de información y retroalimentación de dicha información entre todos sus componentes; siendo ellas necesarias a los fines de que los mismos se autoregulen.[1]

El modelo clásico de derecho administrativo es resultante de ese modelo. Es diferente del modelo constitucional contemporáneo que coloca al hombre y a sus circunstancias en el centro del derecho y de la organización estatal. Mi generación ha asistido a ese proceso del modelo constitucional clásico, desplegado en la segunda mitad del escenario del siglo pasado.

1.2 Concepto elegido

El derecho administrativo clásico, consolidado en América Latina a partir de la década de los ochenta por el comienzo de la etapa de la consolidación de la democracia, ha sido considerado como un ordenamiento jurídico propio, peculiar y autónomo de las personas

---

[1] BERTALANFFY, Ludwig. *Teoría General de los Sistemas*. Buenos Aires: Fondo de Cultura Económica, 2007. p. 16.

administrativas en su organización y actividad.[2] Es éste el concepto que elijo para desarrollar el trabajo.

Un derecho con técnicas propias de autointegración. Un modelo apoyado en el monopolio estatal en la creación del derecho por medio de una técnica constitucional de reparto de competencias normativas, en sustancia, entre los poderes legislativos y ejecutivos.

La autonomía, en este sentido, es característica del sistema pues las normas son producidas dentro de las fronteras y mediante el ejercicio de potestades normativas locales. Los casos no previstos, las "lagunas", deben solucionarse primeramente conforme a normas del orden local de modo autosuficiente, respetando la unidad. Han sido muy útiles al respecto los aportes de Villar Palasí y Villar Ezcurra al analizar la aplicación e interpretación del ordenamiento jurídico administrativo y las particularidades del citado ordenamiento.[3]

1.3 Derecho administrativo en Argentina. Las distintas dimensiones jurídicas

Este esquema clásico, en la Argentina, se presenta en los distintos derechos administrativos a ser distinguidos. El de República o Nación Argentina y el de los distintos estados provinciales. Es lo mismo que decir que hablamos de los distintos derechos administrativos que regularán las distintas funciones administrativas. Cada derecho administrativo se corresponderá, así, a cada ámbito autónomo de producción de normas.

Cada derecho administrativo — sea federal o provincial —, por lo tanto, constituye una dimensión jurídica que regula autónomamente cada ámbito territorial, la resultante de un proceso de construcción forjado, en mayor o menor medida, por los distintos actores en sus ámbitos espaciales (constituyentes, legisladores, funcionarios, jueces, doctrinarios, etc.) frente a las necesidades y perfiles de una composición social en un tiempo determinado.[4]

---

[2] VILLAR PALASÍ, José y VILLAR EZCURRA, José. *Principios de Derecho Administrativo*. T. I. 2. ed. Madrid: Universidad Complutense de Madrid – Facultad de Derecho, 1987. p. 27.

[3] VILLAR PALASÍ, José y VILLAR EZCURRA, José. Ob. cit., p. 265-306.

[4] Como se verá, la composición social ha cambiado, entre otros aspectos, por el desarrollo de las tecnologías de la información y comunicación. Llevan a un contacto en tiempo real a los componentes de la sociedad. Pueden conectarse y exigir a las autoridades públicas, con prescindencia de representaciones intermedias. El caso de Egipto y Túnez, en lo internacional, y distintas manifestaciones casi directas del pueblo argentino, como lo

Corresponderá a los distintos derechos administrativos atender por conducto de su organización administrativa y de su acción jurídica (procedimiento administrativo) y práctica (comportamientos administrativos) los distintos casos administrativos que se le presenten. En el modelo clásico el caso se corresponde a una sociedad circunscripta a un ámbito territorial que la contiene.[5]

1.4 Peculiaridad común de los derechos administrativos

Como peculiaridad común a las distintas dimensiones jurídicas administrativas de Argentina (Federal o provinciales), resalto la insuficiencia de la teoría general del derecho para ser trasladada a dichos ámbitos. La creación y aplicación del ordenamiento jurídico por medio del desarrollo de los procedimientos y procesos administrativos presenta particularidades insusceptibles de ser previstas de manera genérica en una teoría general del derecho.

La doctrina tradicional de finales del siglo pasado, ya destacó de modo acertado que la estructura hipotética de la norma concebida como una hipótesis abstracta cuyo cumplimiento o incumplimiento trae aparejado una consecuencia jurídica no resulta suficiente para el derecho administrativo. Es acertada la noción de norma como resultado de un proceso de construcción surgido de los elementos desgajados del ordenamiento jurídico aplicables por imperativo del caso concreto. Así, es el caso concreto el que manda y gobierna el derecho aplicable. La solución normativa que corresponde se construye, de este modo, desde abajo hacia arriba; es decir que lo que usualmente denominamos como norma no es tal, ya que nunca contendrá toda la regulación de un determinado supuesto concreto solo surgido del conjunto de elementos normativos dispersos unidos por mandato del caso concreto.[6]

---

fueron las convocatorias frente a cuestionamientos a decisiones inherentes al campo argentino, es un fiel reflejo de la importancia y perfiles que pueden asumir la relación entre gobernantes y gobernados en la sociedad contemporánea con mucho más capacidad de comunicación y reacción que la correspondiente al siglo pasado.

[5] Piénsese en la necesidad de cualquier decisión relacionada a la organización o acción administrativa jurídica o práctica relacionada a empleo público, contratos administrativos, intervenciones administrativas, servicios públicos, actos concesionales, etc.

[6] VILLAR PALASÍ, José y VILLAR EZCURRA, José. Ob. cit., p. 273 y ss. La creación y aplicación del derecho administrativo, en el derecho administrativo clásico y — como veremos — en la actual configuración del derecho administrativo sobre la base de un constituyente que ha colocado al individuo en el centro del diseño jurídico; sólo puede abordarse sobre la noción de grupo normativo — a ser construido para el caso concreto —. No solo ello, sino también sobre la consideración de los citados autores que se preocupan por distinguir

Los procesos de aplicación normativa en cada una de esas dimensiones jurídicas, tanto sean en procedimientos administrativos como en procesos contencioso administrativos intentan ser cuidadosos, en general, de respetar los principios de unidad y coherencia. Ello quizás sea consecuencia de la fuerte convicción dogmática de los selectos actores jurídicos de derecho administrativo durante la segunda mitad del siglo pasado.

1.5 Legalidad de la aplicación normativa. La relación entre la Administración y la ley

La legalidad de los procesos de aplicación normativa, de las distintas dimensiones jurídicas clásicas, se apoya en un esquema cerrado y duro en cuanto a la distribución de las potestades normativas, sean ellas constitucionales, legales o reglamentarias de distintos tipos. Digo de distintos tipos pues pueden ser tanto reglamentarias vinculadas a la norma legal como reglamentarias autónomas o de competencias propias del Poder Ejecutivo independientes de la ley formal.

Las características del esquema, en nuestro Estado de Derecho decimonónico, trae como efecto principal la definición de los perfiles de la relación de la Administración con la ley o bloque de legalidad en el ejercicio de la función administrativa.[7]

---

para la aplicación a los distintos tipos de "normas" (como normas principales — dan lugar al surgimiento o eficacia de un derecho —, normas auxiliares — normas sobre capacidad, competencia, forma —, las normas aclaratorias, clasificatorias, interpretativas, supletorias y las normas de primer nivel como las leyes marco). Constituyen, a mi entender nociones básicas para abordar el Derecho Administrativo y el presente trabajo.

[7] Decio Carlos Francisco Ulla ha dicho que: "Es importante señalar que esta legalidad está estrechamente vinculada al dogma del Estado de Derecho, la que impregna las relaciones entre la actividad de la Administración y la ley. Débese tener presente que aquí tenemos en cuenta al particular Estado de derecho (concepción elaborada por la dogmática alemana en el siglo XIX) que surge en los ordenamientos de Europa continental, caracterizados como de régimen o de acto administrativo, a fines del siglo XVIII y comienzos del siglo XIX, especialmente en Francia....Sus vicisitudes más importantes a lo largo de los años, han sido el reconocimiento de los derechos fundamentales de libertad civil — civil o política —, la instauración y realización completa del conjunto garantista del Estado de derecho y de la división de poderes, la posterior consagración de los derechos sociales y en tiempos recientes los derechos de la llamada 3ª generación, o dimensión, que corresponden a los derechos de la solidaridad (derechos a la paz, al desarrollo, al medio ambiente, al respeto del patrimonio común de la humanidad, a la autodeterminación, a la participación y a la comunicación (…). El principio de legalidad no sólo significa que la Administración no debe infringir la ley, dado que ella constituye un límite de su actuación (significado negativo), sino que también tiene el deber de ejecutarla — pero no en sentido de actuarla simplemente — y, por lo tanto, de cumplir las acciones positivas que las normas le han

Es la ley en sentido amplio, como ejercicio de todas las potestades normativas constitucionales, legales y reglamentarias relacionadas con aquella, la que vincula a la Administración para el ejercicio de la función administrativa. La ley como fundamento y límite de la potestad de actuación. La ley (o, mejor, el derecho objetivo) es la que confiere el poder jurídico o potestad administrativa; sea ello de modo expreso, implícito o inherente.

Hay allí un reparto constitucional de atribuciones entre el Legislador y la Administración, según el cual la Administración, para poder actuar, debe estar habilitada de modo positivo expreso o razonablemente implícito, no siendo suficiente que una actividad no esté prohibida para que la Administración pueda actuar. Si no goza de habilitación normativa, simplemente, la Administración carece de potestad de actuación.

No debe reconocerse, sin embargo, un monopolio del legislador. La Administración puede actuar también en supuesto de silencios normativos, en función del denominado "principio de cobertura constitucional".[8]

Actuará, jurídicamente, por medio de un procedimiento en el que se dictará un acto final, considerado como ejercicio de potestad de aplicación del ordenamiento jurídico correspondiente a una dimensión jurídica Federal o Provincial según se corresponda al caso administrativo objeto de tratamiento. El acto final, en definitiva, aparecerá como complementario de aquella norma general que autorizó de manera expresa, implícita o inherente a su dictado.

1.6 Técnicas clásicas de armonización de sistemas jurídicos domésticos argentinos

Las técnicas tradicionales a las que se ha recurrido se sustentan en potestades administrativas en materia organizacional. Creando, por ejemplo, sociedades del estado, sociedades anónimas o con participación

---

impuesto, porque la ley es el preciso fundamento de la potestad de actuación (sentido positivo). Por consiguiente, si la función administrativa, es una actividad dirigida a la consecución de intereses públicos es innegable que constituye la fuente de los poderes a utilizar y los límites que debe respetar" (ULLA, Decio Carlos Francisco. El Principio de Legalidad en el Ejercicio de la Función Administrativa. In: *Derecho Constitucional y Derecho Administrativo*. T. I., p. 107-136).

[8] VILLAR PALASÍ, José y VILLAR EZCURRA, José. *Principios de Derecho Administrativo*. T. II. Madrid: Universidad Complutense de Madrid – Facultad de Derecho, 1987. p. 13.

estatal mayoritaria, ó, recurriendo a la figura de particulares en ejercicio de función administrativa; etc.

En la Provincia de Santa Fe estos sujetos de derecho han sido creados en función de habilitaciones previas provenientes de la Legislatura provincial. El Poder Ejecutivo, en Santa Fe, no está por ende habilitado a crear por sí un sujeto de derecho regulado por un régimen jurídico especial, siendo ello competencia de la Honorable Legislatura, a quien le compete dictar normas sobre organización de la administración pública (art. 55 inc. 23 de la C.P.) y, como órgano en el que recae la representación directa de la ciudadanía y de los departamentos provinciales, es a quien le corresponde dictar las normas que habiliten al Poder Ejecutivo a desplegar la función administrativa conforme a las potestades conferidas legalmente.

Se han utilizado las técnicas negociales de concertación, creando Entes Interjurisdiccionales u otros sujetos de derecho por medio de convenios Interjurisdiccionales internos o por leyes convenio para cuya perfección, en principio, se exige de la conformidad de los órganos legisferantes respectivos.[9]

Los convenios de colaboración son otro ejemplo de técnicas administrativas negociales en función de las cuales distintas administraciones se conectan jurídicamente para compartir o asistirse en algunas cuestiones públicas a ellos relacionadas, siendo factible que el

---

[9] En el artículo intitulado "Los Actos de los Interventores Federales", trajo a cita dos dictámenes de la Fiscalía de Estado. En el dictamen 0061:2008 — puntos 2 y 3 — se sostuvo que: "2. Bajo el modelo clásico de federalismo, como el que fuera adoptado en 1853, las provincias y la Nación regulaban sus competencias bajo órdenes jurídicos independientes. Las Provincias podían imponer sus instituciones y las políticas públicas nacidas a su amparo sólo en el ámbito de los poderes reservados. En el caso de los poderes concurrentes las regulaciones provinciales podían ser desplazadas cuando la Nación decidía desarrollar tales cometidos públicos. Caso paradigmático fue el de los ferrocarriles alcanzados por las regulaciones federales nacidas al amparo del — por entonces — art. 67 inc. 16." "3. Hacia fines de la década de 1950 aparece el federalismo de cooperación, modelo que impuso un nuevo esquema constitucional que recibió consagración formal con la reforma de 1994 (conf. PEDRO FRÍAS: EL FEDERALISMO ARGENTINO. INTRODUCCIÓN AL DERECHO PUBLICO PROVINCIAL (Buenos Aires: Depalma, 1980), p. 4 y ss.; Germán Bidart Campos, El federalismo argentino desde 1930 hasta la actualidad; en MARCELLO CARMAGNANI (COORD.): FEDERALISMOS LATINOAMERICANOS: MÉXICO, BRASIL, ARGENTINA (México D.F.: Fondo de Cultura Económica, 1993), p. 391). El caso paradigmático es la materia fiscal regulada por el art. 75 incisos 2 y 3 que exige un consenso profundo de todos los protagonistas y supone compartir la soberanía. La regla de la gobernanza de esta técnica es la unanimidad. No es difícil imaginar que una regla así pueda petrificar las relaciones federales en tanto exige el acuerdo de todos los involucrados. La regla no solo dificulta la toma de decisiones sino también su eventual adaptación por lo que ha sido la más empleada en sistemas federales comparados (confr.: ENOCH ALBERTI ROVIRA. FEDERALISMO Y COOPERACIÓN EN LA REPUBLICA FEDERAL ALEMANA (Madrid: Centro de Estudios Constitucionales, 1986), p. 345 y ss.; THOMAS J. ANTON: AMERICAN FEDERALISM AND PUBLIC POLICY: HOW THE SYSTEM WORKS (New York: Mc Graw Hill, 1989) caps. 1, 2 y 3)".

mismo sea necesario cuando el régimen jurídico especial creado por el convenio interjurisdiccional o de colaboración no regulare el caso particular que deben enfrentar las administraciones conectadas por medios tradicionales o clásicos.

La reforma constitucional de 1994 ha regulado otras modos de organización administrativa fuera del modelo estanco en el reparto de competencias entre Nación y Provincias, permitiendo la formación de regiones "endonacionales" al facultar a las Provincias en el art. 124 a crear regiones para el desarrollo económico — social y establecer órganos con facultades para el cumplimiento de sus fines. Es un nuevo sistema de federalismo cooperativo que permite horizontalmente una organización y actuación exorbitante de cada Provincia generando una decisión y ejecución conjunta de acciones administrativas.[10]

No son ajenas a esta temática de las armonizaciones domésticas, los fenómenos que generan las vinculaciones en materia de organización y acción conjunta entre Municipalidades y Comunas — asentamientos locales —, o las que se despliegan endoprovincialmente creando, por ejemplo, organismos intermunicipales.[11]

Resalto que, en esencia, se trata de cometidos de regulaciones generales, abstractas y con vocación de permanencia, destinados a ser aplicados en el futuro para casos particulares inciertos. La construcción jurídica es, en términos generales, desde arriba hacia abajo. Desde el derecho hacia futuros casos particulares inciertos y de amplio porte.

---

[10] En la República Argentina, por ejemplo, se ha creado a la REGION CENTRO, conformada por las Provincias de Córdoba y Santa Fe, originariamente. El Tratado originario de integración regional se firmó el 5 de agosto de 1998. El 6 de abril de 1999 se incorporó la Provincia de Entre Ríos a la Región. La Región tiene dentro de sus objetivos no solo promover la regionalización sino también el impulso de los corredores bioceánicos y las relaciones con otras Provincias, otras regiones — Coquimbo de Chile — y otros estados — Mato Grosso, Brasil. Dentro de los Órganos Regionales, se prevé como órgano superior a la Junta de Gobernadores sobre quienes recae la conducción política del proceso de integración; al Comité Ejecutivo, quien debe implementar y ejecutar las políticas integrado por los Ministros o funcionarios equiparables, conducido por una Mesa Ejecutiva integrada por un representante de cada Provincia; y, por último, una Comisión parlamentaria conjunta en cuyo contexto funcionan cuatro comisiones internas permanentes (Economía y Producción; Infraestructura y Servicios; Legislación en General y Asuntos Institucionales y de Municipios y Comunas). Se genera, por este medio, un espacio regional que no se agota en lo endonacional originariamente establecido. Se proyecta a la generación de un espacio supranacional en Suramérica con objetivo de generar una espacio económico contenido en los corredores bioceánicos que destinados a unir los puertos del atlántico con los puertos del pacífico descentralizando los ejes construidos a partir de Buenos Aires y Sao Pablo como grandes urbes de la región.

[11] El art. 190 de la Constitución de la Provincia de Córdoba establece que: "Las Municipalidades pueden celebrar convenios entre sí y constituir organismos intermunicipales para la prestación de servicios, realización de obras públicas, cooperación técnica y financiera o actividades de interés común de su competencia..."

La regulación detallada de la realidad será el resultado del ejercicio de distintas potestades normativas y de aplicación del ordenamiento jurídico por medio de procedimientos administrativos desarrollados conforme a ese espacio normado ya establecido previamente de modo general y suficiente.

2 Globalización y pluralidad sistémica

El desarrollo creciente de la sociedad de la información basada en las nuevas técnicas de información y comunicación, sostiene a los procesos de globalización en función de los cuales se licuan las fronteras nacionales y las de los derechos domésticos.

He analizado en otra oportunidad el proceso de la globalización y su impacto en el modelo cerrado y vertical. Un modelo del organización estatal "panóptico", de fronteras rígidas, siendo actualmente modificado por el modelo del "sinóptico", que da la idea de conexión en red y sin fronteras rígidas.[12]

La globalización, en este sentido, debe ser considerada como un proceso irreversible susceptible de ser analizado de distintas lógicas interconectadas entre sí sinópticamente. Es decir como una realidad aglutinante que muestra otras realidades relacionadas entre sí de modo interdisciplinar y multidimensional.

En efecto, por un lado, se ha sostenido que "La globalización significa procesos en virtud de los cuales los estados nacionales soberanos se entremezclan e imbrican mediante actores transnacionales y sus respectivas probabilidades de poder, orientaciones, identidades y entramados varios. Un diferenciador esencial entre la primera y la segunda modernidad es la irrevisibilidad de la globalidad resultante. Lo cual quiere decir lo siguiente: existe una afinidad entre las distintas lógicas de las globalizaciones ecológica, cultural, económica, política y social, que no son reducibles — ni explicables — las unas a las otras, sino que, antes bien, deben resolverse y entenderse a la vez en sí mismas y en mutua interdependencia".[13]

---

[12] REYNA, Justo. *El Arbitraje como Medio de Solución de Conflictos en Materia de Servicios Públicos – El nacimiento de un sistema jurídico complejo*. Exposición correspondiente a las "Jornadas de Derecho Administrativo — Cuestiones de Intervención Estatal, Servicios Públicos, Poder de Policía y Fomento" organizadas por la Universidad Austral los días 12, 13 y 14 de mayo de 2010, actualmente en imprenta.

[13] BECK, Ulrich. *¿Qué es la Globalización? – Falacias del Globalismo, respuestas a la Globalización*. Buenos Aires: Paidós, 2004. p. 29.

La globalización que incide y condiciona al sistema jurídico, por ende, no debe ser analizada desde las posiciones de la concepción originaria de la globalización hegemónica dirigida a formular, sobre base de una invocada eficiencia y coherencia de las leyes de mercado, un modelo de tutela a los capitales fuertes que aprovecharon el marcado desarrollo tecnológico para acrecentar ganancias moviendo sus capitales por el mundo sin límites de fronteras nacionales, con rapidez y eficacia; contexto éste en el que se desarrolló la explosión de los procesos arbitrales internacionales para la protección de las inversiones extranjeras.[14]

La globalización, que incide y condiciona al sistema jurídico, debe ser analizada en el contexto de la denominada globalización contra hegemónica.[15] No se trata ya de las leyes de mercado sino de una operación epistemológica más compleja que combate una monocultura del saber y del rigor científico de las leyes del mercado que necesariamente deben enfrentarse con la identificación de otros saberes y criterios de rigor que operan con credibilidad en las prácticas sociales,[16] recogida por un "conjunto de muy diversos grupos sociales subalternos de todas partes del mundo en busca de una sociedad social, política y culturalmente más justa y liberada de las formas de exclusión, explotación, opresión, discriminación y destrucción ambiental que caracterizan al capitalismo y

---

[14] Boaventura de Sousa Santos ha dicho que: "La globalización neoliberal es presidida por el conocimiento técnico — científico, y debe su hegemonía a la manera creíble como éste desacredita todos los saberes rivales, sugiriendo que estos últimos no son comparables, si de eficiencia y coherencia se trata, con el carácter científico de las leyes de mercado" (SANTOS, Boaventura de Sousa. *Foro Social Mundial – Manual de Uso*. Barcelona: Icaria — Antrazyt — Participación Democrática, 2005. p. 25). Ibrahim Shihata, luego de aludir a los efectos de la doctrinas Calvo y Drago nacidas para proteger los intereses locales frente a los Estados de los inversores extranjeros, sin privilegios especiales, sometiendo diferendos al orden interno del Estado receptor de la inversión, concluye que: "Así pues, el Centro Internacional de Arreglo de Diferencias Relativas a Inversiones y el Organismo Multilateral de Garantía de Inversiones constituyen instrumentos modernos que, por una parte, permiten a los países en desarrollo alentar corrientes más cuantiosas de inversiones extranjeras para los fines de su desarrollo, por otra, protegen de la intervención de los Estados, por lo común más poderosos, de los inversionistas. Si se usan adecuadamente, estos instrumentos modernos pueden ser mucho más adecuados que la insistencia — políticamente atractiva pero a menudo contraproducente — en actitudes tradicionales que encuentran su justificación más en las experiencias desafortunadas del pasado que en las realidades del presente y necesidades del futuro" (SHIHATA, Ibrahim F. I. *Hacia una mayor despolitización de las diferencias relativas a inversiones: El papel del CIADI del OMGI*. Informe nº 34898 Spanish, publicado en el internet por el Centro Internacional de Arreglo de Diferencias Relativas a Inversiones. Disponible en: <http://icsid.worldbank.org/ICSID/Index.jsp>).

[15] SANTOS, Boaventura de Sousa. Ob. cit., p. 25.

[16] SANTOS, Boaventura de Sousa. Ob. cit., p. 32.

que la globalización neoliberal ha contribuido a agravar".[17] Es una tesis para reutilizar el potencial técnico, para proponer soluciones alternativas globales en materia de sanidad, justicia, educación, política, desarrollo creando condiciones sociales, económicas y culturales que permiten hacer valer los caminos hacia la dignidad.[18]

La globalización, como fenómeno amplio analizado desde todas sus ópticas, culturales, políticas, económicas, organizacionales, etc. ha generado nuevas comunicaciones entre los distintos órdenes o sistemas jurídicos que operan y funcionan más allá de las fronteras territoriales y de las especificidades de validez y eficacia que cada sistema establece para su orden territorial. Las normas no se producen exclusivamente de manera vertical dentro del orden estatal, Por el contrario, aparecen nuevas fuentes productoras de derecho, por fuera de las fronteras del derecho local y hasta del doméstico nacional.

La pluralidad de fuentes y la presencia de distintos ámbitos de resolución de conflictos fuera del territorio correspondiente al orden local o doméstico se presenta como la nota característica de los tiempos actuales, en donde el derecho, en términos generales, se expande por redes cuya validez y eficacia debe ser verificada por los actores jurídicos a los que corresponde resolver casos individuales.[19] [20]

"La porosidad del Estado es también la porosidad del derecho estatal y de la concepción sistemática que le es inherente. El ordenamiento jurídico es ya otra cosa. La estructura piramidal que tanto juego había dado hasta ahora para explicar y comprender la jerarquía normativa y el principio de unidad es ya una pieza de museo entre los recursos pedagógicos de la docencia del derecho. El perfil arquitectónico del derecho contemporáneo no puede ser reconducido a la estructura convencional de un sistema ordenado en función de su jerarquía siguiendo un esquema

---

[17] SANTOS, Boaventura de Sousa. Ob. cit., p. 15.

[18] SANTOS, Boaventura de Sousa. Ob. cit., p. 13.

[19] La realidad desbordante de la presencia de un derecho en red, superador del derecho público doméstico que propugnaba por la realización de los principios de unidad y coherencia obliga a los actores de derecho público a abrir un nuevo canal de pensamiento a saber: la posición de la Administración frente al derecho en red y sus diferencias con la posición de los particulares frente a el derecho en red. No es la misma, como se verá. Creo, en resumen, que a la Administración se le impone establecer previamente el espacio normado específico para el caso concreto; clarificando y diciendo por medio de esa técnica las razones de orden jurídico que sustentarían su potestad de actuación en un caso regulado por fuentes plurales.

[20] GORDILLO, Agustín. Hacia la Unidad del Orden Jurídico Mundial. In: *El Nuevo Derecho Administrativo Global en América Latina.* Buenos Aires: RAP, 2009. p. 83-133, desarrolla y analiza las distintas fuentes de producción normativa fuera de la órbita estatal que ponen en crisis la noción de autonomía del derecho administrativo.

piramidal. La complejidad creciente de nuestras sociedades y de su producción jurídica no se compadece bien con esa representación simplista del ordenamiento, cuyo valor simbólico queda desbordado por la propia dinámica de las relaciones sociales vertiginosas, desterritorializadas y transversales. La pluralidad de situaciones sociales, económicas, políticas y culturales no resulta compatible con una concepción normativa que se sustenta sobre la base de los principios de impersonalidad, generalidad, abstracción, y rigor semántico y organizado bajo la forma de un sistema cerrado, coherente, exento de lagunas y antinomias...". "La pluralidad de fuentes — afirma Pietro Sanchís — representa no sólo un golpe mortal para el legalismo estatista, sin que obliga a también replantearse en otros términos la idea de unidad del ordenamiento jurídico; unidad que ya no puede lograrse a través de un sistema jurídico jerarquizado y escalonado, sino que precisamente intenta reconstruirse a partir de la Constitución como expresión de un marco de consenso y unidad, ya no formal, sino material y sustantivo y, sobre todo, procedimental, donde han de coexistir diversas concepciones de justicia".[21]

Prefiero la expresión de "pluralidad sistémica" frente a la de "pluralismo jurídico". La prefiero para dejar marcado el debate que se formulara en relación a la imposición colonial del derecho europeo donde el "pluralismo jurídico" fue utilizado como una técnica de gobierno que permitió el ejercicio de la soberanía colonial sobre distintos grupos étnicos, religiosos, nacionales, etc.; reconociendo los derechos precoloniales para manipularlos y someterlos al derecho colonial.[22] La doctrina de la cita precedente, prestigiosa por cierto, formula esta crítica eligiendo la expresión de "pluralidad de órdenes jurídicos";[23] concepto éste que permite defender el potencial emancipatorio del derecho, resultante de las luchas de los movimientos, organizaciones, grupos cosmopolitas subalternos que recurren al derecho para la citada emancipación. Se analiza desde la óptica de la movilización política de las fuerzas sociales que compiten entre sí.[24]

---

[21] JULIOS-CAMPUZANO, Alfonso de. *La Transición Paradigmática de la Teoría Jurídica. El Derecho Ante la Globalización*. Madrid: Dykinson, 2009. p. 20-21.

[22] SANTOS, Boaventura de Sousa. *Sociología Jurídica Crítica – Para un nuevo sentido común del derecho*. Madrid: Trotta, 2009. p. 54.

[23] SANTOS, Boaventura de Sousa. Idem, p. 63.

[24] SANTOS, Boaventura de Sousa. Idem, p. 53, 60 y ss.

La pérdida del monopolio estatal doméstico en la creación del derecho, tiene en nuestro país base constitucional con la reforma de 1994 que ha modificado el sistema de fuentes al reconocer la jerarquía constitucional de tratados de derechos humanos (art. 75 inc. 22); la jerarquía superior a las leyes de los tratados arribados en función de las disposiciones del art. 75 inc. 22 (1ra.parte); los tratados de integración del inciso 24 del art. 75; los convenios internacionales a los que eventualmente arriben las provincias en ejercicio de las potestades constitucionales previstas en el art. 125 de la CN; y, por último al tutelar constitucionalmente determinadas materias como, entre otras, el derecho a un ambiente sano del art. 41, los derechos de los pueblos originarios del inciso 17 del art. 75, y la de los usuarios de servicios públicos del art. 42. No es ajeno a esta realidad plural el reconocimiento de nuestra Corte Suprema a los derechos de incidencia colectiva que, por cierto, pueden llevar a rupturas de las fronteras de los ordenamientos domésticos unidos por un caso particular de incidencia colectiva.[25]

Los derechos administrativos domésticos dejan de presentarse como autónomos en la producción y aplicación del conjunto de normas regulatorias de sus propias funciones administrativas; es decir como un todo cerrado y autosuficiente en la creación y aplicación del derecho. La potestad normativa, la aplicación normativa y la solución de los conflictos de los casos concretos se ejercen en un contexto mayor y distinto del orden local. Se han abierto distintos canales normativos del orden federal — los tratados internacionales —, con fuerza y jerarquía normativa suficiente como para exigir en determinados supuestos, transformar y modular los conceptos, construcciones, instituciones y/o ficciones del orden doméstico que se vinculen a las materias y a las disposiciones de los tratados que la Nación suscriba y se incorporen al derecho doméstico en ejercicio de atribuciones constitucionales. La ley 26602, del mes de junio de 2010, aprobatoria del Tratado Constitutivo de Unión de Naciones Sudamericanas, refleja, a mi modo de ver, una serie de valores protegidos de manera especial con una jerarquía, cuanto menos, superior a las leyes. A su vez, permite aventurar con certeza que nuestro orden federal sigue su marcha de desarrollo de normas en red con otros sistemas jurídicos del orden externo.

Los objetivos y valores declarados en el Tratado Constitutivo ya incorporado al orden interno por la citada ley, reflejan que hemos

---

[25] Los considerandos 6, 17 y 18 de la Causa Mendoza de nuestra CSJN y los considerandos 7,11 y 12 de la causa Halabi analizan las variantes de los derechos de incidencia colectiva.

recepcionado jurídicamente la globalización contra hegemónica en nuestro sistema jurídico.

El derecho en red y la pluralidad de fuentes es una realidad jurídicamente inexorable. Es creciente pues los estados nacionales sudamericanos firmantes del tratado constitutivo han fijado objetivos en materias, bienes o intereses cuya regulación potenciarán la aparición de redes y de fuentes. El tratado ha fijado entre sus objetivos, las materias, entre otras, vinculadas a: integración en el más amplio sentido de la expresión, haciendo referencia a la atención de las pequeñas y medianas empresas, cooperativas y redes productivas; políticas sociales e inclusión social; erradicación del analfabetismo y acceso universal a una educación de calidad, a la seguridad social y a los servicios de salud; superar las desigualdades de la región; interconexión de la región y de los pueblos; medio ambiente, aludiendo a la la protección de la biodiversidad, los recursos hídricos y los ecosistemas; cooperación en materia de migración respetando derecho humanos y laborales; la promoción de la diversidad cultural y el fortalecimiento de las identidades de los pueblos de la región; la participación ciudadana; la coordinación en la lucha contra el terrorismo, la corrupción, drogas, trata de personas, tráfico de armas; etc.[26]

---

[26] En este sentido y de modo más preciso, al establecerse los objetivos de la UNASUR, se habla entre otros aspectos de: a) construir un "espacio de integración y unión en lo cultural, social, económico y político entre sus pueblos…, otorgando prioridad a … las políticas sociales, la educación, la energía, la infraestructura, el financiamiento y el medio ambiente, entre otros, con miras a eliminar la desigualdad socioeconómica, lograr la inclusión social y la participación ciudadana, fortalecer la democracia y reducir las asimetrías en el marco del fortalecimiento de la soberanía e independencia de los Estados; y b) al establecerse los objetivos específicos en su art. 3º, se ha aludido entre otros aspectos a lo siguiente: "… equidad e inclusión para erradicar la pobreza y superar las desigualdades en la región (inciso b); erradicación del analfabetismo, el acceso universal a una educación de calidad (inciso c); integración energética para el aprovechamiento integral, sostenible y solidario de los recursos de la región (inciso d); el desarrollo de una infraestructura para la interconexión de la región y entre nuestros pueblos de acuerdo a criterios de desarrollo social y económico sustentables (inciso e) la integración financiera mediante la adopción de mecanismos compatibles con las políticas económicas y fiscales de los Estados Miembros (inciso f); la protección de la biodiversidad, los recursos hídricos y los ecosistemas, así como la cooperación en la prevención de las catástrofes y en la lucha contra las causas y los efectos del cambio climático (inciso g);el desarrollo de mecanismos concretos y efectivos para la superación de las asimetrías, logrando así una integración equitativa (inciso h); la consolidación de una identidad suramericana a través del reconocimiento progresivo de derechos a los nacionales de un Estado Miembro residentes en cualquiera de los otros Estados Miembros, con el fin de alcanzar una ciudadanía suramericana (inciso i); el acceso universal a la seguridad social y a los servicios de salud; (inciso j); la cooperación en materia de migración, con un enfoque integral, bajo el respeto irrestricto de los derechos humanos y laborales para la regularización migratoria y la armonización de políticas (inciso k); la cooperación económica y comercial para lograr el avance y la consolidación de un proceso

La producción normativa seguirá respecto de las distintas materias involucradas, según se expuso. Las redes están en marcha sin posibilidad de retorno hacia modelos verticales ya incompatibles con la creciente sociedad de la información y con el actual sistema jurídico plural de nuestra constitución nacional.

2.1 El neoconstitucionalismo

Es éste el contexto en que se inserta la constitución Argentina reformada en el año 1994, y el proceso normativo y judicial desarrollado a su consecuencia.

En las últimas décadas, los países latinoamericanos — así como sus pares europeos a partir del final de la Segunda Guerra Mundial — han comenzado a ser escenario del crecimiento y consolidación de un peculiar proceso jurídico-político conocido como "Neoconstitucionalismo".

El Neoconstitucionalismo se caracteriza por reivindicar la potencia jurígena del texto constitucional adoptado por cada país, en el sentido de que sus cláusulas y disposiciones comienzan a ser consideradas directamente operativas y autosuficientes para la producción de mandatos normativos particulares (a diferencia de lo que sucedía

---

innovador, dinámico, transparente, equitativo y equilibrado, que contemple un acceso efectivo, promoviendo el crecimiento y el desarrollo económico que supere las asimetrías mediante la complementación de las economías de los países de América del Sur, así como la promoción del bienestar de todos los sectores de la población y la reducción de la pobreza (inciso l); la integración industrial y productiva, con especial atención en las pequeñas y medianas empresas, las cooperativas, las redes y otras formas de organización productiva (inciso m); la definición e implementación de políticas y proyectos comunes o complementarios de investigación, innovación, transferencia y producción tecnológica, con miras a incrementar la capacidad, la sustentabilidad y el desarrollo científico y tecnológico propios (inciso n); la promoción de la diversidad cultural y de las expresiones de la memoria y de los conocimientos y saberes de los pueblos de la región, para el fortalecimiento de sus identidades (inciso o); la participación ciudadana a través de mecanismos de interacción y diálogo entre UNASUR y los diversos actores sociales en la formulación de políticas de integración suramericana (inciso p); la coordinación entre los organismos especializados de los Estados Miembros, teniendo en cuenta las normas internacionales, para fortalecer la lucha contra el terrorismo, la corrupción, el problema mundial de las drogas, la trata de personas, el tráfico de armas pequeñas y ligeras, el crimen organizado transnacional y otras amenazas, así como para el desarme, la no proliferación de armas nucleares y de destrucción masiva, y el desminado (inciso q); la promoción de la cooperación entre las autoridades judiciales de los Estados Miembros de UNASUR (inciso r); el intercambio de información y de experiencias en materia de defensa (inciso s); la cooperación para el fortalecimiento de la seguridad ciudadana (inciso t); y, por último, la cooperación sectorial como un mecanismo de profundización de la integración suramericana, mediante el intercambio de información, experiencias y capacitación (inciso u).

en el constitucionalismo clásico, donde la Constitución Nacional era concebida como la "carta política" del país, como un documento a la vez expresivo de sus mejores intenciones y aspiraciones morales — en el caso argentino, la llamada "Parte Dogmática" de la CN — y organizativo de sus instituciones políticas fundamentales — la llamada "Parte Orgánica" de la CN), dejando la efectiva regulación de los derechos a los Códigos y leyes especiales.

El Neoconstitucionalismo reubica a la Constitución en el centro del sistema jurídico, pero no sólo de una manera simbólica, sino con importantes consecuencias prácticas. Una de ellas, muy importante para este trabajo, es la "juridificación de la política", lo que a su vez implica una nueva concepción del Estado. Efectivamente, el Estado deja de ser concebido como un ente opaco con sus propias reglas y condiciones (aquellas que daban contenido al Derecho Administrativo tradicional), para comenzar a ser entendido como un ente gobernado por las disposiciones constitucionales. De esta manera, la *satisfacción de derechos constitucionales* comienza a ser el objetivo y el norte de la acción administrativa del Estado, y no ya los vaivenes más o menos voluntaristas del gobierno de turno.

El Neoconstitucionalismo, sin embargo, no es un fenómeno político que se agote en "el texto" de la Constitución. Por el contrario, implica una cultura y una práctica especial, comprometida con los derechos humanos, y con el control constitucional de la actividad estatal. De allí que los partidarios del Neoconstitucionalismo entiendan a la Constitución menos como un texto que como un *paradigma*, cuyo contenido proviene tanto de las disposiciones del texto normativo como de las prácticas de los actores llamados a interpretarlas e implementarlas y de la cultura gestada a través de esas prácticas.[27]

En otras palabras: el Neoconstitucionalismo conlleva un nuevo modo de entender el Derecho y de hacer política.

En ese nuevo modo de hacer el derecho aparece presente como característica una omnipotencia judicial, en el sentido que es a la justicia a quien se ha trasladado la responsabilidad respecto de decisiones colectivas que tienen que ver con derechos fundamentales afectados en casos concretos; produciéndose un desplazamiento de competencias del legislador.[28]

---

[27] ARAGÓN REYES, Manuel. La Constitución como Paradigma. In: Miguel Carbonell (Ed.). *Teoría del Neoconstitucionalismo*. Madrid: Trotta, 2007. p. 29-40.

[28] En este contexto debe analizarse el fallo de nuestra Corte Suprema de Justicia de la Nación del tenor de la causa Mendoza Beatriz, al que referí en publicación anterior sobre la

Por eso, las exigencias iusfundamentales que bajo este paradigma debe satisfacer un Estado Constitucional de Derecho no se agotan en la constancia estática del articulado constitucional y la actuación judicial, sino que incluyen también exigencias impuestas por los nunca enteramente previsibles desafíos que la realidad le presenta a la práctica administrativa, así como por los planteos doctrinarios que los racionalizan, estando por lo tanto aquellas exigencias en permanente evolución y adaptación.[29]

Determinadas materias y valores como el medio ambiente y, sobre todo, la salud gravemente comprometida de modo cualitativo y cuantitativo, llevaron a nuestra Corte Suprema de Justicia a aplicar, según estimo, el derecho en red pero sobre premisas constitucionales necesitadas de atención sin dilaciones. Materias y valores protegidos por premisas constitucionales, llevaron a decir válidamente como intérprete último del sistema, "usurpando", en lo que al caso refiere, la soberanía normativa de legisladores parlamentarios prevista de modo general por nuestra constitución de 1994.

Es necesario tener presente esto para comprender por qué consideramos que los casos derivados del derecho en red necesitan, como se verá de una regulación especial, compleja y razonablemente derivada. Llamo a estos supuestos como "casos multidimensionales" (el objeto de este trabajo) no es una mera elaboración abstracta o arbitraria de este profesor, sino una derivación progresiva del Derecho positivo argentino bajo el paradigma neoconstitucional.

2.2 El caso administrativo multidimensional

Los casos administrativos pueden ser unidimensionales o multidimensionales.

El caso administrativo unidimensional es aquel supuesto nacional, provincial o local, correspondiente al modelo clásico, cerrado y

---

contaminación de la cuenca La Matanza-Riachuelo. La Corte ha traspasado las fronteras de los derechos domésticos, asignando competencias administrativas hasta a órganos creados constitucionalmente por la reforma de 1994 para el orden nacional, generando una organización administrativa especial compuesta por órganos y Entes de distintas dimensiones jurídicas (Nacionales, Interjurisdiccionales, de la Universidad de Buenos Aires, de la Ciudad Autónoma de Buenos Aries, y de distintos municipios de Provincia de Buenos Aires involucrados en la contaminación grave de la cuenca Matanza-Riachuelo).

[29] DELPIAZZO, Carlos E. ¿Hacia dónde va el Derecho Administrativo?. In: *Homenaje al Profesor Jaime Vidal Perdomo*, en imprenta.

vertical donde la competencia para atenderlo se focaliza exclusivamente en una sola dimensión jurídica.

En la República Argentina un caso unidimensional es aquel que debe ser atendido por la Nación o por alguna Provincia, por medio de sus propios órganos constitucionales y conforme a su propio sistema jurídico o derecho administrativo.[30] Resalto que la circunstancia de que a dicho supuesto deban aplicarse normas producidas por otra dimensión jurídica (sean nacionales, internacionales, estatales o no estatales) no cambia la naturaleza unidimensional. Será quizás un supuesto que exigirá un proceso de aplicación normativa complejo, pero siempre resuelto o atendido con la sola intervención del orden nacional, provincial o local convocado por el caso concreto; es decir unidimensionalmente.

El caso multidimensional se presenta, por un lado, cuando el supuesto concreto convoca a otra Administración Pública con competencia concurrente en relación a dicho caso. Es decir a una Administración u órganos estatales correspondientes a otra dimensión jurídica, regulada por su propio derecho administrativo (Nacional o provincial) o régimen jurídico (Municipal o comunal), según el caso particular lo mande. Por otro lado se presenta cuando un caso convoca también a una dimensión jurídica externa a lo nacional o supranacional.

Es posible que un caso determinado se convierta en multidimensional por la apertura de "un portal dimensional" que dispare el caso directamente hacia otro u otros sistemas jurídicos. La noción de "portal dimensional" la he sostenido en publicaciones recientes, relacionándola a la protección transversal de determinados derechos, bienes, o valores.[31]

---

[30] Piénsese en cualquier reclamo o recurso en materia de empleo público, servicios públicos, contrataciones, permisionarios, concesionarios, intervenciones administrativas; etc.

[31] La protección de la flora, de la fauna, del paisaje, del patrimonio artístico, del cultural, la salud, la educación; etc. son algunos de los ejemplos de penetraciones transversales o de "portales dimensionales" por medio de los cuales se interconectan distintas dimensiones jurídicas. Como dije en párrafos precedentes, la ley 26602 marca la tendencia normativa de la República donde prevén las materias, bienes o valores susceptibles de ser tutelados por sistemas jurídicos en redes que ya están en marcha. Aludí precedentemente a materias de: integración en el más amplio sentido de la expresión, haciendo referencia a la atención de las pequeñas y medianas empresas, cooperativas y redes productivas; políticas sociales e inclusión social; erradicación del analfabetismo y acceso universal a una educación de calidad, a la seguridad social y a los servicios de salud; superar las desigualdades de la región; interconexión de la región y de los pueblos; medio ambiente, aludiendo a la protección de la biodiversidad, los recursos hídricos y los ecosistemas; cooperación en materia de migración respetando derecho humanos y laborales; la promoción de la diversidad cultural y el fortalecimiento de las identidades de los pueblos de la región; la participación ciudadana; la coordinación en la lucha contra el terrorismo, la corrupción, drogas, trata de personas, tráfico de armas.

El portal dispara hacia los otros sistemas. El portal convoca a todas las administraciones. Nuestro modelo constitucional, en sustancia, no admite proposiciones que confronten con la dignidad de la persona humana; siendo que sus derechos fundamentales no pueden sucumbir para atender intereses superiores de la colectividad.[32] El caso multidimensional puede clasificarse en interno o externo. El interno es aquél en función del cual el portal dimensional del caso particular lo conecta a dimensiones jurídicas endonacionales (Nación, Provincias, Municipalidades o comunas). El caso multidimensional externo es aquél en el que el portal dimensional convoca a dimensiones jurídicas supranacionales.

Dentro de la primera clasificación (multidimensional interno) puede pensarse, por ejemplo, al conflicto por la contaminación de la cuenca Matanza-Riachuelo que convocó a la Nación, a la Ciudad Autónoma de Buenos Aires y a distintos órdenes locales y en este contexto puede analizarse el fallo de nuestra Corte Suprema de Justicia de la Nación en la causa Mendoza Beatriz Silvia analizado en publicación anterior.[33]

Recientes conflictos sociales graves, en el que se sufrieran pérdidas de vidas humanas, pueden ser considerados como casos multidimensionales internos. Han convocado a la Nación y a la ciudad Autónoma de Buenos Aires con motivo de la ocupación de un espacio del dominio público por particulares nacionales e inmigrantes que reclamaban la tutela de derechos sociales; estando relacionada al caso una resolución judicial de la órbita de Ciudad Autónoma que ordenara la liberación del espacio.[34] Públicamente, en la primera instancia, se mostraron desavenencias entre las actuaciones de las Administraciones públicas involucradas. La Nación tomó una decisión de consolidar la

---

[32] Daniel Wunder Hachem ha dicho que "Uma proposição jurídica que estabelecesse a sucumbência da dignidade de pessoa humana e dos direitos fundamentais em toda e qualquer hipótese em que colidissem com abstratos e pretensos interesses da coletividade importaria, seguramente, uma norma incompatível com a racionalidade inerente ao Estado Constitucional de Direito contemporâneo. Não é disso, no entanto, que se trata o princípio constitucional da supremacia do interesse público" (HACHEM, Daniel Wunder. *Princípio constitucional da supremacia do interesse público*. Dissertação (Mestrado em Direito do Estado) – UFPR, Curitiba, 2011. f. 321).

[33] REYNA, Justo. Fundamentos y consecuencias del actual control judicial de la inactividad administrativa. La Administración sincronizada. In: *Cuestiones de Control de la Administración Pública. Administrativo, Legislativo y Judicial*. Jornadas organizadas por la Universidad Austral, Facultad de Derecho el 13, 14 y 15 de mayo de 2009. Buenos Aires: RAP, 2010. p. 491 y ss.

[34] En los medios de prensa se lo identificaba como el conflicto del "Parque Indoamericano". Según información relevada de modo no formal para atender el conflicto se habría suscripto un convenio entre la Nación y la Ciudad Autónoma.

situación y de censar a los ocupantes como paso previo a actuar en consecuencia.

Dentro de la segunda clasificación (Multidimensional externo) puede pensarse al conflicto entre la Provincia de Santa Fe con la empresa que fuera concesionaria del servicio de agua potable y desagües cloacales, con más sus inversores extranjeros con motivo de la rescisión del contrato de concesión; siendo que los inversores extranjeros llevaron parte del conflicto económico a un centro extranjero de arreglo de diferencias (CASO CIADI ARB/0317). El caso convoca al sistema internacional del Centro, a la Nación Argentina y a la Provincia de Santa Fe de una manera compleja; al punto que he sostenido que la promoción de una petición de arbitraje internacional trae como consecuencia el nacimiento de un sistema jurídico complejo cuya configuración y fronteras deben ser delimitadas a partir de dicho caso concreto.[35]

Los casos unidimensionales y los multidimensionales — internos y externos —, a su vez, pueden ser clasificados como individuales o colectivos, según las situaciones jurídicas subjetivas que los mismos afecten.[36]

Sostengo que, de modo creciente, determinadas materias y casos concretos no serán susceptibles de ser atendidas por las administraciones de modo exclusivo, de acuerdo a sus sistemas jurídicos domésticos locales, cerrados, verticales y autosuficientes.

Las nuevas generaciones no aceptan los modelos externos preestablecidos verticalmente. La persona humana, desde su esencia, se comunica socialmente en tiempo real y sin fronteras. Sociológicamente, por ende, la realidad no puede ser contenida con diseños formales. Las administraciones públicas no podrán excusarse de atender reclamos directos y en tiempo real, con rigorismos o tecnicismos fundados en modelos de organizaciones estatales correspondientes a otras épocas.

La realidad sociológica se presenta, cada vez más, con fronteras permeables.

---

[35] REYNA, Justo. El Arbitraje como Medio de Solución de Conflictos en Materia de Servicios Públicos – El nacimiento de un sistema jurídico Complejo. Ob. cit.

[36] El art. 43 de la Constitución Nacional y la Jurisprudencia de nuestra Corte Suprema de Justicia de la Nación ha distinguido fuera de los intereses individuales, conforme a nuestra Constitución a los Derechos de Incidencia Colectiva (dentro de ellos a los Derechos de Incidencia Colectiva relativos a Bienes Colectivos — indivisibles, de todo el cuerpo social sin exclusiones — y de los Derechos de Incidencia Colectivos relativos a intereses individuales homogéneos (bienes individuales divisibles, un hecho homogéneo una misma protección jurídica provoca la lesión).

El derecho también se presenta con fronteras cada vez más permeables. Lo mismo sucede con las fronteras que separan a las administraciones públicas[37] y a éstas, de los ciudadanos cuya participación, en las gestiones públicas, se exige como requisito para el respeto de la esencia de la democracia.[38]

3 El Derecho Administrativo Multidimensional

El Derecho Administrativo Multidimensional se presenta, según estimo en una primera aproximación, como un régimen jurídico complejo, especial y derivado que regula la organización y actuación sincronizada de administraciones públicas de distintas dimensiones jurídicas con particulares[39] [40] conectados jurídicamente por portales dimensionales correspondientes a un caso determinado.[41]

---

[37] La sanción de la ley 24240 — modificada por la 26361 — relativa a la defensa del consumidor, es uno de los ejemplos paradigmáticos a partir de los cuales se han generado administraciones públicas de distintas dimensiones jurídicas (nacional, provinciales y municipales) para la atención y tutela de un mismo bien jurídico. La realidad jurídica exige de una sincronización de ellas en materia de organización y de acción. El establecimiento de una red multidimensional o de nuevas técnicas administrativas que permitan atender esta realidad compleja.

[38] Jaime Rodríguez-Arana Muñoz ha dicho que: "Por eso, la determinación de los objetivos de las políticas públicas no pueden hacerse realmente si no es desde la participación ciudadana. La participación ciudadana se configura como un objetivo público de primer orden, ya que constituye la esencia misma de la democracia. Una actuación pública que no persiga, que no procure un grado más alto de participación ciudadana, no contribuye al enriquecimiento de la vida democrática y se hace, por lo tanto, en detrimento de los mismos ciudadanos a los que se pretende servir. Pero la participación no se formula solamente como objetivo político, sino que las nuevas políticas públicas exigen la práctica de la participación como método político" (RODRÍGUEZ-ARANA MUÑOZ, Jaime. *Reforma Administrativa y Nuevas Políticas Públicas*. Lugo: Diputación Provincial de Lugo, 2007. p. 33).

[39] Dejo en claro, rotundamente, que la participación de particulares en la organización y acción de administraciones de modo sincronizado es esencial e inherente a la tesis sostenida en el presente trabajo. No lo abordo en esta instancia sólo por razones transitorias. Recuerdo sí que considero a la Constitución de 1994 como enrolada en el contexto de la denominada "globalización contra hegemónica" aludido por el Prof. Boaventura de Sousa Santos.

[40] Boaventura de Sousa Santos ha dicho que: "La democracia participativa es una concepción contra hegemónica de la democracia. Desde la perspectiva de la democracia participativa, la democracia representativa se considera una concepción incompleta de democracia más que una concepción equivocada. La democracia participativa acepta, entonces, a la democracia representativa como punto de partida. La diferencia entre una y otra es que la democracia participativa no cree que la compatibilidad entre capitalismo y democracia vaya a ser sostenible por siempre, y defiende simultáneamente que en caso de colisión debe prevalecer la democracia. La idea central de la democracia participativa es que el capitalismo inflige un daño sistemático a la mayor parte de las poblaciones del mundo, así como a la naturaleza y al medio ambiente. Sólo una oposición unificada al capitalismo global puede reducir ese daño, aunque no pueda eliminarlo" (SANTOS, Boaventura de Sousa. Ob. cit., p. 496-497).

[41] Reitero que salimos del modelo piramidal y vertical de ejercicio de función administrativa por parte de una Administración Pública regulada por su propio sistema jurídico local

El régimen jurídico es un sistema porque constituye un conjunto de partes, elementos y objetos relacionados entre sí y que es necesario comprender en su recíproca articulación; y es complejo porque esa organización positiva está compuesta por distintas partes de otras organizaciones, interconectadas entre sí y cuyos vínculos contienen información adicional y oculta al observador.[42]

Se ha caracterizado también al sistema complejo como la representación de un recorte de la realidad que se presenta como totalidad organizada, y en la cual los elementos no son separables y por lo tanto no pueden ser estudiados aisladamente.[43]

Determinar un sistema complejo es responsabilidad de todos los convocados o responsables de atender el caso multidimensional. Sostengo que es responsabilidad de todas las Administraciones Públicas y de sus dimensiones jurídicas determinar conjuntamente el régimen jurídico que regulará la organización y acción necesaria para atender o satisfacer los intereses jurídicos afectados. Ello como un imperativo jurídico proveniente del paradigma constitucional de la constitución de 1994 insertada en un contexto de un modelo de neoconstitucionalismo.

En doctrina, relacionada a los sistemas complejos, se ha establecido como característica de los mismos a la de "determinación mutua" o a su "interdefinibilidad";[44] es decir que no existe un responsable superior con facultad para determinar, sino que se presenta una transversalidad o concurrencia de todos los involucrados para determinar mutuamente los alcances y límites del sistema complejo.

Esta característica de "determinación mutua" o "interdefinibilidad" de todo sistema complejo abona, desde la dogmática, mi criterio de que es un imperativo jurídico para todas las Administraciones Públicas y de sus dimensiones jurídicas determinar conjuntamente el régimen jurídico que regulará la organización y acción necesaria para atender o satisfacer los intereses jurídicos afectados por un caso multidimensional.

Se tratará, en su caso, de un régimen jurídico inherente a una administración intergubernamental (en el caso que se instituya una organización especial) o a una relación intergubernamental (procesos

---

o doméstico. Aquí son distintas administraciones públicas y los particulares pertinentes — regulados por un sistema jurídico complejo. Es derecho en red derivado de distintos sistemas jurídicos, ensamblados de manera precisa para atender un caso particular que los vincula a todos por medio de los aludidos "portales dimensionales".

[42] DE LA REZA, Germán A. *Sistemas Complejos – Perspectivas de una Teoría General*. México: Anthropos – Universidad Autónoma Metropolitana Azcapotzalco, 2010. p. 13, 7 y ss.

[43] GARCÍA, Rolando. *Sistemas Complejos – Conceptos, método y fundamentación epistemológica de la investigación interdisciplinaria*. Buenos Aires: Gedisa, 2007. p. 21.

[44] GARCÍA, Rolando. Ob. cit., p. 22.

y acción intergubernamental en red, sin creación de una organización especial) decidido entre todos por razones estrictas de legalidad.

Una legalidad que no habilita a las administraciones fuertes desde lo político, jurídico o económico a colonizar los sistemas jurídicos de las otras administraciones públicas menores en relación a ella, imponiendo el régimen jurídico propio o el modelo de actuación.

Este "principio de no colonización" puede ser invocado para cuestionar jurídicamente una eventual determinación unilateral del régimen jurídico especial por inadecuación a la exigencia de "interdefinibilidad" o de "determinación mutua" inherente a todo sistema complejo.

El derecho administrativo multidimensional es especial por ser inherente a un caso multidimensional. No es general y normativo (carece de vocación de permanencia).

No se construye desde arriba hacia abajo como los procesos de armonización de los sistemas jurídicos provenientes de los procesos de integración o regionalización. Se construye desde el caso particular, de abajo hacia arriba, sincronizando elementos de las dimensiones jurídicas convocadas por el caso. El caso multidimensional, de este modo, gobierna e impone el derecho aplicable. No quita, por cierto, el carácter de especial la circunstancia que posea aristas múltiples como pueden ser los que refieren a derechos de incidencia colectiva.

El carácter de derivado del derecho administrativo multidimensional se vincula a la validez y eficacia del régimen especial que se instituye. La legalidad de ese régimen especial depende de la adecuada adherencia y razonabilidad del nuevo régimen salido de distintos derechos administrativos estancos. La red jurídica del caso es el resultado de una sincronización jurídica. De este modo, reitero, que debe tenerse presente que los distintos elementos que conforman el nuevo sistema jurídico complejo, han sido extraídos de las distintas dimensiones jurídicas de las administraciones, es decir, de los subsistemas que sostienen el sistema complejo.

No puede extraerse o desgajarse cualquier elemento del subsistema. Debe verificarse primero, su legitimidad interna resultante de su adecuada adherencia formal y sustancial con las normas superiores de dicho sistema. Luego debe verificarse su aplicación preferente en el caso concreto frente a las otras normas válidas de los otros subsistemas estableciendo y analizando que su aplicación no corresponda en el caso por la preferencia aludida de la norma elegida.[45]

---

[45] Tratase de un proceso de articulación y creación jurídica; y posterior aplicación de mayor complejidad a la que ya se produce en el ámbito interno de cada subsistema jurídico. Si se me permite, a la complejidad que resalta Villar Palasí que presenta la aplicación del

Los actores jurídicos debemos investigar y avanzar sobre la regulación y acción o actuaciones conjuntas, compartidas, armonizadas o, según prefiero, *sincronizadas* de distintas administraciones públicas o privadas involucradas en el caso.[46]

La expresión "sincronizar", según estimo, se presenta como la más adecuada para explicar este fenómeno jurídico por el cual actúan entremezcladas distintas administraciones públicas y particulares, regidos por un sistema jurídico complejo nacida para un caso. Es un imperativo jurídico proveniente de un caso particular protegido por el derecho en red. Le expresión es preferente frente a otras expresiones como "administración compartida" o "administración conjunta"; acepciones éstas en las que no resulta determinante la idea de "perfecta correspondencia temporal" del proceso de integración de las distintas administraciones para el caso.

El caso exige que las Administraciones se sincronicen, con el alcance y los límites que él presenta. Es una acción que demanda del actor responsable un preciso ensamble de elementos dispersos. Por el contrario la expresión "compartida", se relaciona más a dividir, repartir cosas en partes o de participar en algo, pero, según estimo, llevando ínsito una cierta discrecionalidad del participante respecto del alcance de la participación; aspecto éste intrasladable a los supuestos de "ensambles sincrónicos" donde cada Administración debe necesariamente participar con un alcance proveniente de razones de orden jurídico transversal.

La "armonización", etimológicamente es un concepto relacionado a los sonidos de manera bien concertada y de grata variedad, siendo

---

ordenamiento jurídico administrativo para construir el "grupo normativo" regulatorio del caso unidimensional, puedo calificarla como "complejidad grado 1". Este proceso de definición y aplicación de este sistema especial complejo y su validez, reviste una evidente mayor complejidad, a la que califico como "complejidad de grado 2", que requiere sincronizar subsistemas jurídicos con sus propios principios de unidad y de coherencia.

[46] Rogério Gesta Leal ha analizado de modo acertado la participación social en la esfera pública en el contexto de los derechos fundamentales civiles. Ha examinado por ende desde una perspectiva constitucional de los derechos fundamentales de participación social. Ha sostenido, en este sentido, que: "A Idéia de Estado Democrático de Direito, como referi antes, está associada, necessariamente, à existência de uma sociedade Democrática de Direito, o que de uma certa forma resgata a tese de que o conteúdo do conceito de democracia aqui se assenta na soberania popular (poder emanado do povo) e na participação popular, tanto na sua forma direta como indireta, configurando o que podemos chamar de princípio participativo, ou, em outras palavras: democratizar a democracia através da participação significa em termos gerais, intensificar a optimização das participações dos homens no processo de decisão. Para tanto, a densificação de democracia a sociedade brasileira implica, salvo melhor juízo, não só oportunidades materiais de acesso da população à gestão pública da comunidade, mas fundamentalmente de fórmulas e práticas de sensibilização, através de rotinas e procedimentos didáticos que levem em conta as diferenças e especificidades de cada qual" (GESTA LEAL, Rogério. Esfera pública e participação social: possíveis dimensões jurídico-políticas dos direitos civis de participação social no âmbito da gestão dos interesses públicos no Brasil. *In*: *A Administração Pública Compartida no Brasil e na Itália*: reflexões preliminares. Santa Cruz do Sul: EDUNISC, 2008. p. 196-197).

un concepto de sustrato flexible donde si bien juegan razones de orden técnico, juegan también un papel preponderante las nociones subjetivas de la naturaleza humana que lo recibe o analiza.

Es preciso dicho término para los ensambles del orden externo que deben "armonizarse"[47] con la flexibilidad que exige relacionar de modo general distintos sistemas jurídicos para admitir una pluralidad de casos posibles y futuros.

No es aceptable, etimológicamente, aludir a "armonizar" sistemas jurídicos internos entre sí y/o con un externo, con motivo de un caso concreto o supuesto particular. Es pertinente denominar a dicha acción, según propongo, como sincronización administrativa, entendiéndola como una técnica de derecho público que habilita la actuación ensamblada de distintas administraciones públicas con motivo de un caso concreto relativo a bienes, valores o materias tutelados transversalmente en nuestro sistema jurídico derivado de la reforma de 1994.

Es un régimen jurídico que regulará distintos procedimientos y actos finales necesarios para atender el supuesto de hecho en los tiempos que el caso presente. De este modo es un régimen jurídico que se presenta como regulatorio de una forma de desarrollo de políticas públicas de manera ensamblada o en red entre todas las organizaciones públicas y privadas involucradas de modo especial.[48] [49]

---

[47] Hans Cristian Rohl no formula la distinción etimológica que propongo; ha dicho, en tal sentido, que: "El procedimiento constituye igualmente un instrumento para armonizar la acción administrativa nacional, bien sea por medio de una armonización de mínimos por obra de los jueces con la ayuda de la doctrina del 'efecto útil'; bien a través de la armonización normativa de determinadas reglas de procedimiento; o bien, por último, con los procedimientos que se siguen en el marco de la integración de las Administraciones nacionales en una suerte de conjunción, compuesto o asociación para la aplicación del derecho comunitario (Administración 'compuesta')" (ROHL, Hans Cristian. El Procedimiento Administrativo y la Administración Compuesta de la Unión Europea. In: Javier Barnes (Ed.). *La Transformación del Procedimiento Administrativo*. Sevilla: Global Law Press/Editorial Derecho Global, 2008. p. 120).

[48] Esta propuesta refiere a la etapa normativa anterior al desarrollo de actividad administrativa. Según me parece, puede presentarse como complementaria a la tesis del Prof. Javier Barnes cuando ha caracterizado al procedimiento administrativo de 3ra. generación como un proceso decisorio de la Administración, como una nueva forma de gobernanza, de desarrollo de políticas públicas entre distintas administraciones públicas, particulares e incluso administraciones transnacionales (IV Congreso Internacional de Derecho Administrativo de Mendoza, organizado por el Foro Iberoamericano de Derecho Administrativo, celebradas en Mendoza del 15 al 17 de septiembre de 2010). El trabajo del Prof. Eberhard Schmidt-Assmann — sobre todo cuando refiere a "La necesidad de reformar el derecho administrativo", al "Cambio de perspectiva del derecho administrativo", y a la necesidad de construcción de un método complejo para estructurar y explicar la aplicación de la ley por parte de las administraciones — es de lectura imprescindible para estos tiempos que se avecinan; más allá que dicho enfoque se realiza en el contexto de la Europa continental caracterizada por un proceso de integración que exige la armonización de los sistemas jurídicos nacionales en otro contexto jurídico del de nuestra América Latina (BARNES, Javier (Ed.). *Innovación y Reforma en el Derecho Administrativo*. Sevilla: Global Law Press/Editorial Derecho Global, 2006).

[49] Algunos autores desarrollan su tesis sobre la base de diferenciar que los caminos y estrategias para el desarrollo de un "Derecho Administrativo Global" se corresponden al enfoque de

4 El reglamento conjunto

Frente a un caso multidimensional las administraciones convocadas, pueden recurrir, por un lado, a las técnicas del modelo clásico en materia de organización o negociación interjurisdiccional en función de las cuales se establezcan las reglas jurídicas especiales aplicables al caso y a las Administraciones alcanzadas; conforme aludí en 1.6.

Las Administraciones del caso multidimensional, por otro lado, pueden recurrir también a especiales modos de producción normativa conjunta, exorbitantes de las características normales de sus modelos clásicos y verticales, que sincronicen la organización y actividades administrativas jurídicas y prácticas que ellas desarrollarán conjuntamente para atender el supuesto particular complejo de base constitucional.

La potestad de normación conjunta no puede, por cierto, buscarse en el bloque de legalidad autónomo o vertical de cada Administración. Es potestad surgida del sistema jurídico en red de base constitucional en la reforma de 1994.

Los reglamentos conjuntos constituyen, por ende, una especial técnica de producción normativa, de base constitucional federal, por medio de la cual Administraciones Públicas de distintas dimensiones jurídicas, respetando principios de democracia participativa, regulan mutuamente un caso administrativo multidimensional, en materia de organización y de acción.[50]

Es decir una fuente formal de derecho administrativo por medio de la cual distintas administraciones públicas se autolimitan, participativamente, estableciendo el conjunto de reglas inferidas de sus sistemas jurídicos que regularán la actuación sincronizada que deben desplegar para atender el caso multidimensional de base constitucional o supralegal.

Tratase de una fuente formal diferente de las clásicas reconocidas por nuestro sistema jurídico nacional o de las Provincias conocidas como

---

"abajo hacia arriba" (Bottom-up) o de "arriba hacia abajo" (Top-down). (KINGSBURY, Benedict; KRISCH, Nico; STEWART, Richard. El Surgimiento del Derecho Administrativo Global. In: *El Nuevo Derecho Administrativo Global en América Latina*. Buenos Aires: RAP, 2009. p. 72). Este trabajo puede coadyuvar a dichas tesis de "abajo hacia arriba", pero debe tratarse sí de una estrategia tópica que respete la diversidad cultural o del caso concebible de este modo a partir de una "globalización contra hegemónica" recibida por nuestra Constitución nacional en 1994.

[50] Es factible, sin embargo, que pueda sostenerse la validez de un reglamento conjunto dentro de un derecho doméstico cuando distintos oficios u Entes ejecuten concurrentemente potestades normativas a ellos asignadas.

los reglamentos de ejecución de la ley formal, de necesidad y urgencia; delegados y los autónomos o internos.[51]

Así, es una técnica que se acopla a las otras cuatro categorías a saber: reglamentos de ejecución, delegados, de necesidad y urgencia y, por último los autónomos (en los sistemas jurídicos que admiten el reglamento autónomo como sucede en la Provincia de Santa Fe — art. 72 inc. 4 de la CP —). Sucede que, por conducto de un reglamento conjunto, cada una de las Administraciones emisoras, en lo que a ellas refiere, podrá ejercitar potestades normativas correspondientes a los cuatro reglamentos aludidos.

Las materias susceptibles de ser normadas por las administraciones de manera conjunta deben analizarse sobre la premisa de que se puede regular conjuntamente todo aquello que es susceptible de ser normado de modo general o decidido de modo particular en el ámbito interno de cada administración involucrada.

Si no pueden normar o dictar el acto individual en el sistema vertical no podrán hacerlo en el sistema transversal o en red, cuanto menos sin necesidad de recurrir cada una de ellas a sus órganos legislativos legisferantes.

A estos efectos se debería analizar, por ende, como está atribuida cada Administración en su sistema jurídico de modo autónomo por ser zona de reserva de la Administración; o por estar habilitadas a normar y decir individualmente por disposición constitucional o legal en su modelo cerrado o vertical; y, por último, por tratarse de materias en las que podrían ejercitar potestades normativas por motivos de necesidad y urgencia o por tratarse de materias delegadas.

Determinada, en este sentido, potestad normativa de las administraciones alcanzadas por el caso, debe inferirse su potestad normativa conjunta para regular la actuación sincronizada de ellas como atribución proveniente del sistema jurídico en red de base constitucional a partir de la reforma de 1994.

Una constitución de 1994 que se enrola en un modelo neoconstitucionalista, incorporando nuevos derechos y, por conducto del art. 72 inciso 22, diez instrumentos internacionales, colocando a todos los operadores jurídicos, entre otros aspectos, frente a derechos sociales y "cuando se habla de derechos sociales se hace referencia a prerrogativas titularizadas por personas o grupos de personas en virtud de las cuales

---

[51] BALBÍN, Carlos F. *Curso de Derecho Administrativo*. Buenos Aires: La Ley, 2008. p. 296 y ss., es doctrina nacional prestigiosa para el tema general.

el Estado resulta obligado a abstenerse de ciertas conductas dañosas y a proveer una serie de servicios orientados a promover la igualdad material o de oportunidades de las personas"... "...Ejemplos característicos son el derecho a la salud, el derecho a la vivienda, el derecho al trabajo, el derecho a la educación, el derecho a la alimentación".[52]

Desde nuestro derecho administrativo la potestad de normación y actuación frente al caso multidimensional puede sostenerse, en ese sentido, desde el ya aludido "principio de cobertura constitucional",[53] invocable frente al silencio normativo y la necesidad de actuar por Administraciones responsables que no pueden trasladar la responsabilidad pública a la "omnipotencia judicial".[54]

El ejercicio concreto de la potestad normativa conjunta por parte de las Administraciones públicas es el cauce formal por el que se da nacimiento al sistema jurídico complejo, especial y derivado. Un derecho administrativo multidimensional de base constitucional federal, regulatorio del caso concreto, no previsto en los sistemas verticales que lo sustentan en orden a su validez y eficacia.

5 Colofón

El modelo constitucional exige la satisfacción de derechos fundamentales. Por imperativo jurídico supremo, el derecho administrativo debe modularse gestando técnicas que, fruto del debate y de la interacción de los actores jurídicos, puedan permitir una acción administrativa del Estado en su conjunto rápida y eficaz para atender casos multidimensionales necesitados de atención en función de los derechos involucrados.

La Administración debe asumir su responsabilidad de generar los modos que le permitan actuar proactivamente sobre el caso, para que el conflicto no se traslade al ámbito jurisdiccional. Debe evitarse que a los ciudadanos les quede sólo la posibilidad de trasladar el conflicto, entre sus derechos constitucionalmente reconocidos y el Estado, al

---

[52] MORO, Guillermo. Los derechos sociales en la Constitución. Surgimiento, discusión y desafíos de una herramienta para el cambio social. *Revista de la Facultad de Ciencias Jurídicas y Sociales*, nº 7 (nueva época), Santa Fe: Ediciones Universidad Nacional del Litoral, 2009. p. 226.

[53] VILLAR PALASÍ, José y VILLAR EZCURRA, José. *Principios de Derecho Administrativo*. T. II. Madrid: Universidad Complutense de Madrid – Facultad de Derecho, 1987. p. 11-13.

[54] GIL DOMINGUEZ, Andrés. In: *Derecho Constitucional – Doctrinas Esenciales*. Tomo I. Buenos Aires: La Ley 2008, p. 1171.

ámbito jurisdiccional sobre quien no debe recaer con exclusividad la responsabilidad de garantizarlos

Es necesario tener presente esto para comprender por qué consideramos que la regulación especial, compleja y razonablemente derivada que corresponde a los casos multidimensionales (el objeto de este trabajo) no es una mera elaboración abstracta o arbitraria de este profesor, sino una derivación progresiva del Derecho positivo argentino bajo el paradigma neoconstitucional.

En definitiva se intentar, por conducto del eje indicado, formular una propuesta que pueda convertirse en un punto de partida de base técnica. Quizás algún día, se convierta en una herramienta válida y útil para llegar a un buen gobierno, sin fronteras públicas ni privadas, y a una buena administración que coloque al hombre y a sus circunstancias en el centro de las organizaciones estatales y del derecho.[55]

Informação bibliográfica deste capítulo, conforme a NBR 6023:2002 da Associação Brasileira de Normas Técnicas (ABNT):

REYNA, Justo J. Globalización, Pluralidad Sistémica y Derecho Administrativo: Apuntes para un Derecho Administrativo Multidimensional. *In*: BACELLAR FILHO, Romeu Felipe; GABARDO, Emerson; HACHEM, Daniel Wunder (Coord.). *Globalização, direitos fundamentais e direito administrativo*: novas perspectivas para o desenvolvimento econômico e socioambiental: Anais do I Congresso da Rede Docente Eurolatinoamericana de Direito Administrativo. Belo Horizonte: Fórum, 2011. p. 25-53. ISBN 978-85-7700-501-7.

---

[55] Romeu Felipe Bacellar Filho resalta de la Constitución de nuestro querido y respetado país vecino — Brasil — como ella coloca en el centro de normativa al ciudadano, siendo la dignidad de la persona humana erigida como el fundamento del Estado Democrático de Derecho. Ha dicho que: "Reconheça-se que mesmo impregnada por determinados vícios, a Carta centra-se na pessoa humana, daí ser cognominada de 'Constituição-cidadã'. A dignidade do ser humano foi erigida a fundamento do Estado Democrático de Direito: o seu principal destinatário é o homem em todas as suas dimensões, como bem acentua o mestre Canotilho. O agir estatal e o agir do cidadão em face do Estado e dos seus semelhantes, não pode perder de vista — mormente na tratativa de um tema dessa importância — a base antropológica comum que deflui da Constituição: o princípio da dignidade do ser humano, principal justificativa para existência de qualquer norma" (BACELLAR FILHO, Romeu Felipe. *Reflexões sobre direito administrativo*. Belo Horizonte: Fórum, 2009. p. 15).

PAINEL I

DESENVOLVIMENTO URBANO E O DIREITO FUNDAMENTAL À CIDADE

EL DERECHO URBANO TIENE VOCACIÓN PARA HABILITAR EL PLENO EJERCICIO DEL DERECHO A LA CIUDAD*

ADRIANA TALLER

1 Introducción

Para introducirnos en el tema he de señalar como se expresa en el Preámbulo de la Carta Mundial del Derecho a la Ciudad que el nuevo siglo se inicia con la mitad de la población viviendo en ciudades y que, según los estudios hechos para el año 2050 la tasa de urbanización en el mundo llegará al 65%.

En este contexto, América Latina y el Caribe es una de las regiones más urbanizadas en el mundo, su población vive mayormente en ciudades de gran extensión y tamaño.

Mi país Argentina, tiene una alta tasa de urbanización, ya desde la época de la colonia muestra una urbanización paulatina y creciente. En la década del 30 se encontraba incluida en la lista de países urbanos y para los años 50, el 65% de su población total vivía en centros urbanos. En la actualidad más del 90% de su población vive en núcleos que superan los 2.000 habitantes.

---

* Ponencia presentada en el I CONGRESSO DA REDE DOCENTE EUROLATINOAME-RICANA DE DIREITO ADMINISTRATIVO, en el panel: "Desenvolvimento urbano e o direito fundamental à cidade", a las 20h del día 22.02.2011, en la Pontifícia Universidade Católica do Paraná.

Estas ciudades argentinas, como la gran mayoría de las ciudades latinoamericanas, se desarrollan en territorios de diversidad económica, ambiental, social, política y cultural, donde el modo urbano influye en la manera de relacionamiento de los individuos, en los vínculos que establecen entre sí y con el territorio que habitan, y en el reconocimiento o no de sus derechos humanos fundamentales.

El crecimiento urbano de estas ciudades se ha caracterizado por la concentración de la renta, por procesos acelerados de urbanización, seguidos de exclusión, de segregación social, de aumento de los asentamientos en zonas periféricas e insalubres, con infraestructura urbana deficiente o desprovista de la misma y donde las personas no son propietarias de las tierras.

Estas inequidades urbanas lejos de encontrarse en proceso de disminución, en general han ido aumentando, lo que lleva a que las administraciones públicas deben optar necesariamente por políticas públicas que integren los barrios y propendan a la inclusión social, evitando la exclusión y la segregación como consecuencia del progreso o desarrollo urbano.

2 Diagnosis de las ciudades

Las ciudades de América Latina han sido graficadas como espacios de segregación, marginación, exclusión y hasta criminalización de los pobres, a quienes no se les reconoce como protagonistas de la producción y gestión social de su hábitat.

En muchas de ellas, la planificación urbana como responsabilidad del Estado se muestra aplazada en la agenda pública y su ejecución se desarrolla de manera tecnocrática y demorada, con escasa o superficial participación efectiva de la sociedad civil o de sus organizaciones intermedias en el debate y definición del futuro de las ciudades.

Por otro lado, las necesidades y los derechos de los colectivos más vulnerables (mujeres, población indígena, menores, jóvenes, ancianos, personas con capacidades diferentes) no son debidamente atendidos.

En la mayor parte de los países de la región no hay una coordinación de actuación entre los organismos públicos con competencia en el derecho urbano, tales como los sectores de urbanismo, vivienda y medio ambiente.

En estas ciudades, el acceso al suelo urbanizado y a la vivienda es difícil para gran parte de la población, especialmente la empobrecida, llevándola a asentarse en zonas no aptas para ser habitables o de alto riesgo, aumentando su vulnerabilidad física, espiritual y social.

Faltan, entonces, políticas públicas, mecanismos e instrumentos para intervenir en el mercado del suelo y favorecer la utilización de tierras e inmuebles vacantes con finalidad social; de subsidios para la construcción o financiación de viviendas para la población empobrecida, a quien se debería llegar, a fin de evitar la segregación socioespacial y la falta de condiciones de habitabilidad.

Al mismo tiempo se implementan políticas urbanas de renovación de la ciudad que expulsan a los pobres de los centros urbanos, arrinconándolos en las zonas periféricas, sin la dotación de equipamientos e infraestructura que la vida comunitaria requiere, produciendo un alto costo social y, donde gran parte de la población de bajos ingresos no accede a los servicios públicos esenciales.

Este somero análisis muestra una ausencia de políticas pro activas de parte de las autoridades públicas, pero también de una legislación urbana de las ciudades de los Estados adecuadas a las pautas o directrices internacionales, en materia de desarrollo urbano, vulnerando así, la dignidad humana y aumentando la desprotección y empobrecimiento de los miembros más vulnerable de su población.

Podemos afirmar que estas ciudades están lejos de ofrecer a sus habitantes oportunidades en igualdad de condiciones.

Esta población urbana, en su mayoría, está despojada o restringida, por razones sociales, económicas, culturales, educacionales, de raza, de género o edades de satisfacer sus necesidades más elementales y ejercer, por ende sus derechos.

Como se expresa en el Preámbulo del Proyecto de la Carta Mundial por el Derecho a la Ciudad del mes de septiembre de 2005, "desconocer los aportes de los procesos de poblamiento popular a la construcción de ciudad y de ciudadanía, violentan la vida urbana."

Nuestro país, si bien no es ajeno a esta situación, en oportunidad de celebrarse el V Foro Urbano Mundial en el año 2010, el Movimiento de la Reforma Urbana de Argentina, destacó que, la gestión de las ciudades en Argentina ha venido mejorando desde los ´90, como consecuencia de la implementación de planes estratégicos que tuvieron un diseño participativo, aunque aún no abordan cuestiones estructurales y señalan, en su documento, como impedimento del desarrollo de estas ciudades, los precios exorbitantes del suelo urbano y sus correspondientes prácticas especulativas, mayormente en municipios de la Provincias de Santa Fe, Córdoba, Entre Ríos y Buenos Aires.

Agregando como paradojal, que a medida que las condiciones para el desarrollo urbano o local mejoran, la crisis en la ciudad aumenta y lo que lleva a plantear un serio cuestionamiento a las metodologías para planificar el desarrollo. Aún es muy incipiente la realización de nuevos planes urbanos (que revisan lo actuado) y lentamente se proponen instalar una perspectiva de derecho, considerando la función social de la propiedad y la redistribución de la renta que el proceso de urbanización genera.

A criterio de este Movimiento, el problema radica en los gobiernos locales, que no disponen aún de marcos jurídicos dados por leyes provinciales de uso del suelo y ordenamiento urbano. Una ley de esas características tiene la Provincia de Buenos Aires; la Ciudad Autónoma de Buenos Aires, cuenta con un Plan Urbano Ambiental y la Provincial de Mendoza, sancionó una Ley de Ordenamiento Territorial y Uso del Suelo, en mayo de 2009, la cual no incluye el derecho a la ciudad; el resto de las provincias carece de normativa específica.

En el informe dado en el V Foro destacan además, que la gestión democrática de las ciudades en Argentina, enfrenta problemas estructurales ante la falta de marcos jurídicos adecuados, no obstante se encuentra en camino de lenta construcción, aún con grandes dificultades para desarrollar planes de ordenamiento territorial con participación social, particularmente de los más pobres; siendo otro problema relevante la no inclusión de asignación presupuestaria para el desarrollo urbano, con posibilidades de monitoreo en la asignación y utilización de los fondos.

3 Carta Mundial del Derecho a la Ciudad

Frente a esta realidad, la reacción a estas inequidades se plasmó en la redacción colectiva de la Carta Mundial de Derecho a la Ciudad; instrumento dirigido a contribuir con el proceso de reconocimiento de los derechos humanos.

Esta Carta tuvo su génesis en el I Foro Social Mundial y tiene como objetivo el desafío de construir un modelo sustentable de sociedad y vida urbana, con fundamento en el respeto a las diferentes culturas urbanas y al equilibrio entre lo urbano y lo rural.

La Carta Mundial consagra el Derecho a la Ciudad, como un derecho colectivo de los habitantes de las ciudades, aunque pensado especialmente para los grupos vulnerables o desfavorecidos.

Con el reconocimiento del derecho a la ciudad se amplia el tradicional enfoque sobre mejoramiento de calidad de vida de las personas centrado tradicionalmente, en la vivienda y en el barrio, a la calidad de vida en la ciudad, en miras a beneficiar a la población durante el proceso de urbanización de aquella.

Cuando hablamos de urbanización nos referimos concretamente a la acción y resultado de urbanizar. La palabra urbanizar básicamente hace referencia a la construcción de viviendas que se llevan a cabo en un terreno que ha sido previamente delimitado para tal fin, proveyéndolo al mismo de todos aquellos servicios necesarios, como luz, gas, teléfono, entre otros, para poder luego ser habitado por las personas.

Urbanizar, es en síntesis, acondicionar una porción de terreno y prepararlo para su uso urbano, abriendo calles y dotándolo de infraestructura y servicios esenciales, mientras que el término suburbanizar, se reserva para denominar a una porción de terreno que no está en condiciones aptas de habitabilidad, pero que igualmente se desarrollan en él los asentamientos informales, denominados "ciudad informal o no legal" y que conforman fenómenos de segregación urbana, que deberían ser evitados a través de políticas públicas inclusivas.

Bajo estas circunstancias el derecho a la ciudad, consiste en la promoción y defensa de los derechos humanos mediante el cumplimiento de la función social de la ciudad y de la propiedad.

Conforme la Carta Mundial, el derecho a la ciudad democrática, justa, equitativa y sostenible presupone el ejercicio pleno y universal por parte de todos sus habitantes de todos los derechos económicos, sociales, culturales, civiles y políticos previstos en los Pactos y Convenios Internacionales de Derechos Humanos ya reconocidos, entre los que podemos destacar, por ejemplo, el derecho a una vivienda adecuada; el derecho a la salud; el derecho al agua y a otros recursos naturales; el derecho a la educación, el derecho al trabajo, el derecho a la igualdad de oportunidades entre varones y mujeres, el derecho a la no discriminación, el derecho a salud, el derecho a la cultura y el derecho a la seguridad publica, entre otros tantos más, de raigambre constitucional en los Estados democráticos.

El derecho a la ciudad, además de garantizar los derechos humanos de las personas, para el pleno goce del mismo debe garantizar el derecho al uso y goce del suelo, sea urbano o rural, entendido como el espacio y lugar de ejercicio y cumplimiento de los derechos colectivos; el disfrute equitativo, universal, justo, democrático y sostenible de los recursos naturales, de las riquezas, de los servicios esenciales, de los bienes y de las oportunidades sociales, económicas, educacionales, culturales, recreativas, de salud, edilicias, etc., que brinda la ciudad.

En ese sentido, es relevante resaltar los derechos colectivos que contempla el derecho a la ciudad, que se mencionan en la Carta, y a los deberían acceder los habitantes de la ciudad: el derecho al medio ambiente (sano y equilibrado); el derecho a la participación en el planeamiento y gestión urbana; el derecho al transporte y movilidad públicos; el derecho a la justicia.

El V Foro Urbano Mundial de Río 2010 de UN – Hábitat (22 al 26 de marzo) a partir de entender a la ciudad como producto socio territorial y aceptar el derecho de todos sus habitantes a su uso y goce, propuso seis ejes de diálogo:

1. Avanzar con el derecho a la ciudad
2. Unir lo urbano dividido: ciudades inclusivas
3. Igualdad del accedo al techo y a los servicios urbanos básicos
4. Diversidad cultural en la ciudad
5. Gobernanza y participación
6. Urbanización sustentable frente al cambio climático

Merece destacarse que con anterioridad, en el XII Foro Iberoamericano de Ministros y Autoridades del sector de Vivienda y Desarrollo Urbano, realizado en el año 2007, se reconoció, en lo que se denominó el Protocolo de Santiago, que el derecho a la ciudad y a las políticas integrales de desarrollo urbano son estratégicas y prioritarias para lograr la reducción de la pobreza y la distribución equitativa de los beneficios del crecimiento. A partir de su ratificación por los Jefes de Estado y de Gobierno en su XVII Cumbre Iberoamericana se plasmó, una instrucción precisa, en el Punto 29 del Plan de Acción, de avanzar hacia "la consagración del Derecho a la Ciudad mediante la generación de políticas públicas que aseguren el acceso al suelo, a viviendas adecuadas, infraestructura y equipamiento social y los mecanismos y las fuentes de financiamiento suficientes y sustentables".

Esta Declaración colectiva pretende aportar elementos conceptuales y prácticos, y, en particular, medidas concretas que comprenden, políticas públicas de acción sobre el territorio, dictado de una legislación adecuada y asignación de recursos suficientes que permitan avanzar hacia la concreción de los principios fundamentales que consagran el pleno ejercicio del derecho a la ciudad, como son: el ejercicio pleno de la ciudadanía; la función social de la ciudad, la tierra y la propiedad, la gestión democrática y participativa del territorio; el planeamiento democrático de la ciudad, tanto de sus espacios públicos como privados; el manejo sustentable y responsable de los recursos naturales y energéticos de la ciudad y su entorno; el disfrute democrático y equitativo de la ciudad y el respeto y valorización del espacio rural.

En suma el derecho a la ciudad se presenta como uno de los paradigmas de que un mundo mejor es posible en este milenio.

4 El derecho urbano

A esta altura de la exposición, la pregunta inevitable es si el derecho urbano, entendido como el conjunto de principios y de normas jurídicas, de contenido político, administrativo, financiero, económico, social o técnico, de derecho público interno, destinado a la regulación de la ciudad (del urbanismo) para asegurar su desarrollo ordenado, conducir su dinámica y dar solución a sus problemas, está a la altura de los acontecimientos.

En otros términos, es preguntarnos si el derecho urbano, que tiene como objeto específico de estudio y de regulación: "la ciudad" - "lo urbano" (espacio público y doméstico) tiene vocación para colaborar en la consagración del derecho a la ciudad, habilitando su pleno ejercicio.

Mi primera reflexión: El contenido de esta disciplina jurídica traduce siempre un proyecto ideológico de ciudad, que se construye y cimienta sobre otras disciplinas con las cuales se va relacionando de manera subordinada o vertical (entre norma superior e inferior, con el derecho constitucional), y coordinada, integradora u horizontal (entre normas de igual grado: derecho administrativo, derecho ambiental, derecho civil, derecho agrario, derecho de los recursos naturales, etc.).

Ante esta primera ponderación, una **primera teoría**: si el derecho urbano está subordinado al derecho constitucional de cada país y el derecho a la ciudad es un derecho colectivo fundamental de los habitantes de una ciudad, que amplia el tradicional enfoque de los derechos humanos fundamentales, las normas que lo integren no pueden vulnera o violar este nuevo derecho colectivo.

Mi segunda reflexión, es que ante la nueva realidad que presentan las ciudades y su desarrollo, el derecho urbano no puede solamente traducirse en concretas potestades o competencias referidas al planeamiento, la gestión y ejecución de instrumentos planificadores y a la intervención administrativa en las facultades dominicales sobre el uso del suelo y edificación a cuyo servicio se arbitran técnicas jurídicas concretas.

Es hora tal vez de pensar que el derecho urbanístico debe tener vida propia como disciplina jurídica, argumentando a su favor que ya superó las causas de su nacimiento, cual fue, la necesidad de normalizar el espacio físico de las ciudades y el uso de la propiedad, en miras a compatibilizar el interés privado del particular con el interés público de la comunidad.

El origen de este derecho se refleja en las conceptualizaciones que distintos autores ha hecho de él.

Así, Claude Blumann explica que el derecho urbanístico está destinado a aportar una cierta racionalidad en el desarrollo de las hasta ahora incontroladas ciudades, agregando que su finalidad es muy específica: la organización de la ciudad, que nace caótica y el derecho urbano dicta reglamentaciones para ordenarla.

Para su parte, Ramón Parada, enseña que, "El derecho urbanístico es el conjunto de normas reguladoras, grosso modo, de los procesos de ordenación del territorio y su transformación física a través de la urbanización y la edificación". Conforme este autor, el objeto de este derecho es la regulación de las potestades públicas "de ordenación del conjunto del territorio", "de urbanización" (derecho a crear ciudad), "de intervención administrativa en el *ius aedificandi*", esto es, en la construcción de la ciudad.

A decir de Parejo Alfonso, esta legislación conduce a disciplinar la vida urbana municipal, destacando que las ordenanzas locales (normas urbanísticas) sancionan el principio de la supremacía, en la ciudad, del interés colectivo sobre el privado o individual.

La concepción original del derecho urbano de la que a modo de ejemplo dan cuenta las citas precedentes, es la de un derecho nacido para ordenar estructural y ediliciamente el territorio, para dominar o sujetar el crecimiento de la ciudad.

Mi conclusión en relación a ello, es que concepción se encuentra superada.

Hoy, el derecho urbanístico integra en su desarrollo curricular a otros derechos, como los derechos reales, derechos de los recursos naturales, del medio ambiente, el denominado derecho inmobiliario y de la construcción, obligaciones y contratos de derecho civil y comercial, al derecho administrativo, al derecho constitucional y a los derechos fundamentales del hombre, a los derechos humanos.

Cuando individualizamos a la ciudad, como objeto de estudio de la disciplina urbanística, la señalamos como el espacio de lo urbano, cuya creación y desarrollo es captado por el urbanismo.

En este sentido entonces, podemos asentir que el urbanismo contemporáneo, como disciplina que surge para dar solución a las disparidades de la realidad urbana y social, para ordenar el espacio urbano, estudia la creación, desarrollo y orden de las ciudades, desde una perspectiva holística.

El holismo enfatiza la importancia del todo, que es más grande que la suma de las partes y da importancia a la interdependencia de las mismas.

El urbanismo es una disciplina muy antigua, que incorpora conceptos de múltiples disciplinas. Para algunos es una ciencia social, mientras para otros un arte, asociado tradicionalmente a la arquitectura e integrado por un conjunto de conocimientos teóricos y prácticos que proporcionan las bases fundamentales para resolver los problemas de las ciudades. Es la asignatura que distribuye el espacio territorial en función de la capacidad habitacional del mismo, respetando un hábitat digno y decoroso para el hombre, protegiendo la salud, la estética, el ambiente, la seguridad, etc. con la finalidad de organizar y normativizar la vida de los habitantes en el espacio deseado, tanto en sus necesidades materiales como espirituales.

En este contexto, el derecho urbano resulta ser la conceptualización normativa de un fenómeno común a cualquier lugar o época, que tiene como finalidad orientar y dirigir el ordenamiento territorial conforme el grado de desarrollo y especialización de la región y asignar a los órganos del Estado la competencia para tal fin.

La complejidad propia de su objeto de estudio, la ciudad, explica la complejidad de enfoques del urbanismo según se ponga el énfasis en la forma y disposición de la ciudad o en la dinámica de las actividades económicas, sociales y ambientales que se desarrollan en ella.

Frente a esta dinámica, el contenido del derecho urbanístico va más allá de lo jurídico, pues incorpora elementos políticos, económicos, sociales, ambientales y culturales que definen un proyecto de ciudad.

Por ello, para concretar el modelo de ciudad habitable y de inclusión social se debe actuar en tres escalas consecutivas y complementarias, que van desde el **Diseño Urbano**, dando forma al espacio urbano con criterios físico-estético-funcionales, para satisfacción de las necesidades de los habitantes de la ciudad, teniendo en cuenta el beneficio colectivo en un área urbana existente o futura y conjugando los tres elementos principales: el área residencial, el equipamiento urbano y las vías de circulación que conforman de manera orgánica la estructura interna de la ciudad. En síntesis, diseña el espacio público y los elementos que lo configuran: desde la escenografía edilicia al mobiliario urbano.

Luego la **Planificación Urbana**, integrada por el conjunto de prácticas de carácter esencialmente proyectual por el que se establece un modelo de ordenación para un ámbito espacial determinado, región, municipio, comuna, área, distrito, barrio, etc y se concreta por medio de planes, que definen el modelo de desarrollo de la ciudad.

Pasando por último por la **Gestión Urbana**, que define cómo se ejecuta lo planificado, en base a los sistemas urbanos existentes, que son el conjunto de componentes dinámicos que conforman la ciudad y sus interrelaciones.

Estos componentes dinámicos se agrupan en dos grandes conjuntos: 1) La sociedad con sus necesidades, hábitos y cultura y 2) el medio ambiente con sus posibilidades, para satisfacer las necesidades del hombre en sociedad.

En sociedades evolucionadas y donde es posible desagregar aún más los componentes o variables de análisis, por ejemplo en relación al medio ambiente, se complejizan las múltiples variables que conforman los componentes dinámicos para ejecutar lo planificado: tales como suelo, subsuelo, aire, agua, vegetación y clima.

El tratamiento del medio ambiente como un componente dinámico necesario e imprescindible a tener en consideración al gestionar el desarrollo de la ciudad, ha llevado a los autores a hablar de la necesidad de implementar un urbanismo sostenible.

Así, López Ramón señala que, en relación a la ciudad, el desarrollo sostenible impone consecuencias relevantes, que afectan sobro todo la metodología de la planificación urbana, cada vez más estratégica y participativa, superando los modelos tradicionales. Así, para respetar el principio del desarrollo urbano sostenible, consagrado en el artículo 2 de la Ley de Suelo Española de 2007, se dice que éste ha de nutrir las políticas públicas del suelo, imponiendo la harmonización del uso de los recursos naturales, armonizando los requerimientos de la economía, el empleo, la cohesión social, la igualdad de trato y de oportunidades entre hombres y mujeres, la salud y la seguridad de las personas y la protección del medio ambiente, y en la misma línea, la Ley mencionada al fijar los criterios básicos de utilización del suelo, dispone que en la ordenación que las administraciones públicas hagan del mismo deberán atender a garantizar los principios de prevención y protección contra la contaminación y limitaciones de sus consecuencias para la salud o el medio ambiente.

Segunda teoría, a partir de los conceptos precedentes: El derecho urbanístico, nace porque el urbanismo como fenómeno contemporáneo necesita de un tratamiento jurídico-administrativo, luego este derecho no solo debe contener normas de organización para el desarrollo físico y ordenado de la ciudad, sino que debe conformarse a partir de los principios constitucionales y desarrollarse sobre dos pilares básicos y fundamentales: los derechos humanos y el derecho al medio ambiente.

Ergo, el urbanismo en la actualidad ha de concebirse con una perspectiva global e integradora de la relación del hombre con el medio en el que se desenvuelve y que hace de la tierra su eje corporativo, porque de todos los recursos materiales de los que se dispone, el suelo es el único que no puede incrementarse.

Ante lo expuesto, una **Tercer teoría**, la expreso en la necesidad de establecer un margo legal que: a) regule el uso y ocupación del suelo enmarcado en el principio de la función social de la propiedad, de manera que el derecho de propiedad no sea limitado, condicionado, restringido solo por razones de vecindad sino fundamentalmente por razones de urbanismo o protección ambiental; b) que regule jurídicamente el ordenamiento territorial para promover el goce efectivo del derecho a la ciudad y el acceso de los sectores populares al suelo, a la vivienda y a los servicios públicos domiciliarios.

Un derecho urbano con este contenido afianza el ejercicio del derecho a la ciudad.

5 A manera de una primera conclusión: Los desafíos del derecho urbano

A los efectos de permitir el pleno ejercicio del derecho a la ciudad, se requiere de nuevas formas de intervención urbanística y estrategias de gestión que permitan pasar a un urbanismo centrado en la cohesión social y fuertemente operativo que requiere de nuevos instrumentos y recursos.

Como dice la profesora Jacquelline Morand-Deviller, agregada de derecho de la Universidad de Paris I, "Hoy el derecho del urbanismo dejó de ser un monstruo frío, funcional y tecnocrático para ser un urbanismo de rostro humano, que debe responder a las aspiraciones ciudadanas de diversidad, equidad, dignidad, seguridad, desarrollo sostenible y calidad de vida, y responder a la protección ambiental y a la solidaridad social".

De lo hasta aquí dicho podemos colegir que son muchos los desafíos para el derecho urbano a los efectos de lograr la plena vigencia del derecho a la ciudad.

Seguidamente he de desarrollar algunos retos, sin perjuicio de la existencia de otros que irán surgiendo a medida que se profundice sobre nuevas alternativas de desarrollo de las ciudades:

1. La urbanización debe ser reconocida desde una perspectiva holística: el desarrollo físico, la construcción de la ciudad, con una mirada social, de respeto y promoción de los derechos humanos fundamentales.
2. La construcción de un nuevo orden jurídico-urbanístico, consagrando definitivamente la función social de la propiedad y de la ciudad.
3. Procurar la gestión democrática de las ciudades con participación popular.

4. Articular instrumentos de gestión urbana de manera adecuada y complementaria, partiendo del hecho que los instrumentos de la gestión urbanística constituyen el conjunto de herramientas indispensables de planificación y de gestión, que aplicadas de forma simultánea y coordinada, permiten definir las condiciones de la actuación para la producción del espacio urbano (Instrumentos de planificación, de promoción y desarrollo, de intervención jurídica, de financiamiento, de redistribución de costos y beneficios, de participación ciudadana). La política urbana no se agota con la utilización de un único instrumento, se requiere del conjunto de ellos para posibilitar una política urbana transformadora y orientada al fortalecimiento del rol de las ciudades, a la sostenibilidad ambiental, a la utilización racional de los recursos naturales, a la preservación del patrimonio natural y cultural, teniendo como finalidad la reducción de la exclusión socio y territorial.

Con el uso de estos instrumentos deberíamos acercarnos a la construcción de una ciudad real, posible de concebir respetando las necesidades de la multiplicidad de los agentes que intervienen en su producción, generando una acción concertadora que permita la realización del interés público que persigue la ciudad, en armonía con el interés particular de sus habitantes.

5. Desarrollar un conocimiento crítico de la ciudad desde la perspectiva del acceso de sus habitantes a la reproducción de sus vidas en el contexto de la construcción de la ciudad: con centro en los actores sociales e identificando las alternativas reales en la ciudad que estos mismos actores construyen.

6. Generar una mirada superadora de los enfoques tradicionales que se centran en la vivienda, el suelo y en el análisis de la calidad de la pobreza.

7. Reconocer y revitalizar el orden urbano.

El orden urbano remite a un conjunto de normas jurídicas de variada jerarquía subdividida en dos grupos:

El Grupo I conformado por normas jurídicas orientadas a la regulación de la apropiación del suelo y sus usos, a la producción de la ciudad en cuanto conjunto de edificaciones, infraestructura y espacios públicos; normas reguladoras del uso del suelo, de planeamiento, de construcción o edificación, de infraestructura, de medio ambiente, de equipamiento, etc., y el Grupo II integrado por normas orientadas a la regulación de las prácticas urbanas, abarcando los reglamentos de tránsito, de transporte urbano de pasajero colectivo e individual, del mobiliario urbano, de publicidad, de habilitaciones de industria, comercio, de espectáculos públicos, etc.

Como consecuencia de este orden urbano se sancionan las normas que integran el Grupo I, Leyes de Regulación de uso del suelo, de Ordenamiento Territorial, Reglamentos de Planeamiento Urbano, (regulación a nivel provincial o municipal del crecimiento de la ciudad a partir de sus forma urbana originaria, pero imponiendo nuevas pautas o criterios relacionados con las densidades, los índices edilicios, los usos, las actividades compatibles, los espacios verdes, etc. Incorporación e restricciones que responden a las denominadas técnicas urbanísticas de índole ordenancistas como: la alineación, el ensanche, la reforma interior —demolición y renovación—, la zonificación); Reglamentos de Edificación (a nivel municipal o comuna, para regular los aspectos relativos a las construcciones que se promueven en la ciudad, y los procesos de edificación), Códigos Urbanos.

Entre tanto, el Grupo II lo componen las normas jurídicas que regulan el lo urbano, individualizándose en este grupo, a loas Códigos de Tránsito, a las Ordenanzas Generales de Transporte Urbano de Pasajeros, de taxis, remises, de mobiliario urbano, de Publicidad, de Habilitación de actividades industriales y comerciales, culturales, deportivas, etc.

Estos dos grupos aglutinadores de normas jurídicas que regulan el orden del ejido urbano deben contener disposiciones integradoras como consecuencia de su aplicación en un mismo espacio físico a los fines de lograr un desarrollo armónico e integral del mismo.

Podemos decir que el Grupo I, muestra una ciudad estática, es una fotografía, ciudad inclusiva o de la dispersión de la inequidad, y el Grupo II desnuda una ciudad dinamizada, en movimiento una materialización o realización de lo aspirado.

Por ello el contenido de las normas reguladoras de las prácticas urbanas que integran el Grupo II no son ajenas al derecho urbanístico, que se conforma con la suma de las normas que integran el Grupo I, sino que son la consecuencia de lo regulado por aquellas para el desarrollo físico de la ciudad.

Este orden urbano, que lleva al desarrollo urbano de la ciudad, debe manifestarse como el producto de una política urbana inclusiva, debiendo contribuir a:

1. Equilibrar el desarrollo de la ciudad
2. Procurar quebrar la barrea de la exclusión social
3. Superar los desórdenes en materia de vivienda, sanidad, educación, salud

4. Tener en consideración para romper la exclusión: a la pobreza. La pobreza es desequilibrante del sistema urbano (del orden urbano). Para los pobres la zona inferior de la ciudad, lasa más bajas oportunidades de promoción en el mercado de empleo,
5. Evitar la "marginación acumulativa"
6. Garantizar la inclusión social

Una **Cuarta teoría** surge para sostener que, El orden urbano democrático, justo y equitativo equilibra el desarrollo de la ciudad y disminuye la pobreza o disminuye la exclusión social o aumenta la inclusión social.

El orden urbano al reglar el ordenamiento de la ciudad, conducir su desarrollo y resolver los problemas o tensiones existentes en la misma realiza los múltiples valores que caracterizan al derecho urbano:

a) políticos: la normativización del espacio físico de la ciudad no es una cuestión netamente jurídica obedece a un pensamiento político que compete a las autoridades públicas como intérpretes y representantes de la comunidad (toda gestión urbana obedece a una ideológica determinada);

b) sociales (procura satisfacer la totalidad de las necesidades de la población en miras a lograr su bienestar, ofreciéndole condiciones dignas de vida);

c) económicos (regula la actividad de carácter comercial e industrial que se desarrolla en la ciudad, distribuye las cargas y los beneficios, actúa sobre el suelo, recurso de gran valor económico);

d) de eficiencia y eficacia de la actividad administrativa (el derecho urbanístico debe buscar racionalidad urbana y eficacia en la estructuración de la ciudad);

e) culturales (la preservación e incremento del patrimonio arquitectónico y cultural de la ciudad).

Hacia las reflexiones finales:

Le Corbusier dijo, que la vida moderna exige, y está a la espera de un nuevo tipo de plan, tanto para la casa como para la ciudad. Ese plan a mi criterio será el que consagre el derecho a la ciudad.

Crear ciudad es una disputa política e ideológica y como sostiene Edésio Fernandes, el derecho urbanístico está donde siempre estuvo: en el corazón del proceso político, de allí que debe jerarquizarse el derecho urbano y su finalidad: la de construir una ciudad inclusiva que respete el ejercicio del derecho a la ciudad.

Resulta conveniente para finalizar, recordar lo sostenido en la Declaración de Roma (Conferencia sobre la Población y el Futuro Urbano), en 1980, en el sentido que "históricamente la ciudad ha sido el motor del desarrollo y la fragua de las energías creadoras del hombre (…) la ciudad ha sido el lugar donde ha florecido la civilización. Creemos que el proceso de la urbanización se debe utilizar para lograr el objetivo de la humanidad de alcanzar un progreso justo pacífico y duradero, Pero para que así sea, la urbanización se tiene que producir en condiciones planificadas y ordenadas". Y yo agrego en democracia, en equidad, sin discriminación y respetando los principios de sustentabilidad y justicia social…

El conjunto de normas y principios jurídicos que conforman el de derecho urbano deben reflejar este pensamiento.

La construcción, conservación y reconvención de las ciudades es un desafío arduo pero vivificante y alentador a la vez, no solo para los gestores públicos, sino también para los actores sociales y los operadores, académicos y profesionales del derecho,

Y si durante el desarrollo urbano se cumplen los múltiples valores que caracterizan al derecho urbano las ciudades serán todo lo inclusiva que anhelamos y el derecho a la ciudad podrá ser gozado por todos sus habitantes, sin discriminación alguna.

Informação bibliográfica deste capítulo, conforme a NBR 6023:2002 da Associação Brasileira de Normas Técnicas (ABNT):

TALLER, Adriana. El Derecho Urbano tiene Vocación para Habilitar el Pleno Ejercicio del Derecho a la Ciudad. *In*: BACELLAR FILHO, Romeu Felipe; GABARDO, Emerson; HACHEM, Daniel Wunder (Coord.). *Globalização, direitos fundamentais e direito administrativo*: novas perspectivas para o desenvolvimento econômico e socioambiental: Anais do I Congresso da Rede Docente Eurolatinoamericana de Direito Administrativo. Belo Horizonte: Fórum, 2011. p. 57-71. ISBN 978-85-7700-501-7.

MARCOS NORMATIVOS FUNDANTES DA CIDADE DEMOCRÁTICA DE DIREITO NO BRASIL*

ROGÉRIO GESTA LEAL

1 Introdução

Nas presentes reflexões, pretendo fazer uma abordagem sobre as condições e possibilidades da função social da Cidade no Brasil, a partir da ideia de Estado Democrático de Direito e das diretrizes nacionais de desenvolvimento urbano impressas no novo Estatuto da Cidade, mais especificamente a Lei federal nº 10.257, de 10 de julho de 2001, eis que grande marco regulatório da organização do espaço urbano, trazendo princípios e objetivos nacionais neste âmbito.

Não tem a intenção o trabalho de promover uma leitura interpretativa de todos os artigos da lei referida, mas abordá-la a partir de uma perspectiva mais generalista, destacando seus princípios ordenadores e as concepções de políticas públicas que os sustentam.

Neste sentido, parto do pressuposto de que o Estatuto da Cidade, enquanto referencial normativo à ordenação do espaço urbano, apresenta-se também como vetor político que informa os objetivos e finalidades da própria cidade, já determinados num certo sentido pelos termos constitucionais vigentes.

---

* Palestra apresentada no I CONGRESSO DA REDE DOCENTE EUROLATINOAMERICANA DE DIREITO ADMINISTRATIVO, no painel "Desenvolvimento urbano e o direito fundamental à cidade", às 20h do dia 22.02.2011, na Pontifícia Universidade Católica do Paraná

2 Aspectos teórico-constitutivos da formação do espaço urbano no Brasil e o Estatuto da Cidade

A insegurança e o desconforto criados pelos conflitos ambientais urbanos dos últimos anos, no Brasil e no mundo, fez surgir um clamor um tanto que consensual pela restauração da qualidade de vida nas cidades, através da adoção de políticas públicas que levem a profundas transformações sociais.[1]

Paralelamente a isto, boa parte dos municípios brasileiros têm seu território ocupado em desacordo com a legislação urbanística — na verdade a formação do território nacional é marcada por tal historiografia. Por tais motivos, podemos afirmar que não existe uma consciência coletiva urbanística ou ambientalista que se preocupe com as ocupações desordenadas que geram a deterioração do meio ambiente e o caos social. Assim, loteamentos clandestinos ou em área de proteção aos mananciais, favelas, condomínios em áreas rurais e invasões de terras são uma constante no cenário surreal da (des)ordem urbana. Notadamente, é muito grande a defasagem entre o modelo adotado pela legislação urbanística e a vida da cidade real, eis que a tônica do uso do solo e das construções nas cidades é a irregularidade.[2]

Em razão de todos estes cenários e fatores, vem sendo tão festejada a aprovação da Lei 10.257, de 10 de julho de 2001, denominada de Estatuto da Cidade, prometida desde a Constituição de 1988,[3] e que inovou ao inserir, pela primeira vez em nossa história, um capítulo sobre reforma urbana no texto constitucional.

Vê-se já na dicção do art. 2º da lei que a política urbana tem por objetivo ordenar o pleno desenvolvimento das funções sociais e da propriedade urbana, mediante as seguintes diretrizes gerais: garantia do direito a cidades sustentáveis, entendido como o direito à terra urbana, à moradia, ao saneamento ambiental, à infraestrutura urbana, ao transporte e aos serviços públicos, ao trabalho e ao lazer, para as presentes e futuras gerações.

---

[1] Em CASÉ, Paulo. *A cidade desvendada*. Rio de Janeiro: Ediouro, 2000. p. 31.

[2] Discuti isto no livro LEAL, Rogério Gesta. *A função social da cidade e da propriedade no Brasil*. Porto Alegre: Livraria do Advogado, 2000.

[3] O processo de aprovação do Estatuto da Cidade foi longo e difícil, com vários anos de tramitação legislativa. Em termos de memória histórica, deveu-se ao senador Pompeu de Sousa (PMDB/DF) a elaboração e a proposta do texto matricial, em 29 de junho de 1989, do Projeto de Lei nº 181, aprovado no ano seguinte e enviado à Câmara dos Deputados, onde foi amplamente discutido por quatro comissões: de Economia, Indústria e Comércio; de Defesa do Consumidor, Meio Ambiente e Minorias; de Desenvolvimento Urbano e Interior e de Constituição e Justiça e de Redação. Decorridos 11 anos, retornou ao exame da Comissão de Assuntos Sociais do Senado, que acatou parecer favorável do relator Mauro Miranda (PMDB/GO) ao substitutivo da Câmara.

Assim, pela dimensão de suas disposições norteadoras, o Estatuto da Cidade adquiriu o *status* de ser o novo marco institucional na trajetória da tão apregoada reforma urbana, isto porque se preocupa com o pleno desenvolvimento das funções sociais das cidades, garantindo o direito às cidades sustentáveis. Em vários artigos e parágrafos, esse direito é especificado, se propondo a ordenar e controlar o uso do solo de forma a evitar a deterioração das áreas urbanizadas, a poluição e a degradação ambiental. Na verdade, este Estatuto da Cidade representa um passo marcante em matéria urbanística, podemos dizer até histórico.

A despeito desta vitória para o urbanismo no país, não se pode deixar de reconhecer que a vida nas cidades brasileiras continua a ser um desafio neste século recém-iniciado, acirrando cada vez mais os conflitantes interesses em jogo e tendo como pano de fundo uma urbanização perversa que agrava diuturnamente o quadro de exclusão social, tornando mais evidente a marginalização de grandes segmentos populacionais.[4]

Em verdade, foi no século passado que o país mais se urbanizou. A evolução do crescimento da população urbana, conforme a tabela abaixo, é bastante significativa. Atualmente, segundo estimativas do Instituto Brasileiro de Geografia e Estatística (IBGE), somos 169.590.693 de brasileiros, e chegamos ao ano 2000, com 81,2% da população brasileira morando em áreas urbanas e 18,8% vivendo em áreas rurais. Ao contrário do que acontecia na década de 50, quando 63,8% viviam no campo e 36,2% nas cidades.

---

[4] Reportagens da *Folha de S.Paulo* têm dado conta desta realidade social cada vez mais aguda: "A reocupação irregular de áreas de risco obriga a Prefeitura de São Paulo a fazer obras de contenção e a desalojar moradores em locais que já foram reformados em gestões anteriores. Morros e margens de córregos da cidade, reabilitados há mais de dez anos, voltam ao mapa das regiões em perigo de deslizamento ou solapamento por falta de fiscalização da própria prefeitura. Levantamento parcial da Secretaria de Implementação das Subprefeituras (SIS) indica a existência de 525 áreas de risco habitadas na cidade, sendo pelo menos 81 em situação de perigo iminente — onde uma tragédia pode acontecer a qualquer momento. Dessas, 33 são encostas onde casas podem despencar ou ser soterradas, e 48 estão em região de baixada, onde o risco maior é de solapamento (quando o solo da margem do rio cede). O Jardim Damasceno, no distrito de Brasilândia (zona norte), é um exemplo de reocupação irregular. Das 91 obras em áreas de risco realizadas pela ex-prefeita Luiza Erundina (PSB, 1989-92), 17 foram feitas no bairro. Na época, foram gastos US$2,5 milhões (o equivalente a cerca de R$6 milhões) no local, segundo Neli Márcia Ferreira, administradora regional da Freguesia do Ó, que responde pelo bairro. Muros de arrimo e escadões, além da desocupação de áreas de encosta, foram providenciados. Cerca de 120 famílias foram removidas para um abrigo. Ao longo de dez anos, o Jardim Damaceno — um conjunto de morros de solo frágil — foi reocupado por cerca de 2.000 famílias" (*Folha de S.Paulo*, São Paulo, 24 fev. 2002. Caderno Cotidiano, p. 2).

Crescimento da população urbana no Brasil

Ano	População	Percentual	Número de municípios
2000	137.755.550	81,2	5.507
1990	110.875.826	75,5	4.491
1980	82.013.375	67,7	3.991
1970	52.904.744	56,0	3.952
1960	32.004.871	45,1	2.766
1950	18.782.891	36,2	1.889

Fonte: Censos Demográficos IBGE.

Tenho como da maior importância a nova legislação urbanística aprovada, o que por si só não acarreta ou garante os resultados e objetivos previstos, pelo fato de que se apresenta, fundamentalmente, como um conjunto de mecanismos jurídicos a serem operacionalizados em nível municipal e, portanto, necessário serem adaptados às realidades de cada cidade. O Estatuto fornece os parâmetros aos executivos e legislativos municipais para a elaboração de suas leis e planos urbanísticos, todavia, nem sempre os municípios, em especial os de menor porte, contam com pessoal técnico ou têm condições financeiras de elaborar estas normas.

Ao lado disto, pode-se afirmar que há também outros tipos de problemas à efetivação da norma, como os atinentes à inexistência de critérios tecnicamente consensuais sobre inúmeras matérias nela contidas, as quais vai se ver em seguida. Em compensação, o Estatuto respalda constitucionalmente a função social da cidade e a sua sustentabilidade, não tendo definido melhor o que isto significa para cada município, para que eles se tornem alternativas concretas de futuro às novas gerações.

De qualquer sorte, é inexorável que o tema do urbanismo passa a estar no campo de abrangência da norma constitucional vigente no Brasil, e isto não só em razão das disposições que se encontram insertas a partir do art. 182, versando sobre a política urbana (veja-se a importância da abordagem feita pela norma, elevando o tema do urbanismo como política constitucional), mas fundamentalmente em face dos princípios e fundamentos eleitos pela Carta Política, notadamente os presentes no seu Título Primeiro. Acredito, neste particular, ser possível sustentar que todos os objetivos fundamentais e princípios propriamente ditos asseverados pelos arts. 3º e 4º, da Carta Política, apresentam-se como elementos vinculantes de quaisquer ações públicas ou privadas, todas obrigadas com a construção de uma sociedade justa, de garantir o desenvolvimento nacional, de erradicar a pobreza, de promover o bem de todos etc.

Ao lado dos princípios constitucionais e dos objetivos e finalidades da República, tem-se ainda a particularização de algumas questões societais na ambiência constitucional, tais como, por exemplo, a de que não basta só ser garantida a propriedade privada e o cumprimento de sua função social visando a organização da vida econômica do país, mas revela-se imperioso que se observe nela a valorização do trabalho humano e a livre iniciativa, tudo direcionado para o asseguramento a todos de existência digna, conforme os ditames da justiça social, *ex vi* as previsões do art. 170, da Constituição Federal.

A partir destes cenários, sustento que há elementos normativos e políticos suficientes no sistema jurídico nacional (não que isto seja suficiente para resolver os problemas atinentes à espécie) apontando para a persecução de uma vida urbana adequada com os compromissos humanos e comunitários desenhados pela Carta Magna. Assim é que

> o imóvel urbano, espécie do gênero "propriedade privada", componente de uma teia descrita pela sua função social, mais trabalho humano e iniciativa do homem, são temperamentos apropriados para o atingimento de um bem-estar social preconizado pela Carta Constitucional, consoante passagem diccionada pelo seu art. 182, caput.[5]

Tais compromissos, como dantes visto, se alojam na ideia central da Constituição brasileira de 1988, quando amplia significativamente os poderes do Estado enquanto instituição jurídica e política, para perseguir com mais chances de êxitos todos os seus deveres, o que se evidencia no âmago dos artigos 21, 23, 24, 25, 30, 43, 48, 174, 178 e 182 do Texto Político.

É possível sustentar, de forma mais pontual e em sede de marcos regulatórios vigentes, que se o legislador constituinte outorgou à Administração Pública municipal a crucial tarefa de execução da política de desenvolvimento urbano, submeteu-a às diretrizes gerais fixadas em lei — neste caso, o Estatuto da Cidade. Em outras palavras, tal lei federal se enquadra, dogmaticamente e salvo melhor juízo, como norma programática, de linhas gerais, de eficácia jurídica imediata,

---

[5] ARANTES, Otília B. *et al.* (Org.). *O pensamento único das cidades*: desmanchando consensos. Vozes: Petrópolis, 2000. p. 38.

direta e vinculante.[6] No que tange ao Município, em face de sua competência para legislar assuntos de interesse local (art. 30, CF/88), os marcos normativos desta matéria têm conteúdo específico, eis que os temas atinentes à política do desenvolvimento urbano se afeiçoam especialmente como locais.

Sabe-se que o conceito de interesse local é deveras problemático, e tenho que ele só possa ser demarcado tendo em vista situação concreta dada, a despeito de possuir significação histórica bem delimitada no campo da teoria política, dizendo respeito à circunscrição física de exercício do poder legítimo instituído no âmbito das sociedades modernas,[7] e leve em conta as competências constitucionais privativas das demais entidades federativas. Nesta direção, o interesse local não é aquele que diz respeito exclusivamente ao Município, mas aquele que predominantemente afeta a população de um lugar político circunstanciado e fisicamente limitado.

A partir daqui delimito o porquê da existência de temas que interessam a todo o país, mas, por possuírem aspectos que exigem uma regulamentação própria para determinados locais, devem ser detalhados somente nestes locais, e não em todo o território do país. Em outras palavras, a competência do Município para legislar sobre assuntos de interesse local existirá sempre que, em determinada matéria, apresentarem-se aspectos que precisem de uma norma específica para a localidade, garantindo suas especificidades.

Numa outra perspectiva, é defensável a tese de que o interesse local não se verifique necessariamente em determinadas matérias, mas em situações concretas específicas. Decorre daí que, aspectos da mesma matéria podem exigir tratamentos diferenciados pela União, pelos Estados e pelos Municípios; o fundamental é que não se perca a noção de sistema, verificando-se a compatibilidade entre os diversos diplomas legais e a Constituição.

A dicção constitucional acima referida revela, por coerente interpretação do que se viu até aqui, que sempre que prevalecer um interesse da comunidade local o Município poderá editar sua própria lei, independentemente de a matéria ter sido atribuída à competência legislativa de outro ente da Federação. Terá, contudo, de ser a norma municipal compatível com as normas já adotadas pela União e pelo Estado, se a estas entidades tiver sido atribuída a competência a respeito da matéria.

---

[6] Neste sentido, ver o trabalho de SILVA, José Afonso da. *Aplicabilidade das normas constitucionais*. São Paulo: Malheiros, 1998.

[7] Ver WEBER, Max. *Economía y sociedad*. México: Sigloveinteuno, 1995. p. 329.

Na ausência de legislação federal ou estadual sobre determinado tema, o Município poderá, em meu sentir, tratar exaustivamente da matéria, com o objetivo de viabilizar a sua competência material às demandas locais. Se a União e o Estado, no âmbito de suas competências, editarem normas sobre temas já regulamentados pelo Município, dever-se-á verificar a compatibilidade ou não da norma municipal com o novo regramento, ao mesmo tempo que observar se não foi invadida indevidamente a matéria local. Não poderia o Município ser silenciado, no cumprimento do seu dever constitucional de agir, por ter a União ou o Estado se omitido de legislar sobre determinada matéria.

Esta competência assegurada aos Municípios implica, por sua vez, na formação de instrumentos normativos (bem como ações públicas consequentes) capazes de perseguir a efetivação da função social da cidade,[8] dentre os quais o que possui destaque constitucional é o plano diretor, aprovado pelas Câmaras Municipais, figurando como instrumento básico da política de desenvolvimento e de expansão urbana, inserto num cenário maior — nos termos do art. 29, XII —, que é o planejamento Municipal, ato político e jurídico complexo que conta com a participação social, através de suas associações representativas.

Assim é que, com fulcro no art. 30, *caput*, da CF/88, os Municípios veem-se outorgados na competência de promover, no que couber, adequado ordenamento territorial, mediante planejamento e controle do uso, do parcelamento e da ocupação do solo urbano — inciso VIII —, respeitadas, por óbvio, as legislações federais e estaduais que estabelecem as diretrizes gerais (e só as gerais) referentes a mesma matéria.

---

[8] Interessante destacar que a história da urbanização no Brasil, como já vimos, registra diversos fatores que dificultam a concretização desta função social, desde pelo menos meados dos anos 70, fomentando espaços de formação e consolidação de fenômenos que podemos nominar de *autossegregação* societal. Dentre esses fatores podem ser destacados: 1) uma paisagem urbana crescentemente marcada pela pobreza e pela informalidade, inclusive nas áreas centrais e nos bairros residenciais privilegiados tradicionais, devido a congestionamentos, poluição do ar etc.; 2) a busca por uma maior "exclusividade" social; 3) eventualmente, a procura de novos espaços residenciais que apresentassem amenidades naturais; e 4) o aumento objetivo da criminalidade violenta e de problemas associados a estratégias de sobrevivência ilegais (como as "balas perdidas" quando de tiroteios entre quadrilhas rivais de traficantes de drogas, a desvalorização de imóveis situados próximos a favelas etc.), e também da "sensação de insegurança" vinculada, com maior ou menor dose de realismo, à criminalidade objetiva. Neste sentido, ver o trabalho de SOUZA, Marcelo Lopes de. *O desafio metropolitano*: um estudo sobre a problemática sócio-espacial nas metrópoles brasileiras. Rio de Janeiro: Bertrand Brasil, 2000. p. 197-199.

Com tal perspectiva é que se impõe a efetivação do Estatuto da Cidade no território municipal, oportunidade ímpar de as gestões públicas locais aproveitarem este mecanismo legislativo para ampliar as condições de dar concretude à função social da cidade e da propriedade.

3 Considerações sobre o marco normativo regulatório das cidades e seus princípios vinculantes

Como o presente texto não tem a finalidade de realizar uma abordagem exaustiva sobre todos os artigos do Estatuto da Cidade, opto por tratar desta norma nos seus aspectos mais estruturais, analisando seus capítulos como grandes modelos de ordenação do espaço urbano, pontuando alguns temas mais polêmicos e inovadores na cultura jurídica pátria.

Neste sentido, em termos de diretrizes gerais, a lei é muito clara quando apresenta sua finalidade precípua, a saber, a de instituir regras de ordem pública e de interesse social, regulatórias da segurança e do bem-estar dos cidadãos, juntamente com o equilíbrio ambiental.

Apresenta as finalidades pelas quais existe o estatuto, um normativo próprio, regulamentando os dispositivos dos arts. 182 e 183, da CF/88; outro, normativo-político, demarcando os objetivos da norma, a saber, regular o uso da propriedade urbana em prol do bem coletivo, da segurança e do bem-estar dos cidadãos, associado ao equilíbrio ambiental.

Para tanto, estão pontualmente delimitados os princípios e diretrizes que informam tais objetivos: (a) garantir a existência de cidades sustentáveis (no âmbito do direito à terra, à moradia, ao saneamento, infraestrutura, transporte e serviços públicos); (b) gestão democrática da cidade por meio da participação da população e de associações representativas dos vários segmentos da sociedade, na formulação, execução e acompanhamento de planos, programas e projetos urbanos (os arts. 43 a 45 vão trazer alguns instrumentos específicos para este princípio ordenador da gestão do espaço urbano); (c) cooperação entre entidades governamentais e não governamentais neste processo; (d) ordenação e controle do uso do solo, de forma a evitar situações potencialmente danosas à sustentabilidade das cidades; (e) integração das atividades urbanas e rurais; (f) justa distribuição dos benefícios e ônus decorrentes do processo de urbanização; (g) proteção e recuperação do patrimônio histórico e cultural; (h) consulta popular sobre implantação de empreendimentos ou atividades danosas à cidade; (i) regularização fundiária e urbanização de áreas ocupadas pela população de baixa renda.

Tais elementos normativos se afiguram como verdadeiros *princípios jurídicos vinculantes à atividade urbanística pública e privada*. Mas o que isto significa ainda?

As normas-princípios afiguram-se como mandamentos estruturais e indispensáveis à organização da regulação jurídica e ordenação social, ou, como quer Celso Antônio Bandeira de Mello,[9] *são disposições fundamentais que se irradiam sobre diferentes normas, compondo-lhes o espírito e servindo de critérios para sua exata compreensão e inteligência.*

Esses princípios contêm valores políticos e sociais fundamentais ditados pela sociedade, de forma explícita ou implícita, concretizados em diversas normas da Constituição ou cuja concretização esta impõe. Nessa direção, a contemporânea teoria constitucional alemã, com Hesse,[10] Häberle[11] e sua versão portuguesa, com Canotilho,[12] dão conta de que os princípios são exigências de otimização abertas a várias concordâncias, ponderações, compromissos e conflitos, como os princípios do Estado Democrático de Direito, da igualdade, da liberdade, etc. Já na doutrina italiana estas características dos princípios se configuram como: "la maggior genericità e indeterminatezza della fattispecie, e soprattutto delle conseguenze giuridiche associate alla fattispecie; la maggiore apertura ad eccezioni implicite (defettibilità); la maggior considerazione del fattore del 'peso' o della 'importanza' in sede di dell'applicazione".[13]

No caso ainda da cultura jurídica brasileira, pode-se citar, a título de ilustração argumentativa, o clássico/histórico ensinamento de Carlos Maximiliano,[14] para quem "todo o conjunto de regras positivas representa sempre e apenas o resumo de um complexo de altos ditames, série de postulados que enfeixam princípios superiores. Constituem

---

[9] MELLO, Celso Antônio Bandeira de. *Elementos de direito administrativo*. São Paulo: Malheiros, 2001. p. 230.

[10] HESSE, Konrad. *A força normativa da Constituição*. Porto Alegre: Fabris, 1991.

[11] HÄBERLE, Peter. *Hermenêutica constitucional*. Porto Alegre: Fabris, 1997.

[12] CANOTILHO, José Joaquim Gomes. *Direito constitucional*. Coimbra: Almedina, 1997.

[13] MANIACI, Guido. *Razionalità ed equilibrio riflessivo nell'argomentazione giudiziale*. Torino: Giappichelli, 2008. p. 300. Veja que o autor adverte para o fato de que: "la genericità non deve essere confusa con la generalità e con la vaghezza, che non sono invece caratteristiche necessarie né sufficienti per la qualificazione di una norma come principio (contrariamente a quanto si legge in gran parte della letteratura). La generalità riguarda infatti l'estensione della classe di oggetti cui si riferisce un predicato: più ampia è la classe, più generale è l'enunciato. La vaghezza invece riguarda l'esistenza di casi in cui è dubbia l'applicazione di un predicato, a causa di fattori quantitativi o combinatori".

[14] MAXIMILIANO, Carlos. *Hermenêutica e aplicação do direito*. Rio de Janeiro: Forense, 1992.

estes as idéias diretivas do hermeneuta, os pressupostos científicos da ordem jurídica".

Outro festejado jurista, José Afonso da Silva, denomina os mandamentos jurídicos do Título I, da Carta de 1988, como princípios político-constitucionais, eis que configuram decisões políticas fundamentais concretizadas em normas conformadoras do sistema constitucional positivo, constituindo verdadeiras normas-princípio, isto é, normas fundamentais de que derivam, logicamente (e em que, portanto, já se manifestam implicitamente), as normas particulares, regulando imediatamente relações específicas da vida social.[15]

Analisando a juridicidade desses princípios, pode-se dessumir que eles servem de base e teor dos governos e discursos normativos democráticos, pois colocam e mesmo buscam a concretização dos direitos a que se referem, sempre almejando a proteção e efetivação dos objetivos previamente traçados pelo poder constituinte. Em outras palavras, eles constituem fundamentos para juízos concretos de dever.[16]

Por tais razões é que se tem insistido na tese de que estes princípios se diferenciam das regras jurídicas, eis que: (a) são normas particularmente importantes pelo fato de representarem valores fundantes e constitutivos do ordenamento, razão pela qual a relação que se impõe a eles é a aderência, enquanto as regras se obedecem; (b) os princípios têm graus de generalidade e vagueza muito amplos, com certa indeterminação, enquanto as regras são normas que conectam consequências jurídicas a uma precisa fatispécie, associando uma modalidade deôntica (proibição, permissão ou obrigação) a certa conduta; (c) a aplicação dos princípios está condicionada a considerações de peso e importância, enquanto as regras não poderiam ser operadas a partir desta lógica, mas deveriam ou não ser aplicadas.[17]

---

[15] SILVA, José Afonso da. *Curso de direito constitucional positivo*. São Paulo: Malheiros, 1997. p. 85.

[16] Concordo com ALEXY, Robert. *Teoría de los derechos fundamentales*. Madrid: Centro de Estudios Constitucionales, 1993. p. 125, quando afirma que tanto as regras como os princípios são normas, porquanto ambos se formulam com a ajuda de expressões deônticas fundamentais, como mandamento, permissão e proibição. Ver igualmente o trabalho de LUZZATI, Claudio. *La vaghezza delle norme*: un'analisi del linguaggio giuridico. Milano: Giuffrè, 1990.

[17] Ver em especial os trabalhos de ALEXY, Robert. A argumentação jurídica como discurso racional. *In*: TEIXEIRA, Anderson Vichinkeski; OLIVEIRA, Elton Somensi de Oliveira (Org.). *Correntes contemporâneas do pensamento jurídico*. São Paulo: Manole, 2010; ALEXY, Robert. A Discourse-Theoretical Conception of Practical Reason. *Ratio Juris*, v. 5, n. 3, p. 231-251, 1992; ALEXY, Robert. A Theory of legal Argumentation: the Theory of Rational Discourse as Theory of legal Justification. New York: Hammel, 2010; ALEXY, Robert. Die Idee einer prozeduralen Theorie der juristischen Argumentation. *Rechtstheorie*, Berlim, C. 2, 1981.

Penso que se pode, simetricamente aos princípios constitucionais, apreciar as diretrizes do Estatuto da Cidade como verdadeiras normas ordenadoras de toda e qualquer ação urbanística, levando em conta que elas, no ordenamento jurídico urbano nacional, operam com certo grau de abstração, pelo fato de carecerem de meações concretizadoras, todavia, com papel fundamental devido à sua posição hierárquica no sistema das fontes do Direito Urbanístico, figurando como verdadeiros *standards* juridicamente vinculantes radicados nas exigências de se ter cidades sustentáveis e, por isto, fundamentando regras, ações e responsabilidades atinentes à espécie.

Não há opção de observar ou não tais diretrizes/princípios por parte de qualquer entidade federativa ou relação privada no país. Elas obrigam a todos por sua estatura de ordem pública e natureza fundamentalizante à ocupação do espaço urbano, ostentando eficácia derrogatória e diretiva dentro de todo o sistema jurídico, por óbvio que observados os limites constitucionais referidos anteriormente.

Em outras palavras, quero atribuir às diretrizes do Estatuto função também interpretativa, orientando as soluções jurídicas a serem processadas diante dos casos submetidos à apreciação do administrador público e, por intermédio de função supletiva, tarefa de integração do Direito, suplementando os vazios regulatórios da ordem jurídica urbana ou ausências de sentido regulador, constatáveis em regras ou em princípios de maior grau de densidade normativa reguladoras da matéria consectária.

Daí a possibilidade de exercício do controle de legalidade permanente a partir das diretrizes gerais do estatuto.

Há muito ainda o que discutir.

Informação bibliográfica deste capítulo, conforme a NBR 6023:2002 da Associação Brasileira de Normas Técnicas (ABNT):

LEAL, Rogério Gesta. Marcos normativos fundantes da cidade democrática de direito no Brasil. *In*: BACELLAR FILHO, Romeu Felipe; GABARDO, Emerson; HACHEM, Daniel Wunder (Coord.). *Globalização, direitos fundamentais e direito administrativo*: novas perspectivas para o desenvolvimento econômico e socioambiental: Anais do I Congresso da Rede Docente Eurolatinoamericana de Direito Administrativo. Belo Horizonte: Fórum, 2011. p. 73-83. ISBN 978-85-7700-501-7.

PERSPECTIVAS DO DESENVOLVIMENTO URBANO À LUZ DO DIREITO FUNDAMENTAL À CIDADE*

ANGELA CASSIA COSTALDELLO

1 Considerações iniciais

Toda reflexão que se destine ao urbano e aos direitos fundamentais não poderia ser mais propícia para esta quadra recente em que se vivencia toda ordem de transformações na atmosfera do planeta e, de igual modo, no Brasil, com profundas e catastróficas alterações na ambiência urbana.

A realidade urbana é, possivelmente, aquela que, de maneira mais incisiva, interfere e intervém, perceptível ou imperceptivelmente, na vida dos indivíduos. Esta constatação se torna evidente a partir do século XIX quando, já longe a Idade Média com a configuração dos burgos e foros, passam a se consolidar os espaços habitados e habitáveis como centros de desenvolvimento das relações sociais e comerciais, verdadeiros núcleos de poder.

---

* Palestra apresentada no I CONGRESSO DA REDE DOCENTE EUROLATINOAMERI-CANA DE DIREITO ADMINISTRATIVO, no painel "Desenvolvimento urbano e o direito fundamental à cidade", às 10h do dia 22.02.2011, na Pontifícia Universidade Católica do Paraná.

Concomitantemente e num processo incessante e interminável, os adensamentos populacionais nesses espaços exigiram dos governantes a tomada de decisões que resultou em reestruturações e renovação do desenho das cidades, antes oriunda de formação espontânea, depois planejada.

2 Desenvolvimento urbano e o direito fundamental à cidade

A cidade, detentora de suas incontáveis facetas e uma das mais poderosas manifestações do imaginário, traz na projeção mental imagens relacionadas à arquitetura e à edificação, ao arruamento, à presença de praças. No entanto, "tentar explicar o que é uma cidade, no mundo contemporâneo, é tarefa que exige a consideração de vários elementos que se relacionam historicamente em diferentes parcelas dos territórios, com intensidades e dinâmicas específicas em cada caso", como pontua Eliseu Savério Sposito.[1]

Essa realidade vai para além dos edifícios, do traçado das ruas, do tráfego de pessoas e veículos, dos grupos socais e culturais que ocupam esses espaços e, sem nenhuma linearidade estrutural e de formação, fértil em mutabilidade (perceptíveis e imperceptíveis) de adensamento e de rarefação humana e material, de valores e de desvalores individuais e coletivos, de inclusão e (mais) de exclusão... Tantas serão as hipóteses quantas são passíveis de enumeração (ou impossível) as características e correspondentes mutações verificáveis na *urbe*. E, de igual forma, tantos serão os interesses.

De fato, à acomodação dos indivíduos sobre o solo e à organização do espaço — independentemente de aspectos valorativos, se bons ou maus — amalgamam-se interesses. Interesses, direitos e deveres, destinatários e titulares diversos, promotores e responsáveis a quem a realidade e as normas jurídicas (princípios e regras) assim discriminam. E ressalta-se a função promotora e garantidora do Estado na efetividade dos direitos fundamentais.

Em resumo, lembro as palavras de Jacqueline Beaujeau-Garnier "a cidade pode ser dinâmica e próspera ou degradada e quase moribunda; é o nó de fluxos sucessivos centrípetos ou centrífugos de toda natureza".[2] E "o que conta nela não é tanto sua estrutura visível

---

[1] SPOSITO, Eliseu Savério. *Redes e cidades*. São Paulo: Unesp, 2008. p. 13.

[2] BEAUJEAU-GARNIER, Jacqueline. *Geografia urbana*. Lisboa: Calouste Gulbenkian, 1980. p. 16 *apud* SPOSITO, *op. cit.*, p. 13-14.

e reconhecível, mas sua estrutura latente, sua forma oculta, que brota da irrupção de objetos e acontecimentos heterogêneos, condutores do banal e cotidiano".[3]

Os movimentos culturais, carregados de romantismo e que concebiam a cidade natural, respeitando suas origens e a simplicidade na satisfação das necessidades dos habitantes locais, parecem não resistir às transformações econômicas, à globalização, à homogeneidade de modelos de planejamento urbano, às regras da produção e circulação de bens, ao mercado e aos estereótipos assumidos como objetos de desejo, não obstante as profundas diferenças das realidades urbanas. A cidade é a "arena da multiculturalidade".[4]

Nessa pluralidade inesgotável, acrescenta-se a repercussão dos avanços da tecnologia e o desenvolvimento da informação. Há quem cogite da construção da "cidade digital" ou a *"cibercidade".*[5] Há, também, a "cidade global" que na melhor definição de Manuel Castells, "não é um lugar, mas um processo. Um processo por meio do qual os centros produtivos e de tconsumo de serviços avançados e suas sociedades auxiliares locais estão conectados em uma rede global embora, ao mesmo tempo, diminuam a importância das conexões com as hiterlâncias, com base em fluxos da informação".[6] São, enfim, cidades que determinam e constroem valores avindos da informação — cidades informacionais.[7]

Michel Huet, ao reunir a opinião de vários urbanistas, arquitetos e administradores,[8] pondera que, embora a cidade seja uma questão do Estado, "podemos perguntar porque, após vários anos, então, a cidade está em perigo, que o urbano é negligenciado, uma tal dispersão existe no tratamento do urbano ao menos no âmbito do aparelho do Estado". Não compartilhar dessa preocupação é esquecer as condições gerais a que é submetida a sociedade urbana, suas fraturas sociais[9] e

---

[3] FABRIS, Annateresa. Imagens do urbano: do moderno ao contemporâneo. *In*: NASCIMENTO, Dorval do; BITTENCOURT, João Batista (Org.). *Dimensões do urbano*: múltiplas facetas da cidade. Chapecó: Argos Ed. Universitária, 2008. p. 17.

[4] GOMES, Renato Cordeiro. A cidade como arena da multiculturalidade. *E-Compós — Revista da Associação Nacional dos programas de Pós-Graduação em Comunicação*, n. 01, dez. 2004. Disponível em: <http://www.compos.org.br/seer/index.php/e-compos/article/view/6/7>. Acesso em: 10 jun. 2010.

[5] Dentre outros, cite-se CASTELLS, Manuel. *Sociedade em rede*. Tradução de Roneide Venâncio Majer. 9. ed. São Paulo: Paz e Terra, 2006.

[6] CASTELLS, *op. cit.*, p. 503.

[7] CASTELLS, *op. cit.*, p. 488.

[8] François Barré, Joseph Belmont, François Chaslin, Jean Nouvel, Dominique Perrault e Christian de Portzamparc (HUET, Michel. *Le droit de l'urbain*: de l'urbanisme à l'urbanité. Paris: Economica, 1998. p. 97).

[9] Expressão utilizada por HUET, *op. cit.*, p. 33.

sua impotência de alterar um estado de coisas que ultrapassa suas possibilidades eventualmente transformadoras.

Frente a esses fatores mutáveis incontroláveis, dentre outros tantos, a cidade continua a ser o *locus* das incertezas, das revelações multiculturais e da fragilidade espacial e humana e que está sob o influxo — sutil ou violento — das variáveis incalculáveis do século XXI.

A estrutura urbana, ante a quase indescritível complexidade, impede uma avaliação linear. É necessário identificar as características, qualidades, convergências, divergências, intersecções, desencontros e histórias. E, para tanto, é preciso transcender as fronteiras entre a tecnicidade, a ciência e a arte.

Essa tríade enlaça-se à funcionalidade, o fruto dos *planos de ordenação urbana*, que possibilitam a qualificação urbanística para cada parcela do solo, conforme as perspectivas de desenvolvimento da cidade,[10] previstas no plano urbanístico e que vincula, de modo inarredável, a Administração Pública.

No planejamento, dentre tantos fatores, há que ser considerado o impacto das "transformações econômicas que é marcado pela hipótese da emergência de uma nova ordem socioespacial na qual a cidade cumpre um papel exatamente inverso, com o surgimento de uma estrutura social dualizada e uma organização espacial fragmentada".[11]

A par desse aspecto socioespacial, o planejamento urbano é o instrumento, em essência, que propicia a desenvolvimento das potencialidades humanas individuais e coletivas — o privado e o público — mediante a utilização dos espaços e o direcionamento da ocupação do solo de modo a conformar o *direito à cidade*.

Tão propalado e pouco definido, dessa afirmação advém indagações. Direito a qual cidade? Nos processos tão dinâmicos quanto são os urbanos, como estabelecer parâmetros e do desejável para o "amoldamento" desse direito? Quais os mecanismos que o Direito detém para a construção e efetivação desse direito?

Longe da pretensão de responder a tais questões de maneira esgotante, é preciso meditar sobre elas, sobretudo a partir de um contexto

---

[10] Sustenta Pedro Escribano Collado que "el derecho del propietario está sometido a un presuposto de hecho, la calificación urbanística de los terrenos, cuya fijación es competencia de la Administración, de naturaleza variable, de acuerdo con las necesidas de desarrollo urbanístico de las ciudades, cuya apreciación corresponde asimismo a la Administración" (COLLADO, Pedro Escribano. *La propiedad privada urbana*: encuadramento y régimen. Madrid: Montecorvo, 1979. p. 138).

[11] RIBEIRO, Luiz Cesar de Queiroz; SANTOS JÚNIOR, Orlando Alves dos. Democracia e segregação urbana: reflexões sobre a relação entre cidade e cidadania na sociedade brasileira. *Revista Eure*, Santiago de Chile, v. XXIX, n. 88, p. 79-95, dic. 2003. Disponível em: <http://www.scielo.cl/pdf/eure/v29n88/art04.pdf>. Acesso em: 20 ago. 2010.

do *real,* não se esquecendo do *mito* e da *realidade simbólica* que cerca a cidade.

A cidade é o espaço da existência plural, com a inacabável profusão de grupos distintos, com toda espécie de relações humanas e materiais e, na contemporaneidade o *direito à cidade* é e deve ser encarado com um direito fundamental. Se assim entendido, a formulação encontra no texto da Constituição da República Federativa do Brasil os baldrames necessários a traçar, ao menos num primeiro momento, o espectro do *direito à cidade.*

Há, porém, fatores, desde logo, identificados como empecilhos à idealização desse direito fundamental no Estado brasileiro.

De todos, aquele que capitaneia o rol é falta de planejamento, quer a curto, a médio ou longo prazo. Não há a cultura do planejar, do estabelecer metas e estratégias para a cidade. As prioridades são voláteis, pois, no mais das vezes, atende aos interesses do agente político transitório ou às forças — igualmente passageiras — do mercado e da globalização.

Por igual, não há a consideração e a conservação das características locais, que perfazem o sentimento daqueles que vivem naquele dado espaço. As raízes culturais e sentimentais dos indivíduos que vivem (e sobrevivem) são alijadas, ou até eliminadas, sob o argumento e o feitio momentâneo de algo travestido de moderno e que desemboca num pretenso "desenvolvimento".

Outro ponto, não menos polêmico e sempre presente na linguagem do administrador: a escassez de recursos para adotar políticas públicas condizentes com a construção da cidade e o exercício do direito à cidade. A este se alinha o fato de o agente público não ter claro os limites do exercício da discricionariedade quando elabora o orçamento e, na sequência, ao executá-lo. Sua "margem de liberdade" é ínfima ante a realidade que se sobrepõe pelas exigências de eliminação de uma exclusão social perversa.

Há, ainda, o mito da cidade. O espaço ideal de convivência harmoniosa e pacífica, a denominada "'cidade cordial', caracterizada por mecanismos dissimuladores das distâncias sociais e pela vigência de mitos integradores, substituído pelo da 'cidade partida' no qual a segregação, a agregação seletiva e a desagregação da vida política são sinalizadas por parte da literatura como os princípios de sociabilidade que passam a vigorar na cidade brasileira".[12]

---

[12] RIBEIRO; SANTOS JÚNIOR, *op. cit.,* p. 80.

Se acordada a premissa de que a realidade social e ainda os instrumentais jurídicos e políticos estão a determinar a existência do *direito à cidade*, outra deve ser a atuação do Estado no que se refere às políticas públicas de moradia, de saneamento, de implemento da infraestrutura urbana, de política de tráfego, de medidas protetivas do meio ambiente; regulação e normatização do mercado imobiliário em face da ocupação do solo, adoção de padrões de produção e consumo de bens e serviços compatíveis com a realidade local, dentre outras tantas providências.[13] Ou seja, as políticas públicas, indicadas conforme as necessidades da coletividade passam amalgamadas à *urbe*.

E, se a este cenário alia-se ideia de desenvolvimento (corriqueiramente quer significar a busca de melhoras), o acesso gradual e paulatino de uma condição inferior a uma igualmente aperfeiçoada, o planejamento é essencial.

A ideia de planejamento ata-se a uma outra, a de gestão da cidade com toda sua multiplicidade de valores, interesses, inclusão, exclusão, arquitetura e traçados variados. Em paralelo, devem ser estabelecidas políticas públicas consentâneas com as necessidades locais, regionais e nacionais.

Em regra, toma-se a noção de desenvolvimento como sinônimo de crescimento e de evolução. No entanto, este nem sempre acarreta transformações positivas. Exemplo a ilustrar esta afirmação é o de que a cidade pode crescer verticalmente, mas isso não implica que haja desenvolvimento, se não há planejamento e a qualidade de vida não é priorizada. É, em outras palavras, a "utilidade" do desenvolvimento.[14]

O Estado de Direito e Estado Democrático conduz à constatação de que a inexistência real de direitos de cidadania sem o acesso e a garantia de direitos fundamentais à existência humana, põe em risco o diálogo que se deve estabelecer entre o Urbanismo (como técnica e como arte), o Direito (como ciência) e as políticas públicas voltadas ao Direito Urbanístico (como aglutinação do Urbanismo e do Direito), juntamente com a presença dos agentes sociais — da esfera pública e da esfera privada — e que se constituem o mecanismo possível para efetivação da democratização do espaço urbano e do exercício do direito à cidade.

---

[13] Essas e outras tantas medidas estão previstas no Estatuto da Cidade (Lei nº 10.257/2001), artigo 2º, incisos e letras, como diretrizes gerais a serem adotadas para concretização da política urbana.

[14] Ponderação a respeito do desenvolvimento e sua função diante da felicidade, exposta por MORAND-DEVILLER, Jacqueline. Le juste et l'utile en droit de l'environnement. *In*: PRIEUR, Michel; AMIRANTE, Domenico *et al*. *Pour um droit commun de l'environnement*: melanges en l'honneur de Michel Prieur. Paris: Dalloz, 2007. p. 326 *et seq*.

Hoje a realidade força, impele que o direito à cidade traduz-se no direito à vida.

A cidade, multifária, zona de vivência e de convivência dos indivíduos é, por excelência, o local — não obstante a realização dos recortes temporais e espaciais — onde se identifica a presença (ou apenas a aparência), a ausência e a insuficiência, a promoção e a concretização, o decesso e a desintegração dos direitos fundamentais.

É nesse *locus* de ruas (nem sempre planejadas adequadamente), de praças (sem qualquer segurança ou sem providência de resguardo à saúde pública), de edifícios (não incomumente com estrutura insegura, encobertos ou encobrindo outros, sem iluminação natural e sem sol), de construções ditas residenciais (insertas no emaranhado de edifícios, sem segurança e desprovidas de condições mínimas de habitabilidade), de vazios urbanos (desempenhadores de papel especulativo), de transporte coletivo oneroso e de infraestrutura precária ou inexistente (água potável, esgoto, saneamento básico), que os direitos fundamentais à vida digna, à educação, à saúde, à alimentação, ao trabalho, à moradia, ao lazer, à segurança se mostram de maneira contundente.

Nesse compasso, sobressaem as relações Estado-sociedade, como "atores estáticos",[15] onde as atuações estatais destinam-se à solução das questões sociais, à promoção e à concretização dos direitos fundamentais constantes do texto constitucional e, em particular, o direito fundamental à cidade — e à vida — ao contemplar os interesses público e privado.

3 Conclusão

O tema é fascinante e infindável. Daí a dificílima tarefa de buscar arrematar as reflexões que se formaram por tantos desdobramentos e que, ao fim, configura um universo rico em inconstantes determinantes diante das circunstâncias sociais e espaciais recortadas na cidade.

A descrição dada por Louis Chevalier da realidade francesa — um tanto cortante e com certo tom apocalíptico —, crê-se, resume alguns dos vértices desse ambiente: "o dia onde nós teremos os bairros aristocráticos e os bairros proletariados, os bairros financeiros e os

---

[15] CHEVALLIER, Jacques. Le débat pulic en question. *In*: PRIEUR, Michel; AMIRANTE, Domenico *et al. Pour um droit commun de l'environnement*: melanges en l'honneur de Michel Prieur. Paris: Dalloz, 2007. p. 489-508.

bairros indigentes e, na sequência, a companhia da guarda nacional com luvas amarelas e botas envernizadas e outros com mãos calejadas, nós teremos destruído a base essencial da ordem pública e preparado atrozes calamidades em nosso país".[16] Este quadro, triste e desesperançoso, parece ser o atual da maioria das cidades brasileiras.

Informação bibliográfica deste capítulo, conforme a NBR 6023:2002 da Associação Brasileira de Normas Técnicas (ABNT):

COSTALDELLO, Angela Cassia. Perspectivas do desenvolvimento urbano à luz do direito fundamental à cidade. *In*: BACELLAR FILHO, Romeu Felipe; GABARDO, Emerson; HACHEM, Daniel Wunder (Coord.). *Globalização, direitos fundamentais e direito administrativo*: novas perspectivas para o desenvolvimento econômico e socioambiental: Anais do I Congresso da Rede Docente Eurolatinoamericana de Direito Administrativo. Belo Horizonte: Fórum, 2011. p. 85-92. ISBN 978-85-7700-501-7.

---

[16] IORIO, Chantal. Le prince de mixité en droit de l'Urbanisme. *In*: PONTIER, Jean-Marie (Org.). *Les principes et le droit*. Aix-en-Provence: Presses Universitaires d'Aix-Marseille, 2007. p. 279. Tradução livre. No original: "Le jour où nous aurons des quartiers aristocratiques et des quartiers prolétariens, des quartiers financiers et des quartiers indigents et, par suite, des companies de garde nationale jaunes et en bottes versnies, et d'autres aux mains calleuses, nous aurons détruit la base essentielle de l'ordre public et préparé d' effroyables calamites à notre pays".

CONFERÊNCIA

A EFICÁCIA DOS DIREITOS FUNDAMENTAIS SOCIAIS*

CLÈMERSON MERLIN CLÈVE

Há no Direito Constitucional brasileiro contemporâneo, perfeitamente delineadas, duas correntes doutrinárias: uma (i) primeira denominada *dogmática da razão do Estado* e (ii) uma outra que pode ser chamada de *dogmática constitucional emancipatória*.

A *dogmática da razão do Estado* estuda o direito constitucional como qualquer outro domínio do direito, prendendo-se, muitas vezes, a conceitos teóricos anteriores à Constituição Federal de 1988 e a uma espécie de interpretação retrospectiva da ordem constitucional, que é indiferente e insensível aos institutos que vieram para transformar a nova ordem constitucional. Referida vertente encontra-se, em geral, ainda que inconscientemente, ligada à manutenção do *status quo*, daí a razão pela qual foca sua visão teórica na ideia de Estado, procurando desenvolver esforços para legitimar a atuação do Poder Político, qualquer que seja ele. O Estado assume, nesse contexto, absoluta centralidade, sendo o discurso constitucional experimentado como disciplina voltada exclusivamente ao estudo da normatividade do espaço político, sendo negligenciado o espaço societário extraestatal.

---

* Conferência apresentada no I CONGRESSO DA REDE DOCENTE EUROLATINOAMERICANA DE DIREITO ADMINISTRATIVO, às 8h30 do dia 23.02.2011, na Pontifícia Universidade Católica do Paraná.

Na moderna concepção do Direito Constitucional, desenvolveu-se uma renovada linha doutrinária conhecida como *dogmática constitucional emancipatória*, tendo esta vertente o objetivo de estudar o texto constitucional à luz da ideia de dignidade da pessoa humana. Consiste em formação discursiva que procura demonstrar a radicalidade do Constituinte de 1988, tendo em vista que o tecido constitucional passou a ser costurado a partir de uma hermenêutica prospectiva que não procura apenas conhecer o direito como ele é operado, mas que, conhecendo suas entranhas e processos concretizadores, ao mesmo tempo fomente uma mudança teorética capaz de contribuir para a mudança da triste condição que acomete a formação social brasileira.

O foco desta dogmática não é o Estado, mas, antes, a pessoa humana exigente de bem-estar físico, moral e psíquico. Esta dogmática distingue-se da primeira, pois não é positivista, embora respeite de modo integral a normatividade constitucional, emergindo de um compromisso principialista e personalizador para afirmar, em alto e bom som, que o Direito Constitucional realiza-se, verdadeiramente, na transformação dos princípios constitucionais, dos objetivos fundamentais da República Federativa do Brasil e dos direitos fundamentais em verdadeiros dados inscritos em nossa realidade existencial.

Em relação aos direitos fundamentais clássicos, há no Brasil uma excelente dogmática que passa por um processo contínuo de sofisticação e de verticalização teóricas. Os fundamentais clássicos são direitos que podem ser, desde logo, exercidos pelo cidadão, prescindido, assim, de uma maneira geral, da atuação do poder público. Está-se a referir, por exemplo, à liberdade de locomoção, ao direito de informação, à liberdade de expressão, de reunião, de associação, de consciência etc., ou seja, a posições jusfundamentais que podem, em suas dimensões básicas, ser satisfeitas pelo simples atuar de seu titular.

A teoria constitucional brasileira não desconhece que apontados direitos em princípio exigem a abstenção do Poder Público. Diz-se em princípio, porque o Estado não pode deixar, igualmente, de atuar para proteger os direitos fundamentais, inclusive normativamente (dever de proteção), e de implantar políticas públicas voltadas à afirmação dos direitos que, em sua configuração mais singela, não exigem mais do que a iniciativa do seu titular. Admita-se que é duplo o papel do poder público neste particular. Deve abster-se, por um lado, é verdade. Mas, por outro lado, deve agir, para promover as iniciativas dirigidas à promoção de referidos direitos (educação para a cidadania, repartições públicas adequadas etc.), bem como dos pressupostos para seu exercício (a inviolabilidade do domicílio pressupõe a existência de uma moradia;

a liberdade de locomoção, nos grandes centros, pressupõe a existência de uma rede de transporte coletivo com acesso democratizado etc.).

Experimenta-se, atualmente, no Direito brasileiro um momento adequado para a discussão a propósito da eficácia dos direitos fundamentais sociais, sendo necessário aprofundar os estudos constitucionais nesse sítio. Isso ocorre inclusive porque a Constituição Federal em vigor, de alguma maneira, alterou significativamente o quadro dos direitos fundamentais, especialmente quando em vários dispositivos constitucionais, mais especialmente, no art. 6º, os nominou, reportando-se ao direito à (proteção da) saúde, ao direito ao lazer, ao direito à moradia (incluído no rol por força da EC nº 26/2000), ao direito à educação, à previdência, entre outros. A Constituição Federal de 1988 adotou, do ponto de vista da técnica legislativa, uma metodologia distinta com relação à matéria. Ninguém desconhece que, no Brasil, outros textos constitucionais já dispuseram, de maneira fragmentada, a propósito deste tema. Ocorre que, insere-se um dispositivo contemplando esses direitos como *verdadeiros* direitos fundamentais, introduzindo-o, portanto, no título adequado. Não são, pois, meras normas-programa residentes em outro capítulo constitucional. Evidente que esta previsão explica-se, em parte, pelo momento especial pelo qual passava, na década de 80, a experiência constitucional brasileira. Explica-se mais pelo compromisso do Constituinte com os postulados do Estado Democrático de Direito, compromisso que implica determinadas redefinições conceituais no universo dos direitos fundamentais. Explica-se, também, pelo especial modo de elaboração da Constituição Federal de 1988 (favorecendo ampla discussão e disputabilidade) e, mais do que isso, em virtude da demanda dos movimentos sociais que estavam a reivindicar esses direitos. Verifica-se, desta maneira, que os direitos fundamentais sociais devem ser compreendidos por uma dogmática constitucional singular, emancipatória, marcada pelo compromisso com a dignidade da pessoa humana e, pois, com a plena efetividade dos comandos constitucionais. Ou seja, uma nova configuração dos direitos fundamentais, especialmente dos apontados como sociais, exige uma renovada abordagem doutrinária para dar conta de sua eloquente significação.

Tradicionalmente, no Direito brasileiro, resolvem-se as questões envolvendo a normatividade constitucional a partir de algumas teorias classificatórias. Emerge, aqui, todo um quadro doutrinário voltado a estabelecer o registro das normas constitucionais apartadas por um critério que leva em conta a possibilidade de aplicação imediata ou mediata. Está-se a referir ao célebre problema da aplicabilidade das normas constitucionais. O que se propõe, no entanto, é tratar deste tema sob a ótica dos direitos fundamentais com ênfase no papel da jurisdição constitucional, deixando de lado os ensaios classificatórios.

No Direito brasileiro, a jurisdição constitucional exerce um papel proeminente, pois ostentamos um sistema de controle de constitucionalidade bastante complexo, que funde, em parte, as experiências constitucionais norte-americana e europeia. Todavia, importa compreender que o modelo de controle de constitucionalidade brasileiro é pródigo quanto aos mecanismos de controle dos atos do poder público editados com violação às disposições constitucionais. Então, quando o poder público atua agredindo disposição que impõe inércia, ou quando atua, podendo atuar, porém, movendo-se de maneira inadequada ou, ainda, de modo a violar regra de competência ou de procedimento, há uma gama de mecanismos orientados à censura da atuação. Ocorre, no entanto, que não há em nosso país ações constitucionais eficientes para o controle das omissões inconstitucionais, especialmente de controle abstrato de referidas omissões. Cumpre concordar, portanto, que os mecanismos processuais colocados à disposição, pelo Constituinte, para o controle da omissão inconstitucional, são bastante tímidos.

É evidente que a *ação direta de inconstitucionalidade por omissão* apresenta-se como um mecanismo absolutamente frágil de controle da omissão inconstitucional. O *mandado de injunção*, particularmente em função da jurisprudência da Excelsa Corte, assim como a *ação direta de inconstitucionalidade por omissão*, neste caso em função de sua configuração normativa, não substanciam meios eficazes e suficientes para a solução da inércia do poder público violadora de direitos fundamentais. A *arguição de descumprimento de preceito fundamental*, por seu turno, pode se apresentar como um interessante instrumento de controle. Cabe, entretanto, aguardar a afirmação de uma sólida jurisprudência do Supremo Tribunal Federal a respeito, o que ainda não ocorreu. E necessário, portanto, orientar-se na busca da plena efetividade da Constituição, em particular das disposições que contemplam os direitos fundamentais de natureza social, por outros caminhos.

Ninguém desconhece que a atuação do juiz nesse campo é particularmente complexa. E que os direitos sociais realizam-se através de prestações do poder público, prestações que pressupõem a existência de um orçamento e de dotações específicas. Por conta disso, alguns sistemas constitucionais, como o português, por exemplo, estabelecem no próprio corpo da Constituição uma distinção de regimes jurídicos. Ou seja, os *direitos, liberdades e garantias* (direitos clássicos ou de defesa) não ostentam o mesmo regime dos *direitos sociais, econômicos e culturais* (direitos prestacionais). A Constituição Portuguesa vigente, então, aponta para uma distinção de regime jurídico não encontrável no

Direito brasileiro. Entre nós, a Constituição Federal de 1988, ao tratar dos direitos fundamentais, não prevê, expressamente, em nenhum momento, uma dualidade de regimes. Em tese, no Direito Constitucional brasileiro, o regime dos direitos fundamentais clássicos é o mesmo dos direitos fundamentais exigentes de uma atuação positiva do poder público. Por isso, o disposto nos §§1º e 2º do art. 5º da CF/88 incide sobre ambos os territórios (direitos de defesa e direitos sociais prestacionais).

Ora, se é verdade que a Constituição Federal de 1988 não aparta os direitos (clássicos ou prestacionais) em regimes distintos, não é menos verdade que apontados direitos decorrem de disposições constitucionais dotadas de estruturas normativas distintas. Não é possível deixar de considerar que a estrutura das normas que tratam de direitos sociais é diferente daquela própria dos direitos de defesa.

No sítio dos direitos de defesa, ocorrente hipótese de violação, o papel do juiz como guardião da ordem constitucional não exige, no geral, uma atuação além da censura judicial à ação do poder público.

A situação muda em relação aos direitos prestacionais, exigentes de uma atuação positiva do poder público, em particular porque o âmbito material definitivo desses direitos depende de uma manifestação legislativa (e material) do Estado. Além disso, esses direitos são insuscetíveis de realização integral (o horizonte é sempre infinito), pois o seu cumprimento implica uma caminhada progressiva sempre dependente do ambiente social no qual se inserem, do grau de riqueza da sociedade e da eficiência e elasticidade dos mecanismos de expropriação (da sociedade, pelo Estado) e de alocação (justiça distributiva) de recursos. Mais do que isso, a realização desses direitos pressupõe a existência de uma bem elaborada peça orçamentária, mecanismo através do qual o Estado maneja os recursos públicos ordenando as prioridades para a despesa uma vez observada a previsão da receita.

Afirme-se, portanto, que sob a égide da Constituição Federal de 1988, o Estado, espaço político por excelência, haverá também de ser compreendido como uma espécie de ossatura institucional desenhada pelo Constituinte para satisfazer os princípios, objetivos e direitos fundamentais através da atuação do Legislativo, buscando a concretização das disposições constitucionais, inclusive daquelas veiculando os direitos prestacionais, através da atuação do Judiciário, que deverá manifestar-se com sustentação numa hermenêutica comprometida com a principiologia constitucional, e em virtude da ação do Executivo ao qual incumbe desenvolver políticas públicas realizadoras de direitos e criar ou aprimorar os serviços públicos voltados à idêntica finalidade (saúde, educação, habitação etc.).

É nesse contexto que se pode tratar da eficácia dos direitos sociais. São direitos exigíveis perante o Poder Judiciário? Pode um particular reivindicar judicialmente a prestação estatal necessária para a realização do direito social? Pode o cidadão reclamar, perante o Judiciário, as prestações estatais concernentes ao direito à moradia, à educação, à saúde? Está o juiz autorizado a manejar, ainda que indiretamente, por meio de decisão judicial, os recursos da peça orçamentária? Não estaria, em semelhante circunstância, o juiz a administrar, a exercer função assinada ao Executivo pela Constituição?

Há teorias que sustentam que os direitos sociais não são verdadeiros direitos, constituindo, na verdade, meros programas de ação governamental. Afinal, as disposições constitucionais respectivas não apontam o responsável por sua efetivação, não definindo, ademais, e concretamente, a prestação devida. Não definem sequer, de uma maneira geral, a precisa prestação reclamada do Estado para a sua solução. Seriam disposições, portanto, dependentes de regulamentação, da atuação do legislador, sem as quais seriam inexigíveis. Ora, cumpre construir caminho distinto. O que se propõe é uma leitura desses direitos como verdadeiros direitos fundamentais. Quem somos nós para recusar a condição de direitos fundamentais para aqueles que o Constituinte definiu como tais?

Deve-se partir do princípio que tudo que está na Constituição Federal obriga, importando retirar as consequências desta afirmação para ultrapassar a doutrina que pretende extrair das disposições tidas por programáticas normas despidas de eficácia.

O art. 6º da CF/88 não substancia norma programática (no sentido de despida de eficácia imediata), devendo ser considerada disposição de direito fundamental. Neste ponto, algo precisa ser dito a respeito das *funções* e *dimensões* dos direitos fundamentais.

A *dimensão subjetiva* envolve a constituição de posições jusfundamentais, quase sempre caracterizadas enquanto direitos subjetivos, que autorizam o titular a reclamar em juízo determinada ação (omissiva ou comissiva). A *dimensão objetiva*, por seu turno, compreende o dever de respeito e compromisso dos poderes constituídos com os direitos fundamentais (vinculação). Neste ponto, independentemente das posições jusfundamentais extraíveis da dimensão subjetiva, incumbe ao poder público agir sempre de modo a conferir a maior eficácia possível aos direitos fundamentais (prestar os serviços públicos necessários, exercer o poder de polícia e legislar para o fim de dar concretude aos comandos normativos constitucionais). A *dimensão objetiva* também vincula o Judiciário para reclamar uma hermenêutica respeitosa dos direitos fundamentais e das normas constitucionais, com o manejo daquilo que se convencionou chamar de *filtragem constitucional*, ou seja, a releitura de todo o direito infraconstitucional à luz dos preceitos constitucionais, designadamente dos direitos, princípios e objetivos fundamentais. A *filtragem* substancia, na verdade, uma espécie de *interpretação conforme a Constituição*, significando que toda atuação do poder público (atos administrativos, legislativos e jurisdicionais) haverá de manifestar-se conforme os direitos fundamentais, ligando-se também àquilo que, no campo da incidência da normativa constitucional jusfundamental sobre o campo da autonomia privada a doutrina tem chamado de *eficácia horizontal dos direitos fundamentais*. Significa dizer que os direitos fundamentais, ainda que de modo singular, incidem também no campo das relações entre os particulares. Aliás, seria neste ponto, interessante questionar a propósito da eficácia horizontal dos direitos sociais, se é pensável a sua emergência, ou se, afinal, direitos deste naipe vinculam exclusivamente o poder público. Há, aqui, um bom campo para a reflexão e a pesquisa.

Da dimensão objetiva dos direitos fundamentais emergem determinadas consequências. Uma linha de crédito do BNDES, por exemplo, que favoreça a busca de maior produtividade nas indústrias brasileiras não poderá, em princípio, ser tida como inconstitucional. Mas se essa política de crédito supõe alcançar produtividade crescente por meio da substituição dos trabalhadores por máquinas sem a previsão de nenhum mecanismo de preparação do trabalhador para enfrentar novamente o mercado de trabalho, é provável que a política creditícia esteja em desacordo com a normativa constitucional, especialmente com o princípio constitucional do pleno emprego e com o direito ao trabalho. Neste caso, aceitando-se ser discutível a possibilidade de um trabalhador ameaçado aforar medida judicial contra o banco, cumpre aceitar a possibilidade de ações coletivas, especialmente manejadas pelo Ministério Público, para deter a política inconstitucional ou para compelir a autoridade responsável a reorientá-la.

Quanto ao direito à saúde, importa reconhecer que na maior parte das cidades brasileiras o saneamento básico (uma das extensões do direito à saúde) não atende à totalidade da planta urbana, devendo o poder público levar o sistema de esgotamento sanitário (com tratamento, exigência de natureza constitucional-ambiental) e de água tratada às residências não atendidas. Neste caso, da dimensão objetiva do direito à saúde extrai-se a possibilidade do aforamento de medidas judiciais coletivas orientadas para compelir o poder público a adotar uma política pública para que num prazo determinado (cinco, dez, quinze anos, de acordo com a capacidade de arrecadação) atenda a todo o universo de residentes do Município.

Os direitos fundamentais sociais, é necessário ter clareza quanto a isso, são direitos de satisfação progressiva, cuja realização encontra-se estreitamente ligada ao PIB (Produto Interno Bruto) e, portanto, à riqueza do país.

No plano da dimensão subjetiva, os direitos fundamentais desempenham, pelo menos, três funções: *defesa, prestação* e *não discriminação*. Ou seja, os direitos fundamentais (i) situam o particular em condição de opor-se à atuação do poder público em desconformidade com o mandamento constitucional, (ii) exigem do poder público a atuação necessária para a realização desses direitos, e, por fim, (iii) reclamam que o Estado coloque à disposição do particular, de modo igual, sem discriminação (exceto aquelas necessárias para bem cumprir o princípio da igualdade), os bens e serviços indispensáveis ao seu cumprimento. Então, salvo nas hipóteses de ação afirmativa, onde poderá haver uma discriminação (temporariamente justificável) que busque atender determinadas finalidades constitucionais (proteção de determinado gênero ou grupo, por exemplo), a exigência é de que os serviços sejam colocados à disposição de todos os brasileiros (ideia de universalidade), implicando para o particular o poder de reivindicar junto ao Judiciário idêntico tratamento.

Na Constituição Federal de 1988, inclusive no art. 6º, encontram-se *direitos prestacionais originários* e *direitos prestacionais derivados*.

Os primeiros podem, desde logo, ser reclamados, inclusive judicialmente, mesmo à falta de norma regulamentadora. Por isso, ainda que o poder público não tenha colocado os serviços à disposição dos particulares, ainda que não haja lei alguma regulamentando a matéria, esses direitos, porque implicam a criação imediata de situações jurídicas subjetivas de vantagem, são suscetíveis, perfeitamente, de demanda perante o Poder Judiciário.

Os direitos prestacionais derivados, por seu turno, não se realizam, inteiramente, sem a prévia regulamentação, ou seja, sem a existência de uma política, de um serviço e/ou de uma rubrica orçamentária. A maior parte dos direitos sociais reside no sítio dos prestacionais derivados. Todavia, há na Constituição Federal de 1988 determinados direitos originários como, por exemplo, o direito à educação, especialmente no que concerne ao ensino fundamental. Neste caso, saliente-se, ainda que não existisse nenhuma lei tratando desse propósito, embora ausente previsão orçamentária própria, pelo simples fato da própria Constituição Federal afirmar que o acesso ao ensino fundamental substancia direito público subjetivo, ele poderá ser invocado perante o Poder Judiciário que, por sua vez, ordenará ao poder público as providências cabíveis para sua concretização. Afirme-se, mesmo que não existam escolas suficientes para atender todos os alunos, a autoridade pública haverá de providenciar alguma solução para adimplir a obrigação correspondente à afirmação do direito.

O segundo exemplo é o do direito à saúde (especialmente em relação a determinadas extensões mais evidentes). É claro que este foi regulamentado pelo legislador, razão pela qual, no âmbito do sistema unificado de saúde preconizado pela Constituição Federal, em linhas gerais, estão definidas as ações de saúde a cargo da União, dos Estados e dos Municípios. Mas ainda que não houvesse a definição legislativa, esse direito poderia ser reclamado perante o Judiciário. Daí a razão pela qual os cidadãos podem reivindicar, por exemplo, o acesso a um determinado medicamento, ou a um determinado tipo de tratamento, especialmente se eles foram devidamente recomendados pelas autoridades brasileiras.

É certo que há limites também no universo dos direitos originários. Ninguém pode pretender ir além daquilo que se encaixa como possível. Por isso não pode, por exemplo, o cidadão pretender, num país como o nosso, exigir, no caso de padecer de determinada patologia, tratamento no exterior, ou um tipo específico de tratamento apenas encontrável em distante rincão, ou uma forma de terapia absolutamente não recomendada pelos órgãos de saúde do país. Os originários são também direitos de satisfação progressiva, dependendo do nível de riqueza da sociedade, O que os torna especiais é o fato de serem, desde logo, exigíveis, inclusive judicialmente, cabendo ao juiz verificar, na hipótese de omissão do poder público, se a prestação exigida pelo particular é compatível com o que, razoavelmente, se poderia esperar do poder público em termos de atendimento ao direito em questão.

Em relação à criança e ao adolescente, que, do ponto de vista constitucional, devem ser considerados como prioridade, mesmo à falta de lei (e temos lei), a autoridade estaria obrigada a tomar as providências cabíveis para a proteção de seus direitos. Há outros direitos prestacionais originários. Os referidos, porém, são os que importam para a presente exposição.

Discute-se muitas vezes se o Poder Judiciário teria legitimidade para atuar nos campos que, em tese, estariam reservados ao administrador ou ao legislador. Afirma-se que os integrantes do Judiciário não foram eleitos, estando por isso despidos da legitimidade que apenas poderia ser conferida pelo sufrágio popular. Por isso não poderiam dispor sobre *o que* e *o como* da atuação estatal. Ora, o ordenar o cumprimento de direitos prestacionais significaria substituir-se o juiz ao administrador, implicando quebra do princípio da separação dos poderes e, especialmente, do princípio democrático, segundo o qual a maioria governa.

É preciso considerar, entretanto, que democracia não significa simplesmente governo da maioria. Afinal, a minoria de hoje pode ser a maioria de amanhã, e o guardião desta dinâmica majoritária/contra-majoritária, em última instância, é, entre nós, o próprio Poder Judiciário, que age como uma espécie de delegado do Poder Constituinte. Ou seja, a democracia não repele, ao contrário, reclama a atuação do Judiciário nesse campo. Demais disso, zelar pela observância dos direitos fundamentais significa, para o Judiciário, no exercício da jurisdição constitucional, proteger a maioria permanente (Constituinte) contra a atuação desconforme da maioria eventual, conjuntural e temporária (legislatura). Entre os que pretendem que no controle da omissão inconstitucional não haja papel a ser desempenhado pelo juiz e aqueles que entendem que o Poder Judiciário tudo pode fazer, é necessário encontrar um lugar de equilíbrio, sensível à percepção de que o juiz, apesar de comprometido com a efetividade da Constituição, não pode ultrapassar certos limites sob pena de colocar em risco os postulados do Estado Democrático de Direito.

Há, sem dúvida, a necessidade de potencializar os instrumentos processuais que estão à nossa disposição para a defesa dos direitos prestacionais na hipótese de inércia do poder público. Neste passo, não há como olvidar a ação direta de inconstitucionalidade por omissão, a arguição de descumprimento de preceito fundamental e o mandado de injunção. Mas diante da fragilidade dos apontados instrumentos, particularmente do primeiro (controle objetivo) e do último (controle subjetivo), cumpre apostar nos meios processuais convencionais que estão à nossa disposição, inclusive das ações coletivas, especialmente da ação civil pública. O manejo da ação civil pública pode trazer importante contribuição para a efetivação dos direitos fundamentais, especialmente quando voltada para a implementação das políticas necessárias para a realização progressiva dos direitos. E claro que é imprescindível, neste caso, uma certa dose de prudência, especialmente porque a sociedade brasileira, num quadro permanente de escassez de recursos, reclama soluções urgentes em muitos campos *ao mesmo tempo*: meio ambiente, proteção dos direitos sociais, políticas de inclusão, infraestrutura etc. Ou seja, não há como possa o Estado resolver *de uma vez* um quadro de deterioração das condições de vida que acompanha o Brasil há séculos. Mas pode o Estado, sim, implantar políticas para, progressivamente, resolver aquilo que é reclamado pelo documento constitucional.

A metáfora do cobertor curto é adequada para a compreensão de qualquer orçamento, mas é mais adequada ainda para a compreensão dos limites do orçamento público brasileiro. Trata-se de um cobertor insuficiente para cobrir, ao mesmo tempo, todas as partes do corpo. Se cobre os pés, deixa as mãos sob o efeito do clima. Mas se cobre as mãos, não consegue dar conta dos pés. Ou seja, é preciso levar em conta que a soma das riquezas produzidas, entre nós, durante um ano (PIB) não é superior a seiscentos bilhões de dólares ou a um trilhão e meio de reais. A economia brasileira é, efetivamente, considerável. Todavia, quando dividido o produto interno bruto pela população, concluímos que a renda *per capita* brasileira é pequena (pouco mais de três mil dólares ano). Por isso os recursos públicos devem ser muito bem manejados. O cuidado com a escassez permitirá, dentro dos limites oferecidos pela riqueza nacional, implementar políticas públicas realistas. Daí a insistência na tese de que incumbe ao poder público consignar na peça orçamentária as dotações necessárias para a realização progressiva dos direitos. Não se trata de adiar a sua efetividade. Trata-se de estabelecer de modo continuado as ações voltadas para a sua realização num horizonte de tempo factível. Lamentavelmente, o que tem ocorrido na trágica experiência orçamentária brasileira, é que o poder público muitas vezes se vê autorizado a estabelecer contingenciamentos arbitrários, praticamente nulificando as rubricas sociais (moradia, esgotamento sanitário etc.). Por isso, é imperiosa a luta por um rígido controle da execução orçamentária, exigindo-se que a lei orçamentária, experimentadas condições de normalidade, seja cumprida tal como aprovada pelo Congresso Nacional. Daí a necessidade de compreender-se a peça orçamentária como lei que vincula, razão pela qual não pode ser tida como mero ato legislativo autorizativo. Se a lei impõe um programa (orçamento-programa), o cumprimento do programa deve ser controlado. Está-se com isso a defender a necessidade de redefinição da natureza do orçamento. É indispensável, por outro lado, a presença da sociedade nos processos de elaboração e controle da execução orçamentária. Incumbirá à sociedade civil, consciente da singularidade dos direitos de satisfação progressiva, escolher a velocidade dos gastos sociais e proceder às escolhas viáveis dentro de um quadro de escassez de recursos.

A vinculação dos poderes públicos aos direitos fundamentais (dimensão objetiva) é suficiente para deles exigir a adoção de políticas voltadas para o seu cumprimento (num horizonte de tempo, evidentemente). Tais políticas, como está-se a sustentar, podem ser inclusive exigidas judicialmente. Se não é, em princípio, possível reclamar, imediatamente, argumentando com a existência *definitiva* de posição jurídico-subjetiva positiva de vantagem, os direitos prestacionais ainda não regulamentados (moradia, por exemplo), quando não originários, é perfeitamente possível a propositura de ação judicial exigente de definição de política de prestação por parte do Estado que possa atender, em prazo razoável, a imposição constitucional.

Se é certo que os prestacionais são direitos de eficácia progressiva, isso não significa dizer que possam ser considerados como meras normas de eficácia diferida, programática, limitada. Certamente não. São direitos que produzem, pelo simples reconhecimento constitucional, uma eficácia mínima. Produzem, antes de tudo, uma eficácia negativa. Por isso constituem parâmetro de constitucionalidade, invalidando atos, inclusive normativos, posteriores e anteriores à Constituição (por inconstitucionalidade ou por revogação) quando contrastantes. Cuida-se aqui, do campo da dimensão objetiva. Do pondo de vista subjetivo, são capazes de criar situações jurídicas subjetivas negativas de vantagem. O mais importante, porém, é verificar a eficácia positiva decorrente da disposição constitucional. Ingressemos no campo da dimensão subjetiva. Ora, referidos direitos criam, desde logo, também, posições jurídico-subjetivas positivas de vantagem (embora limitadas). São posições que decorrem da incidência dos direitos em questão, mas, igualmente, da irradiação do princípio constitucional da dignidade da pessoa humana. Da confluência dos dois sustenta-se a obrigação do Estado consistente no respeito ao *mínimo existencial* (não há dignidade humana sem um mínimo necessário para a existência). Ou seja, as prestações do poder público decorrentes do reconhecimento dos direitos fundamentais poderão ser progressivamente incrementadas. Todavia, o *mínimo existencial* implica, desde logo, o respeito a uma dimensão prestacional mínima dos direitos sociais. O definir esse mínimo não é tarefa fácil. O que se afirma, porém, é que para a observância deste mínimo (que haverá de ser definido por meio da disputabilidade processual), pode o cidadão recorrer, desde logo, ao Poder Judiciário, estando o Judiciário, do ponto de vista constitucional, autorizado a decidir a respeito. E evidente que os direitos fundamentais não são absolutos, razão pela qual o juiz haverá sempre de proceder a ponderação dos bens constitucionais, princípios e direitos em jogo, para melhor decidir a questão.

Os direitos sociais não têm a finalidade de dar ao brasileiro, apenas, o mínimo. Ao contrário, eles reclamam um horizonte eficacial progressivamente mais vasto, dependendo isso apenas do comprometimento da sociedade e do governo e da riqueza produzida pelo país. Aponta a Constituição Federal de 1988, portanto, para a ideia de máximo, mas de máximo possível (o problema da possibilidade). O conceito do *mínimo existencial*, do mínimo necessário e indispensável, do mínimo último, aponta para uma obrigação mínima do poder público, desde logo sindicável, tudo para evitar que o ser humano perca sua condição de humanidade, possibilidade sempre presente quando o cidadão, por falta de emprego, de saúde, de previdência, de educação, de lazer, de assistência, vê confiscados seus desejos, vê combalida sua vontade, vê destruída sua autonomia, resultando num ente perdido no cipoal das contingências, que fica à mercê das forças terríveis do destino. Os direitos sociais, o princípio da dignidade humana, o princípio da socialidade (dedutível da Constituição Federal de 1988, que quer erigir um Estado Democrático de Direito) autorizam a compreensão do *mínimo existencial* como obrigação estatal a cumprir e, pois, como responsabilidade dos poderes públicos. Ora, para a tutela do mínimo existencial, decorrência da eficácia positiva mínima dos direitos fundamentais sociais, qualquer meio processual adequado, de acordo com as leis processuais, poderá ser manejado. Não há, aqui, necessidade, do mandado de injunção ou da ação direta de inconstitucionalidade por omissão. O que importa é o magistrado agir com determinação e cautela, ponderando os direitos, bens e princípios em jogo, estudando o campo do possível *(reserva do possível)*, mas, ao mesmo tempo, considerando que o Estado Democrático de Direito está comprometido com o avanço e não com o retrocesso social *(vedação do retrocesso social)*. No que se refere à *reserva do possível,* concebida na experiência constitucional alemã, importa estudá-la com os cuidados devidos, inclusive porque ela não pode ser transposta, de modo automático, para a realidade brasileira. Com efeito, aqui, não se trata, para o Estado, já, de conceder o mais, mas, antes, de cumprir, ainda, com o mínimo. Ou seja, é evidente que a efetivação dos direitos sociais só ocorrerá à luz das coordenadas sociais e econômicas do espaço-tempo. Mas a *reserva do possível* não pode, num país como o nosso, especialmente em relação ao *mínimo existencial,* ser compreendida como uma cláusula obstaculizadora, mas, antes, como uma cláusula que imponha cuidado, prudência e responsabilidade no campo da atividade judicial.

Nos últimos anos, o Estado brasileiro converteu-se num aparelho de expropriação de recursos da sociedade para direcioná-los a poucos, especialmente, ao mercado financeiro (em particular os detentores de títulos da dívida pública). O Estado brasileiro, antes de apresentar-se como um instrumento de realização dos direitos fundamentais, porta-se como um aparelho desviante que, ao invés de distribuir, vai autorizando a concentração de riquezas. Uma simples operação aritmética é suficiente para demonstrar que os gastos do país com educação, saúde e habitação (em síntese, com os direitos sociais) corresponde a um montante muito inferior ao despendido, por ano, apenas com o serviço da dívida pública.

Não se está a afirmar que a dívida pública não deva ser honrada. Afirma-se, apenas, que é imperiosa a adoção de um modelo econômico diferente, que adote como prioridade não os interesses do mercado financeiro, mas, antes, a realização dos direitos fundamentais. Um modelo de desenvolvimento inclusivo, democrático, em tudo distinto do modelo econômico excludente e concentrador que, praticado nos últimos anos, vai afastando cada vez mais o país das promessas constitucionais.

O retrocesso social, igualmente, não é aceitável no contexto de uma Constituição como a brasileira. Por isso, uma lei ordinária que, eventualmente, tenha tratado de um direito social, delimitando a sua esfera de incidência ou o modo como as prestações estatais necessárias serão adimplidas, não poderá ser simplesmente revogada por outra lei (mesmo que de idêntica ou superior hierarquia). É certo que, do ponto de vista da teoria do direito, as leis podem ser revogadas por outras residentes em idêntica ou superior posição hierárquica. Entretanto, quando há direito fundamental em jogo, especialmente direito social, há necessidade de certa dose de cautela. Por isso, seria inaceitável, do ponto de vista constitucional, uma lei que pretendesse simplesmente revogar o Estatuto da Criança e do Adolescente, sem colocar nada no lugar.

É tempo de concluir. Há um papel a ser desempenhado pelo Judiciário maior do que o vislumbrado pelos adeptos da doutrina constitucional da razão de Estado. Papel sempre realçado pelos operadores jurídicos comprometidos com a construção de uma dogmática constitucional emancipatória. No universo dos direitos sociais é preciso continuar o esforço doutrinário, superar dogmas e mitos, bem como promover a participação popular. O Ministério Público, nesse sentido, tem um papel extremamente relevante a cumprir. Por outro lado, é indispensável a revisão do papel do Judiciário, especialmente com a superação da ideia de que o controle das omissões inconstitucionais só pode se dar por meio do mandado de injunção e da ação de inconstitucionalidade por omissão. É necessário, por fim, aceitar um compromisso sincero com os direitos fundamentais sociais. Só assim teremos as ações necessárias para transformar os direitos em linguagem cotidiana integrante da realidade de nosso país.

Informação bibliográfica deste capítulo, conforme a NBR 6023:2002 da Associação Brasileira de Normas Técnicas (ABNT):

CLÈVE, Clèmerson Merlin. A eficácia dos direitos fundamentais sociais. *In*: BACELLAR FILHO, Romeu Felipe; GABARDO, Emerson; HACHEM, Daniel Wunder (Coord.). *Globalização, direitos fundamentais e direito administrativo*: novas perspectivas para o desenvolvimento econômico e socioambiental: Anais do I Congresso da Rede Docente Eurolatinoamericana de Direito Administrativo. Belo Horizonte: Fórum, 2011. p. 95-108. ISBN 978-85-7700-501-7.

PAINEL II

DESENVOLVIMENTO SUSTENTÁVEL E O DIREITO FUNDAMENTAL AO MEIO AMBIENTE EQUILIBRADO

DESARROLLO SUSTENTABLE: ¿UNA UTOPÍA?*

RAQUEL CYNTHIA ALIANAK

Me honra integrar este panel sobre "Desarrollo sustentable y derecho fundamental a un medio ambiente equilibrado", en el Primer Congreso de la Red Docente Eurolatinoamericana de Derecho Administrativo, y agradezco la invitación que me cursaran para participar en este valioso encuentro, a las autoridades organizadoras en la persona del Dr. Romeu Felipe Bacellar Filho y a la coordinación ejecutiva del evento, Profesores Carol Proner, Daniel Wunder Hachem, Emerson Gabardo, Jaime Rodríguez Arana Muñoz y Justo Reyna.

Y además estar en esta ciudad hermosa, considerada como una de las ciudades de Brasil que tiene la mejor calidad de vida, también llamada capital ecológica de este país.

Cuando releo el título asignado al presente panel, creo que realmente estamos en un serio problema. En primer lugar, porque somos abogados y no técnicos científicos, y en la actualidad, el Derecho Ambiental, y en particular cuando hablamos de esta ecuación

---

* Ponencia presentada en el I CONGRESSO DA REDE DOCENTE EUROLATINO-AMERICANA DE DIREITO ADMINISTRATIVO, en el panel: "Desenvolvimento sustentável e o direito fundamental ao meio ambiente equilibrado", a las 9h45 del día 23.02.2011, en la Pontifícia Universidade Católica do Paraná.

"protección del medio ambiente y derecho a su goce a la par del desarrollo sustentable", ya no admite un abordaje estrictamente jurídico, sino interdisciplinario.

Y ello es así, pues las vías jurídicas, los canales y soluciones que nos brinda el ordenamiento jurídico, resultan absolutamente insuficientes *hoy en día*, para preservar y garantizar el derecho inalienable de todo ser humano (de reconocimiento supranacional y constitucional en cada uno de los países democráticos de todos los continentes) a gozar de un ambiente sano, apto para su desarrollo íntegro así como para el desarrollo de las futuras generaciones.

Ya hemos tomado cuenta, por ejemplo, de las reticencias de países grandes contaminadores (desarrollados o en desarrollo o de economías emergentes) en suscribir protocolos que surgen de las Convenciones sobre Clima que produce Naciones Unidas, no comprometiéndose a reducir fuertemente las emisiones de gases efecto invernadero, pues ello llevaría a restricciones industriales, costos políticos y económicos, que entienden, no están dispuestos a asumir.

Pero no es solo eso.

En este punto, entonces, *es necesario poner sobre tablas que el crecimiento y el desarrollo no están a la altura de la preservación del medio ambiente, y de lo que el planeta necesita para su subsistencia sustentable*, lo que conduciría a la pregunta ¿tiene que parar o detenerse ese crecimiento? ¿Eso es lo que necesita el planeta? ¿Eso es deseable?

Algo **sí está claro**, y de ello no hay duda alguna: la ecuación "preservación ambiental y al mismo tiempo un desarrollo sustentable" (con los alcances, impactos y consecuencias que en el mundo ha tenido ese desarrollo, entre ellos el cambio climático), no se tolera más ni en el mundo jurídico ni en el mundo real.

Hay que repasar y repensar entonces, esta expresión "desarrollo sustentable", como derecho a un ambiente sano, y al mismo tiempo desarrollo social, económico, competitividad industrial, porque en la actualidad esta vacía de contenido, o en todo caso, ese contenido no se corresponde a la **realidad**.

¿Y por qué? *Porque el desarrollo habido hasta el presente ha demostrado ser **no sustentable**.*

*Y para ello vayamos a las fuentes. El Informe Bruntland, producido en el año 1987 por la Comisión de Medio Ambiente y Desarrollo de Organización de Naciones Unidas, definió por primera vez el **desarrollo sostenido** como un proceso de cambio en el cual la*

* explotación de los recursos,
* la dirección de las inversiones,
* la orientación del desarrollo tecnológico y
* el cambio institucional

se encuentran en armonía, y aumentan tanto el potencial actual como el potencial futuro para satisfacer las necesidades del presente, sin comprometer las habilidades de generaciones futuras para que ellas estén en condiciones de satisfacer sus propias necesidades; y ello se convertiría en el principio guía de Naciones Unidas, de los gobiernos y de las instituciones privadas, de las organizaciones y las empresas, a partir del reconocimiento del interés común de todos los países de adoptar políticas destinadas a un desarrollo ambientalmente sostenible.

Ya sabemos que la generación actual se encuentra seriamente comprometida en dicho goce, y que las generaciones futuras (a las que alude una de las patas de esa ecuación) ya no podrán ejercer ese derecho a gozar de un ambiente saludable y equilibrado, sino todo lo contrario, *si en forma urgente e inmediata no se producen cambios radicales, y se adoptan medidas eficientes y aptas técnicamente para atenuar los efectos de los impactos relevantes, que en materia de cambio climático, ha producido la actividad humana.*

Consideremos al ambiente, tal como lo ha definido la Corte Suprema de Justicia de la Nación de la República Argentina en el caso *"Mendoza Beatriz c/ Estado Nacional y otros s/ Daños y perjuicios"*, del mes de Junio de 2006, como un **bien colectivo**, de **uso indivisible común, tutelado de una manera no disponible para las partes**. Es un **bien que pertenece a la esfera social y transindividual**, y por ende **su mejora o su degradación beneficia o perjudica a toda la población**.

En los hechos, esa tutela jurídica ha sido insuficiente, y creo que *ello permitiría sostener que el ambiente se ha convertido en un bien totalmente disponible, y con mayor intensidad, por algunas partes que integran la colectividad.*

En el ámbito del **derecho**, varias de sus ramas se estructuran a partir de los requerimientos particulares de justicia que exhibe un **sujeto jurídicamente débil**.

Por ejemplo, el Derecho de la Ancianidad, al actuar transversalmente cuando la edad de la persona impide en el aspecto axiológico, la aplicación de soluciones de otras ramas jurídicas tradicionales. Lo mismo ocurre, por ejemplo, con el Derecho de Menores, el Derecho de la Salud, el Derecho del Usuario y Consumidor.

La debilidad jurídica, entonces, puede obedecer a **situaciones fácticas** (imposibilidad de ejercer su derecho, por ejemplo) o a la **insuficiencia** o **inoperancia de la solución prevista en la rama tradicional** para asegurar una decisión justa respecto a ese derecho.

¿Quién es el débil jurídico en el derecho ambiental, a la luz de todo lo que venimos exponiendo? Lo somos todos seres humanos de hoy y también las generaciones futuras, porque el desarrollo sustentable pretende proteger su hábitat natural, económico y cultural.

Ahora bien, es necesario tener en cuenta que los gravísimos deterioros al ambiente son causados por distintos actores, y desde distintas perspectivas u ópticas, ya sea por acción u omisión:

i) *las organizaciones gubernamentales con competencia ambiental y autoridades públicas en la medida de su negligencia en el control, y/o en la regulación necesaria y/o en el monitoreo posterior imprescindible para prevenir o mitigar impactos ambientales negativos;*

ii) *dichos órganos públicos también son responsables: *en cuanto omitan ejercer las responsabilidades que les competen en el diseño de políticas sustentables con la adecuada participación de distintos sectores en pos del consenso; *en tanto omitan alentar el desarrollo de ideas innovadoras, creando u optimizando los medios eficientes y operativos para el acceso a créditos, subsidios u otros medios de financiamiento a fin de incentivar líneas de investigación en procesos productivos verdes y en las inversiones necesarias para producir los cambios y adecuaciones en las prácticas y metodologías de producción; *en cuanto omitan informar adecuadamente a la sociedad civil sobre los riesgos concretos y actuales de continuar en una línea no sustentable, y sobre las ventajas de los medios de energía renovable, alternativos, etc.;*

iii) *el Estado en cuanto consumidor de productos no sustentables y contaminador en el desenvolvimiento de sus actividades;*

iv) *el Estado en cuanto a su resistencia a adoptar compromisos concretos de reducción de contaminación en el plano global;*

v) *los empresarios e industriales en el desarrollo de sus actividades y emprendimientos específicos; y también*

vi) *los individuos particulares, en acciones repetidas por miles de millones de personas.*

Ahora bien el **derecho a gozar de un medio ambiente equilibrado,** tiene como **contrapartida** y con igual dimensión, el **deber de su preservación y recomposición.**

¿Cómo juega entonces el sistema de garantía de protección de la debilidad jurídica, cuando nos enfrentamos a un "derecho" que al mismo tiempo implica un "deber"?

¿Hay diferente intensidad en la exigencia de ese deber según fuere el riesgo que su titular coloca en el medio ambiente? No es lo mismo el riesgo que puede causar la actividad de un individuo particular que aquél que puede ser provocado por un establecimiento industrial. Entonces la respuesta es positiva, a mayor riesgo que voy a colocar en el M.A. con mi actividad peligrosa, mayor será el deber de adoptar medidas para mitigarlo, prevenirlo o recomponer los daños producidos. Es decir, la necesidad de asumirlo (*shifting the risk*) pasa del que lo sufre al que lo produce, con la posibilidad que tiene este último de extender el costo de esa asunción, en forma equitativa a toda la sociedad (*spreading the risk*), en el precio de los productos o servicios.

A partir de esas premisas, vemos así que es el ciudadano particular quien sigue siendo el más débil y vulnerable de esa relación ambiental.

La Corte Suprema de Justicia de la Nación de la República Argentina, en el caso *"Mendoza c/ Estado Nacional, Provincia de Buenos Aires, Gobierno de la Ciudad de Bs.As. y otros"* (esos "otros" fueron 44 establecimientos industriales cuyas actividades se desarrollan en las adyacencias de Cuenta Matanza-Riachuelo), en su fallo preliminar del mes de junio de 2006, puso al descubierto dicha debilidad, y en un pronunciamiento sin precedentes de tal naturaleza, y como paso previo al dictado de la resolución definitiva, requirió a los gobiernos demandados la presentación de un plan integrado de saneamiento, de estudios sobre el impacto ambiental de las empresas instaladas en el área afectada así como la elaboración de programas de educación e información pública sobre el tema; y por su parte, a las empresas demandadas, les requirió informaran las sustancias que arrojaban en el río, los sistemas para su tratamiento y los seguros ambientales con los que contaban para garantizar la reparación de posibles daños. Y finalmente, dispuso la convocatoria a audiencia pública a fin de que las partes pudieran informar en forma oral y pública el contenido de lo solicitado.

Es decir, el Tribunal *hizo directamente operativos los principios y normas obligatorias contenidas en la Ley General de Ambiente (nº 25.675 dictada en el año 2002), superando la morosidad del regulador administrador, la negligencia en el control ejercido por las autoridades ambientales de las distintas jurisdicciones involucradas y el incumplimiento de la normativa existente por parte del parque industrial.*

Luego de varias audiencias públicas en los años 2006 y 2007, *en julio de 2008* ante el incumplimiento parcial de lo receptado por la sentencia anterior, la *Corte en nuevo fallo estableció una extensa lista de acciones obligatorias a cargo de los demandados, quiénes debían ejecutarlas en cada caso, quiénes controlarlas, plazos para su ejecución y sanciones por incumplimiento.*

Acciones éstas que estuvieron relacionadas específicamente con la mitigación de la contaminación industrial, la implementación de un sistema de información pública digital, el saneamiento y erradicación basurales, la limpieza de la ribera del río, la construcción de desagües pluviales y cloacas y expansión de red de agua potable, así como la implementación de un plan sanitario de emergencia para la población afectada por enfermedades. Esto es, acciones todas tendientes a la **recomposición**.

Se aseguró asimismo la participación ciudadana y la transparencia del proceso (a través de la coordinación de todas las ONGs intervinientes por el Defensor del Pueblo, y el control de parte de la Auditoría General de la Nación, en torno a las inversiones a realizar); y a fin de dar mayor operatividad al fallo, se dispuso que el cumplimiento de las medidas dispuestas por la sentencia fuera supervisado por un Juzgado Federal de Primera instancia.

Quedó en cabeza de la Autoridad de la Cuenca Matanza-Riachuelo (ACUMAR) creada mediante ley, asumir las responsabilidades ante los eventuales incumplimientos o demoras en ejecutar los objetivos propuestos en la sentencia.

A *principios de agosto de 2010,* y ante la insuficiencia de los informes presentados por ACUMAR, el Juzgado de 1º instancia dictó sentencia imponiendo multa pecuniaria diaria y personal al titular de la Secretaría Ambiental por no cumplir acabadamente con algunas de las acciones obligatorias a adoptar.

Este activismo judicial, si bien ha merecido también fuertes críticas desde otras ópticas, tiene el valor de haber acelerado la toma de decisiones o el tratamiento de cuestiones que resultaban de urgente consideración y solución, que de otro modo, hubieran seguido otros ritmos y tiempos, conforme al surgimiento eventual de otras prioridades, que las hubieran dilatado en forma transitoria o enervado en un stand-by sine die.

Se hace necesario, entonces, pensar en la **dimensión dikelógica** *de este problema*, pues el valor **justicia** está presente en la protección ambiental desde que ésta tiende a la realización del bien común, beneficiando a toda la humanidad y a las generaciones futuras.

El Profesor argentino Miguel Angel Ciuro Caldani nos enseña que, como enfoques dinámicos, cabe considerar la justicia de partida, de trámite y de llegada.

El Derecho Ambiental exige la *realización de la justicia de llegada*, o sea la que proyecta hacia el futuro, y de este modo se puede entender el enfoque reparador del Derecho Ambiental, visualizando el futuro, en lugar de focalizar estricta y únicamente en el aspecto sancionador.

Para lograr la justicia de llegada, necesitamos de la colaboración de la justicia del proceso —o procedimiento—, que nos allana el camino hacia la primera.

En ese derrotero, el tiempo es finito para resolver los problemas existentes. Y sobre todo, frente al derecho a vivir en un medio ambiente sano que constituye una ampliación de la esfera de la personalidad humana, es decir, un **derecho humano esencial**.

En el ámbito internacional, ya conocemos las *críticas que han despertado las reuniones de las Cumbres de las Naciones Unidas sobre Cambio Climático del año 2009 en Copenhaguen*, la cual no pudo concretar metas obligatorias de reducción de gases efecto invernadero para el período posterior al 2012, debilitando el Protocolo de Kyoto, al reemplazar aquellos compromisos de reducción obligatoria para los países desarrollados (Anexo I) por un régimen de compromisos voluntarios, de parte de cada país, sin someterlas al acuerdo de todas las partes en la Convención; se ignoraron datos científicos; no se incluyeron medidas concretas para mantener el calentamiento global por debajo de los 2º Celsius, ni se establecieron objetivos a largo plazo, como por ejemplo una reducción del 80% para 2050; entre otras críticas.

En Enero de 2010, cuando por invitación de la Secretaria de la Convención, algunas de las partes presentaron sus metas nacionales de reducción de emisiones, de los treinta y nueve (39) países desarrollados que accedieron a esta invitación, sólo tres (3) habían mejorado sus metas en el Acuerdo.

Incluso el Instituto de Sostenibilidad del Instituto de Tecnología de Massachussets indicaba que los compromisos presentados en el marco de acuerdo de Copenhaguen darían lugar a un aumento de temperatura mundial de 3,9º Celsius (superando el límite del acuerdo).

Por su parte, los *Acuerdos arribados en la Cumbre de Cancún de Diciembre de 2010*, si bien superaron a Copenhaguen, reconociendo la necesidad de mayores reducciones en emisiones de gases efecto invernadero, no han sido contundentes.

Los Estados se comprometieron a que el calentamiento de la tierra sea como máximo de 2º, comprometiéndose los países desarrollados, a movilizar a los países en desarrollo, fondos que en el año 2020 debieran alcanzar 100.000 millones de dólares, para mitigar y realizar acciones de adaptación contra el cambio climático y facilitar el uso de tecnologías menos contaminantes. Algunas críticas apuntan a la falta de identificación de las fuentes que movilizarían esas sumas, ni si son subvenciones o préstamos.

Se acordó asimismo crear un Comité de Adaptación al cambio climático, y se señalaron parámetros tendientes a financiar esfuerzos para reducir la deforestación (entre ellos, pagar a países en desarrollo por no talar sus bosques).

Se estableció como objetivo reducción de gases efecto invernadero, antes del año 2020, entre un 25% y un 40% con respecto a los niveles de 1990 (esto es, para los países que están vinculados legalmente por el actual Protocolo de Kyoto que vence en 2012).

Sin embargo, se trata de un acuerdo marco, que no ha cubierto las expectativas depositadas en dicha reunión; no se han previstos mecanismos concretos para conseguir la reducción de esas emisiones, ni tampoco se establecieron mecanismos de control, temas éstos que deberán discutirse en la próxima reunión del presente año 2011, en la que se espera quizás un acuerdo vinculante, un pacto único global.

Entonces, en este sentido, y frente al limitado rol que han cumplido estas cumbres, y en cuanto al necesario e insoslayable abordaje científico que **no debemos olvidar, el panel intergubernamental de cambio climático**, conformado por unos 2000 científicos de diversos países que voluntariamente estudian los riesgos del cambio climático inducido por el hombre, *ha concluido que existe una probabilidad superior al 90%, acerca de que ese cambio climático proviene de la actividad humana*.

Esta conclusión fue publicada en el año 2007, y los científicos han señalado que es **suficiente para que la sociedad responda**.

¿Existe realmente conciencia de esta problemática? En los últimos dos años parece que recién la conciencia al respecto ha aparecido, la comunidad científica no tiene dudas; las dudas provienen de intereses políticos y económicos.

He escuchado atentamente por Internet la magistral conferencia del Dr. Mario Molina (premio Nóbel de química del año 1995), integrante de ese panel científico intergubernamental, quien con su conferencia inaugural abrió el debate de Cancún. Y asimismo, una conferencia previa pronunciada dos meses antes en la Universidad de Méjico.

En ambas exposiciones, el científico comenzó diciendo que **estamos ante el problema ambiental más serio de la humanidad**.

Señaló que hay grupos de intereses poderosos que han podido, en Estados Unidos de Norteamérica y en algunos países de Europa, desprestigiar la ciencia del cambio climático, desvalorizando la contundencia de sus conclusiones.

Sin embargo, también reconoció una falencia del medio científico en cuanto no se ha preocupado por comunicar bien a la sociedad, explicándole el efecto invernadero. Por lo cual, se tomó unos minutos en explicarlo, con sencillez, claridad y humildad sobresalientes.

Nos ha informado dicho Profesor, por ejemplo, que en todo el Siglo pasado (en 100 años) el aumento de la temperatura fue de menos de un grado Celsius. Y que en los últimos 10 años (del año 2000 al 2010) la temperatura no ha bajado, y por el contrario ha aumentado 0,8 grados. El razonamiento científico ha concluido que el cambio de la composición química de la atmósfera, **es de origen humano**.

También *se ha concluido que **en la actualidad hemos llegado a una concentración de dióxido de carbono superior a la que hubo en medio millón de años**.*

Y los efectos los estamos sintiendo fuertemente:

I) *está subiendo el nivel del mar por expansión térmica del agua y por el derretimiento de los glaciares;*

II) *tenemos eventos climáticos extremos: lluvias extraordinarias cada vez más frecuentes, así como inundaciones en todos los continentes; sequías, huracanes.*

Los científicos apuntan que la intensidad y la frecuencia de estos fenómenos es preocupante.

Es decir, nos explican los científicos que a lo natural, le estamos agregando los temas del hombre, porque estamos emitiendo cada vez más efecto invernadero por el desarrollo económico de países, sobre todo en economías emergentes (China, India).

También se ha dicho que si se quisiera que la temperatura no aumente más de 2 grados Celsius, ello representaría un cambio gigantesco para la sociedad, pero si no lo hacemos va a subir más grados, con consecuencias que serían catastróficas.

A estas noticias podemos agregar las conclusiones de dos estudios científicos publicados hace pocos días (el 17/02/2011) en la revista científica británica *Nature*, acerca de que el cambio climático aumentó la intensidad de las inundaciones en el hemisferio norte durante la segunda mitad del Siglo XX, y que la actividad humana ha tenido en ese fenómeno una incidencia caso total.

Pero hay *noticias científicas también estimulantes: tenemos tecnologías tales que podemos cambiar la línea de temperatura.*

El punto de inflexión entonces es ¿cómo podemos resolver el problema del cambio climático en los próximos 50 años, con tecnología disponible?

Las pautas a aplicar son científicas, y deben adoptarse simultáneamente las más importantes, tal como se ha explicado en Cancún:

a) Mejorar la eficiencia energética:

b) Mejorar la eficiencia de las plantas generadoras de electricidad;

c) Sustituir el carbón por gas natural;

d) Capturar y almacenar el dióxido de carbono, a través de almacenamiento geológico (única manera de seguir usando combustibles fósiles, en lugar de mandarlos a la atmósfera);

e) Utilizar electricidad-energía eólica y energía solar;

f) Producción y uso de biocombustibles. En tal sentido, vale recordar que recientemente se ha firmado un acuerdo entre Brasil y Argentina, el 31.01.11, para la promoción de la cooperación en la producción de bioenergía y biocombustibles, como uno de los 14 acuerdos celebrados.

Ambos países ocupan en el rango mundial de producción de biodisel, respectivamente, en el año 2010, el tercero y cuarto lugar, superando a Estados Unidos de Norteamérica (Alemania y Francia se encuentran en el primer y segundo lugar, respectivamente). Asimismo en la República Argentina, desde el año 2006 en adelante, se han ido dictado leyes y regulaciones administrativas imponiendo la mezcla de nafta y gas oil con biocombustibles (bioetanol y biodisel), en una proporción de mezcla del 7% con perspectiva —para el corriente año— de ampliarla al 10%. Existen también regímenes de promoción para la fabricación de bioetanol y del biodiesel (diferimientos impositivos, deducciones de IVA y de ganancias, promoción a emprendimientos de PYMES, promoción en investigaciones y transferencia de tecnología, etc.).

g) Administración de bosques: tratamiento del problema de los bosques y de su tala indiscriminada, con los efectos nefastos que ello produce en el clima, al desaparecer los efectos positivos de la fotosíntesis de las plantas y su conversión en oxígeno.

En consecuencia, sin serias políticas climáticas, la probabilidad de que la temperatura aumente menos de 2 ºC, es cierta.

Y ¿cuál es el costo económico? El panel de científicos ha señalado que dicho costo representa el 1% del producto bruto interno global, advirtiendo así que no hay relación entre el costo que insume hacer esos cambios, con el costo de no hacerlos.

La nueva conciencia de protección al planeta tiene que aparecer. Pero quizás se advierte que por ese sendero, no transcurre el mundo, porque el consumo cada vez es mayor.

Sin embargo, hay experiencias sumamente alentadoras, y sobre todo es valioso aludir a ellas en este ámbito, como profesores que admiramos las ideas creativas de los discípulos.

Me refiero al Congreso Mundial Ambiental de Estudiantes Universitarios (WSES – World Students Environmental Summit) que se reunió el año pasado en la Universidad de Tübingen (Alemania), pertenecientes a 36 universidades, de alrededor de 30 países, con diferentes antecedentes culturales, políticos y sociales, grupo éste que se formó en el año 2008 en Japón, para aportar soluciones —desde sus perspectivas— para combatir el cambio climático global.

El año pasado discutieron sobre fuentes futuras de energía, economía y educación para el desarrollo sustentable y patrones de consumo, y sus propuestas fueron presentadas por el Presidente de la Universidad Doshiba de Kyoto (Japón) a la Cumbre de Naciones Unidas en Méjico.

En dicho congreso, los estudiantes abordaron la problemática desde la visión de cada uno de los tres grupos que formaron: el de la sociedad civil, el del sector de la economía y el del sector de la política. Y desde cada uno de esos sectores, concluyeron acerca de las necesidades y las medidas a adoptar.

¿Podemos pensar, entonces, que estamos en condiciones de responder a este desafío gigantesco, antes comentado, esperando sólo acciones voluntarias?

En tal sentido, en la anterior Jornada sobre Globalización, Derecho Administrativo y Derechos Fundamentales, llevada a cabo en la ciudad de Santa Fe, Argentina, yo me refería a las ventajas de la autorregulación en materia ambiental, y a la reconversión industrial voluntaria, conforme a normativa dictada en el año 2008 en mi país, comparándola — para demostrar la necesidad de su perfeccionamiento— con la europea (Reglamento EMAS III) y con los incentivos y premios claros para fomentar esa autorregulación que existen por ejemplo en USA y en otros países del mundo, ausentes hasta la fecha en Argentina.

Sin embargo, creo hoy que frente a las conclusiones científicas contundentes que no debemos desmerecer ni omitir, no sería realista esperar solamente la solución a partir de acciones voluntarias, porque el tiempo conspira en contra, *siendo necesario que los gobiernos y los Estados adopten un mayor grado de intervención regulatoria incorporando señales contundentes a la economía, para que se hagan acciones más eficientes y eficaces, con exigencias concretas de cumplimiento de medidas ambientales en el sector empresario.*

Si bien la problemática expuesta es de orden global, no creo que debamos reposar o esperar soluciones o consensos globales para empezar a movernos activamente, en hacer lo que mínimamente debemos hacer.

Y desde esta perspectiva, el ámbito del *MERCOSUR* representa un espacio trascendente.

El *Acuerdo Marco sobre Medio Ambiente* (suscripto en el año 2001 por los Estados partes, pero con entrada en vigencia en el 2004, después de las ratificaciones que hicieran cada uno de dichos estados), tuvo como *objetivo "el desarrollo sustentable y la protección del medio ambiente, mediante la articulación de las dimensiones económicas, sociales y ambientales"*.

Dispuso en sus cláusulas el *deber de los Estados de profundizar el análisis de los problemas ambientales de la subregión*, con la participación de los organismos nacionales competentes y de *la sociedad civil*, y les impuso el *deber de implementar acciones*, en pos de dicho desarrollo, que abordando diversas temáticas y al solo efecto enunciativo, aparecen indicadas en la norma.

Este Acuerdo Marco se ha ido implementando en algunas de esas líneas de acción, por decisiones del Consejo del Mercado Común, y en tal sentido destaco la *Decisión nº 26/2007 CMC*, por la cual se aprobaron *"Las políticas de promoción y cooperación en producción y consumos sostenibles en el MERCOSUR"*, a partir de la necesidad de una política **regional** en tal sentido.

Los **estados partes** tienen el **deber de implementar esas políticas**, promoviendo en forma coordinada iniciativas para mejorar el desempeño ambiental y la eficiencia de los procesos productivos.

Resulta interesante puntualizar cuál es el ámbito de aplicación de las políticas, criterios y estrategias a seguir, indicadas en aquella norma, puesto que deben ser aplicadas por los sectores productivos (MINIPYMES) y también en los ámbitos gubernamentales, laborales y de la sociedad civil del MERCOSUR.

El seguimiento de dicha implementación fue puesto a cargo del Subgrupo de Trabajo Técnico nº 6 sobre Medio Ambiente, encargado además de elevar informes periódicos al Grupo Mercado Común.

Si bien se ha trabajado intensamente y se continúa haciéndolo en algunas de las líneas de acción indicadas por el CMC en pos de la producción y consumo sostenible, tal como lo reflejan los diversos informes emitidos por este Grupo técnico (publicados en la página web del MERCOSUR), creo que debería intensificarse el trabajo en determinadas áreas sustanciales que a la fecha aún se encuentran en etapa de discusiones y anteproyectos, tales como por ejemplo:

a) La responsabilidad extendida del fabricante o productor (llamada también responsabilidad pos-consumo) para hacer a las empresas responsables de sus productos no sólo en su origen, sino también después que ellos han entrado al mercado (es decir, producción limpia y también descarte o disposición limpia). Ello influirá en el proceso de diseño de esos productos, para que sean más fácilmente reciclables o reusables por dichos fabricantes.

b) La implementación de políticas de compras y adquisiciones públicas sustentables, tema de sustancial relevancia, a partir del rol que los Estados tienen como actores — consumidores mayores en el mercado global y —en este caso— regional, lo que estimulará y dará incentivos al desarrollo de una producción ambientalmente más amigable.

c) La educación formal y no formal en desarrollo sostenible, tema que debe desarrollarse y que está indicado como línea política de acción en la Decisión 26/07 CMC. La sociedad necesita recibir educación en oportunidades de energía renovable y las implicancias del sistema actual. Los Estados partes deben implementar en sus propias jurisdicciones, programas de educación desde temprana edad en términos de lo que debe ser el desarrollo, con integración de valores orientados a las transformaciones necesarias para alcanzarlo; las instituciones de educación superior y universitaria deben incorporar en sus currículos la temática del desarrollo sostenible, cumpliendo asimismo con importantes parámetros en tal sentido en sus prácticas y actividades. Es necesaria y relevante la participación de la sociedad civil en talleres ambientales.

Por último, y entre otras tantas acciones, sería interesante proponer como sociedad civil, ya sea a través del foro económico y social del MERCOSUR, o a través del Parlamento del MERCOSUR (integrado por parlamentarios de los Estados partes, que a partir del 01.01.11 serán elegidos por el voto directo, secreto y universal de los ciudadanos de cada estado) con competencia en el dictado de proyectos o anteproyectos de normas que luego se someten al CMC, una iniciativa para implementar concretamente el objetivo de estimular la cooperación público-privada de producción y consumo sostenible también en el ámbito privado, consistente en la adopción de una regulación armonizada, teniendo en cuenta las diversas realidades ambientales, económicas y sociales de la región, y con respeto de los principios de gradualidad y equilibrio, sobre **reconversión industrial** que durante un período de tiempo operara como voluntaria, para luego transformarse en obligatoria, con metas a corto, mediano y largo plazo, para implementarse en un período temporal máximo razonable, conforme al cronograma que cada empresa propusiera, y con la posibilidad quizás de subsumirse como mínimo en el 50% de las medidas o pautas propuestas para alcanzar los objetivos del programa. A la par, ello debería ir de la mano del deber y responsabilidad directa de esos Estados, de habilitar y facilitar las herramientas económicas, los incentivos fiscales y el financiamiento blando o a costos accesibles, para que esas transformaciones en mejoras tecnológicas de los procesos de producción puedan realmente efectivizarse.

Es necesario entonces, no sólo que se acuerden políticas ambientales y que se dicten normas de escala inferior a fin de implementarlas, sino esencialmente que se tenga la voluntad firme y que se asuma la responsabilidad por **todos** de su concreta aplicación.

Y ese es el único modo, creo yo, que tenemos de no caer en la tragedia del predio común, o al menos de no profundizarla a niveles éticamente no tolerables.

Muchas gracias.

Informação bibliográfica deste capítulo, conforme a NBR 6023:2002 da Associação Brasileira de Normas Técnicas (ABNT):

ALIANAK, Raquel Cynthia. Desarrollo Sustentable: ¿una Utopía?. *In*: BACELLAR FILHO, Romeu Felipe; GABARDO, Emerson; HACHEM, Daniel Wunder (Coord.). *Globalização, direitos fundamentais e direito administrativo*: novas perspectivas para o desenvolvimento econômico e socioambiental: Anais do I Congresso da Rede Docente Eurolatinoamericana de Direito Administrativo. Belo Horizonte: Fórum, 2011. p. 111-124. ISBN 978-85-7700-501-7.

APUNTES INTRODUCTORIOS SOBRE LA CONTRATACIÓN PÚBLICA VERDE EN EUROPA Y EN ESPAÑA*

JUAN JOSÉ PERNAS GARCÍA

1 Introducción: el potencial de la contratación pública ecológica y límites actuales a su desarrollo

La Administración pública y otros entes del sector público necesitan acudir al mercado para contratar servicios, obras y suministros, con la finalidad de cumplir con las funciones públicas que tienes atribuidas y de atender a sus propias necesidades. El régimen de la contratación pública persigue que los entes del sector público realicen estas compras mediante una utilización eficiente de los fondos públicos y, asimismo, que quede garantizada la libre concurrencia entre los operadores económicos a la hora de concurrir a los procedimientos públicos de licitación.

---

* Ponencia presentada en el I CONGRESSO DA REDE DOCENTE EUROLATINO-AMERICANA DE DIREITO ADMINISTRATIVO, en el panel: "Desenvolvimento sustentável e o direito fundamental ao meio ambiente equilibrado", a las 9h45 del día 23.02.2011, en la Pontifícia Universidade Católica do Paraná.

Partiendo de esta premisa la contratación pública debe contribuir a la realización de los objetivos de las políticas públicas. No es un fin en sí mismo, sino una herramienta jurídica al servicio de los poderes públicos.[1] Debe servir por tanto al cumplimiento de los objetivos definidos por la política ambiental, por lo que podemos hablar de la necesidad de implantar la "Contratación Pública Verde".

La "Contratación Pública Verde" (en adelante CPV) es un proceso por el cual las autoridades públicas tratan de adquirir mercancías, servicios y obras con un impacto medioambiental reducido durante su ciclo de vida, en comparación con el de otras mercancías, servicios y obras con la misma función primaria que se adquirirían en su lugar.[2]

La CPV se nos revela como un instrumento de mercado de protección ambiental, en la medida en que es un medio eficaz para no sólo reducir el impacto ambiental del consumo público, sino también, para dirigir la conducta de los operadores económicos hacia estándares de protección ambiental, que vayan más allá de los mínimos fijados por el ordenamiento jurídico, e incentivar nuevas formas de producción y consumo. El órgano de contratación no actúa como garante del cumplimiento del Derecho ambiental —ya que esa no es, ni puede ser, su función—, sino como impulsor de conductas socialmente responsables de los operadores económicos.[3]

La contratación pública representa el 16% del mercado interior (equivalente al producto interior bruto de la República Federal Alemana), lo cual nos indica la capacidad del mercado público para marcar

---

[1] El Informe 17/2008, de 21 de julio, de la Junta Consultiva de Contratación Administrativa de la Comunidad Autónoma de Aragón señala, en este sentido, lo siguiente: "(…) la contratación pública no es un fin en si misma sino que es una potestad al servicio de otros fines de interés general (como son la estabilidad laboral, medio ambiente, integración social) y que en modo alguno restringen o limitan la competencia, permitiendo dar efectividad a valores superiores actualmente recogidos en el TCE (art. 2), como bien ha recordado la Comisión Europea en su Comunicación de 15 de octubre de 2001" (p. 8).

[2] Documento de trabajo de los servicios de la Comisión, Documento de acompañamiento de la comunicación de la Comisión al Consejo, al Parlamento Europeo, al Comité Económico y Social Europeo y al Comité de las Regiones, "Contratación pública para un medio ambiente mejor, Resumen de la evaluación de impacto" (en adelante Documento de trabajo de la Comisión (2008) (SEC (2008) 2125, 16 de julio de 2008). p. 3.

[3] Bernal Blay afirma que "[e]sta responsabilidad social de la contratación no significa la certificación del cumplimiento de las normas que establezcan determinadas obligaciones sociales (…) sino establecer un nivel de compromiso con la protección de los intereses sociales más allá de los mínimos legalmente exigibles, cuando ello resulte posible, y no colisione con otros intereses también dignos de protección" (BLAY, Bernal. Hacia una contratación pública socialmente responsable: las oportunidades de la Ley 30/2007, de 30 de octubre, de contratos del sector público. *Revista Aragonesa de Administración Pública*, monográfico X, pp. 210-211).

las tendencias en materia de producción y consumo. Desde la perspectiva ambiental, presenta un gran potencial para incrementar el mercado de los productos ecológicos, fomentar el desarrollo de servicios ambientales o incentivar el diseño y aplicación de tecnologías ambientales.[4]

Diversos estudios han realizado valoraciones del impacto económico y ambiental de la "Contratación pública ecológica" (en adelante CPE). Puede contribuir a una más eficiente gestión de los recursos naturales. Particularmente, puede aportar reducciones importantes de emisiones de CO_2, mediante el fomento del suministro de energía proveniente de fuentes renovables o la mejora de la eficiencia energética de los edificios públicos, lo cual puede ser un apoyo notable a los objetivos comunitarios de reducción de gases de efecto invernadero.[5] Más allá de los puros efectos ambientales, las instituciones comunitarias han destacado que la CPE puede tener un efecto positivo sobre el fomento de la innovación tecnológica y el desarrollo de ecotecnologías, sector económico de interés prioritario.

No obstante, pese a su gran potencial, la implantación de la CPE se encuentra con algunas dificultades, que relacionamos a continuación. En primer lugar, el desconocimiento de los beneficios económicos y una percepción errónea de la magnitud de los costes.[6] En segundo lugar, la falta de claridad jurídica sobre las posibilidades de integración de las consideraciones ambientales. Los órganos de contratación no gozan de la seguridad jurídica suficiente a la hora de integrar los criterios ambientales en los procedimientos de preparación y adjudicación.[7] En tercer término, la ausencia de información y herramientas para la CPV,

---

[4] Comunicación de la Comisión *"relative à des marchés publics pour un environnement meilleur"* (COM [2008] 400, de 16 de julio de 2008). p. 3.

[5] El proyecto de investigación RELIEF (*Environmental Relief Potential Of Urban Action On Avoidance And Detoxification Of Waste Streams Through Green Public Procurement,* <http://www.iclei-europe.org>) ha concluido que, si todos los poderes públicos de la UE solicitaran el suministro de electricidad ecológica, se conseguiría un ahorro equivalente a 60 millones de toneladas de CO_2, lo que supone el 18 % del compromiso contraído por la UE para la reducción de gases con efecto invernadero conforme al Protocolo de Kioto. Así también, se podría reducir el consumo de agua en unos 200 millones de toneladas (0,6% del consumo total doméstico en la UE), si los poderes públicos europeos contaran con inodoros y grifos eficientes en los edificios.

[6] En todo caso, para los supuestos en que la CPV implique mayores costes, los procedimientos conjuntos de contratación podrían generar economías de escala mediante la agrupación de la demanda, y reducir los costes administrativos. Cuestión de especial relevancia, si tenemos en cuenta que los estudios manejados por la Comisión Europea indican que los costes administrativos derivados de la implantación y la ejecución de la CPV en una entidad local en Europa son algo superiores a los de un procedimiento estándar (Documento de trabajo de la Comisión (2008). p. 7).

[7] En sentido se pronuncia igualmente RICHER, Laurent. *L'Europe des marchés publics. Marchés publics et concessions en droit comunautaire.* Paris: L.G.D.J., 2009. p. 278 y ss.

de estructuras de formación adecuadas y de conocimiento, así como la inexistencia de criterios de CPV fáciles de aplicar. Esta es quizás el gran lastre que está ralentizando la integración de las consideraciones ambientales. Existen importantes carencias metodológicas y de conocimiento en el ámbito del cálculo del coste de las externalidades y del ciclo de vida de los productos. Tampoco ayuda el hecho de que no se ha fomentado de forma adecuada el intercambio de información y de experiencias entre las autoridades regionales y locales. En cuarto término, la falta de similitud entre los procedimientos y criterios de CPE en diferentes lugares de la UE, acarrea un incremento de los costes administrativos,[8] en particular para las PYME, y obstaculiza el mercado interior.[9] Finalmente, el apoyo político no es suficiente, lo cual reduce el volumen de recursos destinados a este fin.[10]

2 El contexto político-jurídico de la contratación pública ecológica

2.1 La contratación pública verde en la esfera internacional y comunitaria

La CPE ha ido ganado presencia en sede internacional, comunitaria y estatal desde finales de los noventa. El Plan de Aplicación de las Decisiones de la Cumbre Mundial sobre el Desarrollo Sostenible (2002) alienta a los Estados a "[p]romover políticas de contratación pública que propicien la creación y difusión de bienes y servicios que no causen daño al medio ambiente" (párrafo 19, letra c), como una de las medidas destinada a la modificación de las modalidades insostenibles de producción y consumo. A partir de esta cumbre, fue creada la *Task Force*

---

[8] Sobre las cuestiones de los costes derivados de la aplicación de criterios y políticas secundarias (sociales y ambientales) en el marco de la contratación pública, véase ARROWSMITH, Sue; MEYER, Gesa; TRIBUS, Martin. *Non-commercial factors in public procurement*. Nottingham: University of Nottingham, 2000. ARROWSMITH aboga por optar por las formulas jurídicas más eficientes en términos de costes a la hora de integrar la variable social o ambiental en la contratación pública: "When the use of procurement is justified, some approaches are generally more effective than others in terms of the balance of costs (including the trade-restrictive effects) and benefits--for example, award preferences are generally to be preferred over set-aside or qualification conditions (exclusions)--but often are not used" (ARROWSMITH, Sue. The EC Procurement Directives, national procurement policies and better governance: the case for a new approach. *European Law Review*, 2002, 27(1), p. 13 y 14).

[9] Documento de trabajo de los servicios de la Comisión (2008). p. 4.

[10] Comunicación de la Comisión "*relative à des marchés publics pour un environnement meilleur*" (COM [2008] 400, de 16 de julio de 2008). p. 5.

de Marrakech sobre los contratos públicos sostenibles con la finalidad de difundir este tipo de prácticas.[11] Así también, la OCDE publicó, en el año 2002, una recomendación sobre la mejora de los resultados ambientales de los contratos públicos sostenibles, que incentivo el desarrollo de políticas nacionales de contratación pública verde en los países integrantes de dicha organización (Australia, Canadá, China, Estados Unidos, Corea del Sur, Filipinas, Japón, Tailandia, etc.).[12]

La CPV ha ido ganado presencia igualmente en la Unión Europea (en adelante UE) desde finales de los noventa. A partir del año 1998, en la Cumbre de *Cardiff*, la Unión Europea ha desarrollado una estrategia global para la aplicación del principio de integración ambiental del artículo 6 TCE (actual artículo 11, TFUE), que implica que las exigencias de protección ambiental deben integrarse en la definición y en la realización de las políticas y acciones sectoriales comunitarias, con la finalidad de que todas ellas contribuyan al objetivo general de la CE del desarrollo sostenible. Ese proceso se ha desarrollado a través de estrategias de integración particulares para cada política sectorial comunitaria, entre las cuales se encuentra la de mercado interior (1999).[13]

La CPV se ha propuesto y desarrollado, como un elemento más, en el marco de la estrategia comunitaria de integración de la variable ambiental en la política comunitaria de mercado interior. En 2001, la Comisión Europea afirmó que el concepto de desarrollo sostenible, trasladado a este ámbito, significa que "(…) la legislación en la materia [contratación pública] debería tener en consideración, junto a su finalidad económica primordial, las preocupaciones medioambientales".[14]

Por efecto del principio de integración ambiental, la contratación pública adquiere como objetivo complementario contribuir a los objetivos de la política ambiental comunitaria; asume la condición de

---

[11] Comunicación de la Comisión *relative à des marchés publics…*, p. 3. Además Naciones Unidas cuenta con una Organización de Servicios de Contratación Inter-Agencias (IAPSO), que tiene como función asesorar en materia de contratación a instituciones financieras, gobiernos, ONG, agencias de desarrollo y países donantes, especialmente en relación con la contratación orientada a los países y proyectos en desarrollo (GONZÁLEZ ALONSO, Augusto. La contratación pública ecológica. *Justicia administrativa: Revista de Derecho Administrativo*, núm. 47, 2010, p. 37).

[12] *Ibidem*.

[13] Comunicación de la Comisión sobre "Mercado interior y medio ambiente", COM (1999) 263 final, 8 de junio de 1999.

[14] Comunicación interpretativa de la Comisión "sobre la legislación comunitaria de contratos públicos y las posibilidades de integrar los aspectos medioambientales en la contratación pública", COM (2001) 274, final, Bruselas 4 de julio de 2001, p. 5.

instrumento horizontal al servicio de la protección ambiental,[15] lo cual no desvirtúa su objetivo principal de garantizar libre concurrencia en el acceso a los mercados públicos.

Los primeros pasos dados, en este sentido, a nivel comunitario se producen a finales del siglo pasado, con diversos pronunciamientos de la Comisión Europea.[16] En el año 2003, la Comisión anima a los Estados a la adopción de un plan de acción para "la ecologización de la contratación pública".[17] No obstante, el derecho derivado de la contratación pública no ha incluido mención expresa al medio ambiente hasta las directivas de 2004. Concretamente, la Exposición de motivos de la Directiva 2004/18/CE, de 31 de marzo de 2004, sobre coordinación de los procedimientos de adjudicación de los contratos públicos de obras, de suministro y de servicios (en adelante Directiva 2004/18)[18] justifica la integración de la variable ambiental y marca los objetivos que, en este sentido, se pretende alcanzar:

> Según lo dispuesto en el artículo 6 del Tratado, las exigencias de la protección del medio ambiente deberán integrarse en la definición y en la realización de las políticas y acciones de la Comunidad a que se refiere el artículo 3 del Tratado, en particular con objeto de fomentar un desarrollo sostenible. La presente Directiva clarifica pues de qué modo pueden contribuir los poderes adjudicadores a la protección del medio ambiente y al fomento del desarrollo sostenible al tiempo que

---

[15] Gimeno Feliú afirma, en este sentido, que "la contratación pública no puede ser considerada como un fin en si mismo sino que debe ser visualizada como una potestad o herramienta jurídica al servicio de los poderes públicos para el cumplimiento efectivo de sus fines o de sus políticas públicas". El autor considera que "(…) la contratación puede —debe, diría— ser una técnica que permitiera conseguir objetivos sociales, ambientales o de investigación, en la convicción de que los mismos comportan una adecuada comprensión de cómo deben canalizarse los fondos públicos" (GIMENO FELIÚ, José Maria. *Novedades de la Ley de contratos del sector público de 30 de octubre de 2007 en la regulación de la adjudicación de los contratos públicos*. Madrid: Civitas, 2010. p. 21).

[16] Comunicaciones de la Comisión sobre "Los contratos públicos en la Unión Europea", (COM [1998] 143 final, 11 de marzo de 1998); y sobre "Mercado interior y medio ambiente", (COM [1999] 263 final, 8 de junio de 1999).

[17] Comunicación de la Comisión, de 18 de junio de 2003, "Política de productos integrada. Desarrollo del concepto del ciclo de vida medioambiental" (COM [2003] 302 final).

[18] DOUE L, 134, de 30 de abril de 2004. La Propuesta inicial de Directiva sólo hacía referencia a la integración de "características ambientales" en los criterios de adjudicación del contrato. Esta cuestión fue destacada por el Dictamen del Comité Económico y Social, que propuso la inclusión de criterios ambientales más específicos en los criterios de valoración de las ofertas para la adjudicación de los contratos (DOCE C 193, de 10 de julio de 2001). En este mismo, el Comité de las Regiones se pronunció favorablemente, en su Dictamen a la propuesta de Directiva, a una introducción más intensa de las consideraciones ambientales en la Directiva (DOCE C 144, de 16 de mayo de 2001).

se garantiza que los poderes adjudicadores puedan obtener para sus contratos la mejor relación calidad/precio" (considerando 5).

La estrategia de la UE en materia de CPV (2008)[19] se enmarca en la estrategia de desarrollo sostenible de la UE[20] y, más en concreto, en el Plan de acción sobre consumo y la producción sostenibles, dirigido a mejorar los resultados ambientales y energéticos de los productos (2008).[21] Esta estrategia se basa en la adopción de un paquete de medidas de apoyo destinadas a proporcionar orientación, formular recomendaciones y criterios uniformes y sentar las bases para acciones encaminadas a incrementar presencia de la CPV en la UE.[22] Los criterios desarrollados por los Estados deben de ser compatibles para evitar distorsiones en el mercado y la competencia, y reducir las cargas administrativas impuestas a los operadores económicos, especialmente para las pequeñas y medianas empresas.

---

[19] Comunicación de la Comisión *"relative à des marchés publics pour un environnement meilleur"* (COM [2008] 400, de 16 de julio de 2008).

[20] La revisión de 2006 de la estrategia europea de desarrollo sostenible fija como objetivo en materia de CPE, que en la UE se debería alcanzar en 2010 el nivel de desarrollo de la CPV alcanzado en 2006 por los países más desarrollado en este ámbito.

[21] Véanse las Conclusiones del Consejo de la Unión Europea, de 4 de diciembre de 2008, *"Sustainable Consumption and Production and Sustainable Industrial Policy Action Plan"* (ref. 16914/08); Comunicación de la Comisión "relativa al Plan de Acción sobre Consumo y Producción Sostenibles y una Política Industrial Sostenible", COM (2008) 397 final, de 16 de julio de 2008. Se trata una actuación estratégica destinada a mejorar las características ambientales de los productos y a potenciar su utilización por parte de los consumidores.

[22] Las medidas previstas son las siguientes: fijar un objetivo voluntario de CPV aplicable a toda la UE, basado en una cuantificación del objetivo de la estrategia en favor del desarrollo sostenible, más en concreto la Comisión propone que el 50% de todos los procedimientos de licitación pública sean ecológicos, es decir, que respeten los "criterios básicos" ambientales comunes. Este objetivo deberá ser alcanzado tanto en relación al número de contratos como a su valor. Para ello anima a los Estados a poner en marcha estrategias nacionales, que integrarán los criterios comunes y las orientaciones operacionales y jurídicas definidas en el ámbito comunitario (Comunicación de la Comisión *"relative à des marchés publics...*, ob. cit., p. 9); poner de relieve las directrices operativas sobre CPV existentes y ofrecer otras nuevas; ofrecer claridad jurídica sobre determinadas cuestiones; determinar cuáles son los grupos de productos y servicios prioritarios, y poner en marcha un proceso de mayor cooperación con los Estados miembros y las partes interesadas pertinentes a fin de establecer criterios comunes de CPV básicos y globales para esos grupos; fomentar la sensibilización respecto a la CPV y la formación al respecto mediante la difusión del *kit* de formación sobre CPV, la creación de plataformas de cooperación regional y local y la recomendación del uso de la CPV en la ejecución de los proyectos financiados por la UE; y definir indicadores de CPV y asegurar que se realicen periódicamente un seguimiento y un análisis comparativo basados en esos indicadores.

Para ello la Comisión pone en marcha un proceso de determinación de estos criterios comunes voluntarios en determinados sectores prioritarios,[23] diferenciando entre criterios "básicos" y "completos" con la finalidad de que los órganos de contratación puedan optar por una integración más o menos intensa de la variable ambiental.[24] La Comisión Europea ha rechazado, por el momento, el recurso a instrumentos jurídicos obligatorios para imponer a los Estados la CPV. Ha estimado que esta opción estratégica es la más eficaz para tratar los problemas relacionados con la falta de información sobre costes y beneficios, la falta de claridad jurídica y la ausencia generalizada de información armonizada y herramientas para CPV.[25] La estrategia pretende aprovechar las sinergias derivadas de otras actuaciones políticas comunitarias en materia de contratación pública, destinadas a incentivar la investigación y la innovación,[26] y a fomentar nuevos mercados especialmente competitivos.[27]

El potencial de la contratación para la consecución de objetivos ambientales se ha visto plasmada también en diversas políticas y normas sectoriales, como en materia de lucha contra la deforestación ilegal[28] o de movilidad sostenible,[29] en donde destaca especialmente la

---

[23] Alimentación y servicios de hostelería; transporte y servicios de transporte; energía; aparatos de oficina y ordenadores; ropa, uniformes y otros productos textiles; papel y servicios de impresión; muebles; productos y servicios de limpieza; equipos utilizados en los sectores de la salud. Estos sectores han sido seleccionados en atención a los siguientes criterios: mejora ambiental; gasto público; incidencia potencial sobre la oferta; valor ejemplificativo para los consumidores profesionales y privados; carácter político sensible; existencia de criterios apropiados y fáciles de aplicar; disponibilidad en el mercado y eficacia económica (Comunicación de la Comisión *"relative à des marchés publics pour un environnement meilleur"* (COM [2008] 400, de 16 de julio de 2008). p. 8).

[24] Comunicación de la Comisión *"relative à des marchés publics..."*, ob. cit., p. 4.

[25] Documento de trabajo de los servicios de la Comisión (2008), pp. 5 y 6.

[26] Comunicación de la Comisión "La contratación precomercial: impulsar la innovación para dar a Europa servicios públicos de alta calidad y sostenibles" COM (2007) 799 final, Bruselas, 14 de diciembre de 2007.

[27] Comunicación de la Comisión sobre "Iniciativa en favor de los mercados líderes de Europa", COM (2007) 860 final, Bruselas, 21 de diciembre de 2007. De entre los seis mercados líderes que han sido identificados por la Comisión, tres son directamente ambientales: construcción sostenible; el reciclaje; y los productos biológicos.

[28] La Comisión ha señalado la necesidad de facilitar información práctica para orientar a las entidades contratantes sobre cómo actuar con legalidad a la hora de formular las especificaciones de la madera en los procedimientos de contratación (Comunicación de la Comisión "Aplicación de las leyes, gobernanza y comercio forestales (FLEGT) – Propuesta de plan de acción de la Unión Europea" (COM [2003] 251 final). La Comisión ha recomendado la inclusión de especificaciones técnicas en los contratos de suministros y de condiciones de ejecución en los contratos de obras, que garanticen que las maderas y productos derivados han sido producidos de forma legal y sostenible. También recomienda a los órganos de contratación definir criterios de adjudicación referidos a la gestión sostenible

Directiva 2009/33/CE del Parlamento Europeo y del Consejo de 23 de abril de 2009 relativa a la promoción de vehículos de transporte por carretera limpios y energéticamente eficiente. [30]

Finalmente, la Comisión[31] ha contribuido a impulsar la CPV con la publicación de dos comunicaciones interpretativas (2001,[32] 2008) y de un Manual de apoyo a los poderes adjudicadores de los Estados miembros (2005),[33] así como otras herramientas de guía e información para las autoridades públicas.[34]

2.2 La contratación pública ecológica en España

En los últimos años se aprecia una tendencia al desarrollo de estrategias y normas nacionales que dan entrada a la CPV. Este movimiento de "ecologización" de la contratación pública se aprecia, de forma muy marcada, en países desarrollados, como EEUU, Austria, Japón, Canadá, Australia o algunos países comunitarios[35] —especialmente,

---

de los bosques, como una forma de introducción gradual de los objetivos de protección de los bosques en la contratación pública (*Commission staff working document accompanying the Communication from the Commission to the European Parliament, the Council, the European Economic and Social Committee and the Committee of the Regions "Public Procurement for a better environment"*, SEC [2008] 2126 final, p. 8).

[29] La revisión del Libro Blanco del transporte de la Comisión Europea de 2001 titulada "Por una Europa en movimiento. Movilidad sostenible para nuestro continente", de 22 de junio de 2006, ya anunció en su momento que la Unión estimularía la innovación ecológica a través de la promoción de vehículos no contaminantes mediante contratos públicos (COM [2006] 314). Esa misma previsión la encontramos en la Comunicación de 7 de febrero de 2007, titulada "Resultados de la revisión de la estrategia comunitaria para reducir las emisiones de CO_2 de los turismos y los vehículos industriales ligeros" (COM [2007] 19 final).

[30] DOUE L 120, de 15 de Mayo de 2.009. El plazo de transposición de esta regulación es el cuatro de diciembre de 2010.

[31] El Parlamento Europeo también ha manifestado su apoyo a la integración de consideraciones sociales y ambientales en las licitaciones públicas, mediante Resolución del Parlamento Europeo sobre comercio justo y desarrollo (2005/2245(INI). En ella se "pide a las autoridades públicas europeas que integren criterios de comercio justo en sus licitaciones públicas y sus políticas de compra y pide a la Comisión que favorezca esta práctica con directrices para la compra de productos de comercio justo, entre otros medios" (punto 21). Requiere igualmente a las autoridades públicas territoriales para que "presten una atención especial a los productos del comercio justo" en sus licitaciones (punto 22).

[32] Comunicación interpretativa de la Comisión "sobre la legislación comunitaria de contratos públicos y las posibilidades de integrar los aspectos medioambientales en la contratación pública" (COM [2001] 274, final, Bruselas 4 de julio de 2001, p. 5).

[33] COMISIÓN EUROPEA. *Compras ecológicas. Manual sobre la contratación pública ecológica*, 2005.

[34] Véase el excelente sitio Web *Green Public Procurement* de la Comisión Europea: <http://ec.europa.eu/environment/gpp/index_en.htm>, visto a 6 de abril de 2010.

[35] Sobre el nivel de implantación de la CPV en la UE, véase *Green public procurement (2005), Status Overview*.

Alemania, Austria, Dinamarca, Finlandia, Reino Unido,[36] Holanda, Suecia o Francia[37]—, y también en algunos países emergentes como China.[38]

En el caso particular del ordenamiento jurídico español, la legislación sectorial de medio ambiente ha integrado la referencia al fomento de la CPV desde finales de los noventa. Veamos algunos ejemplos.

La Ley 11/1997, de 24 de abril, de Envases y Residuos de Envases,[39] dispone que las Administraciones públicas adoptarán las medidas necesarias para favorecer el orden de prioridades de la norma,[40] y promoverán el uso de materiales reutilizables y reciclables en la contratación de obras públicas y suministros (Disposición adicional tercera, Ley 11/1997). La Ley 10/1998, de 21 de abril, de Residuos[41] indica que las Administraciones Públicas promoverán en su contratación el uso de materiales reutilizables, reciclables y valorizables, así como de productos fabricados con material reciclado que cumplan las especificaciones técnicas requeridas (artículo 26.2). La Ley 37/2003, de 17 de noviembre, del

---

[36] En Reino Unido, las políticas horizontales (sociales o ambientales) no han tenido tanta importancia en la contratación pública, si bien, desde finales de los noventa, con el gobierno laborista, se aprecia un resurgir gradual de la contratación pública como un instrumento al servicio de estas políticas (ARROWSMITH, Sue. *The Law of public and utilities procurement*. London: Thompson-Sweet & Maxwell, 2005. p. 1225 y ss.). Reino Unido dispone de un plan de acción en materia de contratación pública ecológica vinculado a una serie de objetivos de sostenibilidad, particularmente alcanzar el objetivo de carbono neutro en 2012 y reducir las emisiones en una 30% hasta el 2020 (Comunicación de la Comisión *"relative à des…*, ob. cit., p. 9).

[37] El Código de "Marchés publics" de 2006 incluye expresamente la variable ambiental en los procedimientos de licitación pública. Tal integración se aprecia fundamentalmente en los artículos 5, 6,14, 45, 50 y 53. No obstante, pese a que la reforma de 2006 ha supuesto un paso en la integración de las consideraciones ambientales, se ha limitado a transponer las posibilidades abiertas por la Directiva, renunciando a un enfoque más ambicioso. Particularmente crítica por esta falta de ambición del texto se muestra DE LA VILLE-BAUGÉ, Maria-Laetitia. Le développement durable Dans les marchés publics: une reforme ou un voeu Vieux?. *Revue Lamy des Collectivités Territoriales*, núm. 6, sept. 2006, p. 23. En 2007 fue aprobado el *Plan national d'action pour des achats publics durables* (PNAAPD). Además, Francia ha creado un grupo permanente de estudios de los contratos, que ha publicado una Guía de compra pública eco-responsable en 2005 (ETRILLARD, C., Comande publique et développement durable. Préoccupations environnementales, sociales et économiques dans les marchés publics. *Petites Affiches*, núm. 49, 8 de marzo de 2007, p. 3).

[38] CAO FUGUO. *Development in China: the regulation implementing the chinise goverment procurement law, and progress towards GPA accesion*, 15 PPLR, issue 6, p. NA 209; PING WANG. *China's envolving legal Framework on public procurement*, 13 PPLR, issue 6, p. 313. En el año 2004 el gobierno chino ha hecho pública una política de contratación pública para priorizar la compra de productos que ahorran energía.

[39] BOE núm. 99, de 25 de abril de 1997.

[40] Prevención de la producción de residuos de envases, reutilización de los envases, reciclado y demás formas de valorización de residuos de envases, con la finalidad de evitar o reducir su eliminación (artículo 1, Ley 11/1997).

[41] BOE núm. 96, de 22 de abril de 1998.

Ruido[42] establece que las Administraciones Públicas promoverán el uso de maquinaria, equipos y pavimentos de baja emisión acústica (Disposición adicional novena). Finalmente, la Ley 43/2003, de 21 de noviembre, de montes dispone que "En los procedimientos de contratación pública, las Administraciones públicas adoptarán las medidas oportunas para evitar la adquisición de madera y productos derivados procedentes de talas ilegales de terceros países y para favorecer la adquisición de aquellos procedentes de bosques certificados" (art. 35 bis).[43]

Se trata de declaraciones genéricas de importancia, en la medida en que identifican la contratación pública como un instrumento al servicio de las políticas sectoriales, pero excesivamente vagas para esperar de ellas una incidencia relevante en la orientación de las compras públicas. Por otra parte, en la AGE se han aprobado, de forma puntual, ordenes de servicio (21.1, LRJAP-PAC) que incluyen las instrucciones oportunas sobre cómo los pliegos de cláusulas administrativas particulares deban incorporar, cuando corresponda, aspectos ambientales relacionados con el objeto del contrato.[44]

Además de estas previsiones sectoriales del Derecho ambiental, en el ámbito del Derecho de contratos estatal, destaca la previsión del artículo 24.3 de la, ya derogada, Ley 48/1998, de 30 de diciembre, sobre procedimientos de contratación en los sectores del agua, la energía, los transportes y las telecomunicaciones. Esta disposición contemplaba la "calidad ambiental" como criterio de adjudicación del concurso; referencia que no encontrábamos en la Directiva traspuesta por esta Ley, la Directiva 93/38/CEE, de 14 de junio.

---

[42] BOE núm. 276, de 18 de noviembre de 2003.

[43] La Comisión ha identificado la contratación pública verde como un instrumento para generar demanda de madera procedente de la tala legal y sostenible y contribuir así a la gestión sostenible de los recursos forestales. Véanse, en este sentido, las comunicaciones de la Comisión "Aplicación de las leyes, gobernanza y comercio forestales (FLEGT) – Propuesta de plan de acción de la Unión Europea" (COM/2003/0251) y "Afrontar los desafíos de la deforestación y la degradación forestal para luchar contra el cambio climático y la pérdida de biodiversidad" (COM/2008/0645 final).

[44] Véase, en este orden de cosas, la Orden del Ministerio de Medio Ambiente de 14 de octubre de 1997 (BOE núm. 259, de 29 de octubre de 1997), por la que se fijaron criterios de modificación de los pliegos de cláusulas administrativas particulares que han de regir la contratación de dicho órgano y en los organismos públicos de él dependientes. Esta norma ha sido sustituida por la Orden MMA/2116/2007, de 10 de julio, criterios medioambientales a introducir en los pliegos de cláusulas administrativas que rijan en los contratos del Ministerio de Medio Ambiente y los Organismos Públicos de él dependientes (BOE núm. 167, de 13 de julio de 2007).

No obstante, ha sido realmente la Ley 30/2007, de 30 de octubre, de contratos del sector público (en adelante LCSP),[45] la que ha asumido en plenitud la CPV, yendo más allá en algunos aspectos que las propias previsiones de la Directiva. La LCSP[46] integra las variables ambientales (y sociales) en los contratos públicos, configurándolas "(…) como condiciones especiales de ejecución del contrato o como criterios para valorar las ofertas, prefigurando una estructura que permite acoger pautas de adecuación de los contratos a nuevos requerimientos éticos y sociales, como son los de acomodación de las prestaciones a las exigencias de un 'comercio justo' con los países subdesarrollados o en vías de desarrollo como prevé la Resolución del Parlamento Europeo en comercio justo y Desarrollo [2005/2245 (INI)], y que permitan ajustar la demanda pública de bienes y servicios a la disponibilidad real de los recursos naturales (…)" (apartado IV de la Exposición de motivos).

Con la finalidad de fomentar la integración efectiva del medio ambiente en las compras públicas, el Consejo de Ministros creó, mediante Acuerdo de 22 de mayo de 2006, la Comisión Interministerial para la Incorporación de Criterios Ambientales en la Contratación Pública. La Comisión tenía como cometido la elaboración de un Plan de Contratación Pública Verde con la finalidad de articular la conexión entre la contratación pública y la implantación de prácticas respetuosas con el ambiente, que fue definitivamente adoptado en el año 2008.[47] Esta Plan de acción pretende dar apoyo específicamente a otros planes sectoriales ambientales, especialmente en materia de ahorro y eficiencia energética, residuos y cambio climático,[48] que a su vez identifican la CPE como

---

[45] BOE, núm. 261, de 31 de octubre de 2007.

[46] BOE, núm. 261, de 31 de octubre de 2007.

[47] Orden PRE/116/2008, de 21 de enero, por la que se publica el Acuerdo de Consejo de Ministros por el que se aprueba el Plan de Contratación Pública Verde de la Administración General del Estado y sus Organismos Públicos, y las Entidades Gestoras de la Seguridad Social (BOE núm. 27, de 31 de enero de 2008).

[48] El Plan de Contratación Pública Verde pretende dar apoyo a determinadas políticas sectoriales ambientales, particularmente al Plan de Ahorro y Eficiencia Energética en los edificios de la Administración General del Estado, el Plan Nacional Integrado de Residuos y la Estrategia Española de Cambio Climático y Energía Limpia (2007-2012). El Plan marca como objetivo alcanzar a finales de 2010 el nivel medio de contratación pública ecológica alcanzado por los Estados más sobresalientes de la UE en el año 2006. Establece metas ambientales cuantificadas para los grupos de productos, servicios y obras considerados como prioritarios por la Comisión Europea. Crea directrices para la incorporación de criterios ambientales en las distintas fases de la contratación. Se prevén igualmente una serie de medidas administrativas: desarrollar reglamentariamente la LCSP; informar y formar al personal encargado de la ejecución del Plan; dar publicidad al Plan; fomentar la participación de los agentes económicos y sociales implicados; diseñar un procedimiento de control para el seguimiento del Plan, cuya responsabilidad es de la Comisión Interministerial; elaborar

una medida más para el cumplimiento de sus objetivos.[49] Asimismo, fija objetivos ambientales para los grupos de productos, servicios y obras considerados como prioritarios (construcción y mantenimiento, transporte, equipos de oficina, papel/publicaciones, mobiliario, limpieza, eventos).[50] Para alcanzar estos objetivos se prevén toda una serie de medidas en cada uno de los sectores identificados como prioritarios. Se recogen diferentes medidas destinada a fomentar la información[51] y la formación en materia de contratación pública, y a integrar las

---

cláusulas tipo para la elaboración de los pliegos de cláusulas administrativas; y llevar a cabo acciones de formación continua entre los funcionarios responsables de la aplicación del plan. Los responsable de la aplicación del Plan serán las Subsecretarías de cada Ministerio de la AGE.

[49] El Plan de Ahorro y Eficiencia Energética (2008-2011) establece distintas medidas de integración de las consideraciones ambientales en las compras de la Administración general del Estado, particularmente introduciendo criterios de valoración que prioricen los vehículos con los más bajos niveles de consumo y las empresas que acrediten una adecuada gestión energética. Véase el citado plan en el sitio Web del *Instituto de Diversidad y Ahorro de la Energía*, <http://www.idae.es>, visto a 6 de mayo de 2010. Por su parte el Plan Nacional Integrado de Residuos (2007-2015) prevé, entre sus medidas, "la elaboración y adopción de un programa de compras verdes para las distintas administraciones" (p. 203), con la finalidad de fomentar la adquisición de productos fabricados con materiales reciclados y de materiales reutilizados. Véase el Plan Nacional Integrado de Residuos en la página del Ministerio de Medio Ambiente, Medio Rural y Marino, <www.mma.es>, visto a 6 de abril de 2010. Finalmente, la Estrategia Española de Cambio Climático y Energía Limpia (2007-2012-2020) recoge, entre sus actuaciones, "establecer una estrategia de contrataciones públicas, que incorpore criterios obligatorios de sostenibilidad y de lucha contra el cambio climático (también a nivel municipal)". Asimismo, también dispone la necesidad de introducir, en los concursos públicos de contratación de servicios, "un informe sobre medidas de eficiencia energética utilizadas por las posibles contratas, favoreciendo a las empresas que presenten un modelo de funcionamiento sostenible (también a nivel municipal)" (p. 16).

[50] Entre los objetivos fijados destacamos los siguientes: ahorro energético del 9% antes de 31 de diciembre de 2010 y del 20% antes de 31 de diciembre de 2016, en coherencia con los objetivos del Plan de Ahorro y Eficiencia Energética; ahorro de agua de un 20% antes de diciembre de 2010; alcanzar el 38% consumo de biocombustibles respecto del total de combustibles consumidos en el PME; reducción del consumo de combustibles fósiles en un 20% con relación al año 2006; alcanzar un consumo de papel reciclado del 50% respecto el consumo total antes de 31 de diciembre de 2010 y del 90% antes de 31 de diciembre de 2015; estabilización del consumo del papel de oficina en relación al año 2006 en el período 2008-2010 y reducción de un 20% en el volumen total de consumo en el período 2010-2015; reducción de las publicaciones en soporte papel de un 40% respecto del año 2006 antes de 31 de diciembre de 2015; compra de madera de origen legal y procedente de explotaciones gestionadas de forma sostenible, y ausencia de sustancias tóxicas en la compra de mobiliario, en los productos con un contenido en madera superior al 10%; un 25% del mobiliario de oficina y derivados de madera adquiridos con garantía y disponibilidad de recambios de 5 años antes de 31 de diciembre de 2010 y un 50% antes de 31 de diciembre de 2015; 100% de los productos de papel de origen reciclado antes de 31 de diciembre de 2010; 100% de pequeños contenedores de origen reciclado antes de 31 de diciembre de 2015; etc.

[51] En este sentido destaca la previsión de elaboración de códigos de buenas prácticas ambientales para, por ejemplo, los servicios de limpieza y los equipos de oficina, y sobre la calidad y ecoeficiencia para el mantenimiento y obras menores de edificios.

consideraciones ambientales en los pliegos de prescripciones técnicas, los criterios de valoración de las ofertas y las condiciones de ejecución del contrato.

Informação bibliográfica deste capítulo, conforme a NBR 6023:2002 da Associação Brasileira de Normas Técnicas (ABNT):

PERNAS GARCÍA, Juan José. Apuntes Introductorios sobre la Contratación Pública Verde en Europa y en España. *In*: BACELLAR FILHO, Romeu Felipe; GABARDO, Emerson; HACHEM, Daniel Wunder (Coord.). *Globalização, direitos fundamentais e direito administrativo*: novas perspectivas para o desenvolvimento econômico e socioambiental: Anais do I Congresso da Rede Docente Eurolatinoamericana de Direito Administrativo. Belo Horizonte: Fórum, 2011. p. 125-138. ISBN 978-85-7700-501-7.

FUNDAMENTOS FILOSÓFICOS DO DIREITO AO DESENVOLVIMENTO SUSTENTÁVEL*

JANRIÊ RODRIGUES RECK

Este artigo tem por problemática a reconstrução da busca dos fundamentos racionais de um direito ao desenvolvimento sustentável. A primeira questão é saber por quais motivos seria necessária uma fundamentação racional do direito ao desenvolvimento sustentável. Poder-se-ia assumir uma posição do tipo proposta por Bobbio, segundo a qual a questão não é fundamentar os direitos, mas, sim, efetivá-los. Ocorre que, com isto, perdem-se três tipos de informações importantes: 1. as razões que levam à motivação para se agir em uma outra direção (isto é, em favor do Direito ao desenvolvimento sustentável); 2. uma autocompreensão sobre os valores da sociedade; 3. os argumentos que permitem a reconstrução do Direito em prol de uma interpretação mais complexa.

Assim, vislumbra-se razões suficientes para que o Direito e a Filosofia não abandonem o intento de fundamentação dos direitos fundamentais.

---

* Palestra apresentada no I CONGRESSO DA REDE DOCENTE EUROLATINOAMERI-CANA DE DIREITO ADMINISTRATIVO, no painel "Desenvolvimento sustentável e o direito fundamental ao meio ambiente equilibrado", às 9h45 do dia 23.02.2011, na Pontifícia Universidade Católica do Paraná.

Uma primeira tentativa fora efetuada a partir da tradição jusnaturalista, que ainda é a mais popular entre os juristas. Neste tipo de tradição, os direitos fundamentais apareceriam como uma outorga da natureza ou de Deus aos homens, ou então como uma evidência inevitável de um estado de coisas que levaria a um direito. Nos moldes do pensamento atual, é evidente que o Direito é fruto de decisão, e, assim, não pode ser deduzido de algum sistema de pensamento. Até por que deveriam existir critérios para julgar em termos de "dedução" "verdadeira" ou "falsa", e tais critérios não existem, uma vez que o Direito não é uma questão de razão teórica, mas prática, como dissera Kant. Isto significa dizer que o Direito tem de ser decidido, e não somente conhecido.

Uma outra perspectiva oposta é justamente o decisionismo. Deve-se obediência aos direitos fundamentais por que assim fora decidido, e a mera decisão constitui o fundamento dos direitos fundamentais. Evidentemente, tal perspectiva abandona o lado cognitivo dos direitos, e, com isto, a perda da motivação, do autoconhecimento e da possibilidade de interpretação dos direitos são também aplicáveis a tal tipo de perspectiva.

A observação do tipo sentimentalista é uma observação que se estriba em um "sentimento moral" do indivíduo ou da comunidade. Observa-se que repugna aos participantes de uma dada comunidade os comportamentos que violam certos direitos, e isto é motivo suficiente para eles sejam defendidos. Este tipo de posição topa com a arbitrariedade dos sentimentos morais dos participantes. Ocorre que apenas se comunicam sentimentos, mas não se argumentam sobre eles. Deste modo, outra saída não há senão a discricionariedade: saída impossível diante do contexto do Estado Democrático de Direito.

A posição do tipo culturalista ou historicista também padece dos mesmos problemas de vagueza da linguagem e arbitrariedade dos argumentos, muito embora eles existam. Os direitos fundamentais são frutos de lutas históricas da comunidade e que se afirmam com o transcorrer dos anos. Atribuir-se os direitos à cultura de uma determinada comunidade é a mesma coisa que nada dizer, pois simplesmente a cultura das comunidades contemporâneas é incognoscível, dada a pluralidade de valores. A tentativa que vai em busca da afirmação histórica é mais interessante. Entretanto, a descoberta, que parece correta, de que os direitos são afirmados em lutas e ondas históricas não remete necessariamente à base argumentativa dos direitos. Que o direito ao desenvolvimento sustentável é um direito fundamental, não resta dúvida. Mas, entretanto, é necessário saber o por quê. Daí a razão pela qual parece ser necessário uma teoria que leve em conta a base argumentativa dos direitos fundamentais.

Enfim, devem existir razões suficientes para o direito fundamental ao desenvolvimento sustentável. Estas razões, por um lado, residem na positividade do ordenamento. É preciso, contudo, ir além, ou seja, encontrar as razões que sustentam este direito.

Esperar-se que a Filosofia ou a ciência construam critérios de argumentação *a priori* de julgamento é um sonho de uma noite de verão. Simplesmente porque tal não é possível. A uma, porque a Filosofia ou a Teoria do Direito não podem substituir os participantes de uma argumentação, e porque os argumentos fazem parte de processos de decisão.

A Teoria do Direito, contudo, pode ajudar a elucidar o conteúdo das decisões já tomadas em uma dada comunidade, bem como reconstruir o conteúdo racional dos direitos fundamentais. Pode, finalmente, tentar fundamentá-los, mas sempre a título de uma contribuição à sociedade, e não na forma de uma argumentação que tivesse de descer desde cima aos participantes.

Habermas possui uma teoria dos direitos fundamentais que se amolda a estes requisitos de uma filosofia da contemporaneidade.

Uma vez que o Direito é posto por uma decisão que pode ser modificada a qualquer momento, é necessidade observar as bases da decisão para que seja possível alcançar uma resposta. O problema de fundo é a questão da decisão. Unidade surgida da relação entre alternativas criadas, e escolha da alternativa, a justificação da escolha da alternativa em um espaço de tempo determinado.

O problema que se coloca é o da pluralidade de concepções de mundo e de projetos de vida individuais. Com isto, gera-se uma fragmentação da cultura e dos meios não jurídicos de produção de solidariedade.

Voltando à pergunta de como é possível uma sociedade atuar sobre ela mesma. A hipótese é que, diante da fragmentação dos meios de solidariedade social existentes, o Direito acaba se sobrecarregando e assumindo este papel.

Isto remete para a segunda indagação: como é que o Direito, uma comunicação posta por decisão, que pode ser modificável a qualquer momento, é capaz de fazer tal proeza?

A resposta passa pela possibilidade de o Direito gerar solidariedade através do uso comunicativo da linguagem. O agir comunicativo, como propício ao entendimento, é o fio condutor de normas que, a despeito de serem criadas a partir de uma decisão, precisam ser corretas e racionais e, para serem corretas e racionais, é necessário que sejam intersubjetivas. Essa intersubjetividade materializa-se em procedimentos de formação da vontade pública que fazem uso desta intersubjetividade para a estatuição de normas que sejam capazes de ser aceitas pelos destinatários.

A autonomia dos cidadãos não pode fazer eco diretamente na legislação, vez que a formação da vontade, como é idealizada a partir da compreensão de Estado de Direito, não prescinde do contraste de opiniões e do reconhecimento da maior influência que certos atores têm diante de outros. Esse poder comunicativo tem de passar por testes argumentativos para materializar-se em poder administrativo (atuação das organizações governamentais). Daí por que existirem procedimentos legislativos para a realização destes testes e posterior transformação em leis legítimas (ou não).

O Direito guarda analogias com a moral, mas também diferenças. Apesar de operarem deontologicamente, serem cognoscíveis e fruto de processos reflexivos de formação, o Direito é mais determinável que a Moral e possui apoio do poder administrativo. Deste modo, o Direito tanto é obedecido performativamente, através de uma autovinculação da vontade livre, quanto através de coações impostas pelo poder administrativo.

A argumentação que vai desembocar no Direito segue uma lógica de justificação. Desde a esfera pública, passando pela formação de um poder comunicativo, até a consagração em lei e posterior materialização administrativa, os procedimentos de formação do Direito seguem uma lógica de comportas que tem de deixar abertas potenciais de normas justificáveis, isto é, capazes de satisfazer o interesse dos participantes em jogos de linguagem regulativos. Daí por que ser necessária existência de canais abertos e direitos que protejam a esfera pública.

Esse procedimento é regido por direitos fundamentais os quais, em uma perspectiva teórica, derivariam de uma situação ótima de fala, mas que, em realidade, são fruto de uma conjunção entre a autonomia privada com a autonomia pública dos cidadãos. Eles decidem quais serão seus espaços de mobilidade e seus direitos fundamentais, os quais são diretivas para todo o restante do ordenamento. Essa autonomia dos cidadãos ocorre a partir do entrelaçamento em princípio do discurso — todos os destinatários das normas têm de participar da sua formação —, com o princípio do Direito (forma da norma, estatuição por decisão, coação, poder administrativo, etc.), os quais, juntos, formam o princípio da democracia.

Retome-se o argumento. Ao mesmo tempo que não cabe à Filosofia ou a Teoria do Direito estatuir os direito fundamentais, estas disciplinas podem contribuir com argumentos. Habermas constrói uma argumentação do tipo contradição performativa, ou seja, um argumento que, mesmo não tendo uma pretensão de ser definitivo, essencial ou arquimédico, acaba sendo irresistível, porque inegável.

Os direitos fundamentais devem ser decididos. Porém, para que uma decisão social seja perfectibilizada nos moldes da ação comunicativa, é necessário que certas possibilidades comunicativas sejam preservadas. Habermas as constrói em analogicidade com a situação ideal de fala utilizada em questões de verdade. Se os direitos fundamentais devem ser decididos de forma comunicativa, então os participantes devem ter oportunidades de segurança da fala, liberdades comunicativas, padrões de dignidade, e assim por diante.

Então, Habermas fundamenta os direitos fundamentais a partir de um argumento de cooriginariedade entre direitos fundamentais e, precisamente, o Direito. Para que exista o Direito, é necessário direitos fundamentais, e para que existam direitos fundamentais a linguagem jurídica precisa estar disponível. Como direitos que são, por óbvio a explicação dos direitos fundamentais tem de levar em conta o meio do Direito, ou seja, Direito só se faz a partir do Direito. E é precisamente essa uma dificuldade: esses direitos têm de ser fortemente legítimos, mas essa legitimidade tem de estar ligada à legalidade nas condições pós-metafísicas. Neste sentido, os direitos subjetivos são cooriginários com o direito objetivo; pois este resulta dos direitos que os sujeitos se atribuem reciprocamente.

A tese de que existe uma oposição entre direitos humanos e soberania do povo é um argumento falacioso, uma vez que direitos humanos e soberania do povo só podem aparecer juntas. Isso porque são fruto de uma autonomia intersubjetiva, isto é, um exercício da razão ao mesmo tempo individual e com o outro.

Tais direitos seriam: (1) direitos fundamentais que resultam de uma configuração política onde exista um maior número de liberdades possível; para estribar este direito, seria necessário (2) *status* de membro de uma associação política e (3) possibilidade de reivindicação jurídica desses direitos; estes direitos garantem sua autonomia privada, todavia, como direitos, são criados e regulamentados por lei, daí um (4) direito à participação política para criação de um direito legítimo, *i.e.*, um direito cujos destinatários participam performativamente de seu processo de construção. Isso tudo não seria possível se não existisse (5) condições materiais para uma vida garantida social e ecologicamente.

Acerca de (1), Habermas fundamenta no sentido de que somente serão legítimas as normas que sejam compatíveis com o máximo de iguais direitos para todos. Já em (2) tenta-se resolver o problema da solidariedade em uma situação de autolegislação, ou seja, quem se autolegisla. Obviamente só pode ser um grupo que reconhece seus membros como tais, e, mesmo que tal organização seja universal, ainda é limitada com relação ao tempo e ao espaço, ou seja, nunca existe inclusão total, de modo que não faça sentido um nós. Em (3), a fundamentação é óbvia: não faz sentido direitos se não é possível reivindicá-los. Em (4), criam-se os direitos a partir da participação e em (5) se os possibilitam.

Então, em realidade, nada vem antes da prática da autodeterminação dos civis, a não ser, de um lado, o princípio do discurso, que está inserido nas condições de socialização comunicativa em geral, e, de outro lado, o *medium* do Direito. Temos que lançar mão do *medium* do Direito, caso queiramos implementar no processo de legislação — com o auxílio de iguais direitos de comunicação e de participação — o princípio do discurso como princípio da democracia. Entretanto, o estabelecimento do código jurídico enquanto tal já implica direitos de liberdade, que criam o *status* de pessoas de Direito, garantindo sua integridade.

A partir do estabelecimento do código do Direito, é possível estabelecer os demais Direitos. Estes terão sua base argumentativa ou em argumentos pragmáticos, ou em argumentos éticos, ou em argumentos morais.

Os argumentos pragmáticos são argumentos que se referem a acordos de interesse, ou seja, fundamentam direitos que abrem espaço para que os participantes persigam seus fins individuais.

Os argumentos éticos baseiam-se nos valores que uma determinada comunidade professa. Estão baseados nos valores culturais arraigados e expressam a autenticidade de uma comunidade de Direito, a qual utiliza a linguagem para reproduzir sua cultura.

Os argumentais morais confundem com os argumentos de justiça para Habermas. Configuram-se eles em formas estruturais de argumentação com cunho universal. Ao contrário dos argumentos éticos, que estão ligados à autocompreensão de uma comunidade, os argumentos morais buscam universalidade desconectada de valores locais. Neste sentido, postulam o correto para todos os humanos em todos os tempos.

A pergunta, então, é: é possível fundamentar o direito ao desenvolvimento econômico e a preservação do meio ambiente de tal modo pragmático-habermasiano, isto é, como condição necessária para a existência do próprio Direito? Como direitos cooriginários ao próprio Direito? Ou os direitos fundamentais ao desenvolvimento e ao meio ambiente já pertencem ao segundo estágio de positivação? E seriam normas pragmáticas, éticas ou morais?

Neste sentido, seria necessário argumentar que um direito ao desenvolvimento econômico e à preservação do meio ambiente são condições necessárias para que se estabelecesse um procedimento de alcance do consenso. Para que tal operação argumentativa seja bem-sucedida, é imperioso, assim, analisar no que a autocompreensão do conteúdo destes direitos se liga aos pressupostos de procedimento para a formação do Direito.

O direito ao desenvolvimento, em um primeiro momento, seria aquele direito caracterizado pela ideia de que os povos têm direito ao máximo de desenvolvimento econômico possível. Isto significa que sua busca por tecnologias, infraestrutura e pleno emprego deve ser estimulada e ao mesmo tempo protegida. Evidentemente que o estímulo não significa obrigatoriedade. Este é um direito que depende de uma vontade de exercê-lo, e pode muito bem dado povo preferir manterem-se em patamares menos avançados de desenvolvimento.

O entendimento do núcleo deste direito remete aos processos históricos de descolonização. Os povos africanos eram vistos como deliberadamente postos em um patamar menor de civilização. Esta atitude metrópole-colônia foi percebida como de impossível sustentação racional, e, por isso, abandonada. É a partir deste direito dos povos africanos a saírem de sua situação de dependência que se desenvolveu o direito ao desenvolvimento, o qual hoje possui significado diverso. Ele tem como conteúdos:

1. direito de um povo a não ser posto deliberadamente em condição menos vantajosa politicamente, militarmente e economicamente por outras potências estrangeiras ou atores econômicos de vulto;
2. direito de um povo a poder construir sua infraestrutura com o máximo de amplitude e liberdade possível;
3. direito de um povo ter acesso ao conhecimento e às tecnologias que foram parte do patrimônio da humanidade;
4. direito de um povo de não ser excluído do comércio e das demais relações internacionais;
5. direito de um povo poder intervir na sua própria economia, estabelecendo serviços públicos e buscando o pleno emprego.

O problema que se coloca, encerrando o debate sobre este direito, é sobre o conceito de povo. Sendo extremamente vago e fluido, parece carecer de sentido. O único sentido possível é o de comunidade de Direito. Isto é, povo é aquela comunidade que é capaz de dar o direito a si mesma.

O direito ao meio ambiente ecologicamente sustentável tem uma fundamentação um pouco mais polêmica. A começar pela própria questão relacionada ao "povo", trabalhada mais acima. Ocorre que o direito ao meio ambiente ecologicamente equilibrado não pertence a um povo, e sim à humanidade inteira, de modo que ele não pode ser circunspecto neste sentido. Uma violação ao equilíbrio ambiental em uma parte do planeta é sentida em todo o resto. O conceito de "povo" como direito a algo é inútil para o caso.

O conteúdo do direito ao meio ambiente é o de que seus aspectos bióticos e estéticos devem ser preservados na maior medida possível. A carga mínima de preservação é a ideia de justiça intergeracional, ou seja, a ideia de que as gerações devem poder conhecer, usufruir e decidir acerca do meio ambiente. Uma geração não pode privar a outra das suas possibilidades de interagir com a natureza.

Em uma primeira vista, ambos direitos parecem estar em conflito. Mas é necessário esclarecer e precisar linguisticamente a questão. Ambos direitos são absolutos em sua existência e não estão em conflito. O que ocorre é que possivelmente o âmbito de comportamento permitido e devido pelos direitos referidos provavelmente gerará efeitos que são incompatíveis um com o outro. Esta é a razão pela qual buscar os fundamentos racionais destas comunicações pode aclarar a compreensão que o Direito tem da questão.

O direito ao desenvolvimento tem uma raiz que, no final das contas, compreende o *télos* das ciências e das técnicas de emancipação social, qual seja, a emancipação e a possibilidade da perseguição dos projetos de felicidade. Ocorre que não é necessário que um determinado povo alcance o máximo possível de desenvolvimento para que o exercício de direitos seja possível. Poderia ocorrer, por exemplo, de um determinado povo preferir manter-se tradicional ao invés de desenvolver tecnologias. Entretanto, o desenvolvimento deve estar disponível aos participantes de uma dada comunidade, e ninguém tem autoridade para impor desde fora limites. Mas como o direito ao desenvolvimento é um direito que se coloca entre povos, seria necessário achar um argumento que trespassasse tanto a ideia de uma aproximação pragmática como ética, uma vez que a fundamentação teria de ultrapassar tanto o marco do interesse individual quanto comunitário. Deste modo, assim como os demais direitos fundamentais, o direito ao desenvolvimento encontra fundamento moral, isto é, um fundamento de universalidade, e, por outro lado, um mínimo de desenvolvimento e de possibilidade de desenvolvimento é necessário para a própria democracia.

A moralidade é o fundamento do direito ao desenvolvimento porque, se se conectar os aspectos individual e coletivo deste direito, percebe-se ele como possibilitador de alcance dos projetos de felicidade tanto individuais quanto coletivos. Se a função do Direito, no final das contas, é esta, parece claro que se se partir da ideia de que o direito ao desenvolvimento permite maior desenvolvimento do sujeito, então está fundamentado o direito ao desenvolvimento, por que seria uma máxima generalizável temporalmente e espacialmente.

O direito ao meio ambiente equilibrado pode ser fundamentado ou como núcleo da democracia, ou como tendo fundamento pragmático, ético ou moral. De fato, o próprio Habermas dissera que é pressuposição do procedimento democrático condições "social e ecologicamente equilibradas". De fato, é preciso segurança e estabilidade ambiental para que seja possível democracia. Todavia, como os danos são gerados a longo prazo, o direito ao meio ambiente não é uma medida necessária de pronto, como a liberdade de expressão, por exemplo.

Seria possível fundamentar o direito ao meio ambiente ecologicamente equilibrado a partir de argumentos pragmáticos, ou seja, a partir de interesses próprios tomados a nível individual. Deste modo, a justificação recairia ou sobre a ideia de autopreservação do homem ou sobre a utilidade de manter incólumes os recursos naturais para futuro uso. Evidentemente, tais argumentos fazem pouco caso da real importância da natureza enquanto integrada ao homem.

Uma outra espécie de argumentação possível seria uma argumentação ética. Este tipo de argumentação, contudo, é de pouco uso, por que representa a ideia de autoentendimento de uma determinada comunidade. Muito embora seja possível que a preservação ambiental seja um valor protegido por uma cultura específica, o caráter universalista dos problemas ambientais necessariamente remete esta para o prisma moral.

Assim, é necessário achar uma justificação que tenha pretensão de universalidade espacial e temporal. Esta justificação pode ser encontrada basicamente em duas ordens de argumentos: o compromisso intergeracional e em uma antropologia integracionista humana. O último argumento tem por significado a ideia de que o homem, enquanto ser no mundo, é um ser em contato com a natureza. Se bem que de fatos não podem decorrer normas, a máxima é extraída a partir da ideia de que emancipar-se é integrar-se com a natureza, pois disto depende a realização do homem enquanto espécie. Já a ideia de solidariedade intergeracional também se fundamenta em pressupostos universalistas. Ocorre que, assim como as gerações atuais tiveram acesso aos recursos naturais, à apreciação de sua estética e à sua integração, este acesso não pode ser tolhido unilateralmente por uma geração. Deste modo, satisfeitos os requisitos de universalidade espacial e temporal.

Em conclusão, pode-se dizer que os direitos não se encontram em conflito em suas justificações, que são diferenciadas. Entretanto, o exercício de um direito pode vir a limitar o exercício de outro direito. Deste modo, em princípio, é evidente que as justificações que envolvem o meio ambiente equilibrado são fortes o suficiente para limitar o desenvolvimento — se este necessariamente estiver conectado com processos de agressão desmedida ao meio ambiente. Entretanto, assim como o direito ao meio ambiente equilibrado é um elemento de racionalidade na aplicação do direito ao desenvolvimento, também o direito ao desenvolvimento é um elemento de interpretação, ao estipular que, como todos têm direito ao progresso, as limitações aos excedentes produzidos pelo progresso não podem ser distribuídas assimetricamente entre os povos da humanidade, mas sim de forma equânime, de modo que, assim como todos têm direito ao equilíbrio ambiental, também sofram os custos deste equilíbrio.

Informação bibliográfica deste capítulo, conforme a NBR 6023:2002 da Associação Brasileira de Normas Técnicas (ABNT):

RECK, Janriê Rodrigues. Fundamentos filosóficos do direito ao desenvolvimento sustentável. *In*: BACELLAR FILHO, Romeu Felipe; GABARDO, Emerson; HACHEM, Daniel Wunder (Coord.). *Globalização, direitos fundamentais e direito administrativo*: novas perspectivas para o desenvolvimento econômico e socioambiental: Anais do I Congresso da Rede Docente Eurolatinoamericana de Direito Administrativo. Belo Horizonte: Fórum, 2011. p. 139-148. ISBN 978-85-7700-501-7.

PAINEL III

GLOBALIZAÇÃO, DIREITOS FUNDAMENTAIS E CONTRATOS ADMINISTRATIVOS

GLOBALIZACIÓN Y CONTRATOS ADMINISTRATIVOS*

JUAN CARLOS CARDONA

1 A manera de introducción

En este primer acercamiento al tema "El impacto de la Globalización en los contratos administrativos" habré de referirme a dos situaciones de las cuales he tomado conocimiento por los medios, en el primero de los casos y por haber intervenido profesionalmente en el segundo. La primera de ellas es "Lamentable posibilidad de corrupción cuando las partes en una contratación administrativa internacional son el Estado o empresas del Estado" y "Dificultades prácticas en torno a la contratación de sistemas informáticos".

La razón de ser de la elección de esta temática se encuentra en la preocupación permanente que todos los que transitamos los caminos del Derecho Administrativo debemos tener hacia la concreción del valor transparencia en todas las contrataciones administrativas y en nuestro caso especial las que tienen como partes a Estados o empresas del

---

* Ponencia presentada en el I CONGRESSO DA REDE DOCENTE EUROLATINO-AMERICANA DE DIREITO ADMINISTRATIVO, en el panel: "Globalização, direitos fundamentais e contratos administrativos", a las 18h30 del día 23.02.2011, en la Pontifícia Universidade Católica do Paraná.

Estado. Por otra parte es nuestra obligación natural contribuir al éxito de esas contrataciones, máxime cuando las mismas son el producto de la colaboración de entidades financieras internacionales con estados que de otra manera se verían imposibilitados de concretar proyectos que guardan relación directa, en muchos casos, con su desarrollo como país.

2 Lamentable posibilidad de corrupción cuando las partes en una contratación administrativa internacional son el estado o empresas del Estado

Resulta innecesario recordar que cuando de contrataciones entre estados nacionales se trata, la primer consecuencia es dejar de lado los procedimientos de contratación administrativos, que habitualmente apuntan a concretar los principios de legalidad y razonabilidad, todo lo cual se logra asegurando la transparencia en la contratación y la seguridad que el Estado está comprando bien.

El ejemplo de contratación que hemos elegido precisamente porque no se cumplieron ni respetaron ninguno de los principios más arriba citados tiene como partes al ex Secretario de Transporte de la República Argentina y a una empresa española. El objeto de la contratación ha sido la compra de material ferroviario, vagones, locomotoras, etc. por un valor realmente importante para nuestros países.

No dudo en afirmar por lo que ha trascendido a la opinión pública que mi país ha comprado caro y mal. Esto es así porque gran parte del material comprado no sirve para la finalidad para la cual fue concebido y todo indica que habrían existido sobreprecios, pues los valores que se manejan se alejan de los reales de mercado, lo cual se potencia ante la inutilidad de gran parte del material adquirido.

El caso se encuentra hoy ante la justicia penal argentina. Ahora bien, ello indica que los funcionarios responsables están en camino de recibir su merecido, pero por otro lado el material se observa a través de la televisión como inservible dado que no se utiliza; simplemente se encuentra guardado en terrenos del ferrocarril y hasta —lo que luce paradójico— se han incendiado, ignorándose aún si se ha debido a la simple fatalidad o ha intervenido la mano del hombre.

En cualquier caso el material ha sido pagado por el Estado Argentino —caro por cierto— y no es utilizado, lo que indica que el perjuicio para el país ya se ha producido y no se advierte que ello tenga retorno.

Como hombres de Derecho, situaciones como la expuesta producen rabia e impotencia, a la vez que una especial sensación de tristeza porque se da entre funcionarios de dos países que tienen historia, idioma, cultura y actitudes solidarias compartidas. Precisamente por ello, España hace el esfuerzo de viabilizar la compra de material usado que ya no le es útil pero que puede servirle a la Argentina, cuando de pronto la corrupción se hace presente para tirar todo por la borda.

¿Qué podemos sugerir o imaginar para que hechos de esta naturaleza no se produzcan más o que por lo menos se dificulten?

Lo primero que se me ocurre pensar es en los mecanismos de control propios de cada país, lo que me lleva a los de Argentina. La historia de nuestro país en torno al control ha sido lamentable; baste al respecto señalar dos casos que no dudo en calificar de históricos: me refiero al control de la actividad financiera y la de seguros. En ambos casos ha sido tan deficiente que no ha podido evitar el quiebre tanto de bancos como de compañías de seguros, con una consecuencia lamentable que ha sido común a ambos: la desesperación de miles de ahorristas y de personas que se consideraban aseguradas en sus personas y sus bienes y que, en un caso, terminaron perdiendo sus ahorros, para algunos de toda una vida, y, en otro ejemplo, respondiendo a título personal cuando el siniestro tuvo lugar.

A ello debe agregarse que como consecuencia de la profunda Reforma del Estado llevada a la práctica en la Argentina, los controles han pasado a ser mucho más laxos; baste mencionar al respecto el caso de la Fiscalía de Investigaciones Administrativas que ha pasado a depender de quien debe controlar, a saber el Poder Ejecutivo, perdiendo así la independencia que la había caracterizado por años. Agregado a ello, nuestros gobiernos, sin distinción de banderías, son reacios al control. Se trata de instituciones deseadas y propiciadas cuando se es oposición y de igual manera molestas cuando se es gobierno.

La conclusión fluye con naturalidad: sensación de impunidad, que lleva a los funcionarios a sentirse libres de hacer cualquier cosa con los dineros públicos, olvidándose que su responsabilidad primaria es administrar con transparencia la res pública. Sí, la República Argentina tiene mucho para hacer en su ámbito acerca del funcionamiento de los organismos de control y tengo esperanza que así habrá de ocurrir.

Por otro lado, creo que este ámbito que hemos sabido crear aparece como ideal no para que discutamos en teoría si tal o cual naturaleza jurídica responde mejor a tal o cual instituto, sino para intercambiar experiencias, ideas y posibles soluciones a problemas como el que estoy planteando y que tienen tanto que ver con lo que todos nosotros hombres de Derecho soñamos en punto a mejorar el funcionamiento de nuestras administraciones públicas, lo que es decir, la calidad de vida y el verdadero nivel al que tiene derecho a aspirar todo ciudadano en nuestros respectivos países.

3 Dificultades prácticas en torno a la contratación de sistemas informáticos

El segundo tema que deseo compartir con Uds. refiere a contrataciones administrativas caracterizadas por un gran tecnicismo y que se realizan con recursos provenientes de organismos internacionales como puede ser el Banco Mundial y que por ello imponen sus propias normas a la contratación administrativa.

Dos aspectos merecerán nuestra atención, uno la trascendencia determinante que puede llegar a tener la opinión de un muchas veces único funcionario, a punto de minimizar la opinión y la propia presencia institucional de los organismos técnico jurídicos y de control. En segundo lugar las consecuencias negativas para el procedimiento de contratación que en determinados casos acarrean las normas procedimentales del organismo financiero internacional.

La ciudad de Rosario es una de las tres ciudades más importantes de la República Argentina y en ella se han dado dos procedimientos administrativos de contratación que merecerán nuestro análisis por la trascendencia que los objetos motivo de las contrataciones tienen para el mejoramiento administrativo y de eficiencia en la percepción y administración de los recursos municipales.

Los casos que nos ocupan son aquellos que han tenido por objeto el desarrollo de un Sistema de Información Territorial para la Gestión de Catastro, Normativa Urbana y Administración Tributaria o el más reciente Desarrollo de un Sistema Integral de Administración Tributaria de la Municipalidad de Rosario.

En el primer caso se trata de una ambiciosa y costosa contratación que habría de llevarse a cabo merced a un préstamo otorgado por el Banco Interamericano de Desarrollo. Como es de práctica en este tipo de contrataciones, primero se establece una lista de Proponentes precalificados que la realiza el propio Banco, integrada por empresas provenientes de países miembros del Banco que provean en el caso servicios de consultoría.

Debido a la complejidad de la contratación se utilizó el mecanismo de doble sobre; el primero destinado a analizar la viabilidad técnica de las propuestas y el segundo la conveniencia económica.

En la primera fase interviene una Comisión de Evaluación de las Propuestas de naturaleza técnica; lo cierto es que en el caso que nos ocupa, dicha Comisión consideró que la propuesta presentada por un grupo de empresas, entre la cuales cabe destacar por su trayectoria internacional la canadiense TECSULT INTERNATIONAL LIMITÉE, no se ajustaba a lo requerido técnicamente. Tal como surge de los dichos de la propia Comisión, se realizó una evaluación en base a elementos de naturaleza estrictamente técnica, taxativamente explicitados en los Criterios de Evaluación, obrantes en los Documentos del Concurso.

Más aún y de manera contundente la Comisión considera que la propuesta técnica es inviable por no cumplir con el objeto del Concurso, reiterando que todos los fundamentos han sido técnicos y no económicos.

Dada la naturaleza de los puntos en los cuales discreparon la empresa y la Comisión de Evaluación, me limitaré a señalar los mismos: uno de ellos giró en torno a la solución Oracle Financials, ofrecida para cumplir con el objeto del concurso y su consideración de software o "paquete aplicativo" y no "de base"; a ello debe agregarse una discrepancia en torno a la arquitectura y su carácter de preliminar y no definitiva y la importancia que las licencias de uso tienen en la arquitectura del sistema.

Al respecto señala la Comisión lo que la industria en general entiende por "software de base" y que el mismo incluye a todos aquellos productos construidos con el objetivo de administrar los recursos de hardware de un sistema computarizado y a los productos orientados a la construcción de aplicaciones (ej: motores de base de datos, lenguajes).

Por el contrario la industria entiende que "software aplicativo" es todo producto desarrollado con el objeto de satisfacer la funcionalidad de un dominio específico del negocio.

Señala así la Comisión que la oferente demuestra una diferencia de criterio clasificatorio respecto del tipo de software con respecto al común de la industria, pues la propuesta presentada no encuentra sustento y/o fundamento alguno de su visión al respecto. Cabe poner de resalto que usa términos muy severos pues habla de una "visión arbitraria" que no se encuentra expresada de modo explícito y claro en la propuesta técnica ni tampoco en los intercambios de información que tuvieron lugar entre las partes.

Con respecto a la propuesta general de arquitectura y su carácter de preliminar y no definitiva, la Comisión también consigna que dicho carácter no puede esgrimirse como mitigante de la omisión de considerar las licencias de uso del aplicativo propuesto como parte fundamental de dicha arquitectura de sistemas.

Para la Comisión la provisión o no de las licencias de uso del aplicativo Oracle Financials no pueden ni deben ser omitidas ni por el consultor ni por el contratante, pues la omisión de un componente de medular importancia condicionaría de modo significativo y substancial, la arquitectura definitiva respecto de la prevista en forma preliminar, hecho considerado inadmisible en términos del propio espíritu del pliego licitatorio.

Para la empresa la solución de Oracle Financials aparece como una visión "preliminar" del Sistema y no como una solución "final"; considera así que ésta será el resultado de la Etapa 2 y deberá ser aprobada por la Municipalidad. Hay una diferencia substancial en cuanto a los momentos, pues para la empresa no existe definición en cuanto a utilizar el ya mencionado Oracle y tampoco necesita de licencias sugeridas para llevar adelante su propuesta.

No deja de subrayar la empresa que ella no tiene compromiso alguno con ningún proveedor de software o hardware y que los que eventualmente se adquieran serán los que mejor respondan a los intereses municipales, conforme al criterio de la propia Municipalidad.

Nótese que la diferencia reside ni más ni menos que en el *objeto de la licitación* pues para la oferente desestimada, lo que se persigue a través del procedimiento de contratación es lograr una solución integral sin tener en cuenta para ello el software que habrá de viabilizarla y que pertenece a otra etapa posterior. La empresa asegura haber ofrecido una solución personalizada y una propuesta tecnológica preliminar para lograrla, lo cual requiere de una etapa posterior de negociación y complementación en la cual se dará forma a las soluciones que más convengan al interés público que la Municipalidad encarna.

Asegura así que lo que contractualmente asume como compromiso irrenunciable es brindar un sistema en funcionamiento a un cliente debidamente capacitado para utilizarlo, incluyendo todas las licencias necesarias que indiquen los parámetros operativos, administrativos, económicos y financieros definidos por el Comitente. Todo ello para la empresa es el resultado de la etapa de negociaciones que debe servir para perfeccionar la propuesta *final* que aparecerá así como el resultado de armonizar los requerimientos y posibilidades de las partes.

Por su parte la Municipalidad considera que la única solución propuesta para los subsistemas de Administración Tributaria descansa en el aplicativo Oracle Financials y que el derecho de uso de dicha solución no ha sido previsto por el proponente, lo que implica adquirir las licencias por proceso licitatorio posterior, todo lo que no se encuentra contemplado en los documentos del Concurso.

En este estado debemos detenernos en un concepto, cual es el de "integralidad" de la oferta; Para la empresa la integralidad de una oferta no puede discutirse en base a la inclusión o no de una licencia de software que aún no está definido. Al no estar definido no puede hablarse de licencias.

Por su parte la Municipalidad considera que la no provisión de licencias de uso de los aplicativos propuestos por el consultor impiden el correcto funcionamiento de la solución propuesta para los sistemas de Administración Tributaria, determinando como inviable el logro de las etapas técnicas de Proyecto Piloto, Subsistema con implementación provisoria y Subsistema con aprobación definitiva.

Son tan distantes las posiciones de las partes que el Municipio llega a tres conclusiones gravísimas: 1) La declaración de la empresa de incluir las licencias necesarias para viabilizar el funcionamiento del sistema se entiende como una clara y substancial modificación de la propuesta original y 2) No puede hablarse de integralidad de la oferta cuando la misma no contempla un aspecto de tanta importancia; se refiere obviamente a las licencias del aplicativo propuesto; 3) La empresa no ofrece una solución total a satisfacción del comitente y que la declaración de la empresa "en todos los casos debe funcionar a satisfacción del contratante" es tomada como un mero esbozo de deseo y compromiso que no encuentra sustento documental alguno, ni en la propuesta, ni en todas y cada una de las comunicaciones entre contratante y proponente.

La respuesta empresarial es que la dureza, la falta total de flexibilidad en cuanto a la supuesta falta de integralidad no condicen con esta etapa licitatoria; las dudas en cuanto al número o inclusión de las licencias no pueden permitir calificar a la oferta como no ajustada de modo *substancial* a lo requerido por el Comitente. Introduce en este estado la empresa otro concepto: en rigor se la está descalificando por una cuestión económica y no técnica como corresponde en esta etapa.

Sin entrar a analizar a quien asiste la razón lo cierto es que como consecuencia de la descalificación de la empresa internacional y el procedimiento recursivo puesto en marcha, las actuaciones terminaron en el Banco Interamericano de Desarrollo en Washington, Estados Unidos de Norte América y habiendo pasado varios años nunca merecieron una resolución definitiva, todo lo que indica que la licitación de enorme significación para la Municipalidad de Rosario termino en un fracaso total.

En el fondo uno queda un poco desorientado porque estamos hablando de una licitación internacional, donde interviene una institución financiera como la señalada, en la cual las empresas intervinientes son motivo de una rigurosa selección previa, para poder presentarse a la precalificación; en todos los casos se trata de empresas de enorme trascendencia internacional con aquilatada experiencia en contrataciones como la que nos ocupa y se termina fracasando por una cuestión técnica. Es realmente difícil de entender y por ello estas reflexiones con el propósito de hacer un llamado de atención y evitar que una licitación de estas características no se pueda concretar por una cuestión técnica entre la empresa oferente y la Comisión Evaluadora, sin encontrar una solución que podría ser a través de un tercero imparcial de reconocida solvencia en un tema técnico tan especial.

Quedan así dos conclusiones para trabajar sobre ellas, en primer lugar el tratamiento a dar en el marco del procedimiento administrativo a cuestiones tan eminentemente técnicas y la necesidad de encontrar una salida que posibilite que la contratación no se frustre, pues y aquí aparece la segunda cuestión, cual es que toda impugnación que llega a un organismo financiero internacional posiblemente no se resuelva nunca, porque hasta con cierta naturalidad estos organismos rechazan los conflictos de derechos. Esto hace que todo el despliegue de años de trabajo, con costos importantes, sea tirado por la borda porque el procedimiento administrativo de contratación no ha sabido brindar la respuesta adecuada en el momento y etapa procedimental oportunos.

Veamos el siguiente ejemplo, el cual sin tener el despliegue internacional del anterior también mueve a la reflexión porque permite apreciar el funcionamiento de organismos técnicos en el tema de informática y su —a mi entender— falta de armonía con los técnico jurídicos y de control que terminan entorpeciendo o haciendo fracasar la licitación.

4 Licitación adquisición de desarrollo del sistema integral de administración tributaria para la Municipalidad de Rosario

En primer lugar cabe poner de resalto la importancia de la licitación que nos ocupa, pues se trata ni más ni menos que del Sistema Integral de Administración Tributaria para el Municipio; asimismo es de destacar la importancia económica pues estamos hablando de una cifra cercana a los seiscientos mil dólares estadounidenses.

A la licitación se presentan dos oferentes, siendo adjudicada a uno de ellos, el que cuenta con menos antecedentes y ha ofrecido el mayor precio. Esta afirmación es hecha por la restante empresa, aunque los antecedentes a mi entender parecen darle la razón.

Acto administrativo de adjudicación

La motivación es la siguiente: Dictamen de la Dirección General de Asuntos Jurídicos, Informe Técnico suscripto por la Dirección

General de Informática, Toma de conocimiento por parte del Tribunal Municipal de Cuentas y Consejo vertido por la Junta de Compras. Una vez más la discusión gira en torno a un aspecto estrictamente técnico, como ya veremos:

Dictamen de la DGAJ

Se limita al análisis formal de la licitación y dice que "corresponde a las oficinas técnicas pertinentes evaluar la pertinencia de las propuestas técnicas y económicas de las mismas".

La decisión de adjudicar es entonces *absolutamente técnica*.

Tribunal de Cuentas

Se trata del órgano de Control creado por Ordenanza emanada del Honorable Concejo Municipal de la ciudad de Rosario. También se limitó al aspecto formal, sin opinar acerca de la cuestión técnica. En casos como éste el Tribunal, cumpliendo con el control de legalidad que le es propio, se limita a decir que no ha encontrado observaciones que formular. Cabe destacar que ante una diferencia de orden técnico como la que nos ocupa, este órgano no cuenta con personal idóneo para realizar su propio análisis.

Al respecto debo decir que no es razonable pensar que un órgano de control deba contar con personal especializado en todas las áreas, pero sí sería bueno imaginarlo liderando una especie de pericial técnica contratando a personal especializado cuando el tema, por razones de formación profesional, lo supera.

Junta de compras

Se trata de un organismo integrado por funcionarios municipales que interviene en las contrataciones municipales. Al igual que las opiniones anteriores se limita a decir que la elección se encuentra sustentada en el informe de la Dirección General de Informática y como no hay otro tipo de observaciones ello resulta suficiente.

De manera similar a lo dicho en el primer caso: nos encontramos frente a una adjudicación que depende pura y exclusivamente del Informe de la Dirección General de Informática.

En este procedimiento se produjo un hecho bastante curioso, pues la Dirección de Informática posibilitó que la empresa que iba a resultar perdidosa tuviera conocimiento del informe antes de emitirse el acto administrativo de adjudicación. Pues bien, el informe de Informática fue rebatido en forma minuciosa y a mi entender muy fundadamente, pero el rechazo de la oferta no pudo ser evitado. Nótese que no fue una impugnación formal y que incluso hubiera procedido su desglose, pero de alguna manera habilitó la discusión técnica.

Veamos algunos de los aspectos técnicos en discusión

Dice la Dirección de Informática que "Del análisis se desprende que cotizan un producto existente denominado GLMSuit, no es un desarrollo concebido a medida para la Municipalidad, que el mismo se adaptará, y que la tecnología utilizada acuerda con la Alternativa 2 del Anexo 5, que preveía un desarrollo con generadores de código Java".

Esto es lo que se llama un producto enlatado; la Municipalidad peticiona uno especial y entiende que el que se le entrega es enlatado, a lo que la empresa responde que en ningún momento se ha ofertado un sistema existente; mas aún afirma la empresa que no existe un producto GLMSuit para Municipalidades.

Otro aspecto pasa por el tema de los costos, pues de acuerdo al razonamiento municipal no puede evaluarse si existen otros costos adicionales a la oferta económica, lo cual es grave porque directamente hace aparecer a la oferta como incompleta. Pues la empresa se limita a responder que no hay costos de usos de licencias de Usuarios del producto GLMSuit, porque la propietaria del software a desarrollar será la Municipalidad de Rosario. Destaco que como en el primer ejemplo se vuelve a presentar el caso de las licencias de usuarios como conflictivo.

Con respecto a los costos afirma la empresa que lo que está vendiendo es un producto llave en mano. Debo subrayar esto porque en lo que existe discrepancia es en el objeto de la licitación.

Por otro lado la Municipalidad afirma que no se cumple con lo requerido bajo el título "Tecnología de Desarrollo", afirmación que también se encarga de rebatir la empresa.

Otra arista que debemos mencionar tiene que ver con el conocimiento de la tecnología propuesta; ello está relacionado con la utilización de "webservices". Sólo los menciono porque ello escapa a mis conocimientos pero, y con la intención de destacar el desencuentro tecnológico entre las partes, quiero decir que la empresa dice que quienes efectuaron el análisis de la propuesta desconocen la tecnología presentada por ella o la propuesta no ha sido analizada en profundidad, porque por ejemplo la utilización de webservices es un componente estándar en el mercado informático, utilizado en entornos web como el solicitado por la Municipalidad.

Cuando uno lee estas expresiones referidas a cuestiones que se escapan a nuestros conocimientos es como si sintiéramos impotencia para opinar, a la vez que nos damos cuenta de la necesidad imperiosa de que alguien imparcial intervenga y aclare todas las dudas para llegar a la verdad.

Otro ejemplo, la Municipalidad afirma que la propuesta no cumple con los requerimientos solicitados en el Pliego y la empresa afirma exactamente lo contrario.

Hasta existen dudas con respecto a tareas propias de la empresa y de personal de la municipalidad para que el sistema funcione, pero creo que resulta innecesario extenderse más porque la cuestión técnica está planteada hasta en exceso.

La pregunta es: ante la desestimación de la propuesta, ¿qué puede hacer la empresa?

Por supuesto que corresponde que presente el pertinente Recurso de Reconsideración, el cual por todo lo expresado hasta el momento tiene un solo destino: será rechazado.

A todo esto, el procedimiento licitatorio continuara a toda marcha y la empresa entrará en estado de desesperación para que de alguna manera se paralice y le permita así defenderse, como cree que en Derecho le corresponde.

Adquiere así una trascendencia vital el tema de las medidas cautelares que en el caso pasará por la suspensión de los efectos del acto. Sabido es que puede pedirse en sede administrativa pero también es conocida la respuesta; en especial si se trata de un procedimiento licitatorio, el cual por lo general moviliza a todo el mundo en la administración para que se termine cuanto antes.

Nos queda el camino de la cautelar autónoma pero sabido es que su obtención se da solo en contadas ocasiones.

Aunque tuviéramos la suerte de lograr la anhelada suspensión, estoy seguro que la Municipalidad reaccionaría en forma inmediata y peticionaria se deje sin efectos por razones de interés público. Ante cualquier duda dirá que es solvente y ofrecerá el eventual pago de los daños y perjuicios.

La empresa se ve así ante un camino muy duro de transitar: un largo pleito con los costos que conlleva y la posibilidad de obtener un resultado favorable cuando el objeto por el cual se llamó a licitación ya se ha cumplido y se está aplicando en el Municipio.

La situación es preocupante, en un caso por el fracaso de una licitación millonaria, con asistencia financiera otorgada, que ha causado, a no dudar, serios perjuicios al Municipio y en el segundo la posición de un particular que se siente lesionado en sus derechos pero que se da cuenta que la verdadera Justicia es casi imposible de lograr a un costo razonable. Por otro lado si logra salir airoso la que sufrirá las consecuencias será la contratación administrativa pues afrontará serios riesgos de frustrarse.

Y hemos llegado a esto por cuestiones técnicas que deben merecer otro tratamiento. Como hombres preparados para el ejercicio del Derecho nos sentimos con la impotencia de no saber a quien asiste la razón; quizás deba pensarse en el Tribunal Municipal de Cuentas como el órgano que aglutine a las partes y gestione de un tercero verdaderamente imparcial el informe técnico que analice con minuciosidad las dos posturas y arroje así un poco de luz sobre un tipo de contratación administrativa que debe merecer de nuestra parte una preocupación especial.

Si bien el ejemplo citado tuvo a la Municipalidad de Rosario como protagonista en una licitación que tuvo alcance nacional, considero que por tratarse de un municipio de gran envergadura que habitualmente recurre a la contratación internacional como lo acredita el ejemplo detallado mas arriba, resulta positivo a los fines de este estudio destacar también este aspecto negativo que plantean contrataciones de nivel técnico complejo, en cuanto a que precisamente esa complejidad saca de contexto a los organismos naturales de asesoramiento jurídico y de control para que el lugar prioritario lo ocupe una oficina de asesoramiento técnico. De ninguna manera se pretende desmerecer el relevante papel a cumplir por este tipo de organismos; en lo que si debemos trabajar es clarificar cómo cada organismo dentro de la esfera de su competencia, sin superponerse con los otros, cumple la función de asesoramiento que le es propia y contribuye tal como la Administración lo necesita a llevar a final feliz contrataciones administrativas de altísimo costo, años de esfuerzo y decisiva importancia para la organización administrativa y el eficaz funcionamiento del municipio en orden a temas tan sensibles como la recaudación tributaria.

Como se advertirá en los ejemplos citados se han dado todos elementos disvaliosos, la posibilidad de licitaciones corruptas, la descalificación técnica que hace caer el procedimiento licitatorio por los efectos que tiene en los órganos financieros internacionales y la imposibilidad que tienen a veces los órganos técnico jurídicos y de control del Estado para poder materializar el rol que les es propio cuando el grado de tecnicismo en la contratación es elevado y proclive a generar opiniones encontradas.

Informação bibliográfica deste capítulo, conforme a NBR 6023:2002 da Associação Brasileira de Normas Técnicas (ABNT):

CARDONA, Juan Carlos. Globalización y contratos administrativos. *In*: BACELLAR FILHO, Romeu Felipe; GABARDO, Emerson; HACHEM, Daniel Wunder (Coord.). *Globalização, direitos fundamentais e direito administrativo*: novas perspectivas para o desenvolvimento econômico e socioambiental: Anais do I Congresso da Rede Docente Eurolatinoamericana de Direito Administrativo. Belo Horizonte: Fórum, 2011. p. 151-162. ISBN 978-85-7700-501-7.

LA CONSTITUCIÓN DOLIENTE. UN DERECHO CONSTITUCIONAL-ADMINISTRATIVO PARA LOS TIEMPOS DE LA CRISIS*

ANTONELLO TARZIA

1 Premisa: ¿La globalización como paradigma?

En su último ensayo, Amartya Sen[1] sostiene sin reserva que la promoción de los derechos humanos es un proceso continuo e interactivo que en el mundo de la tecnología de la información debe ser fomentado por el debate público y la sensibilización acerca del fundamento ético de una teoría de los derechos humanos.

Estamos persuadidos que esta postura promete alcanzar una estimación primordial en el mundo globalizado. Debido a lo anterior, antes de cualquier argumentación y de todo razonamiento acerca del impacto de la globalización sobre los sistemas constitucionales y administrativos, nos parece indispensable reflexionar acerca del fenómeno a la búsqueda de sus significados.

---

* Ponencia presentada en el I CONGRESSO DA REDE DOCENTE EUROLATINOAMERI-CANA DE DIREITO ADMINISTRATIVO, en el panel: "Globalização, direitos fundamentais e contratos administrativos", a las 18h30 del día 23.02.2011, en la Pontifícia Universidade Católica do Paraná.

[1] SEN, A. The Idea of Justice. London: Penguins Books, 2010. Edición italiana: SEN, A. L'idea di giustizia. Milano: Mondadori, 2010, p. 391.

En efecto, el fenómeno de la globalización a menudo es objeto de trivialización, y se considera como un dato objetivo que no necesita ahondamiento con relación a sus significaciones sino solo a sus manifestaciones, con varios lugares comunes acerca de la velocidad de circulación del capital y de una soberanía próxima a la muerte. Ahora bien, no cabe duda que «la globalización está inextricablemente ligada a los mecanismos de circulación global del capital» y que su característica más importante es la dificultad en controlar las finanzas globales.[2] De acuerdo con este enfoque, los mercados financieros ya no están delimitados territorialmente y esto parece desmoronar paulatinamente el edificio de la soberanía, en paralelo con la aniquilación de todas distancias espaciales y temporales. Por consiguiente, gran parte de la doctrina valora las manifestaciones jurídicas, culturales, sociales y tecnológicas de la globalización como elementos secundarios y derivados de un capitalismo electrónico y desterritorializado carente de alternativas; en estas circunstancias, algunos han diagnosticado y certificado[3] la muerte del Estado como fórmula de organización del poder político.

Evidentemente no estamos en absoluto de acuerdo con este planteamiento, que estimamos como una falsedad ideológica, a menudo ni siquiera alegada, incongruente con los datos empíricos que señalan un crecimiento constante del número de Estados a lo largo de los siglos XX y XXI.

Otro ajuste teórico,[4] con el cual coincidimos, ha señalado como la migración de personas en todo el mundo ha originado no tan sólo el nacimiento de enclaves, sino también el surgimiento de ramas étnicas globales («*Global ethnoscapes*»), de nuevas identidades minoritarias globalizadas, diferentes de las del País de origen y hasta ahora desconocidas.

Sin embargo, procede preguntarnos, con carácter preliminar, si la globalización constituye un paradigma en el sentido dado por Thomas Kuhn, como metanarrativo de un cambio histórico que nos indica un recorrido unívoco e irreversible. El problema entonces va mas allá de una evolución "interna" del capitalismo.

---

[2] APPADURAI, A. (ed.). Globalization. Durham: Duke U.P., 2001, p. 4.

[3] Ex multis, MILWARD, A.S. The European Rescue of the Nation State. London: Routledge, 1992; sobre el tema ver también MANN, M. Nation-states in Europe and Other Continents: Diversifying, Developing, not Dying, 122 Daedalus 115 [1993].

[4] APPADURAI, A. Global Ethnoscapes: Notes and Queries for a Transnational Anthropology. In: Fox, R. (ed.). Interventions: Anthropologies of the Present. Santa Fe: School of American Research, 1991, p. 191-210.

La respuesta al dilema es tan fundamental en cuanto se considere que otros paradigmas predominantes en las ciencias sociales a lo largo de los años sesenta y setenta del siglo XX, como la modernización, el marxismo, la escuela de los annales, la política identitaria, se detuvieron en los ochenta/noventa y hoy en día son supuestamente[5] anacrónicos en la perspectiva de la historia cultural.[6]

De manera similar, en un enfoque de teoría general del derecho, por cierto lo actual no encuentra completo acomodo en el dimensión de la estatalidad, ni tampoco del positivismo jurídico; utilizando la terminología kuhniana, entonces, cabe preguntarnos si se haya determinado un cambio (¿revolucionario?) cabal de las estructuras conceptuales de análisis del derecho, de la soberanía y del Estado, por un lado; del individuo y sus derechos, por otro lado.

Estamos convencidos de que la respuesta a todos los dilemas anteriores debe ser negativa, ya que la globalización como fenómeno no nos indica un destino claro e irreversible, ni tampoco tiene una dimensión ética idónea a dirigir el desarrollo de nuevas categorías jurídicas destinadas a permanecer por siglos. Por el contrario, entendemos que el discurso jurídico no pueda prescindir de la dimensión social de la persona y de lo cultural como fundamento del significado.

A este último respecto, el verdadero problema es que nos enfrentamos con una realidad de lo que es "social" bastante diferente de las concepciones que hemos heredado de la Ilustración.[7] En aquel tiempo, la sociedad como dimensión del vivir, intermedia entre el individuo y su familia y el Estado, implicaba el concepto de Estado-Nación fundamentado en el mito de la ley y de la codificación como manifestaciones de su voluntad soberana. A partir de entonces, la legitimación del Estado habría sido condicionada por la garantía constitucional de los derechos humanos, que según Emile Durkheim se convirtieron en verdadera religión civil. Estado, ley y territorio se volvieron a involucrar enteramente a la sociedad.[8]

---

[5] Ver HUNT, L. La storia culturale nell'età globale. Pisa: Edizioni ETS, 2010, p. 11 y ss.

[6] Cabe puntualizar que la historia cultural intenta realizar un metanarrativo, una interpretación del camino histórico, bajo determinados paradigmas entendidos como: 1) una jerachía de elementos que determinan el significado; 2) una agenda de la investigación. Ver Hunt, L. La storia culturale, Ob. cit., p. 11-12.

[7] Al respecto, K. Baker señala que «la Ilustración inventó la sociedad como representación simbólica de la existencia humana», de conformidad con la definición de "social" dada por la Encyclopédie de Diderot y D'Alambert. BAKER, K. Enlightment and the Institution of Society: Notes for a conceptual history. In: KAVIRAJ, S.; KHILNANI, S. (eds.). Civil society: History and Possibilities. Cambridge: Cambridge U.P., 2001, p. 84-85.

[8] Al respecto, ver. GROSSI, P. Globalizzazione, diritto, scienza giuridica. In: Il Foro italiano, 2002, fasc. 5, pt. 5, p. 151 y ss.; FERRAJOLI, L. Per un costituzionalismo di diritto privato. In: Rivista critica del diritto privato, 2004, p. 11 y ss.

Hoy en día, por cierto la globalización determina la ruptura del monopolio y del control estatal sobre la creación del derecho que no es nada más geométrico, lógico y dotado de rigidez sistémica. Sin embargo, las finanzas globales necesitan de flexibilidad contractual y de una justicia más rápida y eficaz respecto a la estatal. Supuestamente, ha nacido un nuevo derecho privado desterritorializado creado por sujetos privados cuyo principal propósito es recobrar su supremacía sobre otras ramas del Derecho y cuyo principal planteamiento no es la validez, si bien la efectividad de las normas,[9] hasta el punto que la ley y los derechos pierden su significado normativo y quedan sometidos a un cálculo coste/beneficio que implica su desvaloración ética y cuasi una comercialización como bienes privados.[10]

Tal nueva *lex mercatoria*[11] suscita al constitucional-comparatista varios interrogantes sobre: 1) su compatibilidad con la garantía de los derechos fundamentales de la persona y con las exigencias de tutela medioambiental, es decir con los pilares del Estado constitucional; y 2) la oportunidad de continuar a pensar en el derecho administrativo como al derecho constitucional concretizado, según la nota formula de Fritz Werner;[12] 3) la compatibilidad entre culturas y tradiciones jurídicas heterogéneas.[13]

En cuanto al primer problema, cabe señalar que si por un lado se han ido multiplicando las Cartas o Declaraciones internacionales de derechos humanos y las cláusulas constitucionales internas que incorporan tales instrumentos, tal vez en el bloque de constitucionalidad, por otro lado, no cabe duda que la desigualdad social y económica entre varias partes del Planeta se ha alargado de manera éticamente inadmisible.

En cuanto al segundo interrogante, me propongo demostrar que la fórmula de Fritz Werner puede continuar a ser considerada válida, aunque con unas adaptaciones y siempre que los constitucionalistas adviertan la necesidad de reflexionar sobre el tema de la globalización dejando de lado los varios lugares comunes que la acompañan.

---

[9] GROSSI, P. Globalizzazione, diritto, scienza giuridica, Ob. cit.

[10] Ver sobre el punto, HEYLDEBRAND, W. From Globalization of Law to Law under Globalization. In: NELKEN, D.; FEEST, J. (eds.). Adapting Legal Cultures. Oxford: Hart Publishing, 2001, p. 131.

[11] Cfr. GALGANO, F. Lex mercatoria. Bologna: Il Mulino, 2001.

[12] WERNER, F. Verwaltungsrecht als konkretisiertes Verfassungsrecht. In: Deutsches Verwaltungsblatt, 1959, S. 527 bis 533.

[13] Bajo tal perspectiva, es fundamental la obra de GLENN, H. P. Legal Traditions of the World. Sustainable diversity in Law. Oxford: Oxford U.P., 2000.

Con respecto a la tercera cuestión, globalización no es aniquilación, ni tampoco nada mas colonización, sino mas bien interdependencia, que opera también en el ámbito jurídico entre sistemas cuyo camino histórico ha sido *ab immemorabili* separado y que ahora encuentra varias encrucijadas, en sentido no solo horizontal sino también vertical, y no solo desde el supranacional hacía el estatal, sino también al revés.

2 Derecho administrativo y *lex mercatoria*.

Pocos asuntos son tal falsos como la idea de la abdicación del derecho administrativo a la nueva *lex mercatoria*.

a) Primer asunto: es inventada la desaparición de normas de derecho público. En Europa, a pesar de que el proceso de integración comunitaria se ha acompañado con el nacimiento de un verdadero derecho administrativo comunitario, los sistemas administrativos nacionales han sufrido profundas transformaciones inducidas por normas europeas, que han impulsado mutaciones en las estructuras, en los procedimientos y en el derecho administrativo sustancial.

En materia de servicios públicos, por ejemplo, está vigente una normativa que ha sido objeto de una estrecha y al mismo tiempo creativa interpretación por el Tribunal de Justicia de la Unión Europea, demasiado limitativa en cuanto a la posibilidad de remplazar la licitación pública con la libertad contractual de la Administración. Por el contrario, son propiamente la preservación de la competencia en el mercado y la ineludible necesidad de cumplir con varias obligaciones a realizar intereses públicos a exigir normas de derecho público.

Verbigracia, en sectores fuertemente liberalizados como el de telecomunicaciones, en Europa existe una red de Administraciones independientes con atribuciones muy penetrantes en cuanto a la regulación, también asimétrica, de los mercados: nada menos la misma Administración está autorizada para determinar el contenido de los contratos de acceso a la red del ex monopolista si este último se negó a negociar con sus competidores o no lo hizo de buena fe. En este sector, evidentemente, se denuncia el riesgo de una hiper-regulación.

b) Segundo asunto: *se ha desarrollado una regulación administrativa supranacional que impacta sobre la nacional y contemporáneamente está condicionada por ésta.*[14] En 2006, el Panel de la Organización

---

[14] Cfr. sobre el tema CASSESE, S. Il diritto amministrativo globale: una introduzione. In: Rivista trimestrale di diritto pubblico, n. 2, 2005, p. 331 y ss.; BATTINI, S. Le due anime del

Mundial del Comercio sancionó a Italia por causa de un decreto del Gobierno del año 2000 que limitaba la posibilidad de comercializar maíz modificado genéticamente, así violando las normas del *Acuerdo sobre la aplicación de medidas sanitarias y fitosanitarias* que habilitan a la Administración a limitar la circulación de un producto alimentario únicamente si la medida en cuestión es estrechamente y racionalmente consiguiente a una valoración del riesgo que el producto conlleva a la salud. Durante la fase instructoria el Instituto Italiano de Sanidad había aclarado que los OGM en cuestión no conllevaban riesgos para la salud humana o animal; por tanto, el Panel del OMC ha considerado ilegítima la medida administrativa por los mismos motivos que condujeron el juez administrativo italiano a idéntica solución: la incongruencia de la resolución administrativa con las evidencias de la fase instructoria. Cabalmente, lo que en Italia llamamos *"principio di ragionevolezza"*.

Frecuentemente, mucha regulación, comúnmente denominada *soft law*, surge de sistemas regulatorios supranacionales de los cuales varios poderes estatales son integrantes y que funcionan típicamente según aquel *interest representation model*[15] que incorpora el principio de la participación de los sujetos interesados y afectados por la regulación. Al contrario, en el caso mencionado del maíz modificado genéticamente un principio jurídico se difunde desde arriba del nivel supranacional, no obstante su formulación original es el fundamento de la edificación de los sistemas administrativos nacionales.

c) Tercer asunto: *el derecho administrativo nacional puede implicar consecuencias extraterritoriales.* Casos como lo de las limitaciones a la comercialización de los OGM apenas ilustrado, tienen impacto extraterritorial en cuanto condicionan a los poderes económicos en sus decisiones de inversión.

El dilema real, entonces, se plantea sobre como pasar de una *global administrative regulation* a unas formas de derecho administrativo global, de suerte que a la mencionada intensa actividad de regulación se acompañen formas de tutela para los sujetos a quienes tal *soft law* está destinada. A tal respecto, es una condición preliminar la plena toma de conciencia de la transformación en la relación histórica y lógica entre Estado, derecho administrativo y sociedad.

---

diritto amministrativo globale. In: AA.VV., Il diritto amministrativo oltre i confini. Omaggio degli allievi a Sabino Cassese. Milano: Giuffrè, 2010, 1 y ss.

[15] Cfr. sobre el tema TARZIA, A. Il principio europeo di continuità dei contratti come (primo) argine alle politiche di prezzo in contesti di structural regulation. In: Diritto Pubblico Comparato ed Europeo, 2005, p. 387 y ss.

El derecho administrativo moderno nació como instrumento del Estado-Nación para englobar y disciplinar sociedades muchas veces homogéneas, y garantizar los derechos y las libertades proclamadas en los tiempos de las Revoluciones.[16]

Hoy en día el derecho administrativo va mudando esencialmente siguiendo un itinerario inverso: la nueva regulación global se va formando en gran parte para disciplinar fenómenos muy particulares y bajo impulso de porciones de sociedad, como banqueros, pescadores, agricultores, ecologistas, etc., cuyas instancias generan principios y estándares globales que a su vez impactan a los sistemas administrativos nacionales. Hasta cierto punto, podríamos decir que la sociedad se está tomando revancha en contra el poder estatal. De tal suerte, todavía, el derecho administrativo sufre una cierta flexibilización y muchos institutos de garantías se muestran anacrónicos o inexistentes. Por eso, opinamos que la crisis de los últimos años no se vio causada por una total falta de normas; al revés es nuestra opinión que faltaron buenas reglas, congruentes con la aludida transformación de la relación entre Estado y sociedad, tradicionalmente atendida por un derecho administrativo "nacional". Por otra parte, "la crisis de la soberanía" como causa de la crisis financiera es solo una pantalla de humo para disimular las responsabilidades de los Gobiernos nacionales.[17]

¿Cuál es entonces la solución? Por cierto no es la nueva *lex mercatoria* y la abdicación del derecho público. Nuestra propuesta no es tan original para que se puedan escribir volúmenes con títulos oscuros y enigmáticos, y alguien podrá considerarla como el huevo de Colón. La convicción que nos anima es que el constitucionalista deba asumir sus responsabilidades con resguardo a la globalización, puesto que únicamente el derecho constitucional puede manejar las aludidas transformaciones en la relación entre Estado y sociedad (aclarado que el mercado no es *locus naturalis*) y restablecer condiciones esenciales de razonabilidad sistémica funcionando como "pestillo" en tal constante e inexorable pasaje desde el nivel nacional-local hacia el supranacional-global y viceversa.

---

[16] En tal sentido, TORCHIA, L. Diritto amministrativo, potere pubblico e società nel terzo millennio o della legittimazione inversa. In: AA.VV. Il diritto amministrativo oltre i confini, cit., 45 y ss., esp. p. 50.

[17] En tal sentido, LUCIANI, M. Costituzione, integrazione europea, globalizzazione. In: Questione giustizia, n. 6, 2008, 65 y ss, esp. p. 70.

3 Constitución, globalización y pluralismo sostenible

En el enfoque que nos orienta, no cabe duda que la Constitución, a partir de 1787, ha sido considerada como la máxima manifestación del proceso de creación de una comunidad política, significando soberanía desde entonces. Ahora bien, es claro que los fenómenos que hemos ilustrado han erosionado un poco la soberanía estatal ya que las fronteras geográficas y económicas se van hundiendo. En cambio, vale destacar que en otras ocasiones los Estados han accedido a limitaciones voluntarias de soberanía como en el caso de la Unión Económica y Monetaria Europea (UEM), que manifiestamente se fundamenta en los principios constitucionales comunes a los Estados miembros.

En estas circunstancias, el constitucionalismo ha sido el baluarte en oposición a las lesiones de los derechos de la persona en contra al poder público de matriz estatal; mejor dicho,[18] ha desplegado su fuerza y eficacia para disciplinar y englobar el primer capitalismo y el primer liberalismo por un lado, para cumplir con los fines de interés general por el otro. La falta de un "constitucionalismo supra- o extra-estatal" al tiempo del capitalismo electrónico se pone como problema crucial ya que la desterritorialización no impide y no puede enfrentar con la tutela medioambiental o la escasez de medicamentos esenciales para millones de personas.

La verdad es que la desigualdad se ha alargado. Por lo tanto es un deber para el constitucionalista no ceder a la tentación de escrutar los efectos de la globalización como economista diletante.

En Europa, dos asuntos entre otros de gran transcendencia constitucional nos ocupan al momento: la problemática del constitucionalismo multinivel y la cuestión del pluralismo sostenible, ambas íntimamente imbricadas con la globalización.

En cuanto al constitucionalismo multinivel, en los últimos años en Italia se ha confiado en él cuasi acríticamente; sin embargo, se ha convertido cuasi en una moda exaltar sus virtudes. Todavía, la idea de que, confiando en la obra creativa de los jueces, los derechos humanos puedan quedar desenganchados de una consagración constitucional y encontrar tutela suficiente sólo por su multiplicación y positivización en Declaraciones y Cartas internacionales resulta encantadora pero muchas veces engañosa. A continuación damos dos ejemplos:

---

[18] Como en las conjeturas de Johann Fichte o Max Weber.

1) Por largo tiempo el derecho administrativo italiano ha legitimado un instituto de dudosa constitucionalidad llamado "accesión invertida". La pública administración podía iniciar un procedimiento de expropiación de un terreno por causa de utilidad pública y comenzar la edificación de una obra pública sin luego concluir el procedimiento en las formas legales: de toda manera, la obra pública atraía en su órbita el terreno de suerte que en virtud de la autoridad del poder público la regla general en materia de adquisición de la propiedad quedaba aplicada al revés. Por años la Corte constitucional italiana no ha querido tratar el tema, argumentando que nuestro art. 134 Constitucional no la habilita a sindicar sobre principios jurisprudenciales avalados por la Corte de casación. En varias ocasiones el Tribunal europeo de derechos humanos condenó a Italia por violar principios fundamentales de la Convención europea de los derechos humanos como los de seguridad jurídica, de garantía del derecho de propiedad, de justa indemnización. Finalmente, en 2007 la Corte constitucional italiana ha declarado inconstitucional este monstruo jurídico. El principio establecido es de importancia primordial; cabe todavía señalar que en virtud del "método de la interpretación conforme a la jurisprudencia supranacional", el juez constitucional está vinculado a lo que decide el juez de Estrasburgo, que a su vez no está vinculado a las normas constitucionales domesticas. Y se pueden entender los riesgos de tal limitación de soberanía con el próximo ejemplo.

2) El Tribunal de la Unión Europea, en una sentencia de 2007 conocida como caso *Viking*,[19] ha considerado que la huelga es legítima solo si «es adecuada para garantizar la realización del objetivo perseguido y no va más allá de lo necesario para lograrlo». Esta posición asumida por el Tribunal europeo choca claramente con el derecho de huelga como derecho constitucionalmente garantizado y con cuasi todas jurisprudencias constitucionales europeas que lo consideran un derecho fundamental; al revés, el Tribunal europeo lo ha considerado subordinado a la libertad de establecimiento y a la libre competencia entre las empresas.

---

[19] Tribunal de Justicia (Gran Sala), sentencia de 11 de diciembre de 2007, asunto C-438/05, International Transport Workers' Federation, Finnish Seamen's Union c. Viking Line ABP, Ou Viking Line Eesti.

Concluyendo sobre el punto, la temática del diálogo fecundo entre jueces nacionales, europeos y supranacionales hoy en día es una moda que pero impone al constitucionalista evitar asumir una postura acrítica y a los Legislativos nacionales enfrentar a la globalización con sentido de responsabilidad. Exactamente lo que actualmente falta al Parlamento italiano: la semana pasada entró en vigor una ley que detalla que tipología de coches pueden portar los conductores noveles; en cambio, se quedan muertos desde muchos años proyectos de ley que envuelven cuestiones fundamentales, como por ejemplo en materia de bioética, y se tramitan leyes como la en materia de reproducción asistida que al final resultan inconstitucionales.

Otra cuestión que me llega al corazón es la del pluralismo sostenible.

Carácter de la forma de Estado liberal-democrática es el intento constante de encontrar un equilibrio entre libertad e igualdad del cual procede la efectiva garantía de los derechos fundamentales. Ahora bien, una cosa es hablar de los derechos fundamentales en cuanto consagrados en Declaraciones de los derechos, Cartas internacionales, etc., otra cosa es tratarlos como reconocidos y protegidos en las Constituciones, que como tal disciplinan la organización de los poderes públicos: es claro que los derechos se colocan en una posición de interdependencia mutua con los poderes públicos creados y regulados por las Constituciones.[20]

De lo anterior se desprende que la sustancia real de la relación entre igualdad y libertad no puede ignorar la forma de Estado determinada en Constitución. En estas circunstancias, estoy totalmente en desacuerdo con aquellos que hablan de "muerte del Estado" (cuya crisis la vaticinó Hegel ya en 1802).

Un enfoque reciente al tema de la libertad considera la necesidad de coordinar el reconocimiento los derechos comunes a todos ciudadanos (llamados derechos generales) con las diferentes posiciones jurídicas en relación con el carácter multicultural y/o multilingüe de las sociedades: en tales sociedades multiétnicas los derechos universales de la persona deben lograr un equilibrio con los derechos a la identidad cultural de los grupos étnicos. Se propone a tal respecto el nuevo concepto de "diversidad sostenible" (o, equivalentemente, "pluralismo sostenible"), a saber, la búsqueda de un equilibrio entre la garantía del pluralismo y la protección de la unidad y unicidad del orden constitucional.

---

[20] PACE, A. Eguaglianza e libertà. In: Politica del diritto, v. 32, fasc. 2, 2001, p. 159.

En las diferentes experiencias nacionales, el equilibrio entre los derechos individuales y los derechos comunitarios tiene características más o menos pronunciadas de inestabilidad, que se han descrito como *choque de civilizaciones* o *Jihad vs McWorld*. Basta pensar en los así llamados *Asian values* y en la Declaración de Bangkok de 1993, que niegan la universalidad de los derechos fundamentales desarrollados en la cultura jurídica occidental.

Esto explica la falta de percepción del carácter de "universalidad" de catálogos de los derechos elaborados por estudiosos occidentales dirigidos a identificar derechos básicos indispensables como los a la vida, a la personalidad, a la participación en el ejercicio del poder público, etc.

Lo anterior nos induce a considerar inadecuado seguir en el sendero de la divergencia entre un derecho constitucional por principios y un derecho (administrativo) de la regulación (de los mercados). Al revés, los dos se espesan y se juntan cuando entran en juego temas como la estructura del Estado y la ciudadanía parcial.

a) *La Estructura del Estado.* El pluralismo cultural implica la concesión de un derecho a la diversidad en la esfera pública, ya que en las democracias multiétnicas históricamente se le ha dado más a la esfera privada o en instituciones sociales como la familia: hoy en día, por ejemplo, afectan ambas esferas cuestiones como la admisibilidad del velo islámico en las instituciones públicas o los privilegios culturales reconocidos a los hispano-americanos en la frontera sur de los EEUU. De igual modo, muy intricado es el problema del reconocimiento de las naciones minoritarias (como concepto distinto del de "minorías nacionales") que afecta claramente a la forma de Estado en Países como España, Canadá, Bélgica, Reino Unido, dando lugar a estructuras más o menos federales y definitivamente asimétricas.[21]

b) *La ciudadanía parcial.* El pluralismo cultural está interrelacionado también con el problema de la "ciudadanía parcial" al que enfrentamos porque no todos los derechos se garantizan a los particulares legalmente residentes (refugiados, trabajadores estacionales, etc.) en el País de acogida. Y aquí la única solución es una reviviscencia de doctrinas jusnaturalistas que refieran la ciudadanía a la naturaleza humana y a la dignidad del

---

[21] Sobre el tema, cfr. REQUEJO, F. Federalisme, Descentralizació i pluralisme nacional. Teoria política i anàlisi comparada. In: Revista d'estudis autonòmics i federals, n. 4, 2007, p. 35 y ss., y HÄBERLE, P. Aspectos constitucionales de la identidad cultural. In: Derechos y libertades, n. 14, 2006, p. 89 y ss.

hombre en cuanto verdadero principio primordial del Estado constitucional. En esta perspectiva, asumen gran importancia cláusulas constitucionales o de derecho internacional como por ejemplo las que hablan de: patrimonio cultural europeo común (art. 128, aps. 1 y 2, del Tratado UE), identidad nacional (artículo 46 de la Constitución Española y Preámbulo de la Carta de los Derechos Fundamentales de la Unión Europea); identidades minoritarias (art. 25, ap. 1, de la Constitución de Brandeburgo). Las cláusulas mencionadas expresan una idea de la Constitución, además que como ley fundamental, como «expresión de la etapa del desarrollo cultural de un pueblo, espejo de su patrimonio cultural y fundamento de sus esperanzas».[22]

Según cuanto se ha mencionado anteriormente, este tipo de cláusulas constitucionales ocasiona muchas dificultades en la tentativa de ponderación de valores y principios constitucionales. Considerando que después de la Segunda Guerra Mundial ha tenido lugar una irresistible expansión e incorporación constitucional de derechos de tercera y cuarta generación, un papel muy delicado está encomendado a los jueces constitucionales. Volvemos así al problema del diálogo entre órganos jurisdiccionales.

Aquí surge por lo tanto la responsabilidad de todos (Legislativos, Doctrina, Tribunales) en garantizar la primacía de los derechos fundamentales, evitando que el derecho a la diversidad cultural, por ejemplo, se quede subordinado a la lógica del mercado.

Es preciso notar, al fin y al cabo, que una solución concreta al problema del derecho de las mujeres de religión musulmana de llevar el velo en las instituciones públicas, o la garantía de las minorías lingüísticas a preservar su lengua materna a través de su estudio en las instituciones educativas, pasa por un renovado derecho administrativo.

Qué duda cabe que el derecho administrativo debe continuar a ser la concretización de un derecho constitucional todavía en evolución.

Informação bibliográfica deste capítulo, conforme a NBR 6023:2002 da Associação Brasileira de Normas Técnicas (ABNT):

TARZIA, Antonello. La Constitución Doliente: un Derecho Constitucional-Administrativo para los Tiempos de la Crisis. *In*: BACELLAR FILHO, Romeu Felipe; GABARDO, Emerson; HACHEM, Daniel Wunder (Coord.). *Globalização, direitos fundamentais e direito administrativo*: novas perspectivas para o desenvolvimento econômico e socioambiental: Anais do I Congresso da Rede Docente Eurolatinoamericana de Direito Administrativo. Belo Horizonte: Fórum, 2011. p. 163-174. ISBN 978-85-7700-501-7.

---

[22] HÄBERLE, P. Aspectos constitucionales de la identidad cultural, Ob. cit., p. 95

FATORES VINCULANTES DA DEFINIÇÃO DO OBJETO DO CONTRATO ADMINISTRATIVO EM CENÁRIO GLOBALIZADO*

LUIZ ALBERTO BLANCHET

Para introdução ao estudo, é imprescindível, já de início, indagar-se qual é o aspecto mais importante em qualquer contratação levada a efeito pela Administração Pública.

As maiores preocupações de agentes da Administração incumbidos da elaboração de instrumentos contratuais e editais de licitação estão relacionadas com aspectos como requisitos de habilitação, critérios de julgamento, preços, reajustes, direitos e deveres das partes, prazos e penalidades, sendo que o que na realidade deveria merecer maior atenção é o objeto. O objeto do contrato é o fator nuclear determinante e condicionador de todos os demais.

O objeto define a substância do contrato, define o que deve ser realizado para atender a situação originária cuja satisfação é abrangida pelas competências da Administração.

---

* Palestra apresentada no I CONGRESSO DA REDE DOCENTE EUROLATINOAMERI-CANA DE DIREITO ADMINISTRATIVO, no painel "Globalização, direitos fundamentais e contratos administrativos", às 18h30 do dia 23.02.2011, na Pontifícia Universidade Católica do Paraná.

Em termos mais claros, o *objeto* do contrato não é senão o atendimento do *motivo* da contratação.

Constitui-se em *motivo*, para celebração de contratos administrativos, a necessidade de contratação de obra, compra, serviço, alienação, concessão ou permissão. O mesmo evento é também o motivo do procedimento licitatório sempre que este não for dispensado ou inexigível.

Previamente às considerações pertinentes ao *objeto* e ao *motivo*, que o delineia e justifica, é oportuno abrir-se breve parêntese para tecer alguns comentários sobre a dispensa e a inexigibilidade, já que todo contrato celebrado pela Administração resulta de *licitação*, deriva-se de *dispensa* ou *inexigibilidade* de tal procedimento ou simplesmente é alcançado pela *inaplicabilidade* da norma que obriga a licitar. Com a leitura dos arts. 37, XXI, e 175 da Constituição, até se poderia, precipitadamente, afirmar que não caberia qualquer questionamento quanto à obrigatoriedade de se licitar para a contratação de obras, compras, serviços, alienações, concessões e permissões. Conclusão correta, porém, quanto à obrigatoriedade de prévio procedimento licitatório somente se fundada apenas na literalidade do texto constitucional, mas seria *precipitada,* porque desprezaria aspectos circunstantes a cada situação específica. Aspectos estes fundamentais para fins de avaliação dos reflexos de um mercado globalizado sobre a definição do objeto do contrato. São aspectos de inquestionável interesse público, sequer imaginados pelo agente legislativo ao produzir a norma, pois lhe era então impossível fazê-lo, eis que desconhecia as particularidades de cada motivo concreto que ulteriormente poderia vir a consubstanciar-se.

A interpretação literal a que se fez alusão no parágrafo precedente desdenharia de fatores de fundamental importância e do máximo interesse público: além da identificação da hipótese, do mandamento e da finalidade da norma, deve-se perscrutar o soberano *motivo* da contratação a ser celebrada pela Administração Pública.

Enquanto o mandamento normativo define *o que* se deve fazer, remanesce ao administrador público a tarefa (normalmente desprezada) de identificar o *motivo*, de buscar saber, na situação concreta específica, *por que* deve contratar. Este é o fator determinante da obrigatoriedade ou não de se licitar em cada caso e dos direitos e deveres das partes — Administração e particular contratado — do futuro contrato e, igualmente determinante, das exigências relativas a habilitação, julgamento, preços, prazos, penalidades, etc. Não se trata aqui do *motivo legal* (descrito na hipótese da norma), mas do chamado *motivo de fato* da contratação e, sendo tal, é um dentre os pressupostos a serem investigados para os fins deste estudo. Esta questão, por sua elevada importância para os fins deste estudo, será retomada adiante.

Retornando-se ao estudo do *motivo de fato* da contratação, torna-se inafastável a menção ao princípio da motivação. Motivação, princípio fundamental, de inafastável observância, do Direito Administrativo e, pois, de todo procedimento administrativo, aí compreendidos o de licitação e de dispensa ou inexigibilidade, deve ser respeitada na prática de todos os atos administrativos integrantes de qualquer operação e, obviamente, não menos, na de contratação.

Assim deve ser, desde a *constatação objetiva* (e *não simples "escolha"*) do motivo inicial com base no qual descrever-se-á o objeto do ulterior contrato e, em caso de licitação, definir-se-ão as exigências juridicamente cabíveis a figurarem no edital.

O Direito exige que o julgamento seja objetivo. Esta objetividade não se limita à mera análise das propostas e dos documentos de habilitação simples e isoladamente com base no edital, mas com base no Direito. Assim, é imprescindível que o pressuposto empírico, ou *motivo de fato*, da licitação efetivamente *exista*.

É com base nesse pressuposto *de existência* e *de validade* do contrato e do procedimento licitatório que se definirão as exigências relativas às propostas e à habilitação, quando se licita. Quando não obrigatória a licitação, é a partir desse pressuposto fático que se delineia o objeto do contrato. É, por sua vez, com base no objeto do contrato que se saberá se a licitação é ou não obrigatória. O motivo fático da contratação tem força vinculante sobre tudo a que se proceder durante seu andamento, haja ou não prévia licitação.

Marçal Justen Filho,[1] muito proficientemente, afasta qualquer possibilidade de especulação discricionária, por exemplo, na escolha dos requisitos a serem satisfeitos pelos interessados para participarem

---

[1] "Não cabe invocar a natureza discricionária da competência para afastar o controle sobre o ato praticado. *É indispensável apresentar as justificativas teóricas, práticas e lógicas para a escolha realizada em cada caso.* E o conteúdo da justificativa comporta controle. Partindo do pressuposto de que toda eleição de requisito de participação se funda num processo lógico, científico ou técnico, cabe controlar a correção dos juízos adotados pela Administração. 7.4.4) O ônus da prova quanto à validade dos requisitos adotados no caso concreto: O particular será investido do ônus de provar a invalidade, o abuso, o excesso, a incorreção dos requisitos de participação, mas sempre tomando em vista a exposição clara e precisa constante da motivação adotada pela Administração. *A Administração tem o dever de eleger os critérios de participação como decorrência de um processo de avaliação das circunstâncias do caso concreto.* Portanto, há presunção absoluta de que existem razões lógicas, técnicas ou científicas para decisão administrativa pertinente aos requisitos de participação" (JUSTEN FILHO, Marçal. *Comentários à Lei de Licitações e Contratos Administrativos.* 14. ed. São Paulo: Dialética, 2010. p. 400).

da licitação. Essa escolha é vinculada, e seu fator vinculante é o *motivo* originário.

No projeto da lei de licitações e contratos administrativos, era prevista, nos artigos iniciais, a necessidade de motivação de cada procedimento licitatório, mas substitutivo e emendas vieram eliminar aquela exigência; eliminação inútil, sem dúvida, pois a definição do objeto do contrato é cláusula regulamentar e, como tal, deve figurar integral e explicitamente na minuta do futuro contrato — anexo obrigatório do edital de licitação. Ao se identificar o *objeto*, enfim, inevitavelmente identifica-se o *motivo*. Pois enquanto o objeto identifica *o que* deve ser feito pelo contratado, o motivo responde *por que* aquela atividade tornou-se necessária.

O *motivo* é fundamental na condução da administração pública em sentido objetivo. A atuação do administrador público não tem fundo meramente subjetivo, apesar da incansavelmente reiterada, e equivocadamente interpretada, frase de Miguel Seabra Fagundes: "administrar é aplicar a lei de ofício".[2] Equivocadamente, interpretada porque, no contexto em que foi empregada, o sentido que lhe foi dado pelo autor era muito mais rico e profundo.

O administrador não pode limitar-se a fazer unicamente aquilo que já está previamente escrito em texto legal, e tampouco apenas aquilo que a norma, extraída desse texto, ordena. Não poderá ele, sem dúvida, furtar-se a observar o que a norma estatui, porém, não estão apenas nela todos os fatores vinculantes da atuação do administrador público.

O administrador deve estar atento para a *realidade* que o cerca, a fim de identificar situações que se subsumam a hipóteses específicas descritas por normas que apontam para determinada providência e a incluem entre as competências da Administração Pública.

O administrador, portanto, aplica a norma à *realidade* e somente quando houver *motivo* (fático) para isto. E deverá obrigatoriamente fazê-lo sempre que *motivo* houver.

O motivo, pois, é absolutamente imprescindível na condução dos atos da Administração. Ele determina a necessidade da ação, intrinsecamente delineia sua finalidade, define seu conteúdo e configuração, vincula-a e a legitima. Desse fenômeno deflui a importância do princípio da motivação.

---

[2] FAGUNDES, Miguel Seabra. *O Controle dos atos administrativos pelo poder judiciário*. 7. ed. Rio de Janeiro: Forense, 2005. p. 3.

Assim, impõem-se oportunas algumas considerações sobre o *motivo* no Direito Administrativo.

De uso frequente para designar o motivo do ato administrativo são expressões como *motivo de fato, motivo fático, pressuposto empírico* e outras que sugerem ser ele algo de natureza concreta, porém, nem sempre ele configura um fato e nem sempre algo concreto.

Nem todo motivo ensejador da atuação administrativa é uma situação concreta.

Deve, porém, sempre, ser *real* e *objetiva*, ou seja, jamais poderá ser puro fruto da imaginação subjetiva do administrador.

Deve, então, o assim convencional e pacificamente chamado *motivo de fato* ser, não necessariamente um *fato*, mas um *fator*; e não efetivamente *concreto*, mas *real*: um *fator real*. Um *fator real* que espontaneamente se consubstancia e deve ser detectado e objetivamente avaliado pelo administrador a fim de verificar se ele coincide com um daqueles *fatores hipotéticos* definidos por norma e, coincidindo, imponha à Administração o dever de agir em determinado sentido. Somente a partir desse momento poderá haver espaço para o exercício subjetivo do administrador, mas exclusivamente no que concerne à sua habilidade pessoal para solucionar problemas, e jamais no interesse subjetivo seu ou de outro particular ou de sua agremiação política ou ideológica, mas sim e exclusivamente no interesse da coletividade. Essa subjetividade juridicamente admissível será maior ou menor proporcionalmente à discricionariedade que da norma remanescer.

Fundamental e indispensável em qualquer atividade executada pela Administração Pública, o motivo também o é no delineamento das contratações públicas.

O motivo, não apenas do contrato administrativo, mas já preteritamente, do procedimento administrativo que o legitima — de licitação, de dispensa ou de inexigibilidade desta — encontra-se, explícita ou implicitamente, no genótipo de toda norma pertinente a contratações. Assim sucede em relação a todos os dispositivos da Lei nº 8.666/93 e, não menos e principalmente, na essência do inciso XXI do art. 37 da Constituição da República e dos demais comandos constitucionais pertinentes a atividades e empreendimentos contratados pela Administração.

Sem o fiel, minudente e objetivo conhecimento do motivo do contrato administrativo, jamais seria possível descrever-se seu objeto. Não é por qualquer outra razão que a Administração não pode sequer licitar obras ou serviços de engenharia sem ter desenvolvido o correspondente projeto, ou sem os estudos prévios de viabilidade, dentre os quais destacam-se os de cunho técnico, econômico-financeiro, mercadológico, social e ambiental.

Absolutamente não menos importante é a *finalidade* do contrato administrativo. Esta não é simplistamente a finalidade prevista em lei, mas a finalidade que se consubstancia no mundo concreto, o atendimento do *motivo* originário, do fator real que exigiu a atuação do Poder Público.

Assim como não terá sido motivado o ato de revogação de um procedimento licitatório alegando-se simplesmente que este se deve a "motivo de interesse público", sem identificação do fator real cujo atendimento é de interesse público, tampouco se pode considerar atingida a finalidade se esta não puder ser aferida no mundo real. O "motivo de interesse público" é o motivo legal ao qual deverá subsumir-se o fator real, e efetivando-se essa congruência somente então poderá (deverá) a Administração agir.

O motivo legal do contrato é o "por que" da atuação do administrador descrito teoricamente na hipótese da norma; a finalidade legal é o "para que" definido no mandamento da mesma norma. O *motivo de fato*, a seu turno, é a situação (ou *fator*) real, o acontecimento, coincidente com o motivo legal. Na mesma linha lógica, haverá uma finalidade *concreta* (ou *real*) representada pelo resultado a ser buscado em concreto pela atuação administrativa.

Verdade é que a Lei de Licitações e Contratos Administrativos, em seu art. 2º, pode levar o espírito menos atento a supor que a finalidade de uma licitação é garantir a observância da isonomia, mas essa é apenas a linguagem, o texto da lei, e não a norma.

Isonomia é *princípio* e jamais *finalidade*.

Se assim não fosse, a isonomia seria também finalidade do concurso para preenchimento de cargo público, como, de resto, para toda ação do Estado, pois, como princípio que efetivamente é, deve ser observado sempre e em qualquer dessas hipóteses.

A finalidade é sempre *para que* resultado algo deve ser feito; já o princípio aponta para os cuidados a serem tomados na busca da finalidade.

É claro que existe também o princípio da finalidade, porém, este não se confunde com a finalidade. A finalidade é o resultado, o estado final. O princípio da finalidade, por sua vez, é a norma que define como deve o administrador proceder para não se desviar da finalidade que, consoante já se afirmou linhas acima, nada mais é que o atendimento do motivo.

O fator real a que chamamos motivo de fato não pode limitar-se apenas aos seus aspectos internos, mas também aos que lhe são circunstantes. Por esta razão é que se deve entender o termo *fato concreto* no sentido de situação, ou fator real. Na maioria dos casos, realmente, tem-se um fato, contudo, o mesmo e idêntico fato imporá à Administração a assunção de providências diferentes de acordo com as diferentes circunstâncias que à sua volta orbitarem.

A globalização ou suas peculiaridades dificilmente constituir-se-iam em elementos componentes do motivo de um contrato administrativo, mas serão aspectos de natureza *circunstancial*. Dentre os aspectos circunstanciais, sobressaem, por sua importância para o presente tema, aqueles determinados por um cenário globalizado. Oportuno passar-se ao estudo relativo à força vinculante ou não desses aspectos circunstanciais, sobre a configuração do motivo do contrato administrativo e, consequentemente, sobre a definição do objeto contratual.

Vários são os meios pelos quais se pode aferir o poder vinculante ou não das circunstâncias que convergem em determinado momento da configuração do motivo do contrato administrativo, todavia, a simplicidade e brevidade que devem caracterizar o presente estudo permitem o artifício didático do recurso a um processo de "engenharia reversa", pelo qual se conclui que os aspectos *circunstanciais* vinculam a atuação do administrador. As alterações sofridas por aspectos exteriores, circunstantes, ao motivo que ensejou e legitimou o contrato administrativo exigem a revisão deste, e nem sempre alterações internas ao próprio motivo.

Ora, se os aspectos novos, que determinaram as alterações circunstanciais ao motivo do contrato, já existissem à época da licitação, naturalmente a Administração estaria obrigada a levá-los em consideração para a descrição do objeto e, por imperativo lógico, também para a definição de todas as exigências do edital e, não menos, para a estruturação do contrato e estabelecimento de suas cláusulas.

Além, ademais, da correta identificação do motivo e da descrição do objeto do contrato administrativo, a própria definição da não obrigatoriedade de se licitar em determinado caso poderá estar vinculada muito mais a particularidades circunstanciais ao fator motivador do futuro contrato, muito particularmente no que concerne à inexigibilidade de licitação.

Em antigo estudo, este autor já teve oportunidade de afirmar que dispensa e inexigibilidade de licitação distinguem-se não somente na nomenclatura adotada pela lei, mas também por suas naturezas absolutamente distintas. Enquanto a dispensa depende da opção política do legislador no momento de elaboração da norma, a inexigibilidade corresponde a uma impossibilidade de licitar (ainda que o legislador quisesse torná-la obrigatória, seria simplesmente impossível promovê-la). Nesse sentido é a lição de Marçal Justen Filho.[3]

Caso, aliás, a Administração desdenhe de algum fator circunstancial, incorre em ilegalidade, pois a descrição do objeto da própria licitação ficará comprometida e, sem dúvida, prejudicada também a definição do objeto, que já então deverá constar na minuta contratual.

Seria ingenuidade ignorar-se que inexiste unanimidade quer a favor quer contra a globalização. Efetivamente, um mercado globalizado produz muitos resultados negativos, entretanto, gera também benefícios. Buscar saber se seriam maiores as perdas ou os ganhos derivados da globalização seria flagrante perda de tempo, pois somente diante de cada caso concreto consubstanciar-se-iam todos os fatores determinantes das espécies e graus de benefícios e prejuízos advindos do mercado globalizado. É tão cômodo quanto doentio afirmar-se que a globalização é sempre e invariavelmente maléfica ou benéfica.

Conclusões pré-formadas, sejam ou não pura opção ideológica, denunciam preguiça de raciocínio, porque aquele que a elas se apegam não precisarão avaliar objetiva e criteriosamente cada novo caso para só então saber se naquele momento a globalização produzirá saboroso e nutritivo fruto ou mortal veneno.

A avaliação deve, enfim, ser feita caso a caso. De qualquer modo, pode-se com segurança afirmar que um ambiente globalizado, pareça-nos ele simpático ou repugnante, não pode ser ignorado ou desprezado pela Administração Pública desde a constatação e avaliação objetiva do motivo do contrato — antes, portanto do procedimento de licitação, dispensa ou inexigibilidade — até a satisfação da finalidade do contrato administrativo (atendimento do motivo originário).

---

[3] "Portanto, não se trata de problema 'normativo', mas de questão fática. Nesse sentido, aliás, é a preciosa lição de Eros Roberto Grau, adiante reproduzida: 'A lei não cria hipóteses de inexigibilidade de licitação decorrentes de inviabilidade de competição. Estas constituem eventos do mundo do ser, não do mundo do dever-ser jurídico. Hipóteses de inexigibilidade de licitação decorrentes de situações de inviabilidade de competição existem — ou não existem — no mundo dos fatos. Por essa razão é que o art. 25 da Lei 8.666/93 enuncia o conceito de inexigibilidade de licitação (há inexigibilidade dela 'quando houver inviabilidade de competição') e, ademais, dá exemplos de alguns casos de inviabilidade de competição (seus incisos), outros, além desses, podem se manifestar.' Na mesma linha, Luiz Alberto Blanchet afirma que a inexigibilidade tem origem no mundo material e não no jurídico" (JUSTEN FILHO, Marçal. Concessões de serviços públicos. São Paulo: Dialética, 1997. p. 169).

A Administração deve considerar os riscos e ameaças de um mercado globalizado, mas deve também aproveitar, no interesse da coletividade, as vantagens desse mesmo mercado. Ignorá-lo poderá redundar em desvio de finalidade, eis que a finalidade efetivamente alcançada ao final da execução do objeto do contrato será o atendimento de um motivo cuja avaliação foi subjetiva, incompleta ou infiel à realidade, ignorou indispensáveis aspectos *circunstantes*.

Pouco importa se houve deliberada intenção do administrador ou se este agiu com imprudência, negligência ou imperícia ao incorrer em desvio da finalidade. Tais fatores serão importantes apenas para a gradação da responsabilidade pessoal do agente da Administração. Os danos para a coletividade, porém, serão iguais, tenha havido ou não dolo do administrador.

Com certeza não serão poucos a levantarem a bandeira da proteção aos empresários nacionais.

A concepção protecionista de Estado é antiga e provavelmente não terá vida tão breve. Talvez nunca desapareça, a exemplo de tantas outras visões particulares — e peculiares — do mundo, que ainda sobrevivem em certos momentos e regiões do mundo. A própria democracia ainda não é unanimidade entre os diversos povos do mundo.

A quem deve o Estado proteger? Ao proponente nacional, simplesmente por ser nacional, ou somente ao proponente nacional eficiente?

O economista Maílson da Nóbrega[4] com muita propriedade observa que países como a China e a Coreia prosperam em ambiente onde as condições políticas adotadas são estranhas ao nosso modo de ver a relação entre o Estado e a iniciativa privada. A capacidade pessoal de inovar, o empreendedorismo, é valorizada acima da simples condição de ser produtor nacional. A preocupação é com a produtividade, a eficiência, o desenvolvimento, não com o desenvolvimento puro e simples resultado de injeções estatais a pessoas jurídicas e físicas consideradas "marginalizadas" por algo indefinido e em verdade

---

[4] "Há quem sustente que o êxito econômico da China se deve à moeda desvalorizada, enquanto o da Coréia do Sul adviria de políticas industriais. Trata-se de simplismo que desconsidera a complexidade do processo de desenvolvimento e ignora razões mais relevantes para explicar o sucesso desses dois países. (...) Enquanto nossa estratégia buscava a substituição de importações, a deles focalizava as exportações. Para competir, era preciso adotar tecnologias e gestão típicas dos países ricos, o principal destino de seus produtos. Ganhos de eficiência e produtividade vinham da inovação. A substituição de importações deu origem à industrialização ineficiente e a uma cultura favorável ao protecionismo" (Revista *Veja*, ed. 2200, ano 44, n. 3, p. 20, 19 jan. 2011).

inexistente que não raros insistem em chamar de "elite". Nem essas injeções estatais podem ser consideradas fomento no sentido jurídico, nem esse "desenvolvimento" pode ser considerado como verdadeiro desenvolvimento no sentido que a Constituição da República deseja, pois lhe falta sustentabilidade.

Maílson observa que nos mencionados países, "a ideia é expor a indústria à competição internacional" e que "o Brasil e a América Latina optaram pelo inverso, isto é, por medidas contra a concorrência externa".

O protecionismo, afinal, é um grave equívoco provocado por outro grande erro: evitar a competição externa. Dois erros que se alimentam mútua e simbioticamente.

A finalidade de todo contrato, e assim também do procedimento que o antecedeu, é o atendimento mais satisfatório possível da necessidade representada pelo *motivo* e não a proteção dos nacionais.

A proteção dos nacionais é, sem dúvida, da mais alta relevância e constitui, com toda certeza, competência do Estado, mas não é o contrato administrativo o instrumento próprio para tal fim.

A finalidade do procedimento de contratação deve respeitar a pertinência lógica com o objeto e o motivo, sob pena de não resistir ao exame da causa.

Deve, enfim, o Estado, aproveitar em suas contratações os benefícios do mercado globalizado ou proteger os nacionais? Afinal, os benefícios de mercado globalizado são imediatos para a coletividade titular do interesse envolvido na execução do contrato e mediato para os empresários nacionais.

Não pode remanescer qualquer dúvida quanto à prevalência dos interesses da coletividade sobre os interesses de empresários nacionais que conseguiriam sair vencedores de uma licitação somente se houvesse proteção estatal pelo fato de serem nacionais e não em função de suas aptidões e de sua eficiência no atendimento do interesse público específico envolvido na satisfação do motivo de um contrato administrativo.

O motivo legal de uma licitação e, pois, de um contrato administrativo é sempre uma necessidade real de uma obra, serviço, aquisição, alienação, concessão ou permissão, por força do art. 37, inciso XXI, e do art. 175 da Constituição da República. Se este é o motivo legal, o motivo de fato deve a ele subsumir-se, deve ser a efetiva necessidade de uma obra, serviço, aquisição, alienação, concessão ou permissão, e não a necessidade de remediar a ineficiência do pretendente que sobrevive somente em cenário de isolamento em relação aos mercados estrangeiros.

Se somente as necessidades arroladas pelos aludidos dispositivos constitucionais podem ser motivos de contratos administrativos, óbvia e inevitavelmente, a finalidade das contratações pertinentes não poderá ser outra que não o atendimento dessas mesmas necessidades.

Ademais, a proteção indiscriminada ao nacional (e somente a indiscriminada, deixe-se claro) comprometerá o atendimento dos motivos que justificam a celebração de contratos administrativos.

Obviamente não se pretende (nem se poderia juridicamente) abolir aquelas proteções aos proponentes nacionais destinadas a eliminar desigualdades não provocadas pelos nacionais e por eles inevitáveis, categoria que com toda certeza não abrange a ineficiência (ou mesmo a eficiência inferior à do estrangeiro) e tampouco a falta de espírito inovador e empreendedor.

Por que não proteger, então, o nacional, por exemplo, da pesada e insustentável carga tributária? Seria uma proteção digna e que não seria praticada em detrimento de qualquer interesse da coletividade. Afinal, o peso dos tributos acaba sendo maior sobre as cabeças dos mais pobres, direta ou indiretamente. Seriam também os mais pobres os mais prejudicados pela proteção incondicionada dos proponentes nacionais; o custo da proteção a nacionais nas contratações da Administração seria distribuído à população e inclusive o mais humilde cidadão contribuiria com a sua fração para sustentar empresas às quais falta ou eficiência, ou capacidade, ou coragem. Não seria barato, principalmente para aqueles que já sobrevivem no limite.

O Estado, como instrumento que é — do povo — para assegurar o atendimento de suas necessidades, conforme está expresso no Preâmbulo da Constituição da República, deve proteger, em qualquer procedimento de contratação, o mais apto e eficiente para satisfazer o motivo do contrato administrativo a ser celebrado.

O Estado deve proteger, enfim, o interesse de toda a coletividade, e não o de sua fração nem sempre suficientemente capaz e empreendedora.

Ao levar em consideração, na identificação do *motivo* do contrato e, consequentemente, na descrição de seu *objeto*, os benefícios que o mercado globalizado agregará, a Administração estará cumprindo o seu papel: avaliar *objetivamente* as situações e as oportunidades que interessam à coletividade. E para fazê-lo objetivamente, deve alijar-se de suas visões religiosas, ideológicas, supersticiosas, etc., deve eliminar toda disposição ou preferência pessoal prévia para discordar ou concordar, deve avaliar a realidade.[5]

Informação bibliográfica deste capítulo, conforme a NBR 6023:2002 da Associação Brasileira de Normas Técnicas (ABNT):

BLANCHET, Luiz Alberto. Fatores vinculantes da definição do objeto do contrato administrativo em cenário globalizado. *In*: BACELLAR FILHO, Romeu Felipe; GABARDO, Emerson; HACHEM, Daniel Wunder (Coord.). *Globalização, direitos fundamentais e direito administrativo*: novas perspectivas para o desenvolvimento econômico e socioambiental: Anais do I Congresso da Rede Docente Eurolatinoamericana de Direito Administrativo. Belo Horizonte: Fórum, 2011. p. 175-186. ISBN 978-85-7700-501-7.

---

[5] Karl Raimund Popper alerta para a existência de "dois sentidos diferentes de conhecimentos ou de pensamento: (1) *conhecimento ou pensamento no sentido subjetivo*, constituído de um estado de espírito ou de consciência ou de uma disposição para reagir; e (2) *conhecimento ou pensamento num sentido objetivo*, constituído de problemas, teorias e argumentos como tais. Neste sentido objetivo, o conhecimento é totalmente independente de qualquer alegação de conhecer que alguém faça; é também independente da crença ou disposição de qualquer pessoa para concordar, ou para afirmar, ou para agir" (POPPER, Karl Raimund. *Conhecimento objetivo*. Tradução de Milton Amado. São Paulo: Ed. USP; Itatiaia, 1975. p. 110-111).

PAINEL IV

DIREITOS FUNDAMENTAIS E PROCESSO ADMINISTRATIVO DEMOCRÁTICO

EL SILENCIO DE LA ADMINISTRACIÓN EN EL PROCEDIMIENTO ADMINISTRATIVO*

FEDERICO JOSÉ LISA

1 Introducción: las funciones del procedimiento administrativo y el silencio de la Administración

Una vez resuelto el interrogante acerca de "qué" es el procedimiento administrativo (es decir, la cuestión estructural), la doctrina —destacadamente la italiana—[1] comenzó a preguntarse en torno a las funciones, esto es, "para qué" sirve el procedimiento administrativo.

A ello se dieron diversas respuestas; entre otras: a) reflejar a la organización administrativa;[2] b) posibilitar la conciliación;[3] c) limitar a

---

* Ponencia presentada en el I CONGRESSO DA REDE DOCENTE EUROLATINOAMERICANA DE DIREITO ADMINISTRATIVO, en el panel: "Desenvolvimento urbano e o direito fundamental à cidade", a las 20h del día 22.02.2011, en la Pontifícia Universidade Católica do Paraná.

[1] Sobre el punto, puede verse CORSO, Guido. El procedimiento administrativo en Italia. De cauce formal de la actuación administrativa a instrumento de tutela del ciudadano. In: BARNES VÁZQUEZ, Javier (Coordinador). *El procedimiento Administrativo en el Derecho Comparado*. Madrid: Civitas, 1993, p. 477 y ss.

[2] Cassese señala que el procedimiento es algo más que una actividad preparatoria: es el reflejo, en la actividad, de la organización (el procedimiento es el aspecto dinámico de la organización) (CASSESE, Sabino. *Las bases del Derecho Administrativo*. Madrid: Instituto Nacional de Administración Pública, 1994, p. 251).

[3] El procedimiento posibilita la conciliación; esto es, la composición de un interés privado y uno público, lo que, a su vez, se traduce en lo que algunos llaman el "efecto filtro" del procedimiento administrativo respecto de una eventual contienda judicial. Sin embargo,

la actividad administrativa;[4] d) reflejar la verdadera realidad del acto final;[5] e) servir a la eficacia de la Administración;[6] f) actuar el principio de participación democrática;[7] g) expresar el ejercicio de la función administrativa; y, en definitiva, realizar el Derecho Administrativo.[8]

---

[4] no menos importante es el procedimiento administrativo como espacio de composición de "intereses públicos". En ese orden, es sabido que el "interés público" no es algo homogéneo, ni existe "un" interés público. Por el contrario, se sostiene la heterogeneidad de los intereses públicos: es que, principalmente después de la consolidación del Estado de pluralidad de clases, cada interés colectivo es susceptible de reconocimiento y de tutela pública (GIANNINI, Massimo Severo. *Derecho Administrativo.* Madrid: Ministerio para las Administraciones Públicas, 1991, p. 129). Las leyes, al canonizar dichos intereses, no pueden establecer siempre una escala entre todos ellos, indicando cuál debe prevalecer, por lo que aparecen aquí las Administraciones —no el juez judicial— como árbitro en la tutela de intereses públicos concurrentes. Pues bien, estas Administraciones Públicas serían un campo de batalla —dice CASSESE— si no existiese una ordenación procedimental de su actividad. Así, el procedimiento realiza una función de solución de conflictos entre intereses colectivos que, convertidos en públicos, se reproducen en el seno de las Administraciones. El procedimiento, por lo tanto, fija las reglas a través de las cuales se da prevalencia a unos intereses públicos respecto de otros (CASSESE, Sabino, op. cit., p. 252).

[4] Esta función se cumple, básica pero no exclusivamente, a través de tres vías: el superior jerárquico (el procedimiento administrativo permite el control del superior sobre la actividad del inferior, no sólo sobre la legalidad, sino también sobre la oportunidad, mérito o conveniencia); el particular (permitiendo su defensa); y el juez (gracias al procedimiento administrativo, el juez, como límite externo, está en grado de recorrer, desde el acto impugnado y volviendo hacia atrás, todos los demás actos que han contribuido, más o menos directamente, a formarlo).

[5] Si —como en general se admite— el procedimiento administrativo es una secuencia de actos con homogeneidad en el fin (el dictado del acto final), resulta evidente que ese acto administrativo final no es más que una parte de una realidad mayor, que es externa al acto, pero no por ello extraña a él. Por ende, puede afirmarse que los límites del acto en verdad no están en el propio acto, sino que su realidad es la del procedimiento administrativo en el cual dicho acto se inserta. Como es obvio, se trata de una visión que resulta de decisiva incidencia en el ámbito del control de legitimidad, pues considerar aisladamente a un acto administrativo, es decir, al margen de su procedimiento, puede mutilar la realidad y ello conducir a resultados injustos. Las bondades de esta concepción superadora son especialmente verificables cuando se trata de la exigencia de la motivación, la que, como dice Giannini, "puede resultar de otros actos o de otras fases del procedimiento de formación del acto" (GIANNINI, Massimo Severo. Motivazione dell'atto amministrativo. en *Enciclopedia del Diritto,* v. XXVII, Milán: Giuffrè Editore, 1977, p. 257 y ss [en especial p. 260]).

[6] Se trata de una consecuencia de todo lo anterior: sin procedimientos administrativos las Administraciones Públicas, o los distintos órganos de una misma Administración Pública, se contradirían en las decisiones, tornándose además imposible el control por el superior, por el particular, y por el juez.

[7] En Italia, señala Corso —con razón— que el procedimiento administrativo es el instrumento de la participación democrática, pues mediante él se logra implicar a los ciudadanos en el ejercicio de la actividad administrativa. En similar sentido, en Francia, Jean-Pierre Ferrier describe el doble objetivo del procedimiento administrativo no contencioso: otorgar una información más completa y un verdadero derecho de expresión del ciudadano, de modo tal de lograr "la adhesión del mayor número posible de personas a una fase de reflexión y expresión", lo que se considera "una exigencia de la democracia". En Alemania, Schmidt-Assmann señala que "numerosas son las relaciones que guarda el procedimiento administrativo con el principio democrático": "la democracia representativa es una democracia impregnada de procedimiento" (In: BARNES VÁZQUEZ, Javier (Coordinador). El procedimiento Administrativo en el Derecho Comparado. Madrid: Civitas, 1993, *El procedimiento Administrativo en el Derecho Comparado,* op. cit., ps. 479, 371 y 334, respectivamente).

[8] WAHL, Rainer. Citado por SCHMIDT-ASSMANN, op. cit., p. 335.

Pues bien, todas esas funciones, todos esos nobles y trascendentes objetivos, se frustran dramáticamente frente al silencio de la Administración.

En efecto, dicho silencio cancela por completo todo intento de conciliación; claramente disminuye las posibilidades de control; priva de concreción a la participación democrática que eventualmente pueda aportar el procedimiento; y, en fin, nos pone de cara ante una Administración ineficaz.

Pero de todos esos frustrados fines, los que ahora más nos interesan por su vinculación con los Derechos Fundamentales, son los que presentan al procedimiento administrativo como un modo de actuación del ejercicio de la función administrativa y, en definitiva, de realización del Derecho Administrativo mismo.

Efectivamente, si el fin esencial de la función administrativa es la gestión directa e inmediata del bien común, es posible afirmar que el procedimiento administrativo, y su régimen jurídico tienen carácter instrumental en la relación con la gestión del bien común.

De ese modo, las formas —y el procedimiento es "forma"— pasan a cumplir un doble papel tuitivo: asegurar, por un lado, la eficacia de la gestión de la Administración, pero, por el otro, *el respeto de los derechos e intereses particulares.*[9]

A su vez, si —como anunciamos— la función última del procedimiento administrativo es actuar al Derecho Administrativo, y, a la par, si éste —como régimen exorbitante— encarna no sólo prerrogativas públicas sino también garantías de los particulares, muchas de las cuales se erigen en verdaderos Derechos Fundamentales,[10] concluimos que con el silencio administrativo tales garantías no alcanzan a realizarse.

En suma, el silencio de la Administración en el procedimiento administrativo se opone claramente a la vigencia plena de algunos Derechos Fundamentales.

---

[9] COMADIRA, Julio Rodolfo. *Procedimientos Administrativos – Ley Nacional de Procedimientos Administrativos, anotada y comentada.* t. I. Buenos Aires: La Ley, 2002, p. 5.

[10] Es innegable la estrecha relación existente entre Derecho Administrativo y Derechos Fundamentales. De tal modo que desde Meilán Gil se habla de un Derecho Administrativo Constitucional, "en el que juegan un papel estelar los derechos fundamentales de la persona, principios y límites a los que debe someterse el poder público en un Estado de Derecho" (RODRÍGUEZ-ARANA MUÑOZ, Jaime. El interés general como categoría central de la actuación de las Administraciones Públicas. In: Romeu Felipe Bacellar Filho; Guilherme Amintas Pazinato da Silva (Coords.). *Direito Administrativo e Integração Regional*: Anais do V Congresso de Direito Público do Mercosul e do X Congresso Paranaense de Direito Administrativo. Belo Horizonte: Fórum, 2010. p. 105-130).

2 El silencio en general: las contradicciones del silencio

Antes de ahora, hemos tenido oportunidad de referir a las profundas contradicciones que encarna el silencio,[11] señalando que basta, para así confirmarlo, con recurrir a la música: ámbito en el que paradójicamente "escuchamos" que sin silencio no hay música;[12] y más aún, que hay música con sólo silencio, según lo demuestra la obra 4'33'' (1952) de John Cage, cuya partitura especifica que el intérprete no ejecutará sonido alguno en su instrumento durante los 4 minutos y 33 segundos que dura la composición.

Por lo tanto, sabíamos que sin silencio no hay música, pero desde Cage tenemos que asumir que hay música con sólo silencio.

Pues bien, trasladamos esta contradicción al mundo de los valores.

Desde un plano axiológico, vemos que el silencio tiene tanto la potencialidad de enaltecer a la persona como de degradarla.

A veces el silencio es un lugar de encuentro, mientras que, por momentos, observamos que el silencio entre las personas puede ser índice de discordia y desencuentro; a menudo el silencio es verdad, mientras que en otras ocasiones "es la peor mentira" (Miguel de Unamuno); asimismo, el silencio puede hacernos héroes, pero otras veces, desgraciadamente las más, puede hacernos cobardes; en determinadas circunstancias el silencio traduce honestidad, mientras que otras veces revela una despreciable complicidad; frente a ciertas situaciones adquiere la forma del más solemne de los respetos, pero, en otras, puede ser verdaderamente ofensivo; algunas veces el que "calla otorga", mientras que en las más, conforme al principio *qui tacet non consentire videtur* —recibido por el Derecho argentino—, el que calla deniega.[13]

---

[11] LISA, Federico José. La responsabilidad de los funcionarios por el silencio administrativo. In: *Cuestiones de Responsabilidad del Estado y del Funcionario Público*: Jornadas organizadas por la Universidad Austral, Facultad de Derecho. Buenos Aires: RAP S.A., 2008, p. 903-933. Ver también LISA, Federico José. Agotamiento de la instancia administrativa y silencio administrativo frente al derecho del administrado a obtener una "resolución expresa. In: *XXXI Jornadas Nacionales de Derecho Administrativo, Revista Argentina del Régimen de la Administración Pública*, Año XXVIII, nº 336, Buenos Aires, 2006, p. 165-206. En su mayoría, las ideas que ahora comparto sobre el silencio y el silencio administrativo han sido, con algunas modulaciones, también consideradas en esos trabajos.

[12] MACONIE, Robin. *The Concept of Music*. Oxford: Clarendon Press, 1990, p. 66.

[13] En el Derecho argentino el silencio es una conducta inapta como manifestación positiva de voluntad, debiéndose ser interpretado, salvo disposición expresa en contrario, en sentido negativo (arts. 913, 918, 919, 1145 y 1146 del Código Civil argentino).

En definitiva, confirmando lo señalado por Heidegger acerca de que la "silenciosidad es un modo de hablar"[14] y lo relatado —en Argentina— por el poeta y jurista Alberto M. Sánchez respecto a que "el silencio es el otro yo de la palabra",[15] vemos que pocos comportamientos humanos como el silencio reciben tan contradictorias y antitéticas valoraciones según el contexto en el que se desarrolla.

3 Silencio y Derecho

Obviamente, tal variedad de valoraciones tiene su reflejo en el ámbito mismo del Derecho.

Así, vemos que algunas veces el silencio es indiferente para el Derecho; pero que otras veces se erige bajo la forma de un "derecho" ya individual (*v.gr.*, el derecho del imputado a guardar silencio), ya de incidencia colectiva (*v.gr.*, el "derecho al silencio" en materia ambiental); mientras que otras constituye un verdadero "deber" jurídico (tal el supuesto genérico de los llamados "secretos profesionales", o el del deber de "sigilo" y el "secreto" de los funcionarios públicos).

En consecuencia, y dejando de lado los supuestos de indiferencia para el Derecho, el silencio puede constituir el cumplimiento de una norma jurídica; mientras que en otras ocasiones supone una infracción al ordenamiento jurídico.

4 El silencio administrativo

4.a Inactividad administrativa material y formal

Sabemos que el Estado no es estático sino dinámico, y que, a su vez, la "función" administrativa supone —incluso etimológicamente— "actividad". Ambos datos desde ya explican que el Derecho Administrativo le dedique la mayor parte de sus capítulos a la actividad administrativa: el acto administrativo, el contrato administrativo, el servicio público, la actividad de gravamen o de policía, el fomento, las sanciones administrativas, etc.

Pues bien, en ese contexto de frenética dinámica, es natural que a la inactividad administrativa generalmente se la estudie, sobre todo

---

[14] HEIDEGGER, Martín. *El ser y el tiempo*. México: Fondo de Cultura Económica, 1971, p. 185.

[15] SÁNCHEZ, Alberto M. *La palabra y la promesa*. Presentación. San Juan: Ateneo Cruz del Sur — Biblioteca de Autores Sanjuaninos, p. 7.

en un aparente Estado Social de Derecho, como una patología de la Administración en el cumplimiento de sus fines.

La falta de conservación de los bienes del dominio público; la falta de adopción de medidas de policía; en fin, todas aquellas inactividades que podrían dar lugar incluso a la responsabilidad del Estado por omisión, constituyen lo que se conoce como inactividad material.

En cambio, cuando se examina el "silencio administrativo" referimos a la inactividad formal, distinción ésta que —como resulta por todos conocido— fue formulada por Alejandro Nieto, para quien mientras el concepto de inactividad material se corresponde con la idea ordinaria de la misma (es una pasividad, un no hacer de la Administración en el marco de sus competencias ordinarias), la inactividad formal alude, por su parte, a la pasividad de la Administración (y sus funcionarios) dentro de un procedimiento administrativo, siendo la simple no contestación a una petición de los particulares.

Estas consideraciones preliminares ya nos permiten precisar la noción de silencio administrativo.

En primer lugar, observamos que no toda inactividad de los órganos del Estado es silencio; y que no todo silencio de la Administración es "silencio administrativo".

Por ello excluimos liminarmente al silencio del particular, aun cuando se produce en el ámbito del procedimiento administrativo; y, ya dentro de las funciones estatales, dejamos de lado también al silencio del juez, cuya demora (retardo) —que no tiene, necesariamente, el signo de lo ilegítimo— se somete a un régimen jurídico por completo distinto al del silencio administrativo, como así también el del legislador, que puede dar lugar a los supuestos de inconstitucionalidad por omisión.

Y más específicamente en el ámbito de las funciones administrativas, excluimos también al silencio de la Administración (y sus funcionarios) en el ejercicio de sus potestades reglamentarias, y las denominadas inactividad contractual y procesal.

En suma, nos vamos a quedar con el silencio administrativo como "inactividad formal singular" derivada del incumplimiento del deber de resolver; deber este que, como veremos, surge principalmente del derecho del particular a obtener una "resolución expresa".

4.b El deber de resolver

Partimos entonces de la base de que el silencio es esencialmente *inactividad*, lo que, en principio, puede resultar jurídicamente relevante *sólo si existe el deber de realizar la respectiva actividad.*

Esto, aunque es de una gran obviedad, nos permite por lo pronto verificar lo ya anunciado acerca de que no todo silencio de la Administración es "silencio administrativo".

En efecto, sin perjuicio de los criterios doctrinarios más amplios en orden a la inactividad formal de la Administración, sólo hablamos de "silencio administrativo" cuando existe el *deber de resolver* de la Administración (y, por ende, de sus funcionarios):[16] sin deber de resolver no hay "silencio administrativo", al menos en el sentido restringido al que estamos refiriendo.

Nos permite, también, confirmar que el "silencio administrativo" constituye, antes que nada, una violación a ese deber de resolver, es decir, un comportamiento que en sí mismo es antijurídico: una verdadera "infracción por omisión".[17]

Como con toda claridad lo dicen Villar Palasí y Villar Ezcurra, el silencio de la Administración ante una pretensión a ella dirigida es la "comisión, por omisión, de una infracción del ordenamiento jurídico".[18]

4.c El derecho del particular a obtener una "resolución expresa"

Conforme hemos adelantado, puede como principio establecerse un paralelismo entre el deber de resolver de la Administración y el derecho del particular a obtener una "resolución expresa": en efecto, no es dudoso que allí donde hay derecho a una "resolución expresa", hay deber de resolver, cuyo incumplimiento puede suscitar "silencio administrativo".

En cambio, no siempre donde hay deber de resolver existe el correlativo derecho para el particular a obtener una "resolución expresa", pues tal deber podría surgir de una fuente jurídica distinta a ese derecho.[19]

---

[16] GRECCO advierte acerca de que la distinción no carece de importancia, "alcanzando en tal sentido con indicar [...] que la aplicación global del artículo 10 de la L.N.P.A. a todas las áreas de gestión posible de la Administración —como alguna descaminada jurisprudencia ha pretendido— conduce a verdaderos despropósitos" (GRECCO, Carlos Manuel. Disciplina del silencio administrativo en el marco regulatorio del transporte y distribución del gas natural; In: Carlos Manuel Grecco; Guillermo Andrés Muñoz. *Fragmentos y testimonios del Derecho Administrativo*. Buenos Aires: Ad-Hoc, 1999, p. 218).

[17] MUÑOZ, Guillermo A. *Silencio de la Administración y plazos de caducidad*. Buenos Aires: Astrea, 1982, p. 61, 64, 70 y ss. En contra: HUTCHINSON, Tomás. *Digesto práctico La Ley – Procedimiento Administrativo*, Director: Tomás Hutchinson, Primera Edición, Buenos Aires, La Ley, 2004, p. 294, parágrafo 1670).

[18] VILLAR PALASÍ, José Luis; VILLAR EZCURRA, José Luis. *Principios de Derecho Administrativo*. 2. ed. t. II: Actos, Recursos, Jurisdicción Contencioso-administrativa. Madrid: Sección de Publicaciones Universidad Complutense — Facultad de Derecho, 1987, p. 91.

[19] A nuestro modo de ver, es el supuesto —entre otros— del silencio positivo *contra legem*, en el que el deber de resolver puede reconocer su fundamento en el principio de legalidad

Con todo, a los fines de esta intervención —vinculada a los derechos fundamentales en el procedimiento administrativo-, nos limitaremos al deber de resolver que surge del derecho del particular a obtener una "resolución expresa".

4.d Los principios y normas jurídicas sobre el derecho a obtener una "resolución expresa" y sobre el deber de resolver

El derecho a obtener una "resolución expresa" y el correlativo deber del funcionario de resolver pueden extraerse de diversos principios y normas jurídicas.

4.d.1 El derecho fundamental a peticionar ante las autoridades

No es dudoso que el multiforme derecho a peticionar ante las autoridades es, aunque no absoluto, sí el más absoluto de los derechos constitucionales: todos los habitantes pueden pedir ante las autoridades.

En Argentina, pueden mencionarse los artículos 14 (derecho a peticionar a las autoridades) y 18 (derecho de defensa) de la Constitución nacional, y, en particular el artículo 24 de la Declaración Americana de los Derechos y Deberes del Hombre, según el cual "*toda persona* tiene derecho de presentar peticiones respetuosas a cualquier autoridad competente, ya sea por motivo de interés general, ya de interés particular, y el de *obtener pronta resolución*".

Por su parte, las modernas constituciones argentinas de provincia se han ocupado de la cuestión.

Así, la Constitución de Chaco (1994) y la de Córdoba (2001) regulan expresamente y en similares términos el derecho a peticionar y a "obtener respuesta";[20] mientras que la de Jujuy (1986) dispone que

---

o juridicidad, y no ya en el derecho del particular a obtener una "resolución expresa". Es más, seguramente el particular beneficiado con un acto presunto *contra legem*, no sólo que no va a ejercer su derecho a obtener una "resolución expresa", sino que va a buscar que la Administración "calle para siempre", a fin de gozar —por el mayor tiempo posible— de las ventajas que la ilegalidad puede significarle.

[20] Chaco: Art. 15: "La Provincia, dentro de la esfera de sus atribuciones, garantiza a todas las personas el goce de los siguientes derechos: (...) 5. A peticionar a las autoridades y *a obtener respuesta* de ellas; a acceder a la jurisdicción y a la defensa de sus derechos". Córdoba: Art. 19: "todas las personas en la Provincia gozan de los siguientes derechos conforme a las leyes que reglamenten su ejercicio: (...) 9. A peticionar ante las autoridades y *obtener*

las autoridades "estarán obligadas a pronunciarse dentro del plazo que establezca la ley o en su defecto en el que fuere razonable" (artículo 33); y la de Chubut (1994) exige que la respuesta sea "adecuada y por escrito en la forma que determine la ley" (artículo 18, inciso 8).

Similar disposición tiene la Constitución de San Luis (1987), en cuanto ordena que "la autoridad a la que se haya dirigido la petición, está obligada a hacer conocer por escrito al peticionario la resolución pertinente, que debe producir de acuerdo a la ley y bajo las penalidades que se determinen legislativamente" (artículo 17); siendo sustancialmente análoga a ella la de Neuquén (1994; artículo 15), y la de La Rioja (2002), cuyo artículo 41 establece que "la autoridad a que se haya dirigido la petición está obligada a comunicar por escrito al solicitante la resolución pertinente".

Por último, las de Tierra del Fuego (1991; 14, inciso 9) y Santiago del Estero (2002; artículo 16, inciso 6), establecen coincidentemente el derecho a obtener de las autoridades "respuesta fehaciente".

En síntesis, y sin perjuicio de las precisiones que más adelante haremos, parecería claro que el derecho a peticionar ante las autoridades incluye el derecho constitucional a obtener "resolución expresa".[21]

4.d.2 El derecho fundamental a la tutela "administrativa" efectiva

En orden al derecho a obtener "resolución expresa" y al correlativo deber de resolver, puede también mencionarse el llamado "derecho a la tutela *administrativa* efectiva", previsto en el artículo 2.3, especialmente incisos a) y b) del Pacto Internacional de Derechos Civiles y Políticos de Nueva York, según los cuales los Estados Partes se comprometen a garantizar que "*toda persona* cuyos *derechos o libertades* reconocidas en el presente Pacto hayan sido violados podrá interponer un recurso efectivo, aun cuando tal violación hubiera sido cometida por personas que actuaban en ejercicio de funciones oficiales"; agregándose en el inciso b) que "la autoridad competente judicial, administrativa o legislativa, o cualquiera otra autoridad competente prevista por el sistema legal del Estado, *decidirá* sobre los *derechos* de toda persona que interponga tal recurso, y *desarrollará las posibilidades de recurso judicial*".

---

respuesta y acceder a la jurisdicción y a la defensa de sus derechos" (artículo 19, inciso 9).

[21] Como señala Grecco, "parece ciertamente indiscutible que las derivaciones que del derecho de petición se desprenden deben encontrar cauce adecuado, esencialmente, en la obligación de responder a tales peticiones [...]" (GRECCO, Carlos. Sobre el silencio de la Administración, L.L. 1980-C-777, y en GRECCO, Carlos. *Derecho Administrativo — Doctrinas Esenciales*. Agustín Gordillo (Director), t. III, Buenos Aires, La Ley, 2010, p. 1007 y ss).

Este derecho ha sido expresamente mencionado por la Corte Suprema de Justicia de la Nación Argentina en la causa "Astorga Bracht";[22] y supone —para el Alto Tribunal— "la posibilidad de ocurrir ante [...] las autoridades administrativas competentes y obtener de ellas [...] decisión útil relativa a los derechos de los particulares o litigantes", requiriendo, "por sobre todas las cosas, que no se prive a nadie arbitrariamente de la adecuada y oportuna tutela de los derechos que pudieren eventualmente asistirle sino por medio de un [...] procedimiento conducido en legal forma y que concluya con el dictado de una [...] decisión fundada"; es decir, no con el silencio.

4.d.3 Los principios y normas del procedimiento administrativo y el régimen jurídico de los actos administrativos expresos

En Brasil, el deber de resolver de la Administración y, por lo tanto, el derecho del particular a obtener una "resolución expresa" surge claramente del artículo 48 de la ley federal 9784, según el cual "A Administração tem o dever de explicitamente emitir decisão nos processos administrativos e sobre solicitações ou reclamações, em matéria de sua competencia".

En ausencia de normas como la anteriormente transcripta, el deber de resolver y el derecho del particular a una decisión o "resolución expresa" pueden también extraerse de los principios mismos del procedimiento administrativo.

Así, se mencionan los principios de impulsión e instrucción de oficio; celeridad, economía, sencillez y eficacia; y, obviamente, el principio del debido proceso (procedimiento) adjetivo.

Criterios tales recuerdan que en España algunos extraen la obligación administrativa de dictar "resolución expresa" directamente del principio constitucional de eficacia (art. 103.1. CE), señalándose que "la regulación del procedimiento administrativo común carecería de toda virtualidad práctica si no se hubiera regulado con toda contundencia la obligación de la Administración de resolver expresamente pues, de lo contrario, se estaría vaciando de contenido al artículo 103.1 de nuestra más Alta Norma, consagrador del principio de eficacia que exige que la Administración resuelva expresamente las solicitudes y recursos

---

[22] Fallos 327:4185, del 14.10.2004.

que se le formulen [...]".[23] En similar sentido, Cassagne indica que la obligación de resolver "constituye la esencia de una buena y eficaz Administración".[24]

A su vez, es claro que el derecho a obtener una "resolución expresa" puede extraerse del principio del debido proceso (procedimiento) adjetivo, el cual incluye —como es sabido— el derecho a obtener una decisión que, como tiene que ser "fundada", debe ser "expresa".

Asimismo, el deber de la Administración de resolver puede derivarse de las regulaciones legales acerca de los elementos (o, según el régimen, "requisitos de validez") de los actos administrativos expresos: particularmente de la exigencia vinculada a la motivación, y de los caracteres de la competencia, particularmente el carácter obligatorio e irrenunciable de su ejercicio.

En Argentina, la ley nacional 19.549 (de procedimiento administrativo) establece que el ejercicio de la competencia "constituye una obligación de la autoridad" (artículo 3); fórmula esta que —palabras más, palabras menos— se reproduce en algunos regímenes provinciales.[25]

Otros regímenes estaduales argentinos, aunque no refieren expresamente a la "obligación" ni al "deber" de ejercer la competencia, utilizan sin embargo giros que sugieren la imperatividad de su ejercicio.[26]

A su vez, y tal como lo hace la legislación federal brasileña (ley 9784, arts. 2-II, y 11),[27] la mayoría de los regímenes provinciales mencionados refiere —en sentido concordante— al carácter "irrenunciable" de la competencia.

---

[23] GUILLÉN PÉREZ, María Eugenia. *El silencio administrativo. El control judicial de la inactividad administrativa*. Madrid: Colex, 1996, p. 100.

[24] CASSAGNE, Juan Carlos. Las vicisitudes del silencio administrativo. In: *Derecho Administrativo — Revista de Doctrina, Jurisprudencia, Legislación y Práctica*, Buenos Aires, Abeledo-Perrot, 2010, Año 22, p. 404.

[25] Entre otros: San Juan (ley 3784, artículo 3; año 1973); Tucumán (ley 4537, artículo 5; año 1976); La Pampa (ley 951; artículo 15; año 1979); Santa Cruz (ley 1260, artículo 3; año 1979); y Ciudad Autónoma de Buenos Aires (decreto 1510/97, artículo 2).

[26] "Se ejercerá" (Provincia de Buenos Aires, decreto-ley 7647/70; Río Negro, ley 2938, artículo 4); "será ejercida" (Córdoba, ley 5350, artículo 3; Chubut, ley 920, artículo 4); "debe ser ejercida" (Neuquén, ley 1284; artículo 4); o "debiendo ser ejercida" (Catamarca, ley 3559, artículo 2; Formosa, ley 971, artículo 5; La Rioja, ley 4044, artículo 2; Mendoza, ley 3909, artículo 2; Misiones, ley 2970, artículo 4; y Salta, ley 5348, artículo 2).

[27] Ley 9784: Art. 2-II "[...] Nos processos administrativos serão observados, entre outros, os critérios de: [...] atendimento a fins de interesse geral, vedada a renúncia total ou parcial de poderes ou competências, salvo autorização em lei"; Art. 11: "Art. 11. A competência é irrenunciável e se exerce pelos órgãos administrativos a que foi atribuída como própria, salvo os casos de delegação e avocação legalmente admitidos".

Por último, son de inexorable consideración las disposiciones normativas que rigen los plazos en el procedimiento administrativo, los cuales, de conformidad a la generalidad de los ordenamientos, son obligatorios para los interesados y para la Administración.

5 Precisiones en torno al deber de resolver y al derecho del particular a obtener una "resolución expresa"

Ahora bien: aunque, como vimos, resulta claro que el derecho a peticionar ante las autoridades incluye el de obtener una "resolución expresa", no es en cambio tan evidente que ello sea así siempre y en todos los casos.

Al respecto, y aun a la luz de las normas y principios mencionados, entendemos que la Administración no está siempre obligada a resolver expresamente cualquier petición que cualquiera le haga.

Comenzamos recordando a Linares Quintana, quien hace ya más de cincuenta años expresaba que "resultaría absurdo pretender que los gobernantes dedicaran todo su tiempo —si es que éste llegara a alcanzarles— a decidir con respecto a todos los pedidos que les fueran interpuestos".[28]

Se trata de un dato de la realidad, el cual, si ha cambiado con el tiempo, es a favor de una mayor congestión administrativa.

Al respecto, no puede soslayarse que la felizmente mayor democratización de la sociedad conduce necesariamente hacia una mayor procedimentalización de la actividad estatal;[29] ni marginarse los pavorosos índices de conflictividad propios de las situaciones de crisis económicas, sociales, culturales, etc., las que, por lo demás, no se arreglan con el derecho a obtener una "resolución expresa".

Se suman también las nuevas técnicas de participación ciudadana (principalmente mediante el derecho a la información y el acceso a la documentación), donde, al parecer, cualquiera puede pedir cualquier cosa, e informarse de cualquier asunto.

Y bien, aunque deben aplaudirse estos crecimientos en términos republicanos y democráticos, no es claro que esos avances estén siempre

---

[28] LINARES QUINTANA, Segundo V. *Tratado de la ciencia del Derecho Constitucional argentino y comparado*. t. III. Buenos Aires: Alfa, 1956, p. 790.

[29] LAVAGNA, Carlo. Considerazioni sui caratteri degli ordinamenti democratici, *Rivista Trimestrale di Diritto Pubblico*, p. 392 y ss.

acompañados de un correlativo crecimiento de las infraestructuras administrativas materiales, de personal, tecnológicas, ni culturales, pudiéndose afirmar que la recepción indiscriminada del derecho a obtener una "resolución expresa" —que obviamente no es absoluto— y la automática imposición del deber de resolver, conduciría a resultados nefastos, pudiendo interferir en el colapsado ejercicio de la función administrativa.

Por lo tanto, deben inexorablemente existir algunas precisiones respecto del alcance del mencionado derecho y del aludido deber de la Administración.

5.a La legitimación

Una primera precisión podría ser la siguiente: sin procedimiento administrativo no hay derecho a una "resolución expresa" ni, por ende, deber de resolver.

Y bien, para "ingresar" a un procedimiento administrativo y gozar de sus garantías se necesita "legitimación", sin la cual no hay procedimiento administrativo, ni, en consecuencia, deber de resolver ni derecho a una "resolución expresa".

Así verificamos el lúcido aserto de Muñoz acerca de que "la inactividad formal de la Administración [...] no se produce espontáneamente. Siempre es la falta de respuesta a una pretensión formulada por un particular. Opera, pues, en el plano de las relaciones jurídicas en las cuales se articula el derecho a decisión expresa que tienen los recurrentes, y el deber de dictarla que pesa sobre la Administración".[30]

A nuestro modo de ver, y sin desconocer la existencia de destacadas opiniones en contrario,[31] este deber existe exclusivamente a favor de quienes titularizan derechos subjetivos e intereses legítimos (o en general "intereses jurídicamente protegidos", fórmula esta que incluye a los intereses colectivos y difusos),[32] y no, en cambio, respecto

---

[30] MUÑOZ, Guillermo A. *Silencio...*, op. cit., p. 70.

[31] MONTI, Laura. Algunas consideraciones sobre las reclamaciones administrativas regladas. *Jurisprudencia Argentina, Derecho Administrativo*, Buenos Aires, 1.6.2005, 2005-II, Suplemento, Lexis Nexis. HALPERÍN, David Andrés. La acción de amparo por mora de la Administración. In: *Derecho procesal administrativo*. Tomo 2. Buenos Aires: Hammurabi, 2004, p. 1656; CIENFUEGOS SALGADO, David. *El Derecho de Petición en México*, en www.bibliojuridica.org.

[32] Como lo hace el artículo 9 de la ley federal 9.784/99 de Brasil, según el cual "São legitimados como interessados no processo administrativo: I — pessoas físicas ou jurídicas que o iniciem como titulares de direitos ou interesses individuais ou no exercício do di-

de quienes son titulares de meros intereses simples, quienes, al no poder ser "parte" en los procedimientos administrativos, tampoco gozan de sus garantías, contando a lo sumo con la posibilidad de efectuar meras denuncias administrativas.[33]

A esto lo demuestran las legislaciones argentinas de provincia, las que en su mayoría reconocen legitimación en el procedimiento administrativo sólo a los titulares de derechos subjetivos e intereses legítimos (Catamarca, Córdoba, Corrientes, Chaco, Chubut, Formosa, Jujuy, La Rioja; Mendoza; Salta; San Juan; Santa Cruz; Santiago del Estero; Tucumán; Ciudad de Buenos Aires; etc.).[34]

Y aun cuando algunos regímenes aluden al "interesado" (caso de las legislaciones de las Provincias de Entre Ríos y San Luis, por ejemplo) se ha entendido que tal carácter "es equivalente en el derecho procedimental administrativo al concepto de 'parte' empleado por el derecho procesal judicial".[35]

Por lo demás, destacamos que el artículo 10 de la ley nacional argentina 19.549 (de procedimientos administrativos),[36] el cual regula nada menos que el signo del silencio, lo hace, en cuanto al negativo, oponiéndolo ("frente") a "pretensiones que requieran de ella [la

---

reito de representação; II — aqueles que, sem terem iniciado o processo, têm direitos ou interesses que possam ser afetados pela decisão a ser adotada; III — as organizações e associações representativas, no tocante a direitos e interesses coletivos; IV — as pessoas ou as associações legalmente constituídas quanto a direitos ou interesses difusos".

[33] Entre muchos otros autores: COMADIRA, Julio Rodolfo. *Procedimientos Administrativos...*, op. cit., ps. 69 y ss. GRECCO, Carlos M. Ensayo preliminar sobre los denominados intereses "difusos" o "colectivos" y su protección judicial. In: Carlos Manuel Grecco; Guillermo Andrés Muñoz. *Fragmentos...*, op. cit. p. 687 (en especial p. 691). HALPERÍN, David Andrés. La acción de amparo por mora de la Administración. In: *Derecho procesal administrativo*. Tomo 2. Buenos Aires: Hammurabi, 2004, p. 1656. Aclaro, a todo evento, que la denuncia de ilegitimidad no es, propiamente, una "denuncia", sino —como dice Comadira— un recurso administrativo impropio (ver COMADIRA, Julio Rodolfo. *Procedimientos...*, op. y loc. cit.).

[34] Particularidades presentan las legislaciones de La Pampa (en cuanto establece que también podrán formular peticiones los portadores de un interés simple); Tierra del Fuego (que refiere a toda persona que invoque una afectación en sus intereses) y Neuquén (que alude a la figura de derecho subjetivo público, a la que define como la facultad de exigir, para resguardo propio o de la legalidad misma, prestaciones o abstenciones administrativas debidas a los administrados en situaciones de exclusividad, concurrencia o generalidad).

[35] HUTCHINSON, Tomás. *Ley Nacional de Procedimientos Administrativos. Reglamento de la ley 19.549. Comentado, anotado y concordado*. Tomo II. Buenos Aires: Astrea, 1988, p. 53.

[36] Según el cual "El silencio o la ambigüedad de la Administración frente a pretensiones que requieran de ella un pronunciamiento concreto, se interpretarán como negativa. Sólo mediando disposición expresa podrá acordarse al silencio sentido positivo. Si las normas especiales no previeran un plazo determinado para el pronunciamiento, éste no podrá exceder de SESENTA días. Vencido el plazo que corresponda, el interesado requerirá pronto despacho y si transcurrieren otros TREINTA días sin producirse dicha resolución, se considerará que hay silencio de la Administración".

Administración] un pronunciamiento concreto"; ni que el artículo 28 de esa ley 19.549 legitima para el amparo por mora a quien "fuere parte en un expediente administrativo",[37] es decir, a quien invoque un derecho subjetivo o un interés legítimo (art. 3, decreto 1759/72).[38]

En suma, y como lo decía Muñoz —hace años— al analizar la inactividad de la Administración, "la existencia de intereses jurídicamente protegidos sigue siendo la pieza clave para exigir conductas activas de la Administración";[39] entre ellas, un pronunciamiento expreso.

5.b Los deberes del particular en el procedimiento administrativo

Con relación al deber de resolver de la Administración y al derecho del particular a obtener una "resolución expresa", podemos hacer algunas precisiones más: aun cuando intervenga en el procedimiento administrativo quien está debidamente legitimado por ser titular de un derecho subjetivo, o de un interés legítimo, colectivo o difuso, estimamos que igualmente puede no existir el deber de resolver cuando el particular viola los "deberes" (algunos de ellos Fundamentales) a que está sometido en el procedimiento administrativo.

Como alguna vez lo hemos señalado,[40] de todas las situaciones jurídicas subjetivas la del deber es la menos explorada y la más problemática.

A pesar de que "no hay derecho sin deber" (Kelsen), a la figura del "deber" no le fue tan bien como a la del "derecho"; el deber no es querido por nadie: como dice el moralista australiano Mackie —quien

---

[37] Artículo 28, ley 19.549: "El que fuere parte en un expediente administrativo podrá solicitar judicialmente se libre orden de pronto despacho. Dicha orden será procedente cuando la autoridad administrativa hubiere dejado vencer los plazos fijados y en caso de no existir éstos, si hubiere transcurrido un plazo que excediere de lo razonable sin emitir el dictamen o la resolución de mero trámite o de fondo que requiera el interesado. Presentado el petitorio, el juez se expedirá sobre su procedencia, teniendo en cuenta las circunstancias del caso, y si lo estimare pertinente requerirá a la autoridad administrativa interviniente que, en el plazo que le fije, informe sobre las causas de la demora aducida. La decisión del juez será inapelable. Contestado el requerimiento o vencido el plazo sin que se lo hubiere evacuado, se resolverá lo pertinente acerca de la mora, librando la orden si correspondiere para que la autoridad administrativa responsable despache las actuaciones en el plazo prudencial que se establezca según la naturaleza y complejidad del dictamen o trámites pendientes".

[38] IVANEGA, Miriam Mabel. Algunas cuestiones sobre el amparo por mora. In: *Derecho procesal administrativo*. Tomo 2. Buenos Aires: Hammurabi, 2004, p. 1681.

[39] MUÑOZ, Guillermo Andrés. Inmunidad del poder: la inactividad administrativa. In: Carlos Manuel Grecco; Guillermo Andrés Muñoz. *Fragmentos...*, op. cit., p. 679.

[40] LISA, Federico José. La Responsabilidad hacia la Administración Pública: Responsabilidad y Deberes Públicos. *Revista de Derecho de la Facultad de Derecho de la Universidad de Montevideo*, Montevideo, Año VII (2008), — nº 13, p. 43-52.

cuestiona la correlatividad entre los derechos y los deberes-, mientras "los derechos son algo que uno puede muy bien desear tener; *los deberes son fastidiosos*".[41]

En similar sentido, García Maynez reconoce que "a pesar de que las nociones de deber y derecho poseen la misma importancia, los juristas, con muy raras excepciones, han descuidado por completo el análisis del primero de dichos conceptos, para dedicarse, casi exclusivamente, a investigar la esencia del segundo".[42]

Pero a pesar de esa escasa dedicación y poco atractivo, debemos asumir que los seres humanos no sólo somos titulares de derechos, prerrogativas, facultades, poderes, etc., sino también titulares de un conjunto de deberes jurídicos: hacia nosotros mismos; hacia otros particulares; hacia la comunidad y hacia el Estado. Y que ellos están tan "inseparablemente unidos en la persona que los posee" como los derechos naturales.[43]

Entre estos deberes, están lo que se conocen como "deberes públicos", es decir, los que se corresponden con el sistema de potestades administrativas, y cuyo incumplimiento puede suscitar responsabilidad hacia la Administración Pública.[44]

Pues bien, existen deberes públicos que encuentran en el procedimiento administrativo su terreno más fértil.

Así lo ha entendido, evidentemente, el legislador brasileño.

En efecto, de conformidad al artículo 4 de la ley federal 9784 son deberes del administrado ante la Administración, sin perjuicio de otros establecidos en acto normativo: I – explicar los hechos conforme a la verdad; II – proceder con lealtad, urbanidad y buena fe; III – no actuar de modo temerario; IV – proporcionar las informaciones que le sean solicitadas y colaborar para el esclarecimiento de los hechos.

Se trata de "deberes públicos" de indudable contenido moral y que derivan de Deberes Humanos más generales, como son —entre algunos otros— el "deber de convivencia"[45] y el "deber de obedecer la

---

[41] Citado por MASSINI CORREAS, Carlos I. *Filosofía del Derecho. El Derecho y los Derechos Humanos*, Buenos Aires: Abeledo-Perrot, 1994, p. 77 (el subrayado no es el del texto).

[42] GARCÍA MAYNEZ, Eduardo. *Introducción al Estudio del Derecho*. 21. ed. México: Porrúa S.A., 1973, p. 259.

[43] Como lo ha expresado el Papa Juan XXIII: "los derechos naturales [...] están inseparablemente unidos en la persona que los posee con otros tantos deberes" (Encíclica *Pacem in terris*, nº 29).

[44] GARRIDO FALLA, Fernando; PALOMAR OLMEDA, Alberto; LOSADA GONZÁLEZ, Herminio. *Tratado de Derecho Administrativo*. 14. ed. v. I: Parte General. Madrid: Tecnos, 2005, p. 532.

[45] La Declaración Universal de los Derechos del Hombre (DUDH) establece que "todos los seres humanos nacen libres e iguales en dignidad y derechos y, dotados como están de

ley",[46] y que presentan al "administrado" (ciudadano) en el procedimiento administrativo como lo que en verdad es: un "colaborador" de la Administración según lo proclaman invariablemente la doctrina y la jurisprudencia—.

Pues bien, el incumplimiento de estos deberes hasta podría cancelar —a nuestro modo de ver— el derecho a obtener una decisión expresa, justificando por ende el silencio administrativo.

Desde luego, deben también computarse las normas constitucionales, legales y reglamentarias que, con carácter general, regulan las presentaciones administrativas, y, en su caso, la observancia por el interesado de los trámites legalmente previstos.

En ese orden, señalamos que, sin perjuicio de la aplicación de los principios de la tutela administrativa efectiva, la atenuación del rigor formal, la oficialidad y la búsqueda de la verdad real, la Administración "no se encuentra obligada a dictar resolución expresa sino cuando se han verificado los procedimientos esenciales y sustanciales establecidos o los que resulten implícitos del ordenamiento jurídico";[47] y, como vimos, sin deber de resolver no hay silencio administrativo.

Por último, recordamos que el artículo 24 de la Declaración Americana de los Derechos y Deberes del Hombre, al consagrar el derecho de petición, lo hace respecto de "peticiones *respetuosas*": por ende, las faltas al respeto —al igual que el absurdo— pueden también justificar el silencio administrativo.

6 Algunas reflexiones

La técnica del silencio administrativo, y el otorgamiento —por el ordenamiento jurídico— de "signos" al silencio (ya negativo, ya positivo) ha

---

razón y conciencia, *deben comportarse fraternalmente los unos con los otros*" (art. 1). Por su parte, la Declaración Americana de los Derechos y Deberes del Hombre (DADDH) dispone que "toda persona tiene el *deber de convivir con las demás de manera que todas y cada una puedan formar y desenvolver integralmente su personalidad*" (art. 29).

[46] El artículo 33 de la Declaración Americana de los Derechos y Deberes del Hombre (DADDH) establece que "toda persona tiene el deber de obedecer a la ley y demás mandamientos legítimos de las autoridades de su país y de aquel en que se encuentre". Se trata del principio de legalidad o juridicidad, tan estudiado respecto del Estado en general y la Administración en especial, pero tan olvidado respecto de nosotros particulares.

[47] GRECCO, Carlos M. *Disciplina...*, cit., ps. 283 y 284. Aunque el autor así lo afirma para el silencio estimatorio, consideramos que igualmente son trasladables al silencio negativo; de hecho, las normas en las que se funda son las generales sobre el procedimiento administrativo.

venido a solucionar algunos problemas, pero no el problema mismo de la "inactividad administrativa", para lo cual hay que comenzar por "mejorar los medios humanos y materiales con que cuenta la Administración".[48]

Pero, por otro lado, también podemos empezar por mejorar nuestra calidad de "administrados" (ciudadanos); después de todo, es de entre nosotros de donde surgen los "administradores".

En esa dirección, es tan claro que no se puede construir una democracia desde el silencio como lo es que tampoco se la puede construir desde el incumplimiento de los Deberes Fundamentales del ciudadano. Así, porque no hay democracia sin libertad, y porque la libertad, como lo ha dicho Albert Camus, "no está hecha de privilegios, sino que está hecha sobre todo de deberes".

Es por eso que desde las Cátedras que integran esta feliz iniciativa que es la "red docente" de Derecho Administrativo, debemos insistir, por ejemplo, en el principio de "Buena Administración", entronizado como Derecho Fundamental en el espacio europeo, pero también podemos comenzar a pensar en el principio del "Buen Administrado" (ciudadano) y erigirlo también como un Deber Fundamental.

Sin dudas que las Cátedras de Derecho Administrativo, tanto las de grado como las de postgrado, nos dan esta formidable e imperdible oportunidad de formar buenos ciudadanos y buenos administradores y servidores públicos, no sólo desde el conocimiento de los derechos sino también desde el conocimiento y práctica de los deberes en general y de los "deberes públicos" en particular.

Tal podría ser, conforme al lema de este Congreso, una "nueva perspectiva para el desarrollo económico y socioambiental".

Informação bibliográfica deste capítulo, conforme a NBR 6023:2002 da Associação Brasileira de Normas Técnicas (ABNT):

LISA, Federico José. El Silencio de la Administración en el Procedimiento Administrativo. *In*: BACELLAR FILHO, Romeu Felipe; GABARDO, Emerson; HACHEM, Daniel Wunder (Coord.). *Globalização, direitos fundamentais e direito administrativo*: novas perspectivas para o desenvolvimento econômico e socioambiental: Anais do I Congresso da Rede Docente Eurolatinoamericana de Direito Administrativo. Belo Horizonte: Fórum, 2011. p. 189-206. ISBN 978-85-7700-501-7.

---

[48] CASSAGNE, Juan Carlos. *Las vicisitudes...*, op. y loc cit.

DEMOCRACIA, DERECHOS FUNDAMENTALES Y PROCESO ADMINISTRATIVO*

ENRIQUE OMAR ARAGÓN

1 Conceptos y condiciones de partida

Me permitirán comenzar señalando algunas condiciones previas, o al menos formular algunas precisiones en comienzo de mi exposición. Ellas aunque insumen una parte del tiempo asignado tienen la valía de permitir ubicarnos en el punto de argumentación y comprender en cierto modo el ideario que guiará una exposición. Con esta precisión, se me permitirá también señalar que no habrán de escuchar una exposición ideológicamente aséptica, ni el derecho público lo es, ni los tiempos que corren permiten un privilegio tal.

Se nos ha planteado como eje del panel a los Derechos Fundamentales y al proceso administrativo democrático. Y desde esta temática podríamos aventurar o bien que el Derecho Administrativo debe

---

* Ponencia presentada en el I CONGRESSO DA REDE DOCENTE EUROLATINOAMERI-CANA DE DIREITO ADMINISTRATIVO, en el panel: "Desenvolvimento urbano e o direito fundamental à cidade", a las 20h del día 22.02.2011, en la Pontifícia Universidade Católica do Paraná.

ser democrático para ser respetuoso de los Derechos Fundamentales, o bien que los derechos humanos pueden contribuir a democratizar al Derecho Administrativo, o bien, que el Derecho Administrativo democrático puede ser una garantía de desarrollo y respeto de los Derechos Fundamentales. Creo que las tres afirmaciones son posibles

Tres términos esenciales se presentan entonces en el tema a desarrollar, tres conceptos que invaden una parte importante de la ciencia, no sólo jurídica de nuestros días: el de "Derechos Fundamentales", el de "Democracia" y el de "Proceso Administrativo".

Y si bien podría parecer una falta de respeto avanzar en la delineación aunque más no sea general de esos conceptos dado la formación de los oyentes, sin embargo, tratándose, fundamentalmente el segundo de un concepto de contenido variable según la posición o ideología desde la cual se analice las precisiones se hacen necesarias previo a consideraciones técnicas.

Permítanme desde ya una digresión no se trata de que el Derecho Administrativo no sea democrático, sino de que una parte importante de él ha sido construido sobre la base de un concepto limitativo de democracia que creo debemos revisar. Este proceso no sólo ha sido fortalecido por las ideologías dominantes y el sistema jurídico por ellas creado, sino también muchas veces incentivado hasta extremos impensables por una burocracia estatal que en muchas ocasiones olvidó la noción de servicio propia de su existencia y atesoró las estructuras y bienes estatales como si fueran una pertenencia de la que había que mantener fuera a los ciudadanos.

Quizás uno de los principales cambios que debamos realizar en el Derecho Administrativo es encontrar el modo de recuperar, incentivar y fortalecer la idea del servicio como fundamento de la intervención de las burocracias estatales, un cambio por cierto que es más cultural que jurídico.

Siguiendo con las precisiones parece imprescindible recordar que la democracia no constituye un tipo de estado sino más un tipo de régimen de gobierno del Estado,[1] que en nuestro continente fruto de las ideologías dominantes se gestó y consolidó bajo el modelo de la democracia representativa. En ese modelo al pueblo en cuyo seno reside el poder se asignó el rol pasivo de elegir representantes a través de los

---

[1] STRASSER, Carlos. *Algunas precisiones (y perspectivas) sobre equidad, democracia y gobernabilidad a principios del siglo XXI*. Ponencia presentada en la Conferencia Internacional sobre Crisis Política, Democracia, equidad y gobernabilidad, Universidad Iberoamericana de Santo Domingo, República Dominicana, Noviembre de 2004. Disponible en: http://www.clacso.org.ar/biblioteca.

cuales ejerce el gobierno. Ejecutivos que asumen predominantemente la realización de la función administrativa, parlamentarios conformando parlamentos, congresos o legislaturas que asumen preponderantemente la función legislativa. La expresión preponderante no es caprichosa, la realidad en la conformación de los sistemas políticos demuestran que unos y otros asumen también aunque limitadamente las otras funciones en que se organiza el poder del estado, y en nuestra materia esta circunstancia asume trascendencia porque una parte importante del ordenamiento que regula y ordena la vida de los ciudadanos y habitantes de nuestros países no se origina en el poder preponderantemente legislativo, contrariamente gran parte del ordenamiento nace en el seno de los ejecutivos y conforma parte importante del por nuestros días cada vez más ramificado y hasta exhaustivo Derecho Administrativo. Ya volveré sobre este aspecto.

Retornando a la democracia como régimen político estimo importante señalar que en los distintos momentos históricos este modelo ha sido asimilado con distintos valores o intereses. En las postrimerías de los setenta y aún en los ochenta la sobrepoblación de dictaduras militares o cívico militares, la democracia fue asimilada al recupero del derecho a elegir y al recupero de la libertad y del respeto a los Derechos Fundamentales identificados en esta época casi exclusivamente con el respeto a la vida y dignidad de las personas ello fundado en el conocimiento de las atrocidades cometidas durante el interregno histórico anterior. Democracia fue entonces asimilada a estado de derecho.

Ahora bien, en este particular momento histórico la democracia tiene o debe tener a mi criterio un contenido diverso. Ello ante todo porque ni siquiera el Estado de Derecho está en vigencia para la población entera, porque como se ha señalado el goce o el ejercicio efectivo de los derechos disminuye a medida que bajamos la pirámide estratificacional internacional o nacional, en esa cuesta abajo se va de menos, a menos, a menos, y que implica para muchos exclusión de todo, salud, empleo, ingreso, alimentación, vestido, techo, servicios públicos, educación, protección del estado, posibilidad de justicia, y así sucesivamente. Si no fuese trágico, podríamos decir que ya aburre notarlo. Es sólo que esta realidad en carne viva, y la misma indiferencia e insensibilidad de demasiada gente que si puede ejercer y disfrutar de aquellos derechos, exigen la reiteración una y otra vez.[2]

La democracia de nuestros días exige inclusión. Y esa inclusión no es sólo económica y social, por que la exclusión tampoco lo es sólo

---

[2] STRASSER, C., *Op. cit.*

de ese tipo. La exclusión, además de privar de bienes económicos y sociales en el sentido de los necesarios para la satisfacción de ese tipo de necesidades, priva de otros bienes también trascendentes. Hay exclusión, cultural, religiosa, étnica, sexual, de género. Hay exclusión de la diversidad sólo porque es diversa y porque los discursos hegemónicos pretenden una homogeneidad que no sólo contradice la realidad que nos circunda, sino y esto creo es lo más terrible, porque contradice la realidad que ellos mismos generan.

Y bajo esta perspectiva, es preciso continuar repensando el funcionamiento del Derecho Administrativo para dotarlo de herramientas que permitan avanzar hacia la inclusión y alcanzar una verdadera democracia, lo cual requiere en primer lugar la inclusión en los procedimientos administrativos de modo de que los propios sectores excluidos sean partícipes y artífices de las decisiones públicas que les atañen, y por que no, sean partícipes y artífices de la creación de las normas que luego regulan —mediante ampliación o reducción— el ejercicio de sus derechos.

Creo que podemos aquí enumerar algunas técnicas, métodos o modos, aunque luego pueden convertirse en derechos y a partir de ello gozar de acción para exigir su reconocimiento,[3] a saber: a) el acceso a la información; b) modificación de dinámicas y procedimientos en relación a los presupuestos públicos; c) la participación ciudadana en la definición de los planes, gestión y control de prestación de servicios públicos y d) la participación ciudadana en la formación de normas.

2 El acceso a la información

Mencioné en primer lugar el acceso a la información, ese orden no es casual, y no lo es por dos razones, la primera porque es una condición para la realización y viabilidad de todas las otras técnicas y el ejercicio de los derechos, sino además porque goza ya de un rango distinto, pues se le ha reconocido el carácter de Derecho Fundamental.

Lo primero porque sin una adecuada información no es posible no sólo que las técnicas que mencioné puedan ser utilizadas racionalmente, sino porque no es posible ejercer el universo de derechos reconocidos a los ciudadanos sin una adecuada información.

Lo segundo, porque el derecho de acceso a la información ha sido ya definido en el ámbito interamericano por la Corte Interamericana

---

[3] CORTI, Horacio G. *Derecho Constitucional Presupuestario*. Buenos Aires: Lexis Nexis, 2007, p. 380.

como un "derecho". Más aún fue el primer tribunal internacional en precisar y delinear el Derecho de Acceso a la Información como un "Derecho Humano", con el ingrediente no menor de que se trata de un derecho no enunciado expresamente en el catálogo de derechos como un derecho autónomo, sino comprendido como faceta o contenido del derecho de libre expresión. Fue en la causa "Claude Reyes",[4] aunque antes, cabe señalarlo, ya había efectuado referencias o aplicaciones tangenciales en que se arribó a esa conclusión. También debo señalar que al igual que la Convención Americana,[5] otros instrumentos internacionales de Derechos Humanos comprenden al acceso a la información dentro del Derecho a la Libre Expresión, así la Declaración Universal de Derechos Humanos,[6] y el Pacto de Derechos Civiles y Políticos.[7]

También es preciso tener inconsideración que el acceso a la información como autónomo ha sido mencionado en un número importante de instrumentos internacionales, así la Declaración de Nuevo León (2004),[8] el Código Iberoamericano de Buen Gobierno adoptado por los Jefes de Estado en la XVI Cumbre Iberoamericana (2006),[9] la Convención de la ONU de Lucha contra la Corrupción,[10] la Carta

---

[4] La Corte parte del principio de la publicidad y exige tres condiciones acumulativas para posibilitar la denegación total o parcial de ejercicio: 1) deben estar previamente fijadas por ley; 2) debe obedecer a un objetivo permitido por la Convención (respeto a los derechos o la reputación de otros o la protección de la seguridad nacional, el orden público o la salud y moral pública. El secreto sólo puede justificarse por un fin público, y, 3) deben ser las necesarias para una sociedad democrática, es decir, orientadas a satisfacer un interés público imperativo y además debe escogerse aquella que afecte en menor escala el derecho protegido

[5] Convención Americana sobre Derechos Humanos, Artículo 13 inciso 1.

[6] Declaración Universal de los Derechos Humanos, Artículo 19.

[7] Pacto Internacional de Derechos Civiles y Políticos, Artículo 19, Inciso 2.

[8] Se alude allí a la necesidad de asegurar el acceso a la información en poder del Estado, con el debido respeto a las normas constitucionales y legales, incluidas las de privacidad y confidencialidad, señalándose que además de constituir condición indispensable para la participación ciudadana, promueve el respeto efectivo de los derechos humanos, asumiéndose el compromiso de contar con los marcos jurídicos y normativos, así como con las estructuras y condiciones necesarias para garantizar a los ciudadanos el derecho al acceso a la información.

[9] Conforme a este instrumento debe impulsarse el debate político con transparencia y destacándose la importancia de los mecanismos de información y participación en el desarrollo del debate.

[10] En su artículo 10, bajo el título Información pública establece que cada estado de conformidad con los principios fundamentales de su derecho interno, adoptará las medidas que sean necesarias para aumentar la transparencia [...] Esas medidas podrán incluir, entre otras cosas: a) La instauración de procedimientos o reglamentaciones que permitan al público en general obtener, cuando proceda, información sobre la organización, el funcionamiento y los procesos de adopción de decisiones de su administración pública y, con el debido respeto a la protección de la intimidad y de los datos personales, sobre las decisiones y actos jurídicos que incumban al público.

Iberoamericana de Calidad en la Gestión Pública (2008),[11] y finalmente, la Carta Iberoamericana de Participación Ciudadana en la Gestión Pública (2009).[12]

Se trata sin embargo todos los casos de instrumentos ninguno de los cuales en principio cuenta con jerarquía normativa para engendrar directamente un derecho, pues en general no distan de ser compromisos o declaraciones en el sentido de incorporar o regular ese derecho en el ámbito de los países signatarios

No obstante la sola autoridad de la interpretación de la Corte Interamericana en el caso "Claude Reyes", permite ya entender en el ámbito de los países que tienen incorporado ese convenio que el acceso a la información constituye un derecho, a lo cual hay que agregarle los frutos nacionales del resto de los instrumentos internacionales, es decir, las normativas nacionales que van incorporando el acceso a la información como derecho.

Pero no podemos obviar que el respeto al acceso a la información acarrea conflictos si se me permite la expresión, culturales. Es que el acceso libre a la información pareciera colisionar con una concepción clásica del procedimiento administrativo y del modo de actuar de la Administración —un coto cerrado a la participación de la burocracia administrativa o de los órganos gubernativos— y desde esta perspectiva el ejercicio del derecho puede verse como algo "molesto" capaz de obstaculizar el funcionamiento cerrado de la dinámica administrativa.

Sin embargo, éste integra ya el catálogo de derechos y si no lo integra todavía debe bregarse para ello, por lo único camino es el de hallar mecanismo que permitan conciliar los intereses privados y públicos, siempre sin olvidar que el norte de regulación e interpretación debe estar dado por la idea de que el acceso a la información es en sí mismo un interés público.

En verdad aunque consagrado ahora como Derecho Humano el acceso a la información tiene una faceta o cariz público trascendental vinculado a la organización de una sociedad democrática y a la realización del principio de publicidad de los actos de gobierno.[13] Hace

---

[11] Refiere a la solicitud y obtención de información pública, la participación en el diseño y formulación de servicios públicos, políticas públicas y mejoramiento en la calidad de la gestión pública.

[12] Recomienda la adopción de medios que permitan, entre otros: 1) conocer los derechos de participación en la administración pública.; 2) acceso a información pública.

[13] El principio de publicidad se encuentra sustento normativo en diversos artículos de la constitución, GELLI, María Angélica. *Constitución de la Nación Argentina, Comentada y concordada*. 2. ed. Buenos Aires: Editorial La Ley, 2003, p. 23.

no sólo a los individuos como tales, sino especialmente a su participación en los asuntos públicos para asegurar el sostenimiento de la república y la realización de una democracia auténtica y real, porque sólo con información fidedigna será posible romper las vallas de la exclusión y permitir el adecuado ejercicio del resto de derechos reconocidos, gozando de la particularidad de debilitar la línea divisoria entre gobernantes y gobernados.[14]

Pero quiero hacer una última y especial mención y se relaciona con la necesidad de avanzar aún más en la definición del acceso a la información. Como podrán haber vacilado me he referido a acceso a la información sin efectuar calificativo, es hora de hacerlo.

Ello ha sido intencional porque he querido reservar para un último comentario la necesidad de que la "información" a la cual se goza del derecho a acceder sea calificada no por la naturaleza del sujeto que la posee (desde esta perspectiva si la llamamos información pública sería tal por un criterio subjetivo aquella que se encuentra en poder de entes públicos), sino desde el interés que ella pueda representar para la ciudadanía en relación al ejercicio de derechos individuales o colectivos, razón por la cual entiendo que en realidad deberíamos hablar de un acceso a la información de interés general, de modo de aprehender dentro de su ámbito de aplicación también la información que poseen sujetos privados o corporaciones.

Creo que no es necesario referir a la trascendencia que algunos entes privados o corporativos tienen en nuestra realidad y la utilidad y valor que puede tener para la ciudadanía el acceso a información que ellos puedan poseer. Contraponer la ciudadanía al Estado, o si se quiere pensar que toda la información trascendente para el ejercicio de derechos por los ciudadanos se encuentra en manos estatales, implicaría al menos desdeñar las profusas estructuras corporativas —en el sentido más amplio de la expresión— que abundan en nuestros días.

---

[14] BASTONS, Jorge. Panorama del Derecho de Acceso a la Información pública en el derecho comparado. *Revista Información Pública*, v. IV, nº 1, Escuela de Periodismo, Universidad Santo Tomás, Santiago de Chile, 2006, p. 103-123.

3 Modificación de reglas en materia elaboración, ejecución, modificación de los presupuestos públicos

Aunque pueda parecer innecesario, debemos recordar la trascendencia que los recursos tienen en la dinámica diaria de la vida de las personas y también de los Estados. De su posesión, falta de ella o de los modos de distribución depende la inclusión o la exclusión de las personas. La enfermedad se combate con servicios de salud, el hambre con alimentos, el analfabetismo con educación formal, pero todos ellos requieren recursos y, si los ciudadanos carecen de ellos en razón de las matrices de distribución —tema que excedería en mucho esta exposición— y la salud, la alimentación, la educación y muchos otros son Derechos Fundamentales de los individuos, entonces corresponde al Estado asegurar el disfrute de esos derechos mediante el acceso a los bienes necesarios a través de la implementación de las políticas públicas correspondientes, para lo cual vuelven a necesitarse recursos que se organizan y disciplinan en su recaudación e inversión a través de los presupuestos públicos. Utilizó el término inversión en contraposición al conocido de "gasto" no sólo porque casi invariablemente ha sido asociado al "lastre", como si la inversión en aquellos ámbitos mereciera esa calificación, sino por el contenido ideológico hegemónico que en nuestros países ha tenido ese concepto y por la contribución a la exclusión que los planes asociados a la supuesta "necesidad de su contención" han tenido en relación al goce de Derechos Fundamentales, principal, pero no únicamente en relación a los derechos sociales.

Si mediante el presupuesto público se organizan la recaudación e inversión de los recursos a través de los cuales se organizan las políticas públicas tendentes a garantizar el goce de derechos sociales y económicos, pareciera casi elemental que los interesados o destinatarios debieran poder participar no sólo en la determinación de esas políticas, sino además ejercer un adecuado control de la inversión y de las modificaciones en las cuentas originarias para evitar que los recursos puedan ser dirigidos a otros fines o políticas públicas diversas.

No se trata de que en los modelos tradicionales de democracia representativa ello no ocurra, sino que ocurre con un grado de inmediatez de tales características que no siempre permite reflejar la verdadera necesidad. En efecto, en esos modelos la selección de políticas públicas por el ciudadano se opera al emitir el voto y adherir mediante él a una plataforma de gobierno que luego puede ser llevada o no a la práctica, luego la elaboración de los presupuestos de recursos para hacerlo, su aprobación e incluso el control de su ejecución descansa en los representantes elegidos y el único medio generalmente reconocido a los ciudadanos es la espera del cumplimiento del ciclo gubernativo para ejercer nuevamente el derecho de votar.

Parece adecuado una democratización que haga descender al menos en un grado algunas de las instancias vinculadas a la definición de las políticas públicas y su presupuestación para ponerlas en contacto con los ciudadanos.

Ello puede lograrse en la etapa de definición a través de la técnica del Presupuesto Participativo, acompañada de una modificación de las reglas técnicas de exposición de los presupuestos públicos, especialmente, de las reglas de exposición de la ejecución presupuestaria y de las modificaciones al presupuesto aprobado. Veamos someramente algunos de estos aspectos.

Con respecto a la utilización de la técnica de los Presupuestos Participativos, no tendría el atrevimiento de venir a hablar a su cuna acerca de sus características y diseño. No obstante me permitirán algunos comentarios para encuadrarlos dentro del planteo general que les he propuesto, especialmente para referir a algunas conclusiones ya publicadas que permiten confirmar que se trata de una técnica apta para la democratización y especialmente para favorecer la inclusión de sectores postergados.[15]

La trascendencia de la utilización de la técnica del Presupuesto Participativo desde la perspectiva que vengo planteando se relaciona fundamentalmente con un cambio en el paradigma de la democracia representativa porque la participación del ciudadano rompe el ciclo clásico de participación exclusiva en el acto de votar para elegir al Ejecutivo o al Parlamento, decidiendo las prioridades de inversión. El

---

[15] AVILEZ JIMÉNEZ, Francisco Javier. Técnica de organización de los presupuestos participativos. *Revista Temas para el Debate*, nº 113, p. 45-48, abril de 2004; BLOJ, Cristina. Investigación social y políticas públicas: un binomio polémico. In: María Nieves Rico y Flavia Marco. *Mujer y empleo*. Reforma de la salud en la Argentina. Buenos Aires: Siglo XXI Argentina Editores/CEPAL, 2006; BLOJ, Cristina. *Ciudadanía, experiencias deliberativas y nuevas subjetividades políticas en la argentina post crisis del 2001*: asambleas barriales y presupuestos participativos. Tesis doctoral. Madrid: Universidad Complutense de Madrid (IUIOG), 2008; CABANNES, Yves. *27 respuestas a preguntas frecuentes sobre presupuestos participativos municipales. Qué es y cómo se hace el presupuesto participativo*. Quito: Urban Governance Toolkit Series, Banco Mundial and United Nations Settlements Programme (UNHABITAT), 2007; GOLDFRANK, Benjamín. Los procesos de presupuesto participativo en América Latina: éxito, fracaso y cambio. *Revista de Ciencia Política*, v. 26, nº 2, 2006, p. 3-28; MUNICIPALIDAD DE ROSARIO. *El presupuesto participativo en Rosario. Una apuesta renovada al experimentalismo democrático*. Secretaría General Proyecto URBAL B, Red 9, 2009; NUNES, Luis. Participación ciudadana y construcción de la democracia en América Latina: el caso Venezuela. In: *La participación ciudadana y la construcción de la democracia en América Latina*. Perú: Grupo Propuesta Ciudadana, 2004, p. 119-142.

ciudadano deja de ser un coadyuvante de la política tradicional y se convierte en un protagonista permanente de la gestión pública.[16]

Claro esta técnica al ser utilizada exclusivamente en el ámbito local relaciona la participación con un universo limitado de las políticas y los recursos, por lo que su contenido esencialmente democrático y participativo requiere de una decidida acción en pos de la descentralización y la asignación de mayores recursos a los gobiernos que se encuentren en mayor contacto con la población.

La democratización es cierta en tanto se acompañe con un decidido proceso de asignación de cometidos a los municipios y de asignación de mayores recursos en ellos, de lo contrario de subsistir políticas centrales que concentran los grandes caudales de recursos en los gobiernos centrales, la técnica no dista de ser una teorización al menos en cuanto resultados efectivos en el cambio de vida de los ciudadanos.

Poco más de dos décadas de utilización de la técnica del presupuesto participativo han permitido ya la elaboración de conclusiones en torno al análisis de experiencias en varios países americanos y europeos. De estudios realizados en treinta ciudades en América Latina y Europa se afirma que: representa entre el 2 y el 10 % del presupuesto municipal ejecutado, ha permitido dar pasos en el control social del presupuesto, contribuyó a un aumento de la recaudación fiscal y disminución de la morosidad y presenta una importante tasa de participación ciudadana en relación a la población total (hasta un 7%), además, y esto me parece trascendental de que demuestra una clara inversión o direccionamiento hacia sectores más vulnerables y hacia los sectores rurales.[17]

Además de lo señalado se han elaborado otras conclusiones que permiten considerar a la técnica de los Presupuestos Participativos como una técnica adecuada en orden a la democratización en el sentido de contribuir a la inclusión y a la garantía del goce efectivo de los derechos sociales.

Este nuevo modelo de determinación de objetivos públicos, de fijación deliberativa de políticas públicas ha permitido redirigir recursos públicos hacia los sectores más pobres.[18]

---

[16] GENRO, Tarso; SOUZA, Ubiratan, U. *Orçamento participativo: a experiencia de Porto Alegre*. São Paulo: Fundação Perseu Abramo, 1997, p. 123.

[17] CABANNES, Yves. *Presupuesto participativo y Finanzas locales*. Segunda versión ampliada. A. Municipal de Porto Alegre, Brasil, RED URBAL nº 9.

[18] MARQUETTI, Adamir. Democracia, equidade e eficiência: o caso do ornamento participativo em Porto Alegre. In: Joao Verle; Luciano Brunet. *Construindo um novo mundo:*

Esta redirección de los recursos públicos ha repercutido casi directamente en una extensión de la prestación de los servicios públicos,[19] contribuyendo de esa manera a disminuir niveles de exclusión. Pero no sólo desde la perspectiva de la mejora en el goce de los derechos de sectores excluidos la técnica de los Presupuestos Participativos ha resultado beneficiosa, sino que también lo ha sido desde la perspectiva de mejoramiento de funcionamiento de los estados y del compromiso de los ciudadanos con respecto a ellos. En efecto, la utilización de la técnica ha contribuido a incrementar la transparencia en el funcionamiento de los órganos estatales[20] y además ha beneficiado la recaudación fiscal aumentándola y bajando lo índices de morosidad.[21]

Finalmente la utilización de los Presupuestos Participativos tiene efectos beneficiosos en relación a la propia democratización de la sociedad civil en razón de que al incentivar la participación democratizan las organizaciones civiles existentes e incentivan la creación de nuevas,[22] ello principalmente en los modelos que utilizan sistemas asociativos o mixtos.

También dentro de este aspecto creo que es preciso superar la utilización de modos de exposición de los presupuestos públicos que impiden un verdadero acceso y conocimiento por la sociedad en general.

Con frecuencia solemos escuchar algún gobernante jactarse de que en cumplimiento de la obligación de brindar información activa publica en la página web el presupuesto y su ejecución. Y es cierto. Entramos a nuestra PC chiqueamos la pagina, el link y se despliega la información. El problema es cuantas personas pueden leerla y comprenderla.

Llevo ya algunos cuantos años en el ámbito de la Administración y puedo asegurarles que pocas materias resultan tan difíciles de comprender como las vinculadas al presupuesto, mucho más si se trata de exponer su ejecución, y aún todavía más si se trata de modificaciones. En verdad sólo algunos pocos especialistas y técnicos en la Administración pueden comprender la temática, mucho más difícil será para el humilde

---

avaliação da experiência do orçamento participativo em Porto Alegre. Porto Alegre: Guayí, 2002, p. 210-232.

[19] SOUZA SANTOS, Boaventura de. Participatory budgeting in Porto Alegre: Howard a redistributive democracy. *Politics y Society* 26 (4), 1998, p. 461-610.

[20] GOLDFRANK, B. *Op. cit.*

[21] CABANNES, Yves. *27 respuestas...*, *Op. cit.*

[22] BAIOCCHI, Gianpaolo. Participation, Activism, and politics: the Porto Alegre experiment and deliberative democratic theory. *Politics y Society* 29 (1), 2001, p. 43-72.

ciudadano que pretende conocer como fueron invertidos los recursos que en principio habían sido destinados en el proyecto general a la realización de determinado cometido, por lo cual estimo que la modificación de estas reglas es un aspecto central en orden a la democratización.

4 Participación ciudadana en la planificación, dirección y control de prestación de servicios públicos

En lo que respecta a la participación ciudadana en la planificación, dirección y control de los servicios públicos, estimo necesario también algunas aclaraciones previas a los fines de exponer distintos supuestos y por ende distintas posibilidades de participación.

En primer lugar recordar que si hablamos de servicios públicos deberíamos recordar que hay tantos conceptos o definiciones como autores han escrito sobre el tema, por lo cual soslayaré esa problemática. Asumiré que la noción pervive pese a tantos anuncios de muerte que sobre ella hemos escuchado y ceñiré la exposición sólo a los denominados servicios públicos domiciliarios que como sabemos su goce o falta de él es en las grandes ciudades latinoamericanas un factor que coadyuva de modo decisivo a los grados de exclusión. Recordaré especialmente a los fines del objetivo de esta exposición que como enseñaba el Profesor Salomoni los servicios públicos constituyen una técnica de igualación social y de ahí su importancia a los fines de favorecer la inclusión.[23]

A los fines de analizar la posibilidad de participación de los ciudadanos creo que es necesario distinguir según los servicios sean prestados por órganos administrativos, por organismos administrativos (personas jurídicas públicas prestadoras) o por particulares a través de concesiones del poder público. Según sean estas posibilidades se presentan distintos grados de posibles participaciones.

Así frente a la prestación del servicio por órganos administrativos resulta delicada la posibilidad de incorporar la participación ciudadana atento a la organización burocrática y la dificultad de incorporar a ella a los particulares. La situación puede presentar un grado de complejidad menor si la prestación se realiza a través de personas públicas, pues puede resultar de un nivel de complicación menor la integración de representantes de los ciudadanos al órgano de dirección de la entidad atento al carácter descentralizado y a la realidad de funcionamiento de

---

[23] SALOMONI, Jorge L. *Teoría General de los Servicios Públicos*. Buenos Aires: Ad-Hoc, 1999.

estas instituciones usualmente sujetas a dinámicas diversas de las propias Administración clásica. Si el prestador es en cambio un particular la posibilidad de integración de los ciudadanos pareciera limitarse a los órganos de control encargados de la regulación del servicio.

Este último ha sido el supuesto previsto por la Constitución Argentina reformada en el año 1994 que adopta un criterio de apertura a la participación ciudadana estableciendo que la legislación deberá prever la necesaria participación de las asociaciones de consumidores y usuarios en los organismos de control,[24] sin formular precisiones no obstante acerca de prestadores públicos o privados.

Esa participación en el ámbito del control de prestación de los servicios públicos puede asumir diversas formas que van desde la organización de audiencias públicas previas a la adopción de determinadas decisiones, a la participación directa de los usuarios en los órganos de control.

El primer mecanismo de participación esta dado por la convocatoria a Audiencias Públicas y presenta algunas cuestiones previas que requieren ser atendidas para que verdaderamente se manifiesten como una forma de participación ciudadana:

1) la determinación previa a través del ordenamiento de los supuestos en que la Audiencia Pública debe ser convocada, previendo de manera expresa la sanción para el acto final dictado sin que esa audiencia se haya realizado y sin que se hayan valorado en la motivación de la decisión las propuestas en ella vertidas. Esta regulación, esencialmente, evita dejar a manos de la discrecionalidad de la burocracia definir cuando convoca o no a la audiencia pública;

2) democratización del acceso a la información, lo que implica un doble aspecto: el de la completitud e integralidad de la información a recibir por los participantes y, asimismo, el de la oportunidad con que los participantes acceden a la información necesaria. No sólo es trascendente la calidad de la información, sino el tiempo de que se dispone para su procesamiento;

3) la exigencia de que las audiencias sean convocadas con antelación suficientemente razonable para poder prepararse

---

[24] La adopción de la disposición constitucional fue precedida de un interesante debate en el seno de la Convención Constituyente acerca de los límites o extensión de la participación, ya que en tanto algunos de los despachos originales preveían una participación consultiva, el consenso se arribó hacia una fórmula que permita participación activa en la decisión de los órganos de control.

y además realizadas en lugares razonables de acuerdo a la distribución geográfica de los usuarios. Esto a colación de la experiencia argentina donde se convocaron a audiencias para la revisión de tarifas con antelación insuficiente —cuando los prestadores traían varios años trabajando la problemática con los entes reguladores— y en punto geográficas alejados de los grandes núcleos urbanos servidos;

4) un adecuado asesoramiento técnico a los participantes. En este sentido debe tenerse en cuenta que una parte importante de las cuestiones o aspectos relativos a la organización de lo servicios públicos presenta carácter de complejidad, razón por la cual la información no siempre es suficiente, sino que además se hace necesario contra con el asesoramiento técnico necesario. Si bien los usuarios organizados pueden contar con técnicos que brinden ese asesoramiento (*v.gr.* Asociaciones), difícilmente cuenten con ese asesoramiento los usuarios individuales que debería ser brindado por el ente de control o las autoridades.[25]

5) el carácter universal de la participación, participación de los ciudadanos, no de los usuarios, incorporando de alguna manera la figura del usuario potencial, es decir, aquel que no tiene acceso a los servicios públicos y por tanto no es un usuario en términos técnicos. En verdad esto constituye un elemento esencial, pues si aquellos a quienes el servicio no alcanza no pueden participar en las decisiones de decidir, por ejemplo, entre la elección entre la ampliación del sistema u otros cambios en la prestación del servicio, entonces no existe una ampliación en el ámbito de la cobertura, manteniéndose la situación de exclusión.

Un segundo nivel o modalidad de participación se manifiesta en la participación en los órganos de control, ya sea a través de un representante en los órganos directivos, ya sea a través de la creación de comisiones integradas por los usuarios que actúa asesorando. La experiencia regulatoria argentina permite vislumbrar ambos tipos de normaciones.

En el primer supuesto se puede citar como ejemplo el Ente Único Regulador de los Servicios Públicos de la Ciudad de Buenos Aires, en que uno de los integrantes del directorio debe ser "miembro de

---

[25] Algo similar a lo que ocurre en el ámbito de las Public Utilities Commissions de los Estados Unidos, donde las audiencias gozan de un importante tratamiento y donde los usuarios cuentan con asesoramiento adecuado.

organizaciones de usuarios y consumidores" y, en el mismo sentido Organismo Regulador de Aguas Bonaerense (ORAB) en el que uno de los integrantes del directorio es designado a propuesta de la asociación de consumidores y usuarios más representativa del sector. La Comisión de Usuarios del organismo regulador del servicio de agua potable y desagües (ETOSS), es un ejemplo de ámbitos en donde aparecen representadas todas las asociaciones, ampliando el nivel de representación, presentando sin embargo limitaciones en su accionar atento a que técnicamente no participa en la decisión y además porque carece de atribuciones con respecto al prestador del servicio.

Este nivel de participación presenta la problemática fundamental de trasladar al ámbito de la participación ciudadana los esquemas y problemas propios de la democracia representativa, presentándose dificultades en la determinación de los criterios para elegir y designar a los representantes, principalmente frente a realidades tan diversas y esencialmente frente a situaciones diferentes en orden al goce de los servicios públicos, esencialmente de aquellos sectores que están excluidos de su goce.

5 Participación ciudadana en procedimientos administrativos de formación de normas

Al principio de la exposición aludí a la democracia representativa y recordé que se caracterizaba como un sistema en que el pueblo titular de la soberanía no la ejercía directamente, sino que organizaba las funciones estatales asignándoselas preponderantemente a distintos departamentos. A los ejecutivos preponderantemente la función ejecutiva y a los parlamentos preponderantemente la función legislativa. También señalé que la expresión preponderante respondía a la realidad de que los sistemas políticos de organización del poder eran cada vez más demostrativos de que otros departamentos también aunque limitadamente tenían atribuidas otras funciones, especialmente en relación a la función de establecer normas generales capaces de regir la vida de los ciudadanos. Puse de resalto la circunstancia de que una parte esencial o al menos importante del ordenamiento que regula y ordena la vida de los ciudadanos y habitantes de nuestros países no se origina en el poder preponderantemente legislativo, sino en el seno de los ejecutivos y conforma parte importante del por nuestros días cada vez más ramificado y hasta exhaustivo Derecho Administrativo.

Ahora bien, tanto en la conformación de las normas legales como las normas administrativas la respuesta tradicional de la democracia representativa ha sido la de atribuir su creación en todo el proceso que va desde la ideación de la necesidad de normar hasta la aprobación de la norma como tal a los departamentos estatales. Excepcionalmente los sistemas jurídicos creados al amparo de las democracias representativas admitieron la creación de normas generales fuera de la estructura estatal a través de la admisión de la costumbre como fuente de derecho, pero ello en los límites en que ese ordenamiento lo permitía.

La participación ciudadana se limitó en este sistema a la elección de los parlamentarios y de los ejecutivos, recayendo todo el proceso de formación de normas, en ellos o en las burocracias estatales que intervinieran en los procedimientos administrativos pertinentes, principalmente en el ámbito de los ejecutivos.

La democracia y su sistema de creación jurídica casi exclusivamente en el ámbito parlamentario fue en cierto modo quebrado por la incorporación de mecanismos semidirectos, por ejemplo, a través de la regulación de la iniciativa,[26] o de las denominadas consultas populares,[27] mecanismos que sin duda representan un avance, pero de complejidad tal que sólo pueden utilizarse en supuestos excepcionales.

Es posible pensar en mecanismos más sencillos, ordinarios, habituales que permitan la participación de la ciudadanía en la creación del sistema normativo que finalmente ha de regir su vida y del cual en definitiva dependerá que les sea o no asequible el goce de sus derechos.

Desde esta perspectiva estimo que la consulta a la ciudadanía, instrumentada por ejemplo a través de Audiencias Públicas preestablecidas con antelación suficiente, con puesta a disposición de la información adecuada y asesoramiento suficiente, debería convertirse en una exigencia procedimental de validez en los procedimientos administrativos de formación de normas que vayan a emanar de los departamentos ejecutivos.

---

[26] Así el artículo 39 de la Constitución Argentina prescribe a partir de la reforma de 1994 que Los ciudadanos tienen el derecho de iniciativa para presentar proyectos de ley en la Cámara de Diputados. El Congreso deberá darles expreso tratamiento dentro del término de doce meses [...] No serán objeto de iniciativa popular los proyectos referidos a reforma constitucional, tratados internacionales, tributos, presupuesto y materia penal.

[27] El Congreso, a iniciativa de la Cámara de Diputados, prescribe el artículo 40 de la Constitución Argentina (texto 1994) podrá someter a consulta popular un proyecto de ley [...] El voto afirmativo del proyecto por el pueblo de la Nación lo convertirá en ley y su promulgación será automática. El Congreso o el presidente de la Nación, dentro de sus respectivas competencias, podrán convocar a consulta popular no vinculante. En este caso el voto no será obligatorio.

También esta solución debería adoptarse en los procedimientos administrativos previos al proceso propiamente parlamentario. Sabemos que en materia de formación de las normas legales, la voluntad legislativa propiamente dicha se forma en la etapa final de la discusión de los proyectos y que ello es precedido de procedimientos administrativos dentro de los mismos parlamentos donde debería instrumentarse la consulta y la participación popular como modo normal u ordinario.

Claro que esto puede hacer más complejos los procedimientos de formación de normas, pero sin dudas representa un avance hacia una participación más plena que no sólo permitirá una mejor tutela de las posiciones de todos los grupos interesados, sino que además contribuirá a la eficacia de la norma por el compromiso de su destinatario con el proceso de creación.

El cambio aquí, como ya lo manifesté anteriormente deberá ser cultural, no sólo jurídico, pues implicará además la asumisión por parte de los sectores que hasta ahora desempeñaron monopolio —entiéndase las burocracias estatales en los procedimientos administrativos— de la importancia de la participación pero no como un mero procedimiento, sino especialmente por la especial capacidad que los distintos sectores sociales pueden brindar acerca del conocimiento del área a regular. Solemos tener un excesivo apego a lo que podríamos denominar "educaciones formales" y un cierto desdeño a los saberes culturales, ambientales o domésticos, que debemos superar. Quien mejor que el campesino para opinar sobre la regulación del régimen de aguas, quien mejor que el trabajador migrante para opinar sobre los regímenes de migración, sin embargo, siempre preferimos escuchar sólo y casi exclusivamente al técnico.

Quiero rescatar dos momentos en la Argentina de los últimos años en que la participación ciudadana fue muy fuerte en procesos de formación de normas, legales en los dos casos, pero en todos ellos en lo que denominé procedimiento administrativo previo al parlamentario propiamente dicho.

El primer ejemplo que quiero poner de resalto es el de la denominada ley de medios,[28] que modificó la regulación de la prestación de servicios audiovisuales. El proyecto fue remitido desde el Poder Ejecutivo y discutido en foros que se realizaron en casi todo el país, luego de ello el proyecto fue enriquecido con las propuestas de los

---

[28] Ley de Servicios de Comunicación Audiovisual, Ley nº 26.522.

distintos foros y remitido al Parlamento donde antes de ser sometido a discusión se convocaron nuevamente a Audiencias Públicas. Finalmente el proyecto aprobado había recogido un gran número de propuesta y había recibido sugerencias de una parte importante de los sectores interesados.[29] Claro, no conformó a todos, principalmente a los sectores que monopolizaron al amparo de la legislación de la dictadura de los medios de comunicación audiovisual, pero esa es otra historia.

Por último la denominada ley de matrimonio igualitario.[30] Un proyecto originalmente gestado en el seno de organizaciones de la sociedad civil vinculadas a grupos gay, lésbicos y transexuales. El proyecto fue sometido tanto en la Cámara de Diputados, como en el Senado, que se realizaron en distintos puntos del país. Finalmente fue convertido en ley.

Se trata sólo de ejemplos demostrativos de que la participación ciudadana en los procedimientos de formación de normas no requiere ni siquiera de solemnidades o procedimientos complejos, sino simplemente de la decisión de escuchar a los interesados y recoger los aportes y también objeciones que los distintos sectores pueden realizar a los proyectos.

6 A modo de conclusión

Planteé al principio algunas hipótesis en relación a la relación de los conceptos propuestos en el tema, entre ellas que un Derecho Administrativo democrático puede ser una garantía de desarrollo y respeto de los Derechos Fundamentales, creo que es la fundamental. Es que el Derecho Administrativo toca tantos aspectos relacionados con el ejercicio y goce de los Derechos Fundamentales que es imprescindible su apertura a través de la participación ciudadana para permitir que la participación directa de los interesados mude o traslade el paradigma de los Derechos Fundamentales de la teoría a la vida diaria.

---

[29] La propuesta de ley enviada al Congreso se basó fundamentalmente en 21 puntos confeccionados por la *Coalición por una Radiodifusión Democrática* de la que participan cientos de organizaciones y fue discutido y consensuado a lo largo de casi un año con diversos sectores de la sociedad civil en foros públicos realizados en todo el país.

[30] La Ley 26.618 modificó el Código Civil y permitió el matrimonio entre personas del mismo sexo. El senador Daniel Filmus en la discusión en el Senado afirmó "estamos discutiendo sobre el modelo de sociedad en el que queremos vivir" y confesó su convicción de que "todos queremos vivir en una sociedad más democrática, más igualitaria".

Las ideologías dominantes y sus discursos jurídicos y económicos prometieron el goteo y el derrame, nunca llegó, mientras tanto el infelizmente célebre de la cuna a la tumba sigue siendo una realidad, tal vez la participación activa de la ciudadanía sea un camino de superación.

Informação bibliográfica deste capítulo, conforme a NBR 6023:2002 da Associação Brasileira de Normas Técnicas (ABNT):

ARAGÓN, Enrique Omar. Democracia, Derechos Fundamentales y Proceso Administrativo. *In*: BACELLAR FILHO, Romeu Felipe; GABARDO, Emerson; HACHEM, Daniel Wunder (Coord.). *Globalização, direitos fundamentais e direito administrativo*: novas perspectivas para o desenvolvimento econômico e socioambiental: Anais do I Congresso da Rede Docente Eurolatinoamericana de Direito Administrativo. Belo Horizonte: Fórum, 2011. p. 207-225. ISBN 978-85-7700-501-7.

A FEIÇÃO DEMOCRÁTICA DO PROCESSO ADMINISTRATIVO COMO INSTRUMENTO DE PROTEÇÃO DO CIDADÃO*

ANA CLÁUDIA FINGER

Em primeiro lugar, quero expressar meu sincero agradecimento à comissão organizadora deste importante evento acadêmico (os Professores Emerson Gabardo, Carol Proner, Daniel Wunder Hachem, Justo Reyna e Jaime Rodríguez-Arana Muñoz) pelo convite que me foi formulado, e o faço na pessoa do querido Professor Romeu Felipe Bacellar Filho. Trata-se de uma honrosa incumbência que vem carregada de uma responsabilidade enorme, sobretudo por dividir um painel com tão notáveis professores — Frederico José Lisa e Enrique Omar Aragón — e a querida amiga e nossa Presidente de Mesa, Professora Paola Nery Ferrari.

A responsabilidade é enorme também por me dirigir a um público tão qualificado como este, a quem cumprimento nas pessoas dos meus queridos alunos da Faculdade de Direito da UniBrasil.

---

* Palestra apresentada no I CONGRESSO DA REDE DOCENTE EUROLATINO-AMERICANA DE DIREITO ADMINISTRATIVO, no painel "Direitos fundamentais e processo administrativo democrático", às 20h do dia 23.02.2011, na Pontifícia Universidade Católica do Paraná.

O tema deste painel me é especialmente caro: o do processo administrativo. Seria possível pensarmos que o processo administrativo, entendido como uma das formas de instrumentalização do exercício de poder da Administração Pública pode ser concebido como democrático? Logo em se tratando de Administração Pública, que quando presente num dos polos da relação, tem o condão de desequilibrá-la, pois trata-se de uma relação que assume especiais contornos em razão do regime jurídico de direito público, consagrador de prerrogativas de supremacia e de sujeições especiais? E, diante disso, poderíamos indagar se as potestades administrativas podem ser compatibilizadas com os ideais democráticos e o núcleo de direitos fundamentais?

Penso que o processo administrativo é o instrumento adequado para o alcance desse desiderato.

A característica peculiar do Estado Democrático de Direito é a sua submissão a um quadro normativo impositivo para todos, isto é, Estado e indivíduos estão submissos aos parâmetros do princípio da legalidade.[1] A atividade administrativa é uma atividade essencialmente infralegal, ou seja, a Administração Pública não pode agir sem autorização legal, pautando sempre a sua conduta nos estritos limites da previsão normativa.

A proteção dos indivíduos não resulta apenas da prévia estipulação legal acerca dos fins a serem perseguidos pelo Estado, mas, especialmente, na prefixação dos meios, formas e condições para alcançá-los. Impõe-se, portanto, o respeito às formas preestabelecidas como requisito de legitimidade inerente à conduta administrativa.[2]

Isto significa que o cidadão, no Estado de Direito, não está garantido apenas pela certeza de que a Administração Pública só pode agir segundo os fins previamente assinalados em lei, mas, também, e, sobretudo, pela segurança de que só poderá fazê-lo conforme os meios adrede estabelecidos.[3]

---

[1] Anota Romeu Felipe Bacellar Filho: "O Estado Democrático de Direito é aquele que é, a um só tempo, criador e súdito da norma" (BACELLAR FILHO, Romeu Felipe. Ética pública e Estado Democrático de Direito. *Revista Iberoamericana de Derecho Público y Administrativo*, San José, Asociación e Instituto Iberoamericano de Derecho Administrativo "Prof. Jesús González Pérez", n. 3, p. 57-62, 2003. p. 57).

[2] Segundo Niklas Luhmann "quem tem o poder detém condições de motivar outros a adotar as suas decisões; deve-se partir da hipótese de que no processo se criem razões adicionais para aprovação das decisões e de que, neste sentido, o poder origina decisão e a torne legítima; visto desta forma o objetivo do procedimento juridicamente organizado consiste em tornar intersubjetivamente transmissível a redução da complexidade com a ajuda da criação do poder legítimo de decisão" (LUHMANN, Niklas. *Legitimação pelo procedimento*. Brasília: UnB, 1980. p. 27).

[3] Perceba-se a evidente imbricação do princípio da segurança jurídica, na medida em que, dentro dessas balizas, o princípio da legalidade oferece certa dose de previsibilidade aos

A rápida e substancial ampliação da gama de serviços públicos, a complexidade da vida moderna e o extraordinário avanço científico ensejaram o agigantamento do Estado contemporâneo, caracterizado pela multiplicação das finalidades que lhe foram reconhecidas como próprias e pela intensificação dos seus poderes, havendo um significativo aumento da intervenção estatal na vida privada dos indivíduos.

Analisando esse quadro, marcado pela tônica intervencionista do Estado e o exercício de suas prerrogativas, Romeu Felipe Bacellar Filho leciona que o processo administrativo surge como um importante instrumento de equilíbrio entre as prerrogativas do Poder Público e a proteção dos particulares contra o arbítrio.[4]

E, nessa ordem de ideias, processo é identificado também como instrumento de democratização do poder. Para Cármen Lúcia Antunes Rocha, o processo é uma necessidade da civilização, na medida em que se revela um expediente utilizado para a reivindicação e efetividade de direitos, indicando ao homem que a justiça com as próprias mãos não precisa ser feita. O processo administrativo é, pois, uma garantia (e consequência) inafastável da Democracia.[5]

Esse também é o pensamento de Romeu Felipe Bacellar Filho, para quem:

> a procedimentalização do agir administrativo, a fixação de regras para o modo como a Administração deve atuar na sociedade e resolver os conflitos configura, assim, condição indispensável para a concretização da democracia. Sem a fixação do procedimento administrativo, impossibilita-se qualquer relação estável entre Administração e cidadãos, onde cada um saiba até onde vai o poder do outro e como este poder será exercido.[6]

O processo administrativo, assim, implica o estabelecimento de "uma principiologia democrática informadora do processo sem o que tanto poderá ele ser uma arma jurídica favorável como poderá ser contrária ao indivíduo. Somente o processo democrático é a superação

---

atos estatais, de modo a evitar que o cidadão seja surpreendido pela intervenção do Estado na sua vida privada.

[4] BACELLAR FILHO, Romeu Felipe. *Processo administrativo disciplinar*. São Paulo: Max Limonad, 2003. p. 169-170.

[5] ROCHA, Cármen Lúcia Antunes. Princípios constitucionais do processo administrativo no direito brasileiro. *Revista de Direito Administrativo*, Rio de Janeiro, v. 201, p. 190, jul./set. 1997.

[6] BACELLAR FILHO. *Processo administrativo...*, p. 130.

do arbítrio".[7] Também nessa direção apontam Sérgio Ferraz e Adilson Dallari, assinalando que:

> somente se pode pensar em efetiva realização do princípio democrático quando e onde possa o administrado participar da feitura do querer administrativo, ou da sua concretização efetiva. Para tanto, imprescindível é que se assegure ao cidadão o postular junto à Administração Pública, com a mesma coorte de garantias que lhe são deferidas no processo jurisdicional.[8]

É dentro desse contexto que surge a noção de processo administrativo: como contraface ao autoritarismo da Administração Pública. Com efeito, acostumada ao monopólio da decisão administrativa, a Administração Pública sempre se considerou senhora do processo administrativo, decidindo quando e como instaurá-lo, seu *iter*, sua publicidade, sua reserva. Com isso, o que se tinha eram verdadeiras arbitrariedades, seja pela não concessão de vista dos autos, seja pela inobservância de prazos (de um lado, excessivamente exíguos e, de outro, absurdamente longos, conforme a conveniência da Administração Pública), seja pela recusa frequente das repartições públicas em receber petições ou recursos, fazendo com que o particular sempre fosse obrigado a recorrer ao Poder Judiciário (via mais dificultosa), para fazer valer seus direitos.

O equilíbrio nas relações entre a Administração Pública e os particulares é buscado através da garantia da participação do indivíduo no circuito formativo das decisões que virão afetar a sua vida, pois, como bem pondera Celso Antônio Bandeira de Mello, "a contrapartida do progressivo condicionamento da liberdade individual é o progressivo condicionamento do 'modus procedendi' da Administração".[9]

Na medida em que constitui um meio pelo qual se garante a participação do cidadão no circuito formativo das decisões administrativas que irão afetá-lo, o processo administrativo é expediente de controle da vontade estatal, revelando-se, assim, um instrumento de defesa do cidadão perante as prerrogativas da Administração Pública, ante a garantia da participação do indivíduo no circuito formativo das decisões que virão afetá-lo.

Daí a lição de Romeu Felipe Bacellar Filho, que concebe processo administrativo como um importante *instrumento de concordância prática entre as prerrogativas da Administração Pública e os direitos dos administrados*

---

[7] ROCHA. *Princípios constitucionais do processo...*, p. 191-192.

[8] FERRAZ, Sérgio; DALLARI, Adilson. *Processo administrativo*. São Paulo: Malheiros, 2003. p. 21-22.

[9] MELLO, Celso Antônio Bandeira de. *Curso de direito administrativo*. 27. ed. São Paulo: Malheiros, 2010. p. 491.

utilizado para definir arsenais de controle mais eficazes, separando o que é discricionário do que é arbitrário.[10]

A dogmática constitucional pós-positivista,[11] assentada na proteção e concretização dos direitos fundamentais, postula o repensar do regime jurídico-administrativo funcionalizado a partir do viés do princípio da dignidade da pessoa humana, não apenas nas prerrogativas conferidas ao ente estatal.

Sobre o papel dos direitos fundamentais no constitucionalismo contemporâneo, Jaime Rodriguez-Arana Muñoz anota que a mudança do Estado Liberal para o Estado Social deu nova dimensão ao papel e à funcionalidade dos direitos fundamentais, que, não apenas como limites aos poderes estatais, antes, constituem o conjunto de valores e fins da ação do poder público.[12]

A Constituição Federal de 1988 revelou um Direito Administrativo muito diferente daquele que se preconizava até então: calcado nas premissas da unilateralidade, da imperatividade e da supremacia de um "interesse público" ditado pela própria Administração Público, vale dizer, pelo "governante de plantão". Enfim, um Direito Administrativo muito mais preocupado em enfatizar as prerrogativas exorbitantes da Administração Pública do que as sujeições especiais.

A Carta Magna veio provocar uma verdadeira reviravolta nesse Direito Administrativo, pois, a partir dela, seja pela previsão dos princípios constitucionais da Administração Pública como elementos de legitimação dos seus deveres-poderes, seja pela inserção do processo administrativo no rol dos direitos e garantias individuais, operou-se uma evolução para um Direito Administrativo marcado pela ascensão do cidadão como sujeito (não objeto) dos cuidados da Administração Pública e um Direito Administrativo funcionalizado para a concretização dos direitos fundamentais.[13]

---

[10] BACELLAR FILHO, Romeu Felipe. *Processo administrativo disciplinar*. São Paulo: Max Limonad, 2003. p. 172-181.

[11] CLÈVE, Clèmerson Merlin. *A fiscalização abstrata da constitucionalidade no direito brasileiro*. 2. ed. São Paulo: Revista dos Tribunais, 2000; BARROSO, Luís Roberto. Fundamentos teóricos e filosóficos do novo direito constitucional brasileiro (pós-modernidade, teoria crítica e pós-positivismo). *Revista de Direito Administrativo*, Rio de Janeiro, v. 225, jul./set. 2001; KRELL, Andréas. Realização dos direitos fundamentais sociais mediante controle judicial da prestação dos serviços públicos básicos (uma visão comparativa). *Revista de Informação Legislativa*. n. 36, out./dez. 1999; FREITAS, Juarez. *O controle dos atos administrativos e os princípios fundamentais*. 4. ed. São Paulo: Malheiros, 2009, dentre outros).

[12] RODRIGUEZ-ARANA MUÑOZ, Jaime. *La Dimensión Ética*. Madrid: Dykinson, 2001. p. 50.

[13] Como refere Romeu Felipe Bacellar Filho, inaugurando uma nova era do relacionamento entre a Administração Pública e os administrados, suplantando um Direito Administrativo marcado pelo viés autoritário, a Constituição Federal de 1988 se coloca "em sintonia com as

Surge, assim, um Direito Administrativo assentado em novas premissas: (i) democratização do exercício da atividade administrativa mediante o asseguramento da participação dos cidadãos no processo decisório; (ii) deslocamento do eixo do ato administrativo para o procedimento, o que implica uma mitigação do exercício unilateral e autoritário do poder.[14]

Na verdade, como já referi, o processo administrativo é uma das formas de instrumentalização do exercício de poder da Administração Pública. Nessa linha, a fim de caracterizá-lo como um instrumento de defesa do cidadão perante as prerrogativas da Administração Pública, evitando-se, assim, o arbítrio, a noção de processo vem inserida dentro do núcleo mínimo processual comum que a Constituição Federal preconiza.

Como expõe Romeu Felipe Bacellar Filho, dentro da concepção de Estado Democrático de Direito, fundado no princípio da dignidade humana, a nova Carta Magna estabelece um regime constitucional administrativo, que faz antever uma Administração Pública comprometida com a legalidade, a moralidade, a impessoalidade, a publicidade e a eficiência. Nessa ordem, a Constituição Federal de 1988 fez espargir, um núcleo mínimo processual comum, de modo que apenas dentro dessa principiologia é que o processo administrativo se presta a atingir o seu fim: a concretização de direitos.[15]

Com a CF/88, não só o processo judicial, mas também o processo administrativo foi elevado à categoria de direito fundamental. Direito fundamental não a qualquer processo, mas ao devido processo legal. Assim, a proteção dos indivíduos resulta não apenas da prévia estipulação legal dos fins a serem perseguidos pelo Estado, mas, especialmente, na prefixação dos meios, formas e condições para alcançá-los. É o estabelecimento do "como" atingir os fins estatais. É o controle "desde dentro", segundo Celso Antônio Bandeira de Mello.[16]

Ao estabelecer o processo administrativo no rol dos direitos e garantias fundamentais do cidadão, a Lei Fundamental pôs fim ao monopólio da decisão administrativa.

---

expectativas da comunidade destinatária de seus comandos" (BACELLAR FILHO. *Processo administrativo...*, p. 157).

[14] FERRAZ, Luciano. Apontamentos sobre parcerias público-privadas. *BDA — Boletim de Direito Administrativo*, p. 429, abr. 2005.

[15] É a lição que se extrai da obra *Processo Administrativo Disciplinar*, acima citada, de Romeu Felipe Bacellar Filho, notadamente nos Capítulos 5, 6 e 7. BACELLAR FILHO. *Processo administrativo..., op. cit.*, p. 157 et seq.

[16] MELLO, *op. cit.*, p. 490-497.

Interessante destacar que desde 1988 não só o processo judicial, mas também o processo administrativo é expressamente reconhecido e consagrado pela Lei Fundamental. No entanto, apenas em 1999, surge a primeira lei federal a tratar do processo administrativo — Lei nº 9.784, de 29.01.99. Há uma vinculação direta da Lei nº 9.784/99 com o Estado Democrático de Direito, onde o sistema jurídico é orientado à satisfação da vontade da coletividade — bem comum.

O processo administrativo é, assim, uma *garantia fundamental* que se revela como instrumento seguro de prevenção ao arbítrio e à tirania, revelando-se um meio apto a controlar o *iter* da formação da vontade estatal. É, enfim, um instrumento de defesa dos cidadãos em face das prerrogativas estatais, mormente porque, inserido dentro de um núcleo mínimo processual comum de observância inarredável e obrigatória, o processo cumpre com sua função de evitar o arbítrio e assegurar a concretização de direitos.

Pode-se, assim, identificar um duplo objetivo do processo administrativo: *a) garantia dos administrados*: resguarda os cidadãos, através da possibilidade que lhes é assegurada, de manifestarem-se antes da decisão administrativa que irá afetá-los. Traz o equilíbrio na relação de verticalidade que caracteriza as relações travadas com a Administração Pública; *b) eficácia da atuação Administração Pública*: concorre para uma decisão mais bem informada, coerente e responsável, enfim, para a melhor solução dos interesses públicos postos em jogo.

De fato, por intermédio do regular processo administrativo obtêm-se, simultaneamente, a eficácia da atuação da Administração Pública e a garantia de direitos dos administrados.

Como já dito, com a Constituição Federal de 1988, não só o processo judicial, mas também o processo administrativo foi alçado à categoria de direito fundamental. Direito fundamental não a qualquer processo. Mas ao *devido processo legal*, que assegura o contraponto para o cidadão, frente ao exercício dos poderes da Administração Pública.[17]

A garantia do devido processo legal, que não se resume à função jurisdicional — concepção de processualidade ampla —, enfeixa um conjunto de noções que traduzem aquilo que é *imparcial, reto e justo*.

Ele compreende um conjunto de elementos jurídicos garantidores de direitos fundamentais quando lesados, ameaçados ou simplesmente questionados, tendo como desdobramentos: contraditório, ampla defesa, juízo objetivo, motivado e previamente identificado. Implica,

---

[17] BACELLAR FILHO. *Processo administrativo...*, op. cit., p. 67.

assim, a observância de garantias formais e materiais, não apenas o cumprimento de normas jurídicas.

Reconhecendo o processo administrativo como um instrumento garantidor de direitos, notadamente no exercício das prerrogativas disciplinares da Administração Pública, o Supremo Tribunal Federal já assentou:

> É certo que o Estado, em tema de punições de índole disciplinar ou de caráter político-administrativo, não pode exercer sua autoridade de maneira abusiva ou arbitrária, desconsiderando, no exercício de sua atividade censória, o postulado da plenitude de defesa, pois — cabe enfatizar — o reconhecimento da legitimidade ético jurídica de qualquer sanção punitiva imposta pelo Poder Público exige, ainda que se cuide de procedimento meramente administrativo (CF, art. 5º, LV), a fiel observância do princípio do devido processo legal, consoante adverte autorizado magistério doutrinário.[18]

O devido processo legal compreende as garantias do contraditório e da ampla defesa, pois, sem elas, não há que se falar em devido processo legal. São garantias que se destinam a assegurar o equilíbrio de forças entre os sujeitos envolvidos nessa relação.

Ainda que se tratem de princípios que apresentem íntima relação, imbricando-se mutuamente, contraditório e ampla defesa têm conteúdos distintos.

Enquanto o *contraditório* implica o estabelecimento de uma relação que se desenvolva numa estrutura dialógica, o que implica a bilateralidade, com asseguramento da participação ativa e crítica do servidor, a *ampla defesa* se identifica com a possibilidade de uma adequada e suficiente reação à pretensão que lhe é dirigida, desdobrando-se na garantia da (i) anterioridade da defesa, (ii) da defesa técnica, (iii) no direito que tem o acusado não apenas de apresentar seus argumentos, mas de vê-los devidamente sopesados pela autoridade processante, e, por fim, (iv) do direito à interposição de recursos.

Ora, é especialmente no processo administrativo que a garantia deve se fazer presente plenamente, com todos os seus desdobramentos, haja vista que aqui, de plano, evidencia-se uma desigualdade jurídica entre as partes, pois, nas relações de administração, a Administração Pública é parte e julgadora ao mesmo tempo. Cite-se como exemplo os processos sancionatórios: a Administração Pública acusa, instrui e julga.

---

[18] STF, MS nº 24458/DF, Rel. Min. Celso de Mello, j. 18.02.3003, *DJU*, 21 fev. 2003.

Isto sem falar nas situações em que a autoridade administrativa, no exercício da prerrogativa disciplinar, ao determinar a apuração da responsabilização do servidor, institui comissão disciplinar após a ocorrência do fato, em absoluto confronto com o princípio do juiz natural, também uma garantia decorrente do devido processo legal.[19]

O princípio do juiz natural no processo administrativo disciplinar é instrumento que garante a plenitude do direito de defesa,[20] especialmente para se evitarem desvios e abusos no exercício do poder punitivo da Administração Pública. Trata-se de garantia essencial e, portanto, de observância inarredável, pois assegura a *imparcialidade, independência e objetividade do julgamento.* A inobservância do princípio do juiz natural nos processos administrativos disciplinares desencadeia gravíssimos desvios na atuação administrativa, seja porque possibilita uma atuação corporativa, formalizando um simulacro de processo, a fim de se impedir que a investigação cumpra o seu objetivo, seja pelo sentido oposto, porque possibilita uma atuação discriminatória, para previamente imputar a alguém a prática de uma conduta, independentemente do que se venha a produzir como provas no processo, o que configura uma hipótese de total exclusão do Direito.

Daí a acertada conclusão de Romeu Felipe Bacellar Filho, para quem a desconsideração do princípio do juiz natural nos processos administrativos disciplinares possibilita a criação de uma situação que não passa de um verdadeiro "faz de conta".[21] Com efeito, a instituição de uma comissão processante após a ocorrência do fato possibilita a escolha a dedo de um julgador já predeterminado a absolver ou condenar, situação em que o julgador já tem a sua decisão pronta, muito embora aparentemente demonstre levar em consideração o resultado da participação do servidor.

---

[19] Para Romeu Felipe Bacellar Filho, o princípio do juiz natural no processo administrativo disciplinar é instrumento que garante a plenitude do direito de defesa, especialmente para se evitarem desvios e abusos no exercício do poder punitivo da Administração Pública. Nessa linha de pensamento, adverte o administrativista que o princípio do juiz natural é uma garantia essencial e, portanto, de observância inarredável, sob pena de se incorrer em desvios graves, quer no sentido de se atuar corporativamente, formalizando um simulacro de processo, a fim de se impedir que a investigação cumpra o seu objetivo, constituindo uma hipótese de não aplicação do Direito, quer no sentido oposto, atuando-se discriminatoriamente, para previamente imputar a alguém a prática de uma conduta, independentemente do que se venha a produzir como provas no processo, hipótese de total exclusão do Direito (BACELLAR FILHO. *Processo administrativo disciplinar...*, *op. cit.*, p. 323-377).

[20] Nesse sentido, vale conferir: BACELLAR FILHO, *idem*, p. 323-377.

[21] BACELLAR FILHO, *idem*, p. 337.

A observância do princípio do juiz natural garante imparcialidade e objetividade nos processos administrativos disciplinares, evitando-se esses desvios, incompatíveis com o interesse público almejado no âmbito da responsabilização dos servidores públicos.

O Supremo Tribunal Federal, em paradigmático voto da lavra do Min. Celso de Mello, reconheceu que o princípio do juiz natural projeta-se para além da dimensão estritamente judicial, alcançando o processo administrativo, sendo um componente do princípio do devido processo legal na Administração Pública. Nesse aresto, a Corte Suprema alçou o princípio do juiz natural à condição de "direito público subjetivo" do indiciado em processo administrativo disciplinar, sendo, portanto, "inteiramente oponível ao próprio Estado" e, nesse sentido, ele "atua como fator de inquestionável restrição ao poder de persecução penal ou disciplinar, submetendo, o Estado, a múltiplas limitações inibitórias de suas prerrogativas institucionais".

À vista disso, decidiu o Supremo Tribunal Federal que:

> a observância do princípio da naturalidade do juízo representa, no plano da atividade disciplinar do Estado, condição inafastável para a legítima imposição, a qualquer agente público, notadamente aos magistrados, de sanções de caráter administrativo. A incidência do postulado do juiz natural, portanto, mesmo tratando-se de procedimento administrativo-disciplinar, guarda íntima vinculação com a exigência de atuação impessoal, imparcial e independente do órgão julgador, que não pode, por isso mesmo, ser instituído 'ad hoc' ou 'ad personam', eis que designações casuísticas dos membros que o integram conflitam, de modo ostensivo, com essa expressiva garantia de ordem constitucional.[22]

Por fim, e com isto já estou me encaminhando para o final, Senhora Presidente (até porque a duração razoável do processo, também é uma garantia constitucional decorrente do devido processo legal), é de se concluir que o *devido processo legal condiciona o exercício dos poderes a que se acha submetida a Administração Pública*, sob pena de descaracterizar-se, com grave ofensa aos postulados que informam a própria concepção de Estado Democrático de Direito.

E assim concebido, o *devido processo legal administrativo*, inserido dentro do núcleo processual comum que lhe é conferido pela CF/88, é um instrumento democrático para que o Direito justo se concretize, especialmente porque não podemos deixar de considerar, tal como

---

[22] STF, RE nº 335428, Rel. Min. Celso de Mello, j. 06.05.2010, *DJ*, 11 maio 2010.

aprendi com o professor Romeu Felipe Bacellar Filho, baseado em Luís Récasens Siches, que: "atrás da letra fria da lei existe um pedaço de vida humana objetivada".

Informação bibliográfica deste capítulo, conforme a NBR 6023:2002 da Associação Brasileira de Normas Técnicas (ABNT):

FINGER, Ana Cláudia. A feição democrática do processo administrativo como instrumento de proteção do cidadão. *In*: BACELLAR FILHO, Romeu Felipe; GABARDO, Emerson; HACHEM, Daniel Wunder (Coord.). *Globalização, direitos fundamentais e direito administrativo*: novas perspectivas para o desenvolvimento econômico e socioambiental: Anais do I Congresso da Rede Docente Eurolatinoamericana de Direito Administrativo. Belo Horizonte: Fórum, 2011. p. 227-237. ISBN 978-85-7700-501-7.

PAINEL V

DESENVOLVIMENTO ECONÔMICO, INCLUSÃO TECNOLÓGICA E DEMOCRACIA

DESARROLLO, INCLUSIÓN TECNOLÓGICA Y DEMOCRACIA*

CLAUDIO MARTÍN VIALE

1 Consideraciones generales

El enunciado de nuestro panel, a pesar de su sencillez, es desafiante. Digo esto por que los tres términos que lo componen son de uso corriente, y es casualmente ese uso el que provoca, con relación a ellos, una anfibología que exige una tarea de precisión léxica, no solo de cada uno de ellos sino también del enunciado en su totalidad.

Entiendo que en el tiempo que corre desde las últimas dos décadas del siglo pasado y el tiempo transcurrido de este, la exigencia aludida se hace más necesaria por que además de lo novedoso de algunos acontecimientos se da alrededor de ellos un debate a veces doctrinario y a veces ideológico.[1]

---

* Ponencia presentada en el I CONGRESSO DA REDE DOCENTE EUROLATINO-AMERICANA DE DIREITO ADMINISTRATIVO, en el panel: "Desenvolvimento econômico, inclusão tecnológica e democracia", a las 9h del día 24.02.2011, en la Pontifícia Universidade Católica do Paraná.

[1] La distinción entre dialogo doctrinario y debate ideológico se debe a que en el primero encuadrarían aquellas discusiones que pretenden encontrar puntos de consenso y en respeto en los que no los hay, mientras que el debate ideológico es en el que los discursos son de confrontación o imposición.

Todos sabemos que las palabras expresan el significante y el significado de las cosas. Ellas encierran el ser que queremos que cada cosa sea. Este proceso no es ni súbito ni pacífico, es el resultado de las luchas que se desarrollan en torno del saber, es decir de los resultados de las investigaciones. Muchas de ellas se producen como consecuencia de la necesidad de apropiarse del conocimiento.

2 Consideraciones especiales

Pienso que, además de los términos del enunciado del panel, es útil repasar el significante y el significado que encierran las palabras sujeto y globalización.

2.1 El sujeto

Con relación al sujeto, el abordaje será somero por que, además de las connotaciones jurídicas, las hay de todo tipo (filosóficas, sicológicas, sociológicas, etc.), las que han provocado y provocan diálogos doctrinarios y arduos debates ideológicos.

El ordenamiento jurídico de la modernidad, al liberar al ser humano de su sujeción con la divinidad imperante en la edad media, no lo dejó suelto, sino que lo amarró a la razón a partir de entender que su existencia se debía a la posibilidad de conocer (Pienso, luego existo). Aquella, la razón, se erigió en la nueva divinidad, con toda la rigidez que ésta supone, y estableció un nuevo orden racional normativo al que el ser humano se sometía y quedaba 'sujeto' a él. Para que dicho orden no fuera sólo una posibilidad, se configuró un nuevo ente con el poder necesario para imponerlo. Dicho ente es la nueva Ciudad, el Estado Moderno, cuyos supuestos son el territorio y una población sujeta a un poder juridicizado (el Estado de Derecho).

Este sujeto —el hombre— se le calificó como de derecho, por que en la realidad se le individualizaba que un centro jurídico desde el que debía operar la libertad, entendida como la consecuencia del discernimiento, cuya expresión se conformaba en una serie de atribuciones a las que se les denominó como derechos individuales. A ellos se los puede clasificar, sintéticamente, en: derechos civiles o patrimoniales y derechos políticos o de la democracia.

Este conjunto de derechos hacía que el ser humano fuera un ciudadano de su país, y que la democracia legitimara al poder y su ejercicio.

Creo importante memorar sobre un tópico trascendente con relación a la vigencia del derecho y el ejercicio del poder: 'la soberanía'. Autores de corrientes diversas (Jacques Maritain, Eduardo García de Enterría, y otros) han señalado que el principio de la soberanía que los absolutistas utilizaron para justificar el ejercicio del poder, fue trasladado con todos sus privilegios a la República, denigrando la dignidad del ser humano que veía seriamente recortada su ciudadanía. Se privilegió al poder con su presunción de legitimidad, de ejecutoriedad, de no sometimiento al derecho por medio de mecanismos como la exclusión de las denominadas cuestiones políticas, la imposición de puniciones sin necesidad de la decisión judicial previa, etc. Pero ha sido Foucault el que ha desmenuzado con prolijidad esta cuestión mostrando como el ser humano no solo vio sometido su cuerpo al poder de la soberanía, sino como le sometieron la vida misma a través del poder disciplinario de la ciencia.

No obstante que en el ideario jurídico general o popular se mantiene la idea de que el ser humano es un sujeto de derecho, es decir que la calidad de ciudadano se encuentra vigente, resulta necesario indagar la magnitud de esa vigencia.

El orden social en la actualidad, especialmente en lo económico a nivel del globo, no es el mismo que aquel que le dio cimiento al capitalismo de hace dos siglos. Él se asentó en la austeridad del ahorro y la innovación de la ciencia, dirigido a la producción de bienes para satisfacer necesidades del ser humano, es decir al servicio del bienestar. Ahora la ciencia se encuentra dirigida, no a la producción, sino a una reproducción desbocada, más de servicios que de bienes, que requiere ser consumida, habiendo llegado en este proceso a un punto en el cual, el hombre, es más un objeto del consumo que un sujeto del derecho.

El hombre ha dejado de ser un ciudadano y ha pasado a ser un consumidor.

2.2 La globalización

El significante de este término alude sin más, a la magnitud de la realidad que encierra el globo terráqueo como una geografía que alberga a la totalidad de lo existente. Pero cuando se hace referencia al significado, ya no es posible hablar de uno solo, sino de los que surgen de las diferentes vías que existen para su abordaje.

Hay una posición que entiende que la mentada 'globalización' no es otra cosa que una nueva denominación a la corriente económica del neoliberalismo, de manera que todas las críticas que este se merece le caben a aquella. Otra posición, que es la que sostengo para los fines de esta exposición, es aquella que expresa que se trata de un acontecimiento, que como un hecho de la realidad, no es posible negar. Que no sea posible negarlo no quiere decir que no pueda ser analizado para auscultar cuáles son sus virtudes y defectos, para aprovechar las primeras y remediar los segundos.

Como acontecimiento es posible describirlo desde una perspectiva horizontal o extensiva y otra vertical o intensiva. Ambas con decisiva influencia en el ser humano (ciudadano, consumidor, sujeto u objeto) y sobre el Estado.

Desde la perspectiva horizontal o extensiva es posible advertir que la globalización es un acontecimiento que ha ampliado las relaciones de la especie humana, tanto culturales, sociales, económicas, religiosas, y de otros tipos en poco tiempo, con una amplitud hasta no hace mucho desconocida y también impensada. Los seres humanos conocen, casi sin diferencia horaria, lo que viven otros seres humanos separados por diferencias geográficas enormes. Esta extensión de la urdimbre relacional es la que ha debilitado la geografía como un supuesto indispensable del Estado, por una parte, y por otra, ha provocado ordenamientos que ya no encuentran su vértice en éste, y se caracterizan por que no tienen un referente, de manera que su configuración es informal y por ello poco controlables.

De esta visión horizontal se infiere que la línea divisoria de lo nacional y lo no nacional no se advierte tan tajante como antes, sino que hay un debilitamiento de la distinción, a un punto tal que los Estados ya no son el único referente de las poblaciones de determinados territorios sino uno entre otros, sin perjuicio de conservar todavía la primera posición jerárquica en cada organización.

Entre las consecuencias mas constatables de lo señalado, se destaca aquella que muestran las organizaciones trasnacionales, tanto públicas —estatales y no estatales— como privadas, y dentro de estas últimas las lícitas y las ilícitas.

El peso institucional de las primeras, que tienen como objetivo delinear algunos aspectos del bien común de la humanidad, que aunque con algunos resultados objetables, se trata de objetivos que configuran políticas públicas que hay gestionar a nivel local, siendo necesario para ello la institución y constitución de organizaciones a nivel trasnacional y local. Es decir administraciones públicas que innovan con relación a la organización tradicional. Esta situación nos enfrenta a nuevas reglas de organización, nuevos procedimientos y nuevas formas de acción (actos, contratos, convenios, etc.) que deben ser objeto de análisis por parte de los juspublicistas, en especial los administrativistas. Ya no se trata del derecho administrativo local sino del derecho administrativo global.

Entre las segundas es posible una clasificación general que comprenda las lícitas y las ilícitas. Entre las primeras se encuadran las organizaciones empresariales que tienen como objetivo la de obtener el máximo de beneficios de su actividad tomando en consideración la población, no ya de las naciones sino del globo. Esta interacción genera una serie de reglas que se imponen por encima de la deliberación y decisión de las poblaciones locales, es decir sin el tamiz del proceso democrático, y se encuentran sometidas a reglas de control difusas o lábiles, pero que en general benefician no a la población sino a ellas en particular.

Entre las ilícitas es posible una subclasificación general que abarque las organizaciones terroristas y las del crimen organizado, comprendiendo estas últimas las dedicadas al narcotráfico, al tráfico de personas, al tráfico de armas, entre las más perniciosas. La clasificación no es óbice para que en la realidad se muestren mixturadas.

Ellas exigen que se definan políticas de estado que necesariamente tienen que integrarse a las políticas de la región y a ámbitos más generales aún. La lucha contra los flagelos que dejan con su accionar, no depende ya de un Estado en particular, sino de lo que se disponga en los niveles trasnacionales, sean regionales o universales.

En la medida que estas políticas de estado prescriben objetivos sociales a conseguir, sean de prevención o de punición, resultan indispensables las organizaciones trasnacionales y las nacionales que las pongan en funcionamiento a los fines de gestionar aquellos objetivos. Nuevamente aparecen principios y reglas que determinan la articulación de los nuevos entes administrativos, sus procedimientos y sus formas de acción. El derecho administrativo y los juristas que lo investigan y estudian, se encuentran ante el desafío de armonizar local y lo trasnacional en el nuevo camino del derecho administrativo global.

Desde la óptica vertical o intensiva la globalización se presenta, paradojalmente, como un acontecimiento que tiende a bucear en la profundidad de los valores, mitos, leyendas y simbología de los grupos, lazos que habían sido postergados u olvidados como consecuencia de la intensidad con que se forjó el Estado Nación. El debilitamiento que provoca en él la extensión relacional, hace que el ser humano inicie la búsqueda de nuevos puntos de pertenencia vinculados con cuestiones que se hunden en viejas raíces que se remiten a las creencias culturales, religiosas, sociales, lingüísticas, económicas, etc., configurando grupos étnicos, religiosos, sociales, económicos y de otros tipos, que cubren el vacío protector que otrora prodigaba el Estado Nación.

Aparecen así nuevos objetivos sociales, nuevas funciones para gestionarlos y con ello nuevas organizaciones, procedimientos y formas de acción que se adecuan a ellos. Estas novedades deben advertirse de la mejor manera para no caer en la tentación de recurrir a las categorías jurídicas que, aunque de buen servicio para situaciones anteriores, no son las que mejor se adecuan a las situaciones nuevas.

Esta falta de adecuación es la que muchas veces provoca que los grupos aludidos se sientan excluidos, y en consecuencia traten de intensificar su identidad con exageraciones que terminan en los fundamentalismos.

2.3 Desarrollo o desenvolvimiento

Este término me trae a la memoria un profesor, cuyo nombre no recuerdo, que en el curso sobre administración de empresas publicas que hice en la G. Vargas, tenía a cargo la materia cuyo contenido era precisamente el desenvolvimiento.

En la primera clase, después de su presentación, nos preguntó qué era el desarrollo, a lo que todos contestamos desde distintas posiciones que era el camino del progreso. Después de un breve dialogo inquirió sobre qué era el progreso. Todos nos remitimos al significante del término, que no es otro que el que expresa la definición intelectual o la abstracción lingüística que nos propina el diccionario de la lengua, es decir el de un camino continúo de avance. Nuevamente interrogó al curso sobre si era posible pensar que había un único sentido del avance, y ya no hubo acuerdo entre los que integrábamos el aula, y al finalizar un debate prolongado sin lograr puntos destacados de consenso, volvió a provocar nuestra inquietud proponiéndonos que reflexionáramos si era posible el progreso sino había consenso en cual era su fin, es decir el avance. La conclusión fue que el desarrollo-progreso-desenvolvimiento es un principio dogmático del que no se puede partir sin más, sino que requiere de análisis, reflexión y diálogo.

Este recuerdo me lleva a pensar que el progreso puede ser analizado como mito y como leyenda. Como leyenda se remite a la visión salvífica de la cultura judeo cristiana, y como mito a la idea que forja gran parte del iluminismo capitalista, siendo testimonio de esto último el preámbulo de la Constitución Federal argentina y la bandera brasilera.

F. Nietzsche advirtió sobre la fragilidad de la idea de progreso y a la pregunta de si el hombre de fines del siglo 19 era mejor que el del renacimiento respondía que no. Si hoy nos hacemos la misma pregunta es probable que coincidamos con él.

Si se repasan las instituciones republicanas, vemos que ellas no han avanzado en proporción el tiempo transcurrido. En cuanto al Estado y a la Administración Pública, en ambos casos se constata en una crisis profunda, que abarca tanto la estructura y como la dinámica de ambas.

La estructura del primero se encuentra en un proceso de cambio de gran magnitud a partir de que, como sostiene Caiella, el principio de soberanía ha dejado de ser, interna y externamente, el núcleo duro de ella.[2] En cuanto a su dinámica, como expresa Cassese, no alcanza a encauzar los anhelos de la población, la que no se encuentra representada por una clase política que la siente ajena a ella.

En cuanto a la Administración Pública, ante la multiplicación exponencial de los objetivos sociales y el aumento de la población, ya no alcanza a satisfacer, ni en cantidad ni calidad las necesidades de la ciudadanía, ha dejado de ser la herramienta útil para gestionar las políticas de estado, y ha pasado a ser mas un patrimonio de oligarquías burocráticas, como consecuencia de que la tarea de proveer de contenido a los derechos sociales o positivos, al no tener cauces legales adecuados, es decir procedimientos administrativos apropiados, se redujo a prácticas clientelistas o paternalistas, anidando la corrupción que invade a sus organismos.

2.4 La tecnología

El avance del conocimiento es también un punto que merece un momento de reflexión, por que a pesar de que su significante es el mismo, su significado a cambiado a lo largo de estos siglos.

En el siglo 17/18, se trataba de una búsqueda del saber, en la que todo descubrimiento no era otra cosa que correr el telón que impedía ver la naturaleza tal cual era. El hombre encontraba satisfacción con el hallazgo, y convencido que correspondía a todos por igual, es decir no le pertenecía en propiedad. El saber aparecía como aséptico o ideológicamente neutral. Regía el principio de la universalidad del saber.

---

[2] CAIELLA, Pascual. Problemas relativos a la compatibilización de los derechos constitucionales y el derecho comunitario. In: Carlos Ari Sundfeld; Oscar Vilhena Vieira (Coords.). *Direito Global*. São Paulo: Max Limonad, 1999.

Éste era mas público que privado.

En el siglo 19, el conocimiento fue concebido como universal y por ello se lo puso a disposición de todos, permitiendo un acceso a él práctico a través de la técnica, generando el industrialismo, que sumado al ahorro proveniente de la austeridad que exigían los principios de la cultura judeo cristiana imperante,[3] provocó una nueva etapa del capitalismo.

A mediados del siglo 20 y hasta nuestros días, las circunstancias no son las mismas. El conocimiento ha dejado de ser público para ser privado, cuya propiedad corresponde a aquellos que lo financian, dominio que se asegura a través del denominado derecho de patentes.

De esta apropiación se derivan consecuencias negativas, entra las que se pueden enumerar:

i) la exclusión de la mayoría de la población;

ii) la segunda es que la globalización ha incorporado al mercado, paradójicamente, a toda la humanidad, de manera que las investigaciones se hacen pensando en esa dimensión del mercado;

iii) la tercera secuela perniciosa es que el conocimiento ya no tiene como objetivo a la naturaleza, excluido el ser humano, sino que el objetivo es la vida misma, incluida la que corresponde al hombre, por lo que parte del mercado es el ser humano como objeto y no como sujeto; etc.

Si a esto se le agrega que entre los soportes principales de la globalización se destaca la revolución en el ámbito de la informática, abarcando todo el espectro de la ciencia, el resultado es lo que algunos autores han denominado la tecnociencia que imbrica la ciencia con la informática, avanzando en un proyecto fáustico consistente en el manipuleo de la vida so pretexto de que es necesario evitar la muerte, la noción de ser humano se reduce un cepo informático que puede ser corregido técnicamente.

Varias incógnitas presenta esta nueva perspectiva: quién es el que determina el sentido de la corrección; cuál es el destino de aquellos que no se encuentran dentro de los parámetros de corrección; qué reglas éticas y jurídicas son las que regulan semejante manipuleo; si la vida de cada cual puede ser reducida a una mera información que se archiva, la barrera entre lo privado y lo público desaparece; y seguramente muchas más.

---

[3] WEBER, Max. *La ética protestante y el espíritu del capitalismo*. México: Fondo de Cultura Económica, 2003.

Sin lugar a dudas las cuestiones a resolver no solo se relacionan con la ética, sino con el derecho en general. Así habrá que revisar las instituciones del derecho civil relacionadas con la noción de persona y sujeto de derecho; las del derecho de familia en las que es probable que sea necesario incorporar a los laboratorios en los que se reproduce la vida; el de las sucesiones, en los que podrán reclamar sus porciones legítimas los propietarios de las patentes; el derecho comercial, en especial el derecho de seguros que deberá comprender nuevos riesgos y desechar los conocidos; y sin duda en el derecho público el derecho administrativo deberá hacer frente a nuevas gestiones con organizaciones diferentes a las vigentes hoy que tienen que ver con una concepción del Estado y del ser humano diferente.

2.5 La democracia

Al abordar el tema de la democracia, varias de las consideraciones efectuadas mas arriba sirven para encarar la cuestión con precaución.

Por una parte la informática a transformado el sistema de comunicaciones, y sobre ello hay quienes como Vattimo sostienen que se trata de un gran aporte a la democracia, mientras que desde las corrientes de la hermeusis se sostiene que la masificación de las comunicaciones no amplia el conocimiento sino que mas bien lo aplasta, en tanto la acumulación de información no importa una mayor reflexión y conocimiento.

Sin entrar en la polémica, que sin dudas es interesante y merece ser parte de la discusión, hay algunos acontecimientos que indican que este fenómeno socava las autocracias a punto tal que en dictaduras como la cubana, la china, los servicios de la web no son de libre acceso. Recientemente tenemos el caso de los países del mediterráneo árabe, en el que uno de los factores de la movilización fueron los sistemas informáticos.

Pero estos efectos positivos se ven neutralizados por la masificación en general, y en especial por algunas patologías como son la pedofilia.

Pero lo que debe ser objeto de gran atención es la transformación de la noción del sujeto de derecho que ha pasado de la de ciudadano a la de consumidor. El sistema económico imperante, mas allá de las ideologías y fundamentalismos conocidos (neoliberalismo, comunismo, y otros ismos), ha pasado de la producción innovadora a la reproducción salvaje y rutinaria, cuyo fin ya no es satisfacer las necesidades de la humanidad, sino las del sistema económico, por lo tanto el consumo no se encuentra dirigido a la vida, sino que esta ha sido puesta al servicio de la producción. El hombre no es el sujeto sino el objeto. No solo es un consumidor, sino que es parte del consumo como resultado de la tecnociencia antes aludida.

Informação bibliográfica deste capítulo, conforme a NBR 6023:2002 da Associação Brasileira de Normas Técnicas (ABNT):

VIALE, Claudio Martín. Desarrollo, Inclusión Tecnológica y Democracia. *In*: BACELLAR FILHO, Romeu Felipe; GABARDO, Emerson; HACHEM, Daniel Wunder (Coord.). *Globalização, direitos fundamentais e direito administrativo*: novas perspectivas para o desenvolvimento econômico e socioambiental: Anais do I Congresso da Rede Docente Eurolatinoamericana de Direito Administrativo. Belo Horizonte: Fórum, 2011. p. 241-250. ISBN 978-85-7700-501-7.

DEMOCRACIA, INCLUSÃO DIGITAL E ACESSO À INTERNET*

CAROL PRONER

1 Introdução

Desenvolvimento econômico, inclusão tecnológica e democracia: temas vastos, interdependentes, mas não exatamente consequentes entre si. Trinômio em que a ordem dos fatores, sim, altera o produto. É sabido que desenvolvimento econômico não é garantia de inclusão tecnológica e por isso convém precisar os termos antes de iniciar uma reflexão: democracia entendida com a premissa da inclusão social, por meio, entre outros fatores, da inclusão tecnológica a partir das condições econômicas de uma sociedade, entendendo que sem desenvolvimento econômico não há tecnologia.

Com esse giro de perspectiva ou ao menos com essa delimitação do sentido dos termos, é que iniciamos uma reflexão. O Brasil vive hoje um momento especialmente favorável economicamente e projeta-se como 5ª economia mundial na próxima década. O momento histórico é propício para a formulação de políticas públicas relacionadas à

---

* Palestra apresentada no I CONGRESSO DA REDE DOCENTE EUROLATINOAMERICANA DE DIREITO ADMINISTRATIVO, no painel "Desenvolvimento econômico, inclusão tecnológica e democracia", às 9h do dia 24.02.2011, na Pontifícia Universidade Católica do Paraná.

inclusão tecnológica em diversos setores da economia, tanto no sentido da produção tecnológica quando do consumo e do acesso à tecnologia.

Das múltiplas áreas que envolvem tecnologia na perspectiva do consumo, o campo privilegiado para o debate do acesso tem sido o campo da inclusão digital (acesso a computadores conectados à Internet e com capacidade de navegação mínima, assim como infraestrutura e cognição complementar). A reflexão sobre as condições necessárias para que aconteça a inclusão digital traz consigo o repensar do marco jurídico regulatório e o modelo de sociedade que existe e que se quer construir a partir das novas demandas da sociedade e das inovações desprovidas de regulação na legislação nacional.

2 O Brasil na era do acesso: Plano Nacional para Banda Larga

O Brasil tem se destacado na formulação de políticas universais em matéria de direitos humanos e tem sinalizado politicamente que percorrerá o caminho de países como Estônia, Finlândia, França e Grécia, que entendem o acesso à Internet como parte constitutiva do direito à informação e, por tanto, como direito humano fundamental. A França considera que a Internet constitui ferramenta à liberdade de expressão.[1] A Finlândia aprovou em 2009 leis que garantem a todo cidadão do país (população de 5,3 milhões de habitantes) o acesso à Internet por conexão banda larga.[2]

Com o Plano Nacional para Banda Larga, o país objetiva massificar, até 2014, a oferta de acessos banda larga[3] e promover o crescimento da capacidade da infraestrutura de telecomunicações do país com vistas a acelerar a entrada da população na Sociedade da Informação.[4]

---

[1] Julgamento do Conselho Constitucional da França, em decisão que julgou improcedente a lei antipirataria *Loi Hadopi*, que previa uma série de restrições à publicação e troca de informações via Internet.

[2] Todos os moradores do país terão garantidos pelo governo o direito a 1 mega bit de conexão e o objetivo é que ao final do ano de 2015 esta conexão seja de 100 mbps. Dados do governo finlandês estimam que, em meados de 2008, 83% da população (de cerca de 5,3 milhões de habitantes) entre os 16 e 74 anos utilizavam a Internet, sendo que 80% deste total acessavam a rede diariamente.

[3] Precisando o que seja "acesso banda larga": um acesso com escoamento de tráfego tal que permita aos consumidores finais, individuais ou corporativos, fixos ou móveis, usufruírem, com qualidade, de uma cesta de serviços e aplicações baseada em voz, dados e vídeo. Informação disponível em: <http://www.mc.gov.br/images/pnbl/o-brasil-em-alta-velocidade1.pdf>.

[4] Informação disponível em: <http://www.mc.gov.br/plano-nacional-para-banda-larga>.

Entretanto, com 190 bilhões de habitantes e proporções continentais, o Brasil não obterá resultados tão extraordinários em curto prazo. A partir da constatação de que o Estado sozinho não reúne as condições para cumprir as metas de universalização no acesso à Internet, torna-se necessário avançar no tema das concessões públicas das novas tecnologias, das novas mídias e da internet banda larga, tema correlato ao Direito Administrativo.

Tendo em vista a natureza dos bens objetos do contrato de concessão às empresas para a exploração dos serviços (de telefonia, TV a cabo e banda larga), o Direito Administrativo ensina que um contrato de concessão de serviço público exige distinguir a parte efetivamente contratual e a parte regulamentar ou obrigacional tendo em vista o bem/serviço objeto contratual e, por essa razão, negócio jurídico passível de interferência do Estado. Assim rege a Lei Geral de Telecomunicações (LGT), no artigo 83, parágrafo único, quando diz que a "concessão de serviço de telecomunicações é a delegação de sua prestação, mediante contrato, por prazo determinado, no regime público, sujeitando-se a concessionária aos riscos empresariais, remunerando-se pela cobrança de tarifas dos usuários, ou por outras receitas alternativas e respondendo diretamente pelas suas obrigações e pelos prejuízos que causar". A legislação vigente possibilita, portanto, que o Estado utilize a exploração do serviço de telecomunicações em regime público como um instrumento de universalização.

As concessões às empresas de telefonia e de tecnologia relacionadas a banda larga tratam de bens que incidem na vida cotidiana daqueles que têm acesso à tecnologia e também daqueles que não o tem. A Internet, e aqui não se aprofundará por ser tese suficientemente difundida e aceita,[5] é o instrumento da informação e da comunicação por excelência e, como tal, deve ser considerado bem de natureza pública.[6] Tendo em conta a essencialidade do acesso à Internet (compreendendo não apenas

---

[5] A ONU propôs uma discussão sobre o papel da Internet nesse contexto, na Cúpula Mundial da Sociedade da Informação (WSIS — *World Summit on the Information Society*), que se realizou em duas fases — uma primeira em Genebra (2003), e a segunda em Tunis (2005) — e traçou metas ainda mais ambiciosas relativas às tecnologias da informação e de comunicação — estender a Internet a todas as localidades do mundo até 2015. São metas da Cúpula Mundial da Sociedade da Informação: conectar todas as localidades, todas as instituições de ensino, todas as instituições de pesquisa científica, todos os museus e bibliotecas públicas, todos os hospitais e centros de saúde, assim como as instituições em todos os níveis de governo. Adicionalmente, visa adaptar os currículos escolares para enfrentar os desafios da sociedade da informação, assegurar que todos tenham acesso à televisão e ao rádio, e garantir que mais da metade da população mundial tenha acesso às TIC até 2015.

[6] BENKLER, Yochai. A economia política dos commons. *In*: GINDRE, Gustavo *et al. Comunicação digital e a construção dos commons*. São Paulo: Fundação Perseu Abramo, 2007. p. 15.

o computador, como a conexão veloz à rede mundial de computadores, o conhecimento de programas de navegação e de participação no ambiente do ciberespaço), o desenvolvimento de políticas públicas inclusivas e democráticas poderá contribuir com a reversão do quadro da exclusão digital.

Segundo dados de 2006, apresentados pela UNESCO, no Brasil, mais da metade dos brasileiros (54,4%) nunca usou um computador. Menos de 20% têm o equipamento em casa, e apenas 14,5% dos domicílios com computador estão ligados à rede mundial.[7] Outros números apresentados na ocasião do lançamento do PNBL, o número de acessos à Internet em banda larga fixa atingiu aproximadamente 9,6 milhões em dezembro de 2008, o que corresponde a aproximadamente 17,8 acessos a cada 100 domicílios e 5,2 acessos a cada 100 brasileiros (esses dados não são homogêneos, e 40% dos acessos estão no Estado de São Paulo). Apesar do contínuo crescimento no número de acessos — taxa anual média de crescimento de 49% entre os anos de 2002 e 2008 —, observa-se uma forte desaceleração a partir de 2004. Além disso, na comparação internacional com países que, sob determinados critérios, apresentam condições semelhantes à Brasil — Argentina, Chile, China, México e Turquia —, o país apresenta baixos níveis de penetração de banda larga. Os estudos também destacam a baixa renda da família brasileira como o principal fator limitante ao consumo de assinatura banda larga (limites de gastos na cesta de consumo familiar).

Para Amadeu, a ideia de transformar a inclusão digital em política pública consolida, no mínimo, quatro pressupostos: i) o reconhecimento de que a exclusão digital amplia a miséria e dificulta o desenvolvimento humano local e nacional; ii) a constatação de que o mercado não irá incluir na era da informação os estratos pobres e desprovidos de dinheiro; iii) a velocidade da inclusão é decisiva para que a sociedade tenha sujeitos e quadros em número suficiente para aproveitar as brechas de desenvolvimento no contexto da mundialização de trocas desiguais e, também, para adquirir capacidade de gerar inovações; iv) a aceitação de que a liberdade de expressão e o direito de se comunicar seria uma falácia se ele fosse apenas para a minoria que tem acesso a comunicação em rede (14,5% da população pelos dados de 2006). Hoje,

---

[7] Os resultados são da Pesquisa sobre o Uso Domiciliar das Tecnologias de Informação e Comunicação — a chamada TIC Domicílios —, realizada pelo instituto Ipsos Opinion, a pedido do Comitê Gestor da Internet (CGI) em 2005 e 2006. Na consulta a 10,5 milhões de domicílios brasileiros, algumas tendências se confirmaram, outras apresentaram novidades. Informação disponível em: <http://www.unesco.org.br/>.

o direito a comunicação é sinônimo de direito a comunicação mediada por computador. Portanto, trata-se de uma questão de cidadania.[8]

O pacto, portanto, é de natureza público-privada, tensionado pelo interesse da coletividade no acesso a um bem fundamental para o desenvolvimento intelectual, cultural e social (parte do desenvolvimento humano). Trata-se de questão que mescla democracia e desenvolvimento econômico a partir do acesso à tecnologia/inclusão tecnológica.

3 As concessões: tensão público-privada

O Plano Nacional de Banda Larga (PNBL), lançado em maio de 2010,[9] está baseado em uma definição de banda larga que não se reflete em um valor numérico, mas na constante necessidade da infraestrutura de telecomunicações e em sua capacidade para suprir a cesta de serviços e aplicações que dela se utilizam, de forma a tornar possível à sociedade ter acesso à Internet do futuro.[10]

Como objetivo principal, o Plano prevê a massificação do acesso à Internet em banda larga no Brasil para os cidadãos, instituições do governo, entidades da sociedade civil e empresas, de modo a promover oportunidades, desconcentrar renda e incorporar os cidadãos hoje excluídos desse serviço, tendo como objetivos específicos: i) redução da desigualdade social; ii) redução da desigualdade regional; iii) geração de emprego, renda e qualificação dos serviços de governo; iv) competitividade brasileira e inserção no cenário internacional.

Esse plano, que deixa claro o posicionamento do governo no caminho da universalização, está pautando as negociações e tratativas com o setor privado e, como seria previsível, vem gerando resistências.

No início de 2011, o então Ministro das Comunicações, Paulo Bernardo, informou que o governo irá remunerar estatais, empresas privadas e governos locais detentores de rede de fibra óptica para garantir a meta de universalização de banda larga a todo o país. A estatal Telebrás, gestora do Plano Nacional de Banda Larga, possui somente 16 mil km de malha de fibras ópticas, sendo necessários pelo menos 30 mil km de fibras óticas para o programa. A estatal poderá recorrer

---

[8] AMADEU, S. Inclusão digital, software livre e globalização contra-hegemônica. Disponível em: <http://www.softwarelivre.gov.br/artigos/artigo_02/>. Acesso em 20 de fevereiro 2011.

[9] Informação disponível em: <http://www.mc.gov.br/plano-nacional-para-banda-larga>.

[10] Informação disponível em: <http://www.mc.gov.br/images/pnbl/o-brasil-em-alta-velocidade1.pdf>.

ao Tesouro Nacional em busca de recursos que permitam a ela colocar em prática a universalização do acesso à web, e esse reforço de caixa se justifica pelo fato de ela ter tido seu orçamento reduzido de R$1 bilhão para R$589 milhões para o biênio 2010-2011.

O Ministro espera concluir as negociações com empresas do setor adotando como base o PNBL e tendo como princípio o estímulo ao setor privado para que este invista na infraestrutura de banda larga, em regime de competição, cabendo ao Estado atuar de forma complementar, focalizando seus investimentos diretos, principalmente em acessos coletivos e em contextos de redução das desigualdades regionais e sociais.

As tratativas do governo incluem argumentos a respeito do preço do serviço, pois, conforme justificativa do setor privado, o serviço é para poucos e torna-se necessário praticar preços altos para se obter lucro. De acordo com o governo, a universalização do serviço leva em conta a possibilidade de os serviços serem barateados e chegarem a algo em torno de 30 reais, mas não há ilusão a respeito da gratuidade do serviço. Nesse sentido, o ganho em escala a partir da massificação da prestação de serviço é o argumento do Governo para atrair as empresas de telefonia.[11] Por outro lado, a reativação da Telebrás sinaliza saídas autossustentáveis para driblar a pressão do setor privado e induzir a queda dos preços.

As empresas resistem e argumentam que a base de cálculo não poderá ser modificada porque não houve previsão nos contratos de concessão em 2005 e não seria razoável o programa de novas obrigações.[12]

A queda de braço entre os espaços público e privado resume, por um lado, a tensão e os desafios de um país que deseja se tornar uma das cinco mais fortes economias do mundo e, por outro lado, revela a falsa dicotomia que existe no campo da tecnologia e do desenvolvimento

---

[11] De acordo com o PNBL, o Brasil se destaca dos demais países com relação ao número de usuários de Internet (banda larga e banda estreita), com aproximadamente 39 usuários a cada 100 habitantes acessando a rede em 2008, o que indica que existe uma demanda reprimida a ser atendida pelo acesso em banda larga. O acesso a Internet é feito em sua maioria a partir dos domicílios (43%) e dos centros públicos pagos (47%).

[12] Para o diretor de Assuntos Regulatórios da Oi, Paulo Mattos, a agência perdeu a chance de modificar a base de cálculo do pagamento da concessão em 2005, quando da renovação dos contratos de concessão. Segundo ele, pela Lei Geral de Telecomunicações (LGT), ela ocorre uma única vez, por isso agora não pode ter modificação da cláusula econômica, quando está acontecendo apenas uma revisão. O diretor de Assuntos Regulatórios da Telefônica, Marcos Bafutto, também reivindicou que as metas de universalização não fossem incluídas no contrato de concessão.

econômico. O Brasil do futuro tem a chance de fazer suas escolhas, escolhas do presente, de agora, e que tem a oportunidade de escolher um tipo de desenvolvimento que possa contemplar a distribuição e o acesso à tecnologia, combinando crescimento econômico e desenvolvimento humano.

Informação bibliográfica deste capítulo, conforme a NBR 6023:2002 da Associação Brasileira de Normas Técnicas (ABNT):

PRONER, Carol. Democracia, inclusão digital e acesso à internet. *In*: BACELLAR FILHO, Romeu Felipe; GABARDO, Emerson; HACHEM, Daniel Wunder (Coord.). *Globalização, direitos fundamentais e direito administrativo*: novas perspectivas para o desenvolvimento econômico e socioambiental: Anais do I Congresso da Rede Docente Eurolatinoamericana de Direito Administrativo. Belo Horizonte: Fórum, 2011. p. 251-257. ISBN 978-85-7700-501-7.

INCLUSÃO TECNOLÓGICA E DESENVOLVIMENTO DEMOCRÁTICO*

ENEIDA DESIREE SALGADO

1 Considerações iniciais

Há um certo entusiasmo em relação ao desenvolvimento tecnológico e sua (alegada) potencial democrática. A minha ideia aqui é questionar um tanto este em um sentido saudosista, de volta aos tempos em que a concentrada e que para alcançá-la era necessário algu. ssão específica. Nada disso, não tenho saudades da antiga b jurisprudência nem das dificuldades em obter o texto de uma Constituição estrangeira. Mas creio que as promessas digitais estão para além do que razoavelmente se pode esperar delas.

O sonho digital é embalado por duas notas centrais: o desenvolvimento e a democracia. A proposta deste artigo é provocar uma reflexão sobre seu conteúdo. Os mais audazes chegam a entrever a

---

* Palestra apresentada no I CONGRESSO DA REDE DOCENTE EUROLATINOAMERI-CANA DE DIREITO ADMINISTRATIVO, no painel "Desenvolvimento econômico, inclusão tecnológica e democracia", às 9h do dia 24.02.2011, na Pontifícia Universidade Católica do Paraná.

superação do modelo representativo da democracia e sua substituição pela decisão direta dos cidadãos, cotidiana, de problemas apontados em uma tela de computador ou de outra mídia. Cabe a discussão se isso é possível e se é desejável.

Mas, em busca da inclusão tecnológica, vislumbra-se uma universalização do acesso aos instrumentos necessários para tanto, com a previsão de barateamento de computadores e de acesso universal à Internet. E, presume-se, essa universalização permitirá a ampliação do acesso à informação e aos meios de divulgar seu pensamento, um incremento na participação política e um alargamento da esfera pública de discussão. Vale analisar as potencialidades destes efeitos esperados para, ao final, avaliar se promovem um desenvolvimento democrático.

2 O acesso à informação e aos meios de manifestação de opinião

A Internet permite que qualquer pessoa acesse páginas com conteúdo informativo de qualquer parte do mundo e assim reduz o monopólio das grandes empresas de comunicação e, por consequência, dos efeitos da seleção de informações. De fato, qualquer um pode ler as páginas dos jornalistas independentes, as opiniões barradas pelos meios de comunicação de massa, as leituras alternativas dos fatos.

A visibilidade dos *sites* e o número de acessos a eles, no entanto, assinalam em sentido contrário a esta democratização. O *site* Alexa, que contabiliza os endereços mais acessados, coloca no ranking brasileiro, depois do Google, do Google Brasil, do Orkut e do Youtube, o portal UOL. Embora a página da Folha de São Paulo esteja apenas na 200ª posição, sua linha editorial está explicitada no portal do Universo Online. O Globo.com está em sétimo lugar, o portal Terra em 11º, a Editora Abril em 20º, o Clic RBS em 48º e o Estadão em 55º. As fontes alternativas de versões dos fatos mais comentadas estão em posição muito inferior: a página de Luis Nassif está em 524º lugar, de Paulo Henrique Amorim em 601º, a da Carta Capital aparece na 2.080ª e da Carta Maior na 2.158º posição.[1]

---

[1] Dados obtidos em: <http://www.alexa.com>. Acesso em: 06 fev. 2011. Notícia de 8 de fevereiro de 2011 do site Folha.com afirma que uma pesquisa divulgada na Social Media Week revela que as mídias sociais e os *blogs* são totalmente pautados pela mídia tradicional, mas não influenciam esta, e indica como causa deste estado de coisas no Brasil a concentração da Internet em sete grandes portais (http://www1.folha.uol.com.br/mercado/872488-midias-sociais-sao-pouco-influentes-no-brasil-mostra-pesquisa.shtml).

Parece, desta forma, que embora haja a possibilidade de buscar fontes alternativas de informação e discussão, a grande parte dos brasileiros que têm acesso à Internet escolhe as mesmas empresas que dominam os meios de comunicação de massa. Podemos, como Óscar Sánchez Muñoz, criticar o "mito de la 'libertad' o 'democraticidad' intrínseca de la red", porque, mesmo no espaço virtual, continuam existindo os ricos e os pobres.[2] As grandes redes, concentradas em poucas mãos — a "mídia das classes dominantes" que bloqueia a democracia segundo Paulo Bonavides[3] e o grande desafio para a real democratização do país para Fabio Konder Comparato[4] — e que formam a arena de debates da contemporaneidade, projetam sua visão de mundo para além dos espaços de opinião. E, como acentua Owen Fiss, ditam o que se fala, sobre o que se fala, o que se cala e sobre o que se cala.[5] A atuação orquestrada das grandes empresas empobrece o debate público; e, como acentua Jônatas Machado, a liberdade de imprensa é uma garantia substantiva da democracia, uma função de interesse público, ao contribuir para a afirmação de uma opinião pública autônoma, o que não ocorre quando estão presentes os efeitos de seleção, hierarquização e conformação dos conteúdos publicísticos por poucos.[6]

Neste ponto valeria uma forte atuação do Estado, possivelmente por uma lei de meios agregada à inclusão digital e às novas tecnologias, que levasse a uma democratização efetiva destas fontes, buscando assegurar "a existência, integridade e acessibilidade de uma esfera de discurso alargada a todos os domínios do sistema social" fundamentada na inclusividade da comunidade constitucional de diálogo.[7]

---

[2] SÁNCHEZ MUÑOZ, Óscar. *La igualdad de oportunidades en las competiciones electorales.* Madrid: Centro de Estudios Políticos y Constitucionales, 2007. p. 338-339.

[3] BONAVIDES, Paulo. *Teoria constitucional da democracia participativa.* São Paulo: Malheiros, 2001. p. 47.

[4] Segundo sua Aula Magna na Faculdade de Direito da Universidade Federal do Paraná, em 1º de março de 2010. Disponível no *site*: <http://www.observatoriodaimprensa.com.br/artigos.asp?cod=587CID002>. Acesso em: 09 fev. 2011.

[5] *"What is said determines what is not said"* (FISS, Owen M. *Free speech and social structure. Yale Law School.* 1986. Disponível em: <http://www.law.yale.edu/faculty/fisspublications.htm>. Acesso em: 02 fev. 2011). Luís Felipe Miguel também ressalta o papel de formação da agenda pública, do "cardápio" das questões a serem refletidas pelo público, seja nos noticiários seja por programas de entretenimento (MIGUEL, Luís Felipe. Mídia e opinião pública. *In*: AVELAR, Lúcia; CINTRA, Antônio Octávio (Org.) *Sistema político brasileiro:* uma introdução. São Paulo: Ed. Unesp, 2004. p. 331-341).

[6] MACHADO, Jônatas E. M. *Liberdade de expressão*: dimensões constitucionais da esfera pública no sistema social. Coimbra: Coimbra Ed., 2002. p. 505, 613-619.

[7] MACHADO. *Liberdade de expressão*: dimensões constitucionais da esfera pública no sistema social, *op. cit.*, p. 666, 678-679.

Um fenômeno atual é o WikiLeaks,[8] uma organização com fins não lucrativos, formada por jornalistas e voluntários, que desde 2007 se dedica à defesa da liberdade de expressão e à liberdade de publicação, segundo seu próprio discurso baseado na Declaração Universal dos Direitos Humanos. Publicam-se os documentos — inéditos, secretos ou apenas parcialmente divulgados — ao lado do histórico das notícias sobre eles, proporcionando uma comparação entre eles. Defendem que da publicidade destes documentos decorre a transparência, e desta, o controle da sociedade sobre seus governos. A divulgação de algumas informações tidas como segredo de Estado, no entanto, levou a uma forte reação dos governos, principalmente dos Estados Unidos, contra seu criador, Julian Assange. O *site* WikiLeaks foi indicado para o Prêmio Nobel da Paz de 2011 pelo parlamentar norueguês Snorre Valen.

Antes do WikiLeaks, surgiu a Wikipedia, uma enciclopédia *on-line* e gratuita, "a enciclopédia livre que todos podem editar", disponível em 272 idiomas ou dialetos e criada em 2001.[9] É um dos *sites* mais visitados do mundo. O verbete "Wikipedia" na Encyclopædia Britannica, no entanto, aponta a existência de erros, intencionais ou não, nas definições trazidas por voluntários, bem como de informações parciais, conteúdos inadequados e erros gramaticais.[10]

Este é um dos problemas das informações disponíveis na Internet: sua credibilidade. Com isso não estou fazendo uma declaração ingênua da crença na confiabilidade dos demais meios de comunicação, mas apenas aponto que esta incerteza acentua-se na ausência de identificação do responsável ou na inexistência de um editor.

Os *blogs* e a possibilidade de comentários, nos próprios *blogs* ou nos portais, possibilitam a expressão de ideias e opiniões de qualquer indivíduo. Sua visibilidade, no entanto, é bastante reduzida. E a interatividade não implica uma qualidade desta participação: sugiro a leitura de alguns comentários às notícias dos grandes portais para ilustrar este argumento. Aliás, a possibilidade de se utilizar pseudônimos ou ainda manter-se no anonimato gera algumas mensagens irresponsáveis, ofensivas e preconceituosas. A Internet, assim, acaba se tornando o paraíso dos difamadores.

---

[8] Sobre o WikiLeaks e suas informações, ver http://wikileaks.ch. Acesso em 04 de fevereiro de 2011. O que mais me chamou a atenção foi o "Como entrenar a escuadrones de la muerte y aplastar revoluciones de El Salvador a Iraq – The U.S. Special Forces manual on how to prop up unpopular government with paramilitaries...".

[9] Segundo informações da própria Wikipedia. <http://pt.wikipedia.org/wiki/Wikip%C3%A9dia>. Acesso em: 06 fev. 2011.

[10] <http://www.britannica.com/EBchecked/topic/1192818/Wikipedia>.

E essa difamação pode gerar efeitos em nossa democracia. A utilização das mensagens eletrônicas anônimas e virais nas últimas eleições presidenciais configurou um grande instrumento de marketing — ou melhor, de contramarketing. Montagens, denúncias vazias, imagens falsas funcionaram para disseminar o medo e a confusão sobre os fatos, empobrecendo o debate político. Algumas destas mensagens acabaram por ditar os grandes temas da disputa eleitoral — questões que, em uma República liberal, não devem e nem podem ser decididos pelas maiorias, mas são do âmbito individual. Além disso, o desmentido dos boatos ocupou boa parte do tempo dos candidatos e de sua assessoria.

Confesso, assim, meu ceticismo em relação à primeira expectativa da inclusão tecnológica. Não vislumbro ainda a ampliação do acesso a fontes diversas de informação e nem o incremento dos meios de o cidadão comunicar — de maneira efetiva — a sua opinião.

3 Participação política — a promessa da democracia eletrônica

A segunda possibilidade aventada pela inclusão tecnológica seria o fortalecimento da participação política, a partir da existência de informações na Internet e de canais de manifestação para os cidadãos.

De fato, a ideia — ou o ideal — do governo eletrônico[11] tem trazido alguns dados relacionados à Administração Pública e aos administradores que antes só podiam ser consultados com alguma dificuldade. É possível a qualquer indivíduo acompanhar as contas públicas do Município de Curitiba, por exemplo, pelo portal "Curitiba Aberta".[12] Na página do Governo do Estado do Paraná estão disponíveis informações sobre os servidores, o orçamento e as obras públicas, como também há um destaque para os projetos do "governo eletrônico" do Estado, como a criação do Portal da Educação e a ampliação do número de telecentros Paranavegar.[13] Em âmbito federal, há o Portal da Transparência,[14] com informações sobre servidores, despesas, receitas, transferências para

---

[11] Há várias concepções do que seja governo eletrônico, desde apenas a utilização de tecnologias para melhorar o acesso a serviços públicos até a promoção de interação plena entre governo e cidadãos. Ver, sobre o tema, TORRES, Norberto A.; AGUNE, Roberto M. "Webgov nos municípios paulistas", *poliTICs*. mar. 2009, p. 16-24. Neste trabalho, o termo será adotado em sua acepção mais ampla e menos exigente.

[12] <http://www.curitibaaberta.curitiba.pr.gov.br/>.

[13] <http://www.cidadao.pr.gov.br/>.

[14] <http://www.transparencia.gov.br/>.

Estados e Municípios e convênios. A Câmara de Deputados anunciou um portal — www.edemocracia.gov.br — que, no entanto, ainda não está funcionando.

No campo eleitoral, os dados dos candidatos são disponibilizados para consulta nas páginas dos tribunais eleitorais, inclusive sua declaração de bens. Antes de 2008, o acesso a esta informação, exigida para o registro de candidatos conforme o artigo 11, §1º, IV, da Lei das Eleições (Lei nº 9.504/97) e pretensamente pública, implicava um pedido formal à autoridade responsável pelo recebimento dos registros, devidamente justificado, e necessitava da autorização do Poder Judiciário.

Ainda em relação a candidatos a cargos eletivos, órgãos de imprensa, associações e organizações não governamentais, reúnem dados sobre condenações, processos judiciais, desempenho em mandato anterior e financiamento de campanhas, possibilitando que o eleitor tenha mais dados para decidir seu voto.

O Transparência Brasil traz também o desempenho dos parlamentares, com o uso de verbas indenizatórias, viagens, produtividade legislativa. Atualmente, a organização está desenvolvendo o projeto "Meritíssimos", com a análise do desempenho dos ministros do Supremo Tribunal Federal.[15]

Há, ainda, diversos "observatórios" e institutos com suas páginas na Internet e que possibilitam o conhecimento da atuação da jurisdição constitucional,[16] do respeito aos direitos dos trabalhadores,[17] dos direitos humanos,[18] além de organizações temáticas que trazem informações sobre questões públicas relevantes, como a Comissão de Cidadania e Reprodução,[19] a Comissão Pastoral da Terra,[20] a tortura e os desaparecimentos durante a ditadura,[21] entre muitos outros.

Neste ponto, a inclusão digital pode significar a integração dos indivíduos em uma rede de informações capaz de permitir uma análise crítica dos problemas sociais e sua participação em associações para a promoção dos direitos. Esta participação social promove a emersão

---

[15] <http://www.transparencia.org.br/> e <http://www.meritissimos.org.br/stf/index.php>.

[16] <http://www.sbdp.org.br/observatorio.php>, <http://www.idp.edu.br/publicacoes/observatorio-da-jurisdicao-constitucional-issn-1982-4564>.

[17] <http://www.observatoriosocial.org.br/portal/>

[18] <http://www.dhnet.org.br> e <http://observatorio.nevusp.org/index.html>

[19] <http://www.ccr.org.br/>

[20] <http://www.cptnacional.org.br/>

[21] <http://www.desaparecidospoliticos.org.br/>, <http://www.torturanuncamais-rj.org.br/>, <http://www.torturanuncamais-sp.org.br/site/>, <http://portal.mj.gov.br/data/Pages/MJ20BF8FDBITEMIDDB66A11972EE4432A7654440E32B2B6CPTBRIE.htm>.

do indivíduo e a tomada de consciência do seu lugar na sociedade.[22] E isso, embora não seja o suficiente para garantir o desenvolvimento democrático, já é um bom começo.

Merece uma avaliação positiva de igual forma a visibilidade dada aos tribunais. Pelo acesso às páginas do Poder Judiciário na Internet hoje é possível ao cidadão acompanhar as decisões que lhe interessam, bem como verificar as tendências das cortes em relação aos direitos fundamentais, por exemplo. Um passo além, o Supremo Tribunal Federal conta com uma página oficial no Youtube,[23] e ali disponibiliza os programas da TV Justiça, com aulas e debates sobre temas específicos do direito e resumo das principais decisões. O STF utiliza também o Twitter para divulgar suas decisões e as demandas que são apresentadas à Corte.

Não me parece, no entanto, digno de aplauso o intento de utilizar as ferramentas tecnológicas para institucionalizar formas de participação política. Tenho muitas ressalvas em relação ao voto pela Internet, ao plebiscito eletrônico e às consultas populares assim realizadas. O primeiro deles, o voto pela Internet, ou voto eletrônico a distância, está sendo debatido principalmente nos países em que o voto é facultativo e com alto índice de absenteísmo. A União Europeia estudou a questão com o projeto Cybervote que buscava estimular a participação eleitoral, principalmente de jovens, pessoas com deficiência física, imigrantes e excluídos socialmente, mas que foi oficialmente encerrado em 2003.

A ACE Electoral Knowledge Network[24] apresenta uma lista com os países que possuem projetos de voto eletrônico. Austrália, Brasil, Bélgica, Índia, Irlanda, Noruega e Portugal possuem sistemas eletrônicos de votação, mas apenas nas seções eleitorais. O voto eletrônico remoto ou a distância, segundo a organização, foi experimentado na Alemanha, Áustria, no Canadá, na Espanha, na Estônia, nos Estados Unidos, na França, na Holanda, no Reino Unido e na Suíça.

Além dos problemas relacionados ao sistema eletrônico de votação nas seções eleitorais, como a impossibilidade de recontagem e a interferência de elementos estranhos na transmissão do voto para a totalização, o voto a distância traz — ou agrava — um mais: a possibilidade de quebra do sigilo do voto.

O voto secreto é um direito político fundamental e está entre as cláusulas pétreas do nosso ordenamento constitucional. E, com Jorge

---

[22] FREIRE, Paulo. *Educação como prática da liberdade*. 24. ed. Rio de Janeiro: Paz e Terra, 2000. p. 63.

[23] <http://www.youtube.com/stf>.

[24] <http://aceproject.org/ace-en/focus/e-voting?toc>.

Reis Novais, compreendo que é um direito irrenunciável, em face de sua forte relação com o interesse público e com a instabilidade do sistema político que poderia ser provocada por uma renúncia coletiva deste direito.[25] Sem a "cabina indevassável" e com a possibilidade de identificação da origem de determinado voto, cai por terra uma das garantias mais caras à nossa democracia.

Tampouco me soa adequada à nossa visão de democracia o plebiscito e consultas populares eletrônicas, como práticas que empobrecem o debate político e transformam as decisões políticas em posições puramente individuais, além de seu viés de democracia estatística, como veremos a seguir.

4 O espaço de discussão pública e as novas tecnologias

Para analisar se a inclusão digital e as novas tecnologias de fato incrementam o debate político e qualificam a democracia, faz-se necessário esclarecer de que conceito de democracia se está falando.

Creio ser possível, em virtude de nossa configuração constitucional, combinar as concepções de Carlos Santiago Nino e de Ronald Dworkin para caracterizar a democracia brasileira. Para Dworkin,[26] a democracia exige, em primeiro lugar, tratamento dos cidadãos com igual respeito e consideração e a possibilidade de que cada um tenha seus juízos próprios de moralidade pessoal. A democracia implica uma ação coletiva que não se confunde com ações individuais, mas que exige a consciência individual de pertencimento ao grupo, a quem a ação é imputada.[27] As decisões do grupo não são formadas a partir da leitura individual de cada cidadão, dos seus desejos e preferências.

A essa noção pode ser agregada a concepção deliberativa da democracia epistêmica de Carlos Santiago Nino,[28] também consistente com o texto constitucional. A justificação moral da democracia reside em seu poder de transformar os interesses das pessoas de um modo

---

[25] NOVAIS, Jorge Reis. *Direitos fundamentais*: trunfos contra a maioria. Coimbra: Coimbra Ed., 2006. p. 234-242.

[26] DWORKIN, Ronald. *Liberalismo, Constitución y Democracia*. Trad. Julio Montero y Alfredo Stolarz. Buenos Aires: La isla de la luna, 2003 [1980/1990]. Mais precisamente no artigo "Igualdad, Democracia y Constitución: nosotros, el pueblo, en los estrados".

[27] Essa noção ajusta-se com a noção de cidadão de Clèmerson Merlin Clève, não como aquele que pode votar e ser votado, mas "o sujeito, aquele ser responsável pela história que o envolve", que é ativo, reivindicante (CLÈVE, Clèmerson Merlin. *Temas de direito Constitucional*: e de Teoria do Direito. São Paulo: Acadêmica, 1993. p. 16).

[28] NINO, Carlos Santiago. *La constitución de la democracia deliberativa*. Barcelona: Gedisa, 1996.

moralmente aceitável, entendendo a deliberação coletiva como capaz de alterar os interesses individuais.[29] Tal configuração democrática exige que todas as partes interessadas participem na discussão e na decisão, de maneira razoavelmente igual e sem coerção, em que possam expressar seus interesses e justificá-los com argumentos genuínos; que o grupo tenha uma dimensão apropriada para permitir a maximização da probabilidade de um resultado correto; que as maiorias e minorias se formem a cada matéria discutida e nenhuma minoria reste isolada; e que os indivíduos não se encontrem sujeitos a emoções extraordinárias.[30] Nino aposta no caráter moral da democracia, a partir de conteúdos morais e de procedimentos deliberativos também configurados como morais.[31]

A democracia exige um debate robusto, com a participação efetiva e consciente dos cidadãos, em um processo capaz de provocar mudanças de opinião. Assim, não é suficiente a abertura de canais institucionais que não promovam e nem exijam o debate, como acontece com a votação remota ou o plebiscito eletrônico. Estes meios apenas permitem de maneira mais rápida a contabilização de vontades individuais. Com Stephen Holmes, a democracia não se identifica com a imposição da vontade majoritária, mas revela-se como o governo por discussão pública, constituída pelo dissenso público.[32]

Não estou defendendo a pura democracia representativa, como o fazem Reinhold Zippelius, que aponta seus ganhos em capacidade de ação, racionalidade e controlabilidade,[33] e Norberto Bobbio, que

---

[29] Daí sua ênfase no caráter epistêmico da democracia. Em Nino, "[l]a democracia tendría un valor intrínseco no por lo que *es*, sino por lo que *permite conocer*" (GREPPI, Andrea. Consenso e imparcialidad. Sobre la justificación moral de la democracia en el pensamiento de C. S. Nino. *In*: ROSENKRANTZ, Carlos; VIGO, Rodolfo L. (Comp.). *Razonamiento jurídico, ciencia del derecho y democracia en Carlos S. Nino*. Ciudad de México: Fontamara, 2008. p. 229-259, p. 242). Essa compreensão de democracia afasta a afirmação de Herbert L. A. Hart de que as regras ou princípios jurídicos cujo conteúdo seja moralmente iníquo possam ser válidos (HART, Herbert L. A. Pós-escrito. *In*: HART, Herbert L. *O conceito de Direito*. Trad. A. Ribeiro Mendes. 4. ed. Lisboa: Fundação Calouste Gulbenkian, 2005 [1994]. p. 299-339, p. 331).

[30] NINO. *La constitución de la democracia deliberativa*, *op. cit.*, p. 180.

[31] Roberto Gargarella defende a democracia deliberativa, afirmando que ela impõe o tratamento de todos como igual consideração e assim favorece a tomada de decisões imparciais, valorando o processo que antecede a decisão (GARGARELLA, Roberto. *La justicia frente al gobierno*: Sobre el carácter contramayoritario del poder judicial. Barcelona: Ariel, 1996. p. 157-158).

[32] HOLMES, Stephen. El precompromiso y la paradoja de la democracia. *In*: ELSTER, Jon; SLAGSTAD, Rune (Org.). *Constitucionalismo y democracia*. Tradução: Monica Utrilla de Neira. Ciudad de Mexico: Fondo de Cultura Económica, 1999 [1988]. p. 217-262, p. 254-255.

[33] O autor, no entanto, afirma que a prática parlamentar desmente essa vantagem: não se verifica no debate parlamentar a busca por uma solução racional e racionalmente construída, observando-se uma postura de defesa ou ataque ao governo, não importa

afirma que a representação política institucionaliza o conflito e permite a participação das diferentes concepções de vida em condições adequadas para a formação da vontade política.[34] A representação política é, a meu ver, uma ficção cercada de mitos e que promove uma participação cidadã apenas simbólica.[35] Mas tampouco me contento com a sua substituição ou alegada superação por uma democracia monossilábica, individualista e plebiscitária.

Já em relação à efetiva — e não apenas prometida — ampliação do acesso à informação e aos meios de divulgar o pensamento como consequência da inclusão digital, sua contribuição para o fortalecimento da esfera pública é evidente. Canais que possibilitem aos cidadãos fortalecer e questionar as suas posições políticas, contrapondo-as a outras visões de mundo em um ambiente democrático, sem dúvida enobrece a democracia, tomada naquele sentido epistêmico e constitucional.

Para que isso efetivamente ocorra, no entanto, impõe-se uma alteração do atual cenário. Hoje, os meios eletrônicos de informação apenas fortalecem as grandes empresas de comunicação e o discurso único, o que pode levar, como adverte Brian Seitz, a uma democracia para além da representação que não se mostrará como uma democracia direta, como "a voz pura da soberania popular" ou "a vontade orgânica do povo", mas como uma hegemonia organizada tecnologicamente que marcaria o fim do conflito ontológico da representação.[36]

---

a matéria em debate, ou a preservação de carreiras políticas e de ambições eleitorais (ZIPPELIUS, Reinhold. *Teoria Geral do Estado*. 3. ed. Trad. Karin Praefke-Aires Coutinho. Lisboa: Fundação Calouste Gulbenkian, 1997 [1994]. p. 234-235). Há, no entanto, uma "retroação" democrática da ação representativa quando o povo decide de tempos em tempos, em intervalos curtos, sobre a continuidade de atuação dos representantes (em nova nomeação) ou sobre assuntos específicos. Essa retroação não é eficaz quando determinados temas são excluídos dos debates parlamentares por configurarem um consenso entre os partidos — nesses casos, os partidos, em cartel, ignoram a opinião pública contrária. Alguns exemplos apresentados pelo autor são as questões referentes ao financiamento dos partidos e o vencimento dos deputados (*Ibid.*, p. 242-243).

[34] BOBBIO, Norberto. *Teoria geral da política*: a filosofia política e a lição dos clássicos. Rio de Janeiro: Campus, 2000. cap. Democracia representativa e democracia direta.

[35] SALGADO, Eneida Desiree. A representação política e sua mitologia. *In*: CONGRESO IBEROAMERICANO DE DERECHO ELECTORAL, 2010, Monterrey, N. L., México.

[36] SEITZ, Brian. *The trace of political representation*. Albany: State University of New York Press, 1995. p. 157. Quem sabe seja o "pensamento único" da globalização capitalista, denunciado por Milton Santos (SANTOS, Milton. *Por uma outra globalização*: do pensamento único à consciência universal. 5. ed. Rio de Janeiro: Record, 2001).

5 Por "uma democracia mais democrática"

A inclusão digital é uma exigência dos tempos atuais. A velocidade das comunicações e o acesso às informações, ainda que exijam uma seleção atenciosa para evitar falseamentos ardilosos, devem estar ao alcance de todos. Esse seria o primeiro passo: a democratização dos instrumentos. O grande desafio reside em promover uma inserção crítica dos indivíduos na cidadania. Universalizar os meios tecnológicos e a inclusão digital, mas também, e de maneira bastante enfática, provocar uma conscientização, uma "republicanização", dos cidadãos. Fomentar a renúncia à apatia e à expectação e criar mecanismos efetivos para um tipo de participação deliberativa, coletiva, plural.

O espaço digital não pode ser excludente; ao contrário: deve configurar um verdadeiro espaço público.[37] Mais do que os meios de comunicação tradicionais, as ferramentas do cyberespaço são aptas a ensejar o pluralismo e a interação em um processo comunicativo livre e vigoroso. Como fazê-lo é o que ainda precisamos descobrir ou inventar. E, claro, contar com a virtude cívica dos cidadãos na sua utilização política.[38]

Informação bibliográfica deste capítulo, conforme a NBR 6023:2002 da Associação Brasileira de Normas Técnicas (ABNT):

SALGADO, Eneida Desiree. Inclusão tecnológica e desenvolvimento democrático. *In*: BACELLAR FILHO, Romeu Felipe; GABARDO, Emerson; HACHEM, Daniel Wunder (Coord.). *Globalização, direitos fundamentais e direito administrativo*: novas perspectivas para o desenvolvimento econômico e socioambiental: Anais do I Congresso da Rede Docente Eurolatinoamericana de Direito Administrativo. Belo Horizonte: Fórum, 2011. p. 259-269. ISBN 978-85-7700-501-7.

---

[37] Com Habermas, um espaço público excludente não é apenas incompleto: nem sequer é espaço público (HABERMAS, Jürgen. *Mudança estrutural da esfera pública*. Trad. Flávio R. Kothe. Rio de Janeiro: Tempo Brasileiro, 1984 [1961]. p. 105).

[38] Ressalta Phiplip Pettit que o republicanismo pressupõe a virtude pública, com cidadãos vigilantes. Para que haja liberdade é necessária uma virtude cívica, que exige disposição para a participação no governo e determinação para o exercício de uma eterna vigilância em relação aos governantes (PETTIT, Philip. Republican Theory and Political Trust. *In*: BRAITHWAITE, Valerie; LEVI, Margaret (Ed.). *Trust and Governance*. New York: Russell Sage Foundation, 1998. p. 295-314; PETTIT, Philip. Republican Political Theory. *In*: FLEURBAEY, Marc; SALLES, Maurice; WEYMARK, John A. (Ed.). *Justice, Political Liberalism, and Utilitarianism*. New York: Cambridge University Press, 2008. p. 389-410).

PAINEL VI

SERVIÇOS PÚBLICOS E ATIVIDADE ECONÔMICA COMO MEIOS DE DESENVOLVIMENTO

SERVIÇO PÚBLICO, DESENVOLVIMENTO ECONÔMICO E A NOVA CONTRATUALIZAÇÃO DA ADMINISTRAÇÃO PÚBLICA: O DESAFIO NA SATISFAÇÃO DOS DIREITOS FUNDAMENTAIS*

VIVIAN LIMA LÓPEZ VALLE

Dentro do tema proposto para este colóquio, Serviço Público e Atividade Econômica como Meios de Desenvolvimento, e voltada à premissa de que o Estado Social é um Estado com ambição e proposta de oferecer o bem-estar a seus cidadãos,[1] propõe-se aqui uma reflexão sobre as possibilidades de desenvolvimento e materialização de direitos fundamentais através da prestação de serviços públicos e a sua realização por um novo modelo contratual de Administração Pública, o contrato de parceria público-privada.

---

* Palestra apresentada no I CONGRESSO DA REDE DOCENTE EUROLATINO-AMERICANA DE DIREITO ADMINISTRATIVO, no painel "Serviços públicos e atividade econômica como meios de desenvolvimento", às 10h do dia 24.02.2011, na Pontifícia Universidade Católica do Paraná.

[1] Entende-se que, excetuando-se o Estado Absoluto, os demais modelos de Estado objetivam o bem-estar de seus cidadãos, variando a sua caracterização em face de concepções históricas e políticas em cada modelo. Assim, do Estado Liberal, passando pelo Estado Social e atingindo o Estado Neoliberal, a noção de bem-estar permanece presente. O que muda são as visões que se imprime ao bem-estar, o papel do Estado na sua promoção e os sujeitos destinatários de sua ação.

Para tanto se faz necessária a divisão do presente ensaio em três linhas de pensamento: 1. o serviço público; 2. o novo modelo contratual da Administração Pública através da parceria público-privada; 3. a promoção do desenvolvimento econômico através da materialização dos direitos fundamentais.

1 O serviço público

O serviço público desenvolveu-se sob o signo da preocupação com os menos favorecidos, como espécie de resposta ao individualismo possessivo do liberalismo econômico. Por isso, sua maior ou menor prestação pelo Estado relaciona-se essencialmente com a visão de Estado que se pretende para o século XXI e com a maior ou menor projeção dos direitos sociais e de sua efetividade na sociedade.

Pela noção de serviço público consegue-se obter um ponto de referência e de aglutinação de normas aplicáveis a certas situações, consolidando um dado regime de prestação. Tais situações necessariamente ligam-se ao pressuposto da relevância da atividade para a sociedade e da impossibilidade de seu exercício livre pelo mercado.

Pode-se definir o estudo do serviço público como o estudo do elemento nuclear das definições do próprio Estado. Quando se questiona o papel do Estado no século XXI, necessariamente se discute a sua feição intervencionista, e acaba-se questionando também a própria identidade do serviço público.

Contudo, importante destacar que o questionamento não pode residir na noção de serviço público em si, mas no papel de Estado prestador de serviços públicos. Ou seja, o que está em discussão é o modelo de Estado Social e a prestação pelo Estado de inúmeros serviços públicos, os quais asseguram direitos sociais constitucionalmente tutelados. O que está em jogo é o modo através do qual o Estado prestará estes serviços públicos.

A ideia essencial de serviço público é de prestação, necessariamente devendo haver ligação com o ente estatal, onde a fiscalização da atividade é atribuição do poder público competente, e o regime jurídico é o elemento formal da noção de serviço público.

Serviço público é atividade material destinada ao atingimento do interesse público, permeada pelas ideias de necessidade e essencialidade e pela defesa intransigente da efetividade e materialização dos direitos sociais estabelecidos na Constituição de 1988, especialmente aqueles ligados ao mínimo existencial e à proposta da dignidade da pessoa humana.

O conceito de serviço público está intimamente relacionado com o papel do Estado, com a intensidade de sua intervenção na economia e com a definição de suas atividades tidas como precípuas. Seu conceito deriva da forma proposta de Estado num dado período histórico, dependendo da concepção política retirada da realidade concreta de uma sociedade. Por tal razão Marçal Justen Filho afirma a relatividade conceitual, pois nele estão refletidas as características de um ordenamento jurídico num certo momento.[2]

A categoria "serviço público" é, em geral, classificada a partir da distinção do seu exercício e do desempenho das atividades econômicas do Estado. Celso Antônio Bandeira de Mello descreve a dificuldade de formular essa conceituação, visto que se trata de definição residual à de atividade econômica, e alerta que esta noção "certamente não é rigorosa; não se inclui entre os conceitos chamados teoréticos, determinados. Antes, encarta-se entre os que são denominados conceitos práticos, fluidos, elásticos, imprecisos ou indeterminados".[3]

Nessa esteira de reflexão, a Constituição brasileira de 1988 consagrou, no Capítulo "Da Ordem Econômica", a ideia de liberdade e de limitação da intervenção do Estado na economia, protegendo e garantindo a propriedade privada.[4]

Eros Grau proclama o serviço público como uma modalidade de atividade econômica. Na sua visão, a intervenção direta no domínio econômico pelo Estado, na sistemática da Constituição brasileira de 1988, far-se-ia através de duas modalidades: o exercício de atividade econômica em sentido estrito, regida pelo direito privado, e a prestação de serviços públicos, orientada pelo direito público, onde, em face da dificuldade na distinção entre um e outro, serviço público seria uma espécie do gênero atividade econômica.[5]

---

[2] JUSTEN FILHO, Marçal. *Teoria geral das concessões de serviço público*. São Paulo: Dialética, 2003. p. 16-17.

[3] No entanto, para o autor "embora tais conceitos comportem uma faixa de incerteza, é certo, entretanto, que existe uma zona de certeza positiva quanto à aplicabilidade deles e uma zona de certeza negativa quanto à não aplicabilidade deles. Vale dizer, em inúmeros casos ter-se-á certeza que induvidosamente se estará perante 'atividade econômica', tanto como, em inúmeros outros, induvidosamente, não se estará perante 'atividade econômica'. Em suma, o reconhecimento há de ser feito ao lume de critérios e padrões vigentes em dada época e Sociedade, ou seja, em certo tempo e espaço, de acordo com a intelecção que nela se faz do que sejam 'esfera econômica' (âmbito da livre iniciativa) e a esfera das atividades existenciais à Sociedade em um momento dado e que, por isto mesmo, devem ser prestadas pelo próprio Estado ou criatura sua ('serviços públicos')" (MELLO, Celso Antônio Bandeira de. *Curso de direito administrativo*. 25. ed. São Paulo: Malheiros, 2008. p. 640-641).

[4] Nesse sentido GROTTI, Dinorá Adelaide Musetti. *O serviço público e a Constituição brasileira de 1988*. São Paulo: Malheiros, 2003 e, JUSTEN FILHO. *Teoria geral das concessões de serviço público, op. cit.*, p. 17.

[5] GRAU, Eros. *A ordem econômica na Constituição de 1988*. 5. ed. São Paulo: Malheiros. p. 123 *et seq.*

Marçal Justen Filho, sobre essa conclusão, alude que o serviço público "não é um conceito que pode ser diferenciado de modo absoluto de atividade econômica, porque apresenta caracteres econômicos. É possível, isto sim, diferenciar serviço público de uma concepção mais restrita de atividade econômica".[6]

De todo modo, apresenta-se indiscutível que serviço público envolve a ideia de prestação. Alguns elementos são intrínsecos à sua noção e embasam seu conceito clássico. Tradicionalmente, o serviço público sempre foi dividido em três aspectos, os quais serão sucintamente abordados.

O primeiro relaciona-se com a essencialidade da atividade. A atividade para ser considerada serviço público deve ser essencial para a coletividade. É um elemento material. Existe um núcleo de serviços públicos constitucionalmente estatuídos, como água, luz, transporte, etc. (art. 21, incisos XI e XII, da Constituição Federal). A essencialidade possui referencial político, definido constitucionalmente em cada Estado, a partir de suas prioridades e necessidades.

O segundo aspecto refere-se ao vínculo da atividade com o Estado, seja por prestação direta ou indireta, de cunho orgânico. A atividade deve ser prestada diretamente pelo Estado ou a sua execução por ele deve ser fiscalizada, se desempenhada pelo particular. A razão é a ausência de transferência da titularidade do serviço, que continua a ser público, mesmo se executado por particulares mediante concessão ou permissão.

O terceiro aspecto alude ao regime de direito público que rege a atividade e se desenrola a partir do direito administrativo, com princípios próprios e normas juspublicistas, voltadas à consecução do interesse público. O regime jurídico de direito público é o elemento formal da noção clássica de serviço público.

Com base nessas premissas, a doutrina trabalha de modo diverso o seu conceito. Cassagne estabelece que serviço público é a prestação individualizada de atividades tendentes a satisfazer necessidades primordiais e diretas dos habitantes, cuja titularidade o Estado assume como próprias.[7] É um conceito restrito porque se atém à prestação, considerando-a somente enquanto individualizada e direta.

Celso Antônio Bandeira de Mello ensina que serviço público é atividade de oferecimento ou comodidade material fruível diretamente pelos administrados, prestado pelo Estado ou por quem lhe faça as vezes,

---

[6] JUSTEN FILHO. *Teoria geral das concessões de serviço público, op. cit.*, p. 19.

[7] CASSAGNE, Juan Carlos. *Derecho Administrativo*. 5. ed. Buenos Aires: Abeledo-Perrot, 1996. t. II.

em face de serem reputadas imprescindíveis à sociedade, sob um regime de direito público.[8]

Para Maria Sylvia Zanella Di Pietro, serviço público é toda atividade material que a lei atribui ao Estado para que exerça diretamente ou por meio de seus delegados, em face de uma dada necessidade pública, sob regime total ou parcial de direito público.[9]

Na realidade, sendo amplo ou restrito o conceito, abrangendo prestação direta ou indireta, a noção de serviço público possui na sua razão de ser a satisfação de um interesse comum, de uma necessidade da coletividade, e como tal deve ser encarada.

Hely Lopes Meirelles identifica os serviços públicos através da definição de atividades essenciais e de outras passíveis de delegação, utilizando-se da classificação dos serviços públicos em próprios e impróprios.[10]

Nessa perspectiva, o que define um serviço como público não é nem o elemento formal nem o elemento subjetivo, mas o elemento material, consubstanciado na essencialidade daquela atividade para a sociedade, na sua relevância e importância num dado momento histórico.

É importante frisar que, em que pese o serviço público se traduza em uma opção política, o legislador tem pouca autonomia na sua configuração, vez que somente se apresenta válido identificar uma atividade como serviço público se ela preencher alguns pressupostos, onde a essencialidade estaria intimamente ligada com a dignidade da pessoa humana.[11] Se, diversamente, for verificada atividade legislativa sem esse contorno, estar-se-á diante da irrazoabilidade legislativa, portanto, reprovável pelo ordenamento jurídico.

Como exemplo de serviços essenciais, pode-se citar os serviços públicos denominados próprios, ofertados diretamente pelo Estado, usando o poder de império sobre os cidadãos. A sua natureza não permite que sejam prestados mediante delegação por serem incompatíveis com o elemento lucro auferido pela iniciativa privada, e com interesses particulares diversos do interesse público e do bem comum.[12] Não

---

[8] MELLO. *Curso de direito administrativo, op. cit.*, p. 616.

[9] DI PIETRO, Maria Sylvia Zanella. *Direito administrativo.* 14. ed. São Paulo: Atlas, 2002. p. 99.

[10] MEIRELLES, Hely Lopes. *Direito administrativo brasileiro.* 25. ed. São Paulo: Revista dos Tribunais, 2000. p. 306.

[11] Esse é o entendimento de JUSTEN FILHO. *Teoria geral das concessões de serviço público, op. cit.*, p. 21 *et seq.*

[12] Exemplos claros são os serviços de segurança pública, defesa nacional, preservação da saúde pública, iluminação pública.

são serviços de consumo, geralmente são serviços gratuitos ou de remuneração extremamente módica, para se tornarem acessíveis a toda a população. São mantidos pelos tributos em geral e são também chamados de serviços *uti universi*. Os seus destinatários compreendem toda a coletividade, sem individualização. São indivisíveis e a coletividade frui indiretamente os seus benefícios.

Existem ainda as atividades passíveis de delegação, que seriam aquelas compreendidas entre os serviços impróprios, os quais não possuem a mesma conotação de essencialidade que os próprios. São os serviços *uti singuli*, cujos beneficiários são individualizados, a prestação é divisível e a fruição é direta.[13] Satisfazem necessidades e conveniências dos cidadãos e podem ser atendidos pelo próprio Estado ou, por delegação a terceiros (concessões, permissões ou autorizações), e a retribuição é feita mediante uma remuneração mensurável ao consumo individual do serviço (taxas ou tarifas). É nesse contexto que se insere o tema colocado em debate.

A delegação de serviços públicos apresenta-se atualmente cada vez mais como instrumento de satisfação de direitos fundamentais, especialmente considerando a incapacidade ou ausência de condições econômicas do Estado em atuar em diversos setores importantes para o desenvolvimento da sociedade, tais como geração e distribuição de energia e logística de transportes, para citar dois exemplos. A delegação da execução de atividades a particulares através de concessão de serviço público é necessária e merece atenção especial quando se trata do contrato de parceria público privada.

As atividades delegadas envolvem ou pelo menos não excluem a busca do elemento lucro, e por isso podem ser prestadas por particulares. O Estado, mantendo a sua titularidade, pode permitir o seu desempenho direto pela iniciativa privada, mas não pode se omitir na intervenção, na fiscalização e no controle de sua execução, no intuito de garantir que o elemento "lucro" não se sobreponha aos valores de dignidade do usuário, igualdade na prestação, e aos direitos fundamentais do cidadão.

Cabe ainda trazer à colação alguns aspectos sobre o regime jurídico incidente sobre a categoria "serviço público". Na visão clássica, o regime jurídico de *direito público* é reputado indispensável para caracterização do serviço público. Constitui-se na base do sistema jurídico, dos princípios e normas de direito administrativo e constitucional, resultando no sentido e racionalidade do sistema, fulcrada na juridicidade. Apresenta-se

---

[13] Podem ser citados os serviços de telefonia, água e energia elétrica.

indiscutível a sua aplicação exatamente por tratar-se de *munus público*, de interesse público, o qual, nesse contexto, necessariamente está ligado a um regime de direito público.[14]

Esses, então, são os delineamentos do serviço público, permeados pela noção de essencialidade, pela ideia de vínculo com o Estado e por um regime jurídico de direito público específico. São os pilares com que se construiu, na modernidade, a teoria sobre os serviços públicos. No entanto, em muitos aspectos da realidade contemporânea, apresentam insuficiência para regular a todas as situações e atender as demandas em sua plenitude, especialmente considerando a nova contratualização da Administração Pública.

2 O novo modelo contratual da Administração Pública através do contrato de parceria público-privada

O contrato de parceria público-privada entrou em discussão no cenário nacional e no mundo acadêmico com maior força a partir do advento da Lei nº 11.079/2004, que instituiu as normas gerais para a contratação do referido modelo no âmbito da Administração Pública.

O tema parcerias público-privadas tem como seu objetivo primordial colocar a iniciativa privada, junto com o Estado, na função de prestar serviços que anteriormente somente a ele era inerente, o que não é necessariamente uma novidade. Dentro dessa perspectiva, foi editada a Lei nº 11.079/2004 para viabilizar parcerias que seriam interessantes, de acordo com as experiências internacionais, para a Administração Pública.

Seguindo os ensinamentos de Carlos Ari Sundfeld, pode-se afirmar que para a viabilização de tais parcerias faltavam: (i) *regras que disciplinassem o oferecimento pelo concedente a concessionários de*

---

[14] "Não podemos concordar com a idéia de desvincular o serviço público do regime jurídico administrativo. Afinal, a Constituição de 1988 inaugurou um capítulo dedicado à Administração Pública. Se uma das pedras de toque do Estado de Direito é a fixação de um regime jurídico constitucional-administrativo, a Lei Fundamental optou por consagrar um regime jurídico constitucional-administrativo, fundado em princípios constitucionais expressos... Estes princípios devem ser entendidos como de obediência obrigatória não somente pela Administração Pública em sentido subjetivo... mas também pela Administração Pública em sentido objetivo, da atividade administrativa, que inclui o serviço público" (BACELLAR FILHO, Romeu Felipe. O poder normativo dos entes reguladores e a participação dos cidadãos nesta atividade: serviços públicos e direitos fundamentais: os desafios da regulação na experiência brasileira. *Interesse Público – IP*, Porto Alegre, ano 4, n. 16, p. 18-19, out./dez. 2002).

serviço ou obra pública de garantia de pagamento de adicional de tarifa, (ii) criação de condições jurídicas que disciplinassem outros contratos, que não os disciplinados pela Lei de Concessões, para que os particulares assumissem os encargos de investir e de implantar infraestrutura estatal e depois mantê-la, fazendo-a cumprir seus fins e sendo remunerados a longo prazo.

Dessa forma, surgiram as parcerias público-privadas em sentido estrito, as quais são disciplinadas pela Lei Federal nº 11.079/2004 e divididas em duas modalidades, quais sejam, concessão patrocinada e concessão administrativa, com o objetivo primordial de gerar compromissos estatais firmes e de longo prazo.

Portanto, pode-se afirmar que as parcerias público-privadas em sentido estrito são os vínculos negociais estabelecidos entre Administração Pública e particular que adotem as formas de concessão patrocinada e de concessão administrativa, na forma estabelecida na Lei Federal nº 11.709/2004.

Marçal Justen Filho[15] caracteriza as parcerias público-privadas como um "contrato organizacional, de longo prazo de duração, por meio do qual se atribui a um sujeito privado o dever de executar obra pública e (ou) prestar serviço público, com ou sem direito a remuneração, por meio da exploração da infraestrutura, mas mediante uma garantia especial e reforçada prestada pelo Poder Público, utilizável para obtenção de recursos no mercado financeiro".

Maria Sylvia Zanella Di Pietro,[16] englobando as duas modalidades de parceria público-privada, a define como um contrato administrativo de concessão que "tem por objeto (a) a execução de serviço público, precedida ou não de obra pública, remunerada mediante tarifa paga pelo usuário e contraprestação pecuniária do parceiro público, ou (b) a prestação de serviço que a Administração Pública seja usuária direta ou indireta, com ou sem execução de obra e fornecimento e instalação de bens, mediante contraprestação do parceiro público".

A concessão patrocinada, segundo os ensinamentos de Luiz Alberto Blanchet,[17] é a concessão de serviços públicos ou obras públicas prevista na Lei nº 8.987/95 quando, além da remuneração mediante aplicação da tarifa para cobrança dos usuários, houver desembolso por parte do Poder Público.

---

[15] JUSTEN FILHO, Marçal. *Curso de direito administrativo*. São Paulo: Saraiva, 2005. p. 549.

[16] DI PIETRO, Maria Sylvia Zanella. *Parcerias na Administração Pública*: concessão, permissão, franquia, terceirização, parceria público-privada e outras formas. 6. ed. São Paulo: Atlas, 2008. p. 161.

[17] BLANCHET, Luiz Alberto. *Parcerias público-privadas*. 2. tiragem. Curitiba: Juruá, 2006. p. 22.

Maria Sylvia Zanella Di Pietro,[18] identificando que a distinção entre concessão de serviço público e concessão patrocinada é de regime jurídico e não propriamente conceitual, define o referido modelo de PPP como: "contrato administrativo pelo qual a Administração Pública (ou o parceiro público) delega a outrem (o concessionário ou parceiro privado) a execução de um serviço público, precedida ou não de obra pública, para que o execute, em seu próprio nome, mediante tarifa paga pelo usuário, acrescida de contraprestação pecuniária paga pelo parceiro privado".

Já a concessão administrativa, novamente seguindo os ensinamentos de Luiz Alberto Blanchet,[19] é o contrato de prestação de serviços "cujo objeto terá como usuário direto ou indireto a Administração Pública, os pagamentos serão devidos integralmente pelo parceiro público e não custeados mediante cobrança de preços baseados em tarifas".

Marçal Justen Filho[20] esclarece que a concessão administrativa envolve os casos onde não há serviço público e que tenham por objeto a construção pelo particular de uma infraestrutura necessária ao desempenho de uma atividade estatal, alertando, no entanto, que tal contrato não se confunde com a contratação sujeita na Lei de Licitações e Contratos Administrativos — Lei nº 8.666/93 — em razão de o particular somente começar a receber após concluída e entregue a obra ao parceiro público.

A proposta de trabalho nos contratos de parceria público-privada pressupõe um modelo contemporâneo de Administração Pública, uma perspectiva evolucionista onde a condição da autoridade não mais aparece nos mesmos moldes tradicionais.

Dito de outra forma, as novas formas contratuais administrativas pressupõem muito mais negociação do que imposição, muito menos prerrogativa e mais consenso.

A nova contratualização administrativa substitui em parte o modelo da imposição pelo da negociação e com isso a verticalização entre a Administração Pública e o particular nas relações contratuais é fortemente atenuada.

É nesse contexto que parcerias públicas com o espaço privado serão e estão sendo realizadas, de modo a viabilizar a prestação dos serviços públicos.

---

[18] DI PIETRO. *Parcerias na Administração Pública...*, *op. cit.*, p. 162.

[19] BLANCHET. *Parcerias Público-Privadas*, *op. cit.*, p. 22.

[20] JUSTEN FILHO, Marçal. A PPP brasileira e as lições do passado. *In*: TALAMINI Eduardo, JUSTEN, Mônica Spezia (Coord.). *Parcerias Público-Privadas um enfoque multidisciplinar*. São Paulo: Revista dos Tribunais, 2005. p. 19.

As parcerias público privadas inauguram uma nova figura empregada pelo setor público no campo negocial, a qual visa instituir e formalizar uma relação jurídica entre a Administração Pública e os particulares com bases normativas diversas da Lei de Licitações e da Lei de Concessões.

O objetivo é conceber, planificar, financiar, construir e operar projetos de infraestrutura, inserindo-se num cenário de escassez de recursos orçamentários e de uma necessidade de projetos em áreas como transporte, saneamento e energia. A grande característica é a ampliação das bases de negociação das cláusulas contratuais que irão estabelecer a regulamentação dos interesses dos parceiros, sem o enfraquecimento do negócio jurídico.

Se é fato que uma das linhas de transformação do direito administrativo é a abertura no campo estatal da imperatividade, para consideráveis espaços de consensualidade, também deve ser destacado a necessidade de preservação do regime juspublicístico nos contratos administrativos, especialmente considerando a sua importância na prestação de serviços públicos.

O objetivo dessa nova contratualização deve ser possibilitar um incremento qualitativo e quantitativo da atividade negocial entre a Administração Pública e os particulares, de modo a possibilitar uma maior realização de serviços públicos, mais eficiente, e, como consequência, a materialização dos direitos fundamentais.

O grande desafio é compatibilizar o consenso, a paridade, a negociação, com os direitos fundamentais e com a prestação de serviços públicos adequados.

3 A promoção do desenvolvimento econômico através da materialização dos direitos fundamentais

Retomando as lições de Celso Antônio Bandeira de Mello, serviço público é uma comodidade material considerada de interesse público, que outorga bem-estar e dignidade em sociedade,[21] que está

---

[21] O autor defende que a noção de serviço público só existe enquanto conceito jurídico na medida que nos oferece um ponto de referência de normas aplicáveis a determinadas situações, refutando a proposta do serviço de interesse econômico geral. Acredita ser o serviço público a prestação que o Estado colecionou por sua relevância e que considerou que não podia ser exercida somente pelo mercado. Em sua exposição defende que não existe crise do serviço público e que este continua imprescindível na realidade brasileira (MELLO, Celso Antônio Bandeira de. *Serviço público*: a falsa crise. Palestra proferida no Congresso Ibero Americano de Direito Administrativo, em 26 de junho de 2003).

inteiramente condicionada a um regime jurídico de direito público indeclinável na satisfação dos direitos dos cidadãos.[22]

Os serviços públicos são meio de desenvolvimento social e instrumento de materialização da dignidade da pessoa humana e dos direitos fundamentais. Nessa perspectiva é importante inserir a prestação de serviços públicos no contexto da nova contratualização administrativa com bases sólidas e permeadas pelo regime de direito público.

Geraldo Ataliba de há muito já negava a aplicação de um regime de direito privado aos serviços públicos, pelas suas nefastas consequências. No seu entendimento, isso só poderia levar a uma situação de ausência de tutela aos usuários de serviço público.[23]

Assim, para garantir desenvolvimento social, a adoção das PPPs na consecução do interesse público e dos serviços públicos é necessária, na mesma medida que a preservação do regime juspublicístico deve ser dimensionada e compatibilizada com a nova lógica do consenso.

O grande desafio é compatibilizar o consenso, a paridade, a negociação, na prestação dos serviços públicos e com os direitos fundamentais e com a necessidade da Administração Pública assegurar a sua condição de potestade para resguardar os interesses públicos envolvidos.

Em última análise, esta concepção é elemento de extremo significado, pois garante a promoção do bem-estar social através da consecução do serviço público e permite, ao menos, o direcionamento na

---

[22] "Estas acotações já estão a ressaltar que a noção de serviço público depende inteiramente da qualificação que o Estado (nos termos da Constituição e das leis) atribui a um tipo de atividades: àquelas que reputou não deverem ficar entregues simplesmente aos empenhos da livre iniciativa e que por isto mesmo — e só por isto — entendeu de assumir e colocar sob a égide do regime jurídico típico instrumentador e defensor dos interesses públicos: o regime peculiar ao Estado. Isto é: o regime de direito público, regime este concebido e formulado com o intento manifesto e indeclinável de colocar a satisfação de certos interesses sob o pálio de normas que, de um lado, outorgam prerrogativas de autoridade a seu titular ou exercente (estranhas, pois, à situação que corresponde aos particulares em suas relações recíprocas) e de outro instituem sujeições e restrições igualmente peculiares., tudo conforme será esclarecido mais além" (MELLO, Celso Antônio Bandeira de. Serviço público e sua feição constitucional no Brasil. *In: Direito do Estado*: novos rumos. São Paulo: Max Limonad, 2001. p. 20.)

[23] "Daí a desproteção ao interesse público, o desamparo ao serviço público, a instauração do arbítrio, a ausência de tutela aos usuários dos serviços públicos por elas prestados e os desmandos com bens e dinheiros públicos. Tudo como se a lei pudesse modificar a Constituição, para desqualificar o cunho de serviço público de certas atividades (porţos, correios, energia elétrica, comunicações etc., cf. art. 21) constitucionalmente assim qualificadas ou (o que tem o mesmo efeito) como se a lei pudesse desproteger o serviço público, desguarnecer os dinheiros públicos e instaurar o arbítrio do Poder Executivo, ou de seus nomeados, na gestão de bens e serviços de todo o povo, como o são os públicos" (ATALIBA, Geraldo. Empresas Estatais e regime administrativo: serviço público: inexistência de concessão: delegação: proteção ao interesse público. *Revista Trimestral de Direito Público*, São Paulo, n. 4, p. 58, 1993).

condução das atividades necessárias à coletividade, especialmente quando se situam tais atividades no contexto de um espaço público não estatal.

É realidade incontestável que os problemas sociais vividos no país guardam íntima relação com a medida da prestação dos serviços públicos. Tem-se que é necessário equilíbrio no repensar da gestão dos serviços públicos, não podendo se desconsiderar a atual realidade de carência social brasileira. Como aponta Paulo Bonavides, o Estado Social de hoje é a chave da democracia do futuro. Sem ele não há democracia e, por consequência, legitimidade.[24]

Como bem asseverou Osvaldo Aranha Bandeira de Mello, "a solução do problema social está em solver-se a incógnita do justo equilíbrio a obter-se na relação estabelecida pela posição do homem em face da sociedade. A sociedade, cabe observar, nada mais é que a reunião de homens para atingir o bem comum deles. Assim, a solução da incógnita consiste no estabelecimento de uma equação humana, que se resolverá pela prevalência dos atos do homem enquanto homem, sobre os atos do homem enquanto animal".[25]

Informação bibliográfica deste capítulo, conforme a NBR 6023:2002 da Associação Brasileira de Normas Técnicas (ABNT):

VALLE, Vivian Lima López. Serviço público, desenvolvimento econômico e a nova contratualização da Administração Pública: o desafio na satisfação dos direitos fundamentais. *In*: BACELLAR FILHO, Romeu Felipe; GABARDO, Emerson; HACHEM, Daniel Wunder (Coord.). *Globalização, direitos fundamentais e direito administrativo*: novas perspectivas para o desenvolvimento econômico e socioambiental: Anais do I Congresso da Rede Docente Eurolatinoamericana de Direito Administrativo. Belo Horizonte: Fórum, 2011. p. 273-284. ISBN 978-85-7700-501-7.

---

[24] BONAVIDES, Paulo. *Teoria constitucional da democracia participativa*: por um direito constitucional de luta e resistência, por uma nova hermenêutica, por uma repolitização da legitimidade. São Paulo: Malheiros, 2001. p. 156.

[25] MELLO, Oswaldo Aranha Bandeira de. Do serviço público. *Revista Forense*, v. 133, n. 571/572, p. 353, 1951.

SERVIÇO PÚBLICO COMO DIREITO FUNDAMENTAL: MECANISMO DE DESENVOLVIMENTO SOCIAL*

ADRIANA DA COSTA RICARDO SCHIER

Os altos níveis de exclusão social que persistem no Brasil demonstram que ainda é tempo de se defender a fórmula do Estado Social e Democrático de Direito, tal como plasmado na Carta Constitucional de 1988. Essa é a premissa que norteia a proposta de tratar o serviço público como mecanismo de desenvolvimento social.

A discussão se enquadra, assim, na perspectiva de uma releitura democrática e inclusiva do serviço público, procurando fundamentar na dogmática constitucional mecanismos que permitam assegurar a máxima efetividade dos direitos sociais instrumentalizados por tal instituto.

Nessa dimensão, tratar o serviço público como instrumento de concretização de direitos fundamentais — ideia amplamente aceita pela doutrina publicista — permite a sua otimização como elemento capaz de distribuir riqueza e de gerar desenvolvimento social, mediante a atuação necessária e proporcional do poder público.

---

* Palestra apresentada no I CONGRESSO DA REDE DOCENTE EUROLATINOAMERICANA DE DIREITO ADMINISTRATIVO, no painel "Serviços públicos e atividade econômica como meios de desenvolvimento", às 10h do dia 24.02.2011, na Pontifícia Universidade Católica do Paraná.

1 De acordo com o marco adotado no presente texto, a noção de serviço público funda-se na ideia de que tal instituto deve ser compreendido como atividade de oferecimento de utilidade ou comodidade material destinada à satisfação da coletividade em geral, que o Estado assume como pertinente a seus deveres e presta por si mesmo ou por quem lhe faça as vezes, sob um regime de direito público.[1] Na leitura que aqui se pretende, o serviço público é caracterizado pela sua instrumentalidade em relação à vinculação ao princípio da dignidade da pessoa humana, princípio fundamental da República, como enuncia o artigo 1º da Constituição Federal.[2]

Desde uma perspectiva interdisciplinar, é possível visualizar a gênese da noção de serviço público no liberalismo clássico.[3] Nesse Estado, caracterizado pela intervenção mínima do poder público no âmbito socioeconômico, a burguesia interessada em consolidar as bases de um capitalismo nascente deferia uma parca atuação do poder público para garantir a liberdade de concorrência e para exercer atividades que, embora necessárias à sociedade, não apresentavam viabilidade lucrativa. O serviço público surge, assim, notadamente em áreas ligadas à implantação de infraestrutura.[4]

Interessante observar que esse traço irá explicar a vinculação da noção de desenvolvimento com a de serviço público, desde sua *origem*, pois tal instituto nasce com a perspectiva de garantir os meios necessários para que a sociedade civil pudesse implementar suas atividades, principalmente as de cunho industrial.

---

[1] A noção adotada é de MELLO, Celso Antônio Bandeira de. *Curso de direito administrativo.* 26. ed. São Paulo: Malheiros, 2009. p. 404. Justifica-se a escolha porque, dentre os autores pátrios, o autor representa a principal referência teórica para a clássica compreensão do serviço público. Na doutrina estrangeira, pode ser referido, na linha adotada da tese, o conceito de SALOMONI, Jorge Luis. *Teoria general de los servicios públicos.* Buenos Aires: Ad-hoc, 1999.

[2] BACELLAR FILHO, Romeu Felipe. O poder normativo dos entes reguladores e a participação do cidadão nesta atividade. Serviços públicos e direitos fundamentais: os desafios a experiência brasileira. *Interesse Público – IP,* Porto Alegre, ano 4, n. 16, p. 13-22, out./dez. 2002, p. 17. No mesmo sentido, FREITAS, Juarez. O estado essencial e o regime de concessões e permissões de serviços públicos. *In: Estudos de direito administrativo.* São Paulo: Malheiros, 1995. p. 31-49 e JUSTEN FILHO, Marçal. *Teoria geral das concessões de serviço público.* São Paulo: Dialética, 2003. p. 44.

[3] Sobre o Liberalismo consultar, dentre os clássicos, principalmente as obras de LOCKE, John. *Segundo tratado sobre o governo civil e outros escritos.* 2. ed. Petrópolis: Vozes, 1999. ROUSSEAU, J. Jacques. *Do contrato social.* São Paulo: Nova Cultural, 1999. (Os Pensadores, v. 2). Atualmente, pode-se citar como referência, exemplificativamente, as obras de GOYARD-FABRE, Simone. *Os princípios filosóficos do direito público moderno.* São Paulo: Martins Fontes, 1999 e NOVAIS, Jorge Reis. *Contributo para uma teoria do Estado de direito: do Estado de direito liberal ao Estado social e democrático de direito.* Coimbra: Coimbra Ed., 1987.

[4] NOVAIS. *Contributo...,* p. 55.

Com base em tais considerações, verifica-se que pelo menos no contexto do seu surgimento, o serviço público não poderia ser tomado como mecanismo dirigido à diminuição das desigualdades sociais, funcionando, antes, como instrumento de gestão do poder público na implantação de serviços básicos para promover as condições de desenvolvimento do sistema econômico.

No cenário brasileiro, tal realidade perdura até quase a metade do século 20, não havendo, antes disso, um "conceito institucional abrangente e integrador de desenvolvimento, em suas acepções hoje familiares de desenvolvimento político, econômico, social, sustentável, humano, etc.". Mesmo o esforço de industrialização "não fazia parte de um projeto de desenvolvimento integrado, que levasse em conta outras preocupações sociais, como educação, saúde, meio ambiente".[5]

É bem verdade que o surgimento do serviço público no país remonta ao período colonial. Tais serviços teriam sido implementados com o objetivo de construir, nas terras da colônia, uma estrutura que permitisse aos nobres portugueses viver com um mínimo de conforto e de benesses, característica que também reflete a relação do instituto com a noção de desenvolvimento econômico.[6]

Já com o advento da República, norteada pelas ideias liberais clássicas francesas,[7] o serviço público mantém-se como instrumento de viabilização de infraestrutura, traço que na era do Estado Novo seria intensificado de maneira a assegurar o desenvolvimento do país, em áreas voltadas à segurança[8] e ao crescimento socioeconômico.[9]

Interessante observar que a ideia de serviço público nesse contexto histórico está atrelada e definida pela noção de desenvolvimento que norteava o cenário político. Com efeito, em meados dos anos 50, os países passaram a ser classificados por indicadores de desenvolvimento, em três categorias: países desenvolvidos, subdesenvolvidos e em desenvolvimento. Para tanto, "os principais indicadores eram de natureza econômica. Desenvolver um país significava (...) basicamente, implantar

---

[5] HEIDEMANN, Francisco G. Do sonho do progresso às políticas de desenvolvimento. *In*: HEIDEMANN, Francisco G.; SALM, José Francisco. *Políticas públicas e desenvolvimento*. 2. ed. Brasília: UnB, 2010. p. 23-40, p. 26.

[6] Sobre a história dos serviços públicos no Brasil, no prisma do Direito Administrativo, consulte-se a obra de ARAGÃO, *op. cit.*, p. 55-78, tomada como referência nos próximos parágrafos da tese.

[7] FAORO, Raymundo. *Os donos do poder*. 3. ed. São Paulo: Globo, 2001. p. 557.

[8] Ver, nesse sentido, DUTRA, Pedro Paulo de Almeida. *Controle das empresas estatais*: uma proposta de mudança. São Paulo: Saraiva, 1991. p. 29.

[9] FAORO, *op. cit.*, p. 802. Ver, também, SOUTO, Marcos Juruena Villela. *Direito administrativo da economia*. Rio de Janeiro: Lumen Juris, 2003. p. 65.

uma economia de mercado que inclua, se não a totalidade, pelo menos a maior parte dos cidadãos".[10]

Assim, enquanto a ideia de desenvolvimento definida politicamente — e porque não dizer ideologicamente — era definida pelos desideratos da economia de mercado, a atuação do Estado traduzia-se, basicamente, na criação de mecanismos de infraestrutura, mediante a prestação de atividades pelo Poder Público. Nessa seara, inserem-se os serviços de correio, energia elétrica, saneamento básico, gás canalizado e transportes, por exemplo.

2 A noção de serviço público, entretanto, passa a ser novamente valorizada — tanto em nível nacional como na esfera internacional — após a Primeira Guerra Mundial, com o crescente intervencionismo do Estado na economia.[11]

Parece certo afirmar, então, que é no contexto do Estado Social[12] que se amplia a prestação de tais serviços, atrelando-se a sua finalidade à promoção da dignidade da pessoa humana e aos demais princípios fundamentais de tal modelo de Estado. Destarte, passa a ser tarefa do Estado intervir na sociedade para garantir a todos uma existência digna.[13] E o instrumento eleito para realizar tal intento é o serviço público.

Pode-se dizer que foi o enfraquecimento do modelo liberal que resultou na necessidade de se conceber uma nova forma de atuação do poder público na esfera da sociedade, proclamando-se um novo *ethos* político: "a concepção da sociedade não já como um dado, mas como um objecto susceptível e carente de uma estruturação a prosseguir pelo Estado com vista à realização da justiça social."[14]

Por isso, tem-se que "o estado de Bem-estar Social é o Estado do Serviço Público. O serviço público é a tradução jurídica do compromisso político da intervenção estatal para satisfazer as necessidades coletivas".[15]

A noção de serviço público que se apresenta nesse modelo de Estado, ao menos no contexto francês que tanto influencia o Direito

---

[10] HEIDEMANN, *op. cit.*, p. 26.

[11] JUSTEN, *op. cit.*, p. 49.

[12] Não serão discutidas, no âmbito deste trabalho, as divergências doutrinárias sobre a nomenclatura atribuída ao Estado após a crise do Estado Liberal. Para tanto, remete-se o leitor à obra de Jorge Reis Novais que, com maestria, discorre sobre as várias fórmulas que procuram identificar o Estado de cunho prestacional e democrático surgido, basicamente, a partir da promulgação da Constituição do México (1917) e de Weimar (1919). (NOVAIS. *Contributo...*, p. 188 *et seq.*, principalmente).

[13] O que significa, na dicção de Jorge Reis Novais, que o Estado "encara a esfera econômica como susceptível de ser moldada em função das exigências sociais e dos objectivos políticos por ele definidos" (*Ibidem*, p. 193).

[14] *Idem.*

[15] JUSTEN FILHO. *Teoria...*, p. 23.

brasileiro,[16] norteia-se pelos postulados de Duguit (atendimento de necessidades sociais) e Jèze (regime jurídico específico). Admite-se, porém, a relativização em face do chamado elemento subjetivo do serviço público — permitindo-se, com isso, a sua exploração pelos particulares, mas sob vínculo com o poder público (concessões e permissões).

O que efetivamente se altera, então, no seio do Estado Social é o elenco de tais atividades. Destarte, enquanto no Estado Liberal traduziam-se basicamente em serviços necessários à implantação de infraestrutura, agora tais serviços vinculam-se diretamente à concretização dos direitos sociais.

Essa alteração da função do instituto do serviço público reflete uma modificação na noção de desenvolvimento em perspectiva global, que traduz a busca por uma noção que seja satisfatória à maioria dos cidadãos e que abarque fins sociais. Portanto, noção que ultrapasse a mera análise de indicadores econômicos. Afinal, "hoje se pergunta: que desenvolvimento queremos? E é longa a lista dos adjetivos empregados para descrever o desenvolvimento desejado e desejável: político, econômico, social, tecnológico, sustentável, justo, inclusivo, humano, harmônico, cultural, material, etc.".[17]

Assim, o desenvolvimento passa a ser qualificado pelo adjetivo humano. Com efeito, enquanto o referencial utilizado na década de 50 para classificar os países era baseado no grau de industrialização, desde 1990, por influência da obra de Amartya Sen, por todos, a classificação de um país em desenvolvido, em desenvolvimento e subdesenvolvido baseia-se na expectativa de vida ao nascer, na educação e no PIB *per capita*. É o chamado índice de desenvolvimento humano (IDH).

No plano da implementação de serviços públicos, a influência dessa perspectiva de desenvolvimento que vai além da esfera econômica foi consagrada na Constituição Federal de 1988. Com efeito, foi no seio de redemocratização do Estado brasileiro que se propiciou a leitura do serviço público como o conjunto de ofertas positivas assumidas pelo poder público por serem reputadas imprescindíveis e correspondentes a conveniências básicas da sociedade, diretamente vinculadas à efetivação da plêiade de direitos sociais consagrados no texto da Carta Magna.[18]

---

[16] Veja-se, por exemplo, dentre os clássicos da doutrina nacional, MENEGALE, J. Guimarães. *Direito administrativo e ciência da administração*. 2. ed. Rio de Janeiro: Borsoi, 1950. p. 93 e CAVALCANTI, Themístocles Brandão. *Curso de direito administrativo*. 3. ed. Rio de Janeiro: Freitas Bastos, 1954. p. 195.

[17] HEIDEMANN, *op. cit.*, p. 27.

[18] BACELLAR FILHO. O poder..., p. 17.

A constitucionalização dos direitos sociais traz consigo o instituto do serviço público como o objeto de intervenção estatal pelo qual será assegurada a efetividade desses direitos, diretamente ligados à concretização da dignidade de todas as pessoas. Essa concepção informa a Constituição Federal de 1988, que assegura o direito fundamental ao serviço público adequado.

3 Porém, é certo que antes de consolidar-se no Brasil uma prática que desse azo à plena realização dos direitos sociais mediante a implementação de políticas públicas e de serviços públicos, o país foi assolado pela crise do Estado Social. Nesse contexto, da esfera internacional emerge o neoliberalismo, que pretendia a reformulação do aparelho do Estado. De acordo com os seus postulados, a sobrevivência dos organismos políticos e a manutenção do sistema capitalista só seriam possíveis com a diminuição da estrutura estatal mediante políticas de privatizações de empresas públicas; subtração da máquina administrativa e retração na prestação de serviços públicos, cuja noção é revista de modo a permitir uma aproximação cada vez maior do regime das atividades prestadas pela iniciativa privada.[19]

No âmbito da União Europeia, o ideário neoliberal imprimiu uma reformulação da noção de serviço público, quase inteiramente substituída pelos chamados serviços de interesse econômico geral e serviços universais.[20]

---

[19] A produção nacional e estrangeira sobre o tema do neoliberalismo é vastíssima. Assim, para traçar um panorama, citem-se, por exemplo, as obras de HAYEK, Friederich A. *Direito, legislação e liberdade:* uma nova formulação dos princípios liberais de justiça e economia política: a miragem da justiça social. São Paulo: Visão, 1985. v. 2; GOMES, Manoel Eduardo Alves de Camargo e. Apontamentos sobre alguns impactos do projeto neoliberal no processo de formação de tutelas jurídico-políticas. *In:* MARQUES FILHO, Agostinho Ramalho *et al. Direito e neoliberalismo:* elementos para uma leitura interdisciplinar. Curitiba: Edibej. p. 115-136; REYES, Manuel Aragón; LIMA, Abili Lázaro de Castro. *Globalização econômica, política e direito.* Porto Alegre: Sergio Antonio Fabris, 2002; BORON, Atilio A. *Os* "novos Leviatãs" e a *polis* democrática: neoliberalismo, decomposição estatal e decadência da democracia na América Latina. *In:* SADER, Emir; GENTILI, Pablo (Org.). *Pós-neoliberalismo II:* que Estado para que democracia?. Petrópolis: Vozes, 1999. p. 7-67; SANTOS, Boaventura de Souza. *Globalización del derecho.* Bogotá: Universidad Nacional de Colombia, 1998; COMBLIN, José. *O neoliberalismo:* ideologia dominante na virada do século. Rio de Janeiro: Vozes, 1999. t. I; FARIA, José Eduardo. *O direito na economia globalizada.* São Paulo: Malheiros, 1999 e ANDERSON, Perry. Balanço do neoliberalismo. *In:* SADER, Emir; GENTILI, Pablo (Org.). *Pós-neoliberalismo:* as políticas sociais e o Estado democrático. 4. ed. Rio de Janeiro: Paz e Terra, 1998. p. 9-23.

[20] A diferenciação, na doutrina, entre tais conceitos é feita de forma irretocável por Juan Martín Gonzáles Moras: "la noción de 'servicio universal' debería ser vinculada directamente a la regulación de los servicios prestados a través de 'redes transeuropeas' es decir, éstas definirían el ámbito infraestructural de regulación preponderantemente comunitaria (...) de manera a garantizar las posibilidades de acceso a ellas, y jurídicamente por la uniformidad

No Brasil, com o avanço da globalização e do neoliberalismo, foram editadas na década de 1990 uma série de emendas constitucionais que pretendiam rever os valores modelados pelo constituinte originário no campo da Administração Pública. Verificou-se, então, certa ruptura no pensamento publicista nacional: de um lado, os que permaneceram defendendo a necessidade de se implantar, na esfera administrativa, o modelo trazido originariamente pela CF/88; de outro, os adeptos da Reforma Administrativa, que buscavam a acolhida integral dos postulados neoliberais, traduzidos no modelo de gestão gerencial.[21]

A realidade socioeconômica brasileira, entretanto, não permite acolher tais ideias. Ao contrário, clama pela necessária defesa da fórmula do Estado Social e Democrático de Direito, no qual o acesso ao serviço público adequado deverá ser entendido como direito fundamental. Daí a defesa de uma concepção compromissória e dirigente para a Constituição Federal de 1988, que busque a realização do projeto de sociedade por ela plasmado.[22] Destarte, no catálogo da CF/88, o serviço

---

regulatoria a través del derecho comunitario; la noción de 'servicio de interés general', por su parte, debería dejarse a una especificación preponderantemente local, que incorpore, por un lado, los 'mínimos' garantidos en la regulación del 'servicio universal', y por otro, las posibles modificaciones a los mismos o a las formas de organización de los servicios que localmente sean consideradas necesarias" (GONZÁLES MORAS, Juan Martín. *Los servicios públicos en la unión europea y el principio de subsidiariedad*. Buenos Aires: Ad-hoc, 2000. p. 185).

[21] PEREIRA, Luiz Carlos Bresser. *Crise econômica e reforma do Estado no Brasil*: para uma nova interpretação da América Latina. São Paulo: Ed. 34, 1996.

[22] Sobre a Constituição, J. J. Gomes Canotilho indaga: "deve uma constituição conceber-se como 'estatuto organizatório', como simples 'instrumento de governo', definidor de competências e regulador de processos, ou, pelo contrário, deve aspirar a transformar-se num plano normativo-material global que determina tarefa, estabelece programas e fins? Uma constituição é uma lei do Estado e só do Estado ou é um 'estatuto jurídico do político', um 'plano global normativo' do Estado e da sociedade?" (CANOTILHO, J. J. Gomes. *Constituição dirigente e vinculação do legislador*: contributo para a compreensão das normas constitucionais programáticas. Coimbra: Coimbra Ed., 1994. p. 101). E o autor responde: a constituição dirigente "é entendida como o bloco de normas constitucionais em que se definem fins e tarefas do Estado, se estabelecem directivas e estatuem posições. A constituição dirigente aproxima-se, pois, da noção de constituição programática" (CANOTILHO. *Constituição...*, p. 104). Segundo Klaus Stern, "la Constitución en cuanto instrumento que dirige globalmente las fuerzas políticas y sociales merece asentimiento" (STERN, Klaus. *Derecho del Estado de la Republica Federal Alemana*. Madrid: Centro de Estudios Constitucionales, 1987. p. 234). Dentre os autores nacionais, cite-se, por todos, Clèmerson Merlin Clève, que explica a constituição dirigente como aquela que "estabelece fins, tarefas e objetivos para o Estado e sociedade brasileiros. A atuação governamental, de todos os Poderes, não pode ser concretizada sem a prévia observância dos referidos objetivos. As políticas públicas devem atuar esses objetivos. (...) a Constituição representa também uma proposta para o futuro. E por isso é dirigente. Apresenta uma direção vinculante para a sociedade e para o Estado" (CLÉVE, Clèmerson Merlin. A teoria constitucional e o direito alternativo: para uma dogmática constitucional emancipatória. *In*: *Uma vida dedicada ao Direito*: homenagem a Carlos Henrique de Carvalho. São Paulo: Revista dos Tribunais, 1995. p. 33-53, p. 47).

público apresenta-se como um direito materialmente fundamental — especificamente uma garantia fundamental —, dirigido a assegurar os bens consagrados nos direitos sociais aos cidadãos.

Verificou-se, entretanto, principalmente em face das reformas na seara administrativa, que atribuir ao serviço público a natureza de direito fundamental é insuficiente para a efetivação dos direitos sociais plasmados no texto da Carta Magna. Faz-se necessário que as atividades sejam prestadas sob um regime jurídico especializado, o regime de direito público específico, previsto no art. 6º, da lei nº 8.987/95.

4 Com essa perspectiva, é possível resgatar o conceito de serviço público como uma atividade prestada pelo Estado e financiada pela sociedade; logo, um instrumento de distribuição de riqueza ou, na expressão de Jorge Salomoni, "técnica de garantía de los *derechos humanos*".[23] Tais serviços funcionam como "técnica de igualación del disfrute de los bienes materiales y culturales producidos en una sociedad y para todos los individuos que la componen"[24] resultando em um mecanismo de integração social.

A ideia do serviço público como um instrumento capaz de redistribuição de riqueza não está ligada, propriamente, à noção de distribuição de renda. Tal instituto parece muito mais relacionado com a diminuição da exclusão social[25] na medida em que permite aos cidadãos o acesso aos bens que garantirão uma existência digna, tais como educação e saúde e níveis básicos de infraestrutura.[26] É a noção de desenvolvimento calcada no desenvolvimento do ser humano, em todas as suas dimensões.[27]

Essa perspectiva está retratada nas novas variáveis introduzidas no Programa das Nações Unidas para o Desenvolvimento, em 2010. Os critérios de avaliação são divididos em três grupos: índice de desenvolvimento humano ajustado à desigualdade (idh-d); o índice de desigualdade e gênero (idg) e o índice de pobreza multidimensional (ipm).[28]

---

[23] SALOMONI. *Teoria...*, p. 325.

[24] *Ibidem*, p. 326.

[25] A exclusão social, assim, "pode ser entendida como um mecanismo ou conjunto de mecanismos que fazem com que um indivíduo ou família, independentemente de seu esforço ou mérito, esteja limitado em sua possibilidade de ascensão social presente ou tenha artificialmente reduzida a probabilidade de ascensão futura" (*Idem*).

[26] REZENDE, Fernando; TAFNER, Paulo. *Brasil*: o estado de uma nação. Rio de Janeiro: IPEA, 2005. p. 87.

[27] É o homem visto através da tríade mágica de que fala J. J. Gomes Canotilho: o homem enquanto sujeito, cidadão e trabalhador (CANOTILHO, J. J. Gomes. *Direito constitucional e teoria da Constituição*. 4. ed. Coimbra: Almedina, 2000. p. 347).

[28] Disponível em: <http://www.pnud.org.br/idh/, acesso em janeiro/2011>.

Os países atualmente são classificados em países de desenvolvimento "muito alto", "alto", "médio" e "baixo". Pela nova metodologia, estão abrangidos aspectos essenciais do desenvolvimento humano ligados ao conhecimento, à saúde e à verificação de um padrão de vida digno dos cidadãos.[29] Para a identificação do chamado padrão de vida digno, são analisadas as condições de prestação e acesso aos serviços públicos de energia elétrica, saneamento, gás e transporte, por exemplo.

Só a título de curiosidade, dentre os 169 países classificados em 2010, o Brasil ocupa a 73ª posição, classificado dentre os países com desenvolvimento humano alto, atrás da Argentina, que ocupa a 46ª posição, também nesse grupo de desenvolvimento humano alto, e ambos atrás da Espanha, que se apresenta na 20ª posição, dentre os países com índice desenvolvimento humano muito alto.[30]

Portanto, a devida prestação dos serviços públicos permite à sociedade alcançar níveis de desenvolvimento muito mais abrangentes do que a simples diminuição da pobreza. Representa, assim, a garantia de "níveis de bem-estar mais elevados".[31]

No presente estudo, entende-se que a defesa do serviço público, prestado sob um regime adequado, erigido à categoria de garantia fundamental, pode contribuir para assegurar a redistribuição de bens essenciais à concretização da vida digna, permitindo a um só tempo a inclusão de todas as pessoas na esfera política e sua emancipação.

5 Faz-se notar que não se acredita que o Direito, de forma isolada, possa fornecer soluções para o problema da cidadania no Brasil.[32] A orientação priorizada propõe uma leitura a partir do Direito, a qual deve ser conjugada com outras importantes análises de vertente sociológica, política e econômica.

Se é certo que o Direito não oferece soluções definitivas para a erradicação da pobreza e para a diminuição dos níveis absurdos de

---

[29] "Além de computar o PIB per capita, depois de corrigi-lo pelo poder de compra da moeda de cada país, o IDH também leva em conta dois outros componentes: a longevidade e a educação. Para aferir a longevidade, o indicador utiliza números de expectativa de vida ao nascer. O item educação é avaliado pelo índice de analfabetismo e pela taxa de matrícula em todos os níveis de ensino. A renda é mensurada pelo PIB per capita, em dólar PPC (paridade do poder de compra, que elimina as diferenças de custo de vida entre os países). Essas três dimensões têm a mesma importância no índice, que varia de zero a um" (*Idem*).

[30] Disponível em: <http://www.stj.jus.br/portal_stj/publicacao/engine.wsp>. Acesso em: jan. 2011.

[31] REZENDE; TAFNER, *op. cit.*, p. 87.

[32] Com efeito, não se ignora que "a simples existência de normas constitucionais que consagrem direitos sociais de cidadania não garante a sua conseqüente implementação concreta no mundo dos fatos, pois direitos não são auto-realizáveis e demandam mobilização política e social para serem concretizados em níveis democraticamente satisfatórios" (*Ibidem*, p. 200).

injustiça social no país, também não parece admissível que os juristas abstenham-se de propor leituras, vinculadas aos seus objetos de estudo, de maneira a colaborar com a consolidação de uma sociedade livre, justa e solidária, conforme imposto na Constituição de 1988.[33]

Afinal, a Constituição de 1988, ao consagrar o interesse dos mais distintos grupos sociais, torna-se "o ponto de encontro que permitirá a função de unificação política diante dos quadros sociais cada vez mais plurais e complexos"[34] e possibilita, com seus diversos institutos, dentre eles o serviço público, a concretização dos valores nela plasmados. Tudo isso propicia a construção de uma cidadania social, que pressupõe uma leitura de democracia ligada à ideia de que os "cidadãos formam, testam, trocam, revisam e associam seus julgamentos interpretativo-constitucionais, somente o fazendo para obter, de tempos em tempos, os 'acordos institucionais' que um país precisa de modo a seguir em frente em uma conduta de vida toleravelmente ordenada".[35]

Daí por que se defende a ideia de que nos países emergentes a atuação positiva do Estado, em cumprimento específico das normas constitucionais, continua sendo para enorme parcela da população o único meio de acesso a um mínimo de bens essenciais, tais como: saúde, educação, água, energia elétrica, dentre outros.[36] Na realidade brasileira e na dos demais países latino-americanos, não há espaço para a defesa de um chamado Estado Regulador, que se restrinja a estabelecer os parâmetros para que a sociedade exerça o dever de cuidar de suas necessidades básicas.

É certo que tais considerações devem ser lidas sob a égide do princípio da proporcionalidade, não se advogando aqui a tese de um Estado Máximo que, desbordando das canaletas da democracia, impeça

---

[33] Parafraseando Bourdieu, é preciso reconhecer que há, ainda, espaço para resistir, o que, nessa perspectiva, significa lutar contra os "profetas da infelicidade", aqueles que, com base na pretensa ideologia única, querem fazer crer a todos que "o seu destino está nas mãos de potências transcendentes, independentes e indiferentes, como os 'mercados financeiros' ou os mecanismos da 'mundialização'." Impõe-se, logo, uma revalorização da democracia como espaço dos conflitos, das diferenças, da autonomia do sujeito, do pluralismo (BOURDIEU, Pierre. *Contrafogos*. Rio de Janeiro: Jorge Zahar, 1998. p. 92).

[34] SCHIER, Paulo Ricardo. Novos desafios da filtragem constitucional no momento do neoconstitucionalismo. *A&C – Revista de Direito Administrativo & Constitucional*, Belo Horizonte, ano 5, n. 20, p. 145-166, abr./jun. 2005. p. 13.

[35] MICHELMANN, Frank I. A Constituição, os direitos sociais e a justificativa política liberal. *In*: LEITE, George Salomão; SARLET, Ingo Wolfgang (Coord.). *Direitos fundamentais e Estado constitucional*. São Paulo: Revista dos Tribunais, 2009. p. 255-278, p. 278.

[36] Tais exemplos estão restritos à atuação na área dos serviços públicos. Seria possível, também, uma análise a partir dos programas assistencialistas do Estado.

a sociedade de exercer as atividades que lhe são pertinentes, dentro dos limites impostos pelos cânones do Estado Social e Democrático de Direito.

Ao contrário, adotando-se o posicionamento de Juarez Freitas, pretende-se um "Estado essencial, sem significar um Estado reduzido".[37] Nesses termos, "longe do Estado mínimo assim como do Estado máximo, o Estado essencial busca ter o tamanho viabilizador do cumprimento de suas funções, nem mínimas, nem máximas, simplesmente essenciais".[38]

Por isso, justifica-se a manutenção do rol dos serviços públicos, tomados como dever do poder público.[39] Mais do que isso, entende-se que, para que seja eficiente a sua prestação, é imprescindível que tais funções sejam prestadas sob o regime típico de serviço público, pautado na universalidade, na modicidade de taxas e tarifas e na continuidade de sua prestação.

Afinal, é preciso buscar a transformação dos objetivos fundamentais da Carta Constitucional em "verdadeiros dados inscritos em nossa realidade existencial".[40] Como o serviço público é um instrumento que visa assegurar o alcance de direitos sociais de cunho prestacional, tem-se "a exigência de que os serviços sejam colocados à disposição de todos os brasileiros (idéia de universalidade) implicando para o particular o poder de reivindicar junto ao Judiciário tratamento idêntico".[41] Em complemento: "incumbe ao poder público agir sempre de modo a conferir a maior eficácia possível aos direitos fundamentais (prestar os serviços públicos necessários para o fim de dar concretude aos comandos normativos constitucionais)."[42]

---

[37] FREITAS. *Estudos...*, p. 33.

[38] *Idem*.

[39] A preocupação com a prestação de serviços públicos vinculada à concretização dos direitos sociais, a partir da crise do Estado Social também se faz presente em Portugal, como ressalta Jorge Reis Novais: "Mesmo quando assume o legado e os fins do Estado Social, cada vez mais o poder político sente, neste domínio, necessidade de repensar, alterar, reformar ou, mesmo, suprimir direitos ou prestações mais ou menos controversos, consolidado, adquiridos. O problema jurídico-constitucional que esta tendência convoca é evidente: em que medida e com que margem pode o poder político dispor, mais ou menos livremente, de direitos cuja realização, estando por natureza associada às disponibilidades financeiras do Estado e sendo, nesse sentido, mais permeável à pressão da conjuntura, não deixa de constituir realização-concretização de direitos fundamentais e, por conseguinte, de direitos cujo valor constitucional os deve manter subtraídos à livre disponibilidade dos titulares do poder público" (NOVAIS, Jorge Reis. *Direitos fundamentais*: trunfos contra a maioria. Coimbra: Coimbra Ed., 2006. p. 189).

[40] CLÈVE, Clèmerson Merlin. A eficácia dos direitos fundamentais sociais. *Revista Crítica Jurídica*, Curitiba, n. 22, p. 17-28, jul./dez. 2003. p. 18.

[41] *Ibidem*, p. 23.

[42] *Ibidem*, p. 22.

6 Conclui-se, com isso, que a releitura do serviço público como mecanismo de concretização de direitos fundamentais apresenta-se no contexto da reformulação dos papéis do Estado, em especial na realidade dos Estados emergentes, como uma condição de desenvolvimento democrático.[43] Manifesta-se como instrumento de realização efetiva dos direitos sociais para viabilizar a todos condição de dignidade.[44] Afinal, esse deve ser o critério a nortear a determinação do *status* de desenvolvimento de um país.

Por certo, o Estado e as atividades por ele prestadas têm por escopo um único e inexorável objetivo: o alcance do bem comum, que se traduz na aspiração de trazer felicidade para o povo destinatário de suas atitudes, como ressaltado por Aristóteles, em sua célebre obra *A Política*: "o governo perfeito que buscamos é precisamente aquele que garanta ao campo social o maior grau de felicidade".

Informação bibliográfica deste capítulo, conforme a NBR 6023:2002 da Associação Brasileira de Normas Técnicas (ABNT):

SCHIER, Adriana da Costa Ricardo. Serviço público como direito fundamental: mecanismo de desenvolvimento social. *In*: BACELLAR FILHO, Romeu Felipe; GABARDO, Emerson; HACHEM, Daniel Wunder (Coord.). *Globalização, direitos fundamentais e direito administrativo*: novas perspectivas para o desenvolvimento econômico e socioambiental: Anais do I Congresso da Rede Docente Eurolatinoamericana de Direito Administrativo. Belo Horizonte: Fórum, 2011. p. 285-296. ISBN 978-85-7700-501-7.

---

[43] Celso Antônio Bandeira de Mello coloca como condições de uma vivência democrática (i) a segurança de um padrão econômico-social acima da mera subsistência, (ii) "o efetivo acesso à educação e cultura (para alcançarem ao menos o nível de discernimento político traduzido em consciência real de cidadania) e (iii) a informação" (MELLO, Celso Antônio Bandeira de. A democracia e suas dificuldades contemporâneas. *Revista de Direito Administrativo*, Rio de Janeiro, n. 212, p. 57-70, abr./jun. 1998. p. 61).

[44] Sustenta, desse modo, Cláudio Pereira de Souza Neto que "as diferenças sociais, quando se radicalizam a ponto de criar uma fronteira entre aqueles que têm o direito à vida e aqueles que não o têm... minam gravemente os próprios alicerces da estrutura básica de uma sociedade que se legitima ao afirmar que trata a todos como dignos de igual respeito" (SOUZA NETO, Cláudio Pereira de. *Teoria constitucional e democracia deliberativa*. Rio de Janeiro: Renovar, 2006. p. 58).

PAINEL VII

TRATADOS INTERNACIONAIS DE DIREITOS HUMANOS E ADMINISTRAÇÃO PÚBLICA DEMOCRÁTICA

DEMOCRACIA, DERECHOS HUMANOS Y ADMINISTRACIÓN PÚBLICA*

PABLO ANGEL GUTIÉRREZ COLANTUONO

1 Derechos humanos

La protección de los derechos humanos parte de la afirmación de la existencia de ciertos atributos inviolables de la persona humana que no pueden ser legítimamente menoscabados por el ejercicio del poder público. Se trata de esferas individuales que el Estado no puede vulnerar o en las que sólo puede penetrar limitadamente.[1] La administración pública es una de las personas obligadas por los pactos internaciones que regulan los derechos humanos a dar cumplimiento a tal mandato.

En nuestro continente, como es sabido, el sistema americano de derechos humanos cumple la función de garantizar la dignidad esencial del ser humano por medio de sus normas, su aplicación e interpretación por los organismos que las normas internacionales han creado.[2]

---

* Ponencia presentada en el I CONGRESSO DA REDE DOCENTE EUROLATINOAMERI-CANA DE DIREITO ADMINISTRATIVO, en el panel: "Tratados internacionais de direitos humanos e Administração Pública democrática", a las 18h30 del día 24.02.2011, en la Pontifícia Universidade Católica do Paraná.

[1] Corte IDH, OC-6/86, *La Expresión "Leyes" en el artículo 30 de la Convención Americana sobre Derechos Humanos*, 9 de mayo de 1986, párrafo 21.

[2] Corte IDH, *Asunto de Viviana Gallardo y otras*. Resolución del 22 de julio de 1981, párrafos 15-16; OC-5/85, *La Colegiación Obligatoria de Periodistas (artículos 13 y 29 Convención Americana sobre Derechos Humanos)*, 13 de noviembre de 1985, opinión separada del juez Nieto Navia.

Un Estado miembro al rubricar el Pacto de San José de Costa Rica asume, entre otros, el compromiso previsto en el artículo 1.1 de organizar todo el aparato gubernamental y, en general, todas las estructuras a través de las cuales se manifiesta el ejercicio del poder público, de manera tal que sean capaces de asegurar jurídicamente el libre y pleno ejercicio de los derechos humanos.[3] Pesa sobre la administración pública tal deber.

Dicha noción va más allá del deber de instituir un orden normativo tendiente a la protección de los derechos; requiere —en rigor— el diseño y ejecución de una *conducta gubernamental* permanente que asegure la existencia, en la realidad, de una eficaz garantía del libre y pleno ejercicio de los derechos humanos.

Es por ello que se prevé en el propio Pacto el deber de dictar medidas necesarias para garantizar plenamente la eficacia de los derechos humanos en el orden interno — artículo 2 del Pacto.

2 Democracia y derechos humanos

Los deberes y derechos contemplados en el Pacto de San José de Costa Rica son entendidos en su plenitud a partir del objetivo central de proteger al hombre en el marco de una forma de convivencia concreta: la democracia.

La sujeción del Estado a la ley resulta consustancial con una sociedad democrática y expresa un derecho fundamental del hombre en sociedad tutelado en el sistema internacional, lo cual impide su postergación con base en motivaciones de orden colectivo. Como podemos notar, la ilegalidad afecta un interés primario de cualquier miembro de la comunidad sujeto a las reglas infringidas y dista de contener un simple problema organizacional. En la dinámica del Pacto de San José de Costa Rica la juridicidad cumple esa precisa función de evitar el ejercicio arbitrario del poder público y se constituye, por lo tanto, en una de las garantías más relevantes para la eficacia del sistema jurídico de protección de los derechos humanos.

---

[3] Corte IDH, *Godínez Cruz v. Honduras*. Fondo. 20 de enero de 1989, párrafo 175.

3 Administración pública y derechos humanos

Dentro de la sistemática del Pacto la administración pública es una de las autoridades nacionales a las que se alude como obligadas a la aplicación en el derecho interno de las normas, reglas y principios contenidos en aquél. La actividad administrativa se encuentra alcanzada por la regla general de los artículos 1.1 y 2 de la Convención Americana: estos constituyen la base para la determinación de la responsabilidad internacional del Estado en materia de derechos humanos.

Cabe a la administración pública, como punto de contacto directo entre el Estado y las personas, expresar concretamente esa línea gubernamental de efectividad de los derechos humanos plasmándola día a día en sus actos administrativos, hechos, contratos, reglamentos, servicios públicos, obras y demás modalidades de ejercicio de sus competencias.

Esa condición de sujeto obligado a materializar en su ámbito de actuación los principios, garantías, derechos y deberes del Pacto de San José, obliga sin dudas a nuevos planteamientos de la actividad administrativa en general.

4 La igualdad como garantía estructural

Tradicionalmente se ha abordado al principio de igualdad como el derecho a que no se establezcan excepciones o privilegios que excluyan a unos de lo que se concede a otros en iguales circunstancias.[4] Los componentes esenciales de la noción son, entonces, la existencia de una básica similitud de circunstancias que activa la necesidad de un trato igualitario (impidiendo que se conceda a unos lo que se niega a otros) y el límite de razonabilidad impuesto al Estado al momento de efectuar distingos entre aquellas circunstancias con el fin de justificar tratos diferenciales.

Este principio se presenta como un componente esencial e inderogable del ordenamiento jurídico, en tanto se desprende directamente de la unidad de naturaleza del género humano y es inseparable de la dignidad esencial de la persona. Por lo tanto los Estados sólo pueden establecer distinciones objetivas y razonables y de conformidad con el principio de la aplicación de la norma que mejor proteja a la persona humana.[5]

---

[4] Corte Suprema de Justicia Argentina, *Olivar*, 1875, *Fallos*, 16:118; *Asociación Mutual Carlos Mujica*, 2003, *Fallos*, 326:3142; *Cía. Azucarera Bella Vista S.A.*, 2007, C. 623. XLI; por citar algunos.

[5] Corte IDH, OC-18/03, donde se estableció que la garantía de igualdad integra el *ius cogens* internacional.

Ahora bien, erigir la igualdad como un elemento integrante del *ius cogens* y —por tal— como un derecho expresamente tutelado en el contexto de los tratados de derechos humanos, posee decisivas proyecciones al momento de su traslado a los esquemas domésticos.

Una de las consecuencias de ello es el deber de acatar los parámetros mínimos de tutela que se desprenden del Pacto obligación frente a la cual el reparto interno de atribuciones — sea territorial, sea orgánico— es inoponible.

La imperatividad de esos pisos mínimos de protección de los derechos —pisos que provienen de la esfera supranacional— impide que la diversidad propia de una organización federal del poder derive en una desigual protección o una afectación de esos estándares. Ello se acentúa al notar que los órganos encargados de controlar el respeto de las obligaciones convencionales tienen un solo obligado, el Estado federal, que no puede invocar el federalismo para justificar el incumplimiento de una directiva de los Pactos. De igual modo, un poder constituido no puede invocar la acción u omisión de otro según el reparto interno para excusar un incumplimiento del tratado. En fin, ese sistema imperativo considera irrelevante la distribución interna del poder en el plano territorial y orgánico a efectos de determinar el acatamiento de los Pactos.

A la luz de lo dicho, la variedad de soluciones propia del federalismo o de la independencia entre poderes tiene que ser entendida en el conjunto del sistema. Si bien la pluralidad de regulaciones no es por sí sola violatoria de la igualdad[6] *sí lo es cuando ella determina un trato distinto en el goce sustancial de derechos fundamentales.* Esa sustancia es el límite a la diversidad. Se debe armonizar la necesidad de *uniformidad* de criterios mínimos de tutela junto a la *diversidad* de un derecho administrativo que por lo general en los sistemas federales se presenta como de competencia local. Y, en ese proceso, las realidades jurídicas tanto federal como provincial y municipal deben transformarse en pos de la efectivización de los principios plasmados en los textos convencionales, no ya a partir de la comprensión dada internamente a esos institutos, sino acatando las pautas interpretativas brindadas por los órganos supranacionales.

Los órganos internacionales han resaltado en varias oportunidades la imposibilidad de un Estado parte de justificar la falta de cumplimiento de una obligación convencional como resultado de su carácter federal, regla que es consecuencia directa del principio contenido en el artículo

---

[6] STEDH, *Dudgeon v. Reino Unido,* 22 de octubre de 1981, voto disidente del juez Matscher.

27 de la Convención de Viena. Tiene dicho, así, la Corte Interamericana, que las obligaciones convencionales deben ser cumplidas por los Estados, "independientemente de su estructura federal o unitaria".[7] Esto no debe ser pasado por alto: es criterio plasmado en un punto resolutivo de una opinión consultiva que las disposiciones internacionales que conciernen a la protección de los derechos humanos deben ser respetadas por los Estados parte independientemente de su estructura federal o unitaria. De modo que la intención de anteponer elemento alguno propio del federalismo como justificativo para la omisión de efectivización de las obligaciones de respeto, aseguramiento, garantía y adaptación del derecho interno es hoy inadmisible por expresa decisión del órgano judicial interamericano.

Ha de recordarse también que el tribunal de San José de Costa Rica ha tenido la oportunidad de analizar intentos de Argentina, por ejemplo, de escudarse en el federalismo,[8] desestimándolos de plano al señalar que "el artículo 28 de la Convención prevé la hipótesis de que un Estado federal, en el cual la competencia en materia de derechos humanos corresponde a los Estados miembro, quiera ser parte en ella"[9] y que "dado que desde el momento de la aprobación y de la ratificación de la Convención *la Argentina se comportó como si dicha competencia en materia de derechos humanos correspondiera al Estado federal*, no puede ahora alegar lo contrario pues ello implicaría violar la regla del *estoppel*". En cuanto a las "dificultades" invocadas por el Estado Nacional respecto a la implementación de las medidas de cumplimiento ordenadas en ese caso, la Corte Interamericana recordó que "según una jurisprudencia centenaria y que no ha variado hasta ahora, un Estado no puede alegar su estructura federal para dejar de cumplir una obligación internacional". Fue así que el tribunal impuso la obligación de protección del derecho en juego en el caso —reparación— impidiendo a Argentina "excusarse en su organización federal ni en ninguna otra causal de orden administrativo".

Ese temperamento ha sido seguido firmemente y se mantiene en diversos pronunciamientos de la Corte Interamericana,[10] para quien,

---

[7] Corte IDH, OC-16/99, párrafo 140 y punto resolutivo nº 8.

[8] Corte IDH, *Asunto de la Cárcel de Urso Branco respecto de Brasil*. Resolución de Medidas Provisionales. 7 de julio de 2004, voto concurrente del juez Cançado Trindade, párrafo 15.

[9] Tal afirmación no debe ser entendida como limitativa de los alcances de la cláusula federal a la etapa previa a la ratificación de la Convención, pues el artículo 28 habla de Estado *parte*, es decir, el que ya ha ratificado el tratado, regulando —en consecuencia— el modo de cumplimiento del Pacto por un Estado Federal.

[10] Corte IDH, *Caso de las Penitenciarías de Mendoza*. Resolución de Medidas Provisionales. 30 de marzo de 2006. Ese criterio fue seguido por la Corte Federal Argentina en *Lavado*, 2006, *Fallos*, 329:3863.

ante la necesidad de protección el Estado no puede "alegar razones de derecho interno para dejar de tomar medidas firmes, concretas y efectivas en cumplimiento de las medidas ordenadas" ni "alegar la descoordinación entre autoridades federales y provinciales" para evitar la ocurrencia de nuevas violaciones. La unidad del obligado internacional impone relativizar la multiplicidad federal porque "más allá de la estructura unitaria o federal del Estado parte en la Convención, ante la jurisdicción internacional es el Estado como tal el que comparece ante los órganos de supervisión de aquel tratado y es éste el único obligado a adoptar las medidas. La falta de adopción por el Estado de las medidas compromete la responsabilidad internacional del mismo".

Si el objetivo convencional es asegurar el goce uniforme —evitando tratos diversos— de la *sustancia* de los derechos fundamentales,[11] la multiplicidad de regulaciones propia del federalismo encuentra un límite en la necesidad de *nivelar las materias que involucren a esos derechos fundamentales*

5 El carácter tuitivo de la función administrativa

La CIDH al fallar el caso *Baena*[12] afirmó la aplicación directa de las garantías convencionales a la actividad administrativa desplegada por las autoridades públicas de cada Estado parte del tratado. Este estándar debe ser incorporado al sistema interno de cada Estado miembro como una regla explícita proveniente del Pacto de San José de Costa Rica.

En tal precedente la categoría de la tutela administrativa efectiva se suma a la conocida garantía convencional de la tutela judicial efectiva.

Ello es un eslabón más dentro de esa búsqueda de eficacia práctica en los instrumentos estatales de protección de los derechos y encuentra su propia funcionalidad desde dos elementos que le brindan contornos propios: a) el *papel preventivo* que se le asigna a partir de la finalidad de evitar el conflicto que da sustento a la intervención del juez, ello mediante una acción oficiosa de la administración y, b) el *potencial único* de la función administrativa para la obtención de ese propósito, en

---

[11] Com. IDH, Informe nº 3/87, Caso 9647, *Estados Unidos, Pena de muerte a menores de edad*, párrafos 62 y ss; Informe nº 8/91, 22 de febrero de 1991, Caso 10.180, *México, Estado de Nuevo León*, párrafo 40 y ss. Allí se dio el análisis de la Ley Electoral aprobada por el Congreso del Estado de Nuevo León —México— el 27 de mayo de 1987. Los peticionantes planteaban que la misma vulneraba el ejercicio de los derechos políticos reconocidos por el artículo 23 de la Convención Americana.

[12] Corte IDH, Caso *Baena Ricardo y otros Vs. Panamá*. 2 de febrero de 2001.

tanto actividad estatal que presenta los rasgos de inmediatez, practicada y concreción, es decir, de cercanía con la persona.

Es que para ser efectiva la tutela administrativa debe ser preventiva, evitando caer en la alta e innecesaria conflictividad judicial y en la responsabilidad internacional de Estado miembro.

La tutela administrativa pretende evitar por los mecanismos propios de la administración pública la configuración de un conflicto; adquiriendo, de generarse el mismo, plena virtualidad la tutela judicial.

El paradigma de la tutela administrativa efectiva se ubica en un estadio *previo* al nacimiento de la controversia que se somete al juez; busca —por medio de una intervención activa de la administración orientada a tutelar los derechos— prevenir el conflicto judicial. Desde ese ángulo, se procura reforzar la tutela judicial a través de un mandato al administrador para la neutralización directa de la afectación de derechos.

La característica de efectividad de esa tutela administrativa y su finalidad preventiva representan el nuevo contexto dentro del cual se inserta la actividad de la administración pública atravesada por el fenómeno de los derechos fundamentales. Derechos estos que en parte exteriorizan la vinculación del sistema jurídico interno con el internacional —continental americano— de los derechos humanos.

La actividad administrativa de estos tiempos debe ser estudiada desde la permeabilidad que registra la administración pública en tanto sujeto obligado en el marco de los artículos 1 y 2 del Pacto de San José.

El derecho administrativo encara así la difícil tarea quehacer de adecuar sus postulados al principio de subsidiariedad del sistema americano de derechos humanos, sabiendo que deberá brindar la plataforma normativa infraconstitucional necesaria para cumplir espontáneamente con las obligaciones exigibles en el marco de aquél.

El propósito, en definitiva, dista de ser teórico: si el orden jurídico se entronca en el aseguramiento de los derechos fundamentales de la persona debemos analizar las instituciones en su plano cotidiano para verificar si tal aseguramiento se logra. El desafío del derecho administrativo es, por estos tiempos, justamente el de rediseñar sus instituciones con el fin de hacerlas efectivas en términos de preservación de la dignidad del hombre.

En síntesis: la tutela administrativa efectiva debe ser entendida como un principio sustancial del obrar estatal de acuerdo con el cual *es deber (jurídicamente exigible) de la Administración Pública asegurar en todas sus actuaciones la posibilidad real, concreta, y sin excepciones de goce efectivo de los derechos fundamentales de la persona, en forma expedita.*

6 Administración pública e igualdad

El estudio orgánico de la administración pública, su materialización en actos, contratos, reglamentos y su vinculación con el ciudadano han sido diversos aspectos tematizados desde los propios orígenes del derecho administrativo.

Este ha presentado una evolución notable desde su inicio hasta nuestros días: de la mirada de aquella administración publica opaca, introvertida, con poderes exacerbados ha mutado hacia el estudio del vínculo del ciudadano con aquella en búsqueda del equilibrio entre garantías ciudadanas y prerrogativas públicas. El interés público o bien común aparecía como mediador, al menos para algunos observadores.

En la actualidad, los derechos fundamentales han irrumpido en el escenario central de la administración pública tanto desde el plano interno normativo como internacional. El derecho administrativo deja de ser doméstico, para internacionalizarse desde la perspectiva de los derechos humanos.

La administración aparece con un rol significativo: ser tutelar de los derechos y garantías del ciudadano bajo el principio de igualdad. Ello implica un cambio paradigmático de la función administrativa y por ende del objeto del estudio del derecho administrativo. Es que ahora la perspectiva científica debe partir desde los derechos y de cómo las prerrogativas públicas se enderezan en asegurar aquellos. Sumado al deber de garantizar un mínimo igualitario en el disfrute de los mismos a todo ciudadano.

Por otra parte, el derecho administrativo por estos tiempos parece enfrentarse a la necesidad de escapar a su mirada uniforme de las regulaciones administrativas: debe observar detenidamente las diferencias propias de una sociedad culturalmente diversa a fin de nivelar a todos sus integrantes en el disfrute de sus derechos. Por caso no puede ser la misma relación jurídica-administrativa la que une a la administración pública con el ciudadano, de aquella que la conecta con una empresa, una multinacional u otra estructura estatal.

Tampoco puede aparecer la administración con indiferencia frente a la diversidad de las personas que ejercen sus derechos frente a ella. No es la misma regulación jurídica administrativa la que ha de recibir una persona en situación de vulnerabilidad o especial protección constitucional que aquel ciudadano que no se encuentra en tales situaciones jurídicas. En las primeras, la administración deberá desplegar acciones de tipo positivas mientras que frente a los demás quizás bastará con el ejercicio regular de sus potestades.

Similares apreciaciones corresponden a las instituciones tradicionales que estudiara el derecho administrativo. El dominio público y privado y la relación que la administración puede generar con el ciudadano propietario tampoco puede ser estudiada bajo principios uniformes. Por sólo citar el caso de las comunidades indígenas, estas poseen un concepto de dominio y territorio muy distinto al sentido de propiedad individual que fuera gestada en el constitucionalismo liberal. Existe un abordaje cultural colectivo de la tierra[13] que impone a la administración un comportamiento totalmente diverso al observado en otros tiempos.

En síntesis se necesita una nueva administración para nuevos tiempos donde sus competencias sean enderezadas a lograr la concreción igualitaria de la dignidad del hombre y su libertad tanto en perspectiva individual como social.

No es menor el trabajo que de aquí en mas le espera a nuestro derecho administrativo en su tarea de brindar las herramientas que le permitan a la administración lograr tales objetivos.

Informação bibliográfica deste capítulo, conforme a NBR 6023:2002 da Associação Brasileira de Normas Técnicas (ABNT):

GUTIÉRREZ COLANTUONO, Pablo Angel. Democracia, Derechos Humanos y Administración Pública. *In*: BACELLAR FILHO, Romeu Felipe; GABARDO, Emerson; HACHEM, Daniel Wunder (Coord.). *Globalização, direitos fundamentais e direito administrativo*: novas perspectivas para o desenvolvimento econômico e socioambiental: Anais do I Congresso da Rede Docente Eurolatinoamericana de Direito Administrativo. Belo Horizonte: Fórum, 2011. p. 299-307. ISBN 978-85-7700-501-7.

---

[13] Ver Corte IDH, Caso *Comunidad Indígena Xákmok Kásex v. Paraguay*, 24 de agosto de 2010.

OS DIREITOS FUNDAMENTAIS DECORRENTES DE TRATADOS INTERNACIONAIS*

REGINA MARIA MACEDO NERY FERRARI

1 A supremacia da Constituição e os limites à sua reforma

Considerando o modo pelo qual a Lei Fundamental brasileira de 1988 dispõe sobre a incorporação dos tratados em nossa ordem jurídica positiva, ainda é possível reconhecer a supremacia da Constituição, que, como expressão da vontade soberana de um povo, se exercita por meio do Poder Constituinte Originário e embasa todas as manifestações do poder estatal, bem assim as demais normas do ordenamento jurídico, inclusive as que advêm de tratados internacionais, dos quais a República Federativa do Brasil seja parte.

Ao falar em supremacia constitucional, trata-se da hierarquia normativa, de subordinação, isto é, ao fato de existir, no ordenamento jurídico nacional, uma norma subordinante e uma norma subordinada. A subordinante orienta as manifestações das subordinadas, determinadas em sua forma, conteúdo e efeitos, pela norma de hierarquia superior da qual deriva.

---

* Palestra apresentada no I CONGRESSO DA REDE DOCENTE EUROLATINOAME-RICANA DE DIREITO ADMINISTRATIVO, no painel "Tratados internacionais de direitos humanos e Administração Pública democrática", às 18h30 do dia 24.02.2011, na Pontifícia Universidade Católica do Paraná.

A norma suprema, mais importante, de um sistema normativo é a sua Constituição, representando o seu fundamento de validade, vale dizer, conforme ensinou Kelsen, para uma norma ter validade dentro de um ordenamento jurídico, é preciso que busque seu fundamento de validade na norma que lhe é superior, e assim por diante, de tal modo que todas as normas, cuja validade pode ser reconduzida a uma mesma norma fundamental, formam um sistema normativo.[1]

Portanto, a não observância dos ditames da norma superior da ordem jurídica por uma norma infraconstitucional acarretará a sua invalidade, ou seja, sua inconstitucionalidade.

Nos Estados que adotam constituições formais e rígidas, elas se beneficiam de um regime jurídico especial, caracterizado por um processo de elaboração mais dificultoso do que o previsto para as demais normas. Mas, conforme Celso Bastos, a Constituição não se contenta com sua legalidade formal, com a simples positivação do poder, exige a positivação dos valores jurídicos da sociedade.[2]

Materialmente considerada, a Lei Fundamental de um sistema jurídico representa um conjunto de normas que organizam o Estado, determinam a função e as competências de seus órgãos, as formas e os limites desse exercício, bem como os direitos e garantias fundamentais do indivíduo e, como documento normativo supremo do Estado e da sociedade, proporciona uma interação.

Da supremacia constitucional se extraem os seguintes princípios: 1. o da unidade do sistema jurídico, no qual as normas inferiores devem adequar-se à Constituição; 2. o da continuidade, isto é, a compatibilidade das normas infraconstitucionais com a norma fundamental da ordem jurídica; 3. o da razoabilidade, segundo o qual, as normas infraconstitucionais devem ser instrumento ou meio adequado (razoáveis) para alcançar os fins estabelecidos na Constituição; 4. o da rigidez, no que diz respeito ao procedimento de alteração ou de reforma da norma constitucional, que não pode ser o mesmo do previsto para criação de uma norma que lhe é inferior; 5. o da distinção entre Poder Constituinte e Poder Constituído; 6. o da graduação do ordenamento jurídico em diversos níveis, desde a norma fundamental abstrata até o seu ato de execução; 7. o da garantia do Estado de Direito Democrático, na medida em que a atuação dos órgãos públicos se encontra limitada pelo Constituinte Originário.[3]

---

[1] KELSEN, Hans. *Teoria pura do direito*. 3. ed. Coimbra: A. Amado, 1974. p. 269.

[2] BASTOS, Celso Ribeiro. *Curso de direito constitucional*. São Paulo: Celso Bastos, 2002. p. 28.

[3] SLAIBI FILHO, Nagib. *Ação declaratória de constitucionalidade*. 2. ed. Rio de Janeiro: Forense, 1995. p. 40.

Tal abordagem é oportuna quando se vivencia o crepúsculo do Estado-Nação, quando os limites territoriais passam a ser, cada vez mais, imprecisos. Vive-se em um mundo a um só tempo unificado e sem centro, em que pese o conhecimento de que um centro implica uma organização piramidal do poder. Vivencia-se uma época extremamente complexa, sem a conscientização de que tal complexidade poderá ajudar ou atrapalhar o progresso do ser humano na busca de sua felicidade e bem-estar.

É cada vez menor a importância da determinação de um espaço territorial, na medida em que as questões a serem enfrentadas adquirem dimensões universais, quer se trate de drogas, meio ambiente, desenvolvimento ou moedas e, assim, pela impossibilidade de resolver as dificuldades isoladamente, os Estados soberanos se unem para formar organismos transnacionais, os quais relativizam o sentido de soberania, entendida, ainda, como o poder de declarar e atualizar o direito que deve valer em uma determinada comunidade, isto é, o poder de decidir sobre o direito positivo, posto que, em determinados setores da vida, por exemplo, em relação à proteção dos direitos humanos, extrapola e transcende ao domínio de um Estado e abre espaço para a criação de parâmetros globais de ação, aos quais se devem conformar, sob pena de responsabilidade internacional, independentemente da nacionalidade das vítimas de tais violações.

Em face desta realidade e considerando a superioridade das normas constitucionais, pergunta Canotilho: Como é possível derivar da Constituição o direito internacional? O que fica da Constituição como norma? E o que fica da Constituição como ordem? Ficam as duas coisas — norma e ordem —, mas com sentido diverso do tradicional. A Constituição continua a ser uma ordem-quadro moral e racional do discurso político e uma regra fundante e superior do ordenamento jurídico, estruturada com base em regras e princípios identificadores de uma comunidade jurídica. É com este sentido que a Constituição continua a ser uma norma superior.[4]

Norberto Bobbio, analisando o problema da norma fundamental do sistema jurídico, ressalta que a Constituição, na qualidade de norma fundamental do ordenamento jurídico, é fruto de um poder que é a expressão da soberania do povo.[5] "É a vontade política do povo capaz de constituir o Estado por meio de uma constituição."[6]

---

[4] CANOTILHO, José Joaquim Gomes. *Direito constitucional e teoria da Constituição*. 7. ed. Coimbra: Almedina, 2003. p. 1026-1028.

[5] BOBBIO, Norberto. *Teoria do ordenamento jurídico*. 5. ed. Brasília: UnB, 1994. p. 58-59.

[6] SILVA, José Afonso da. *Poder Constituinte e Poder Popular*. São Paulo: Malheiros, 2000. p. 68.

Trata-se do exercício do denominado *Poder Constituinte Originário*, a quem compete elaborar a Constituição, documento supremo do povo que organiza o Estado, confere competência a seus órgãos e assegura a proteção dos direitos e garantias fundamentais do indivíduo.

O Poder Constituinte Originário, conforme estudos do abade Emmanuel Sieyés, é uma força política que, conscientemente, resolve disciplinar a convivência da comunidade e ordenar o seu próprio destino. A Constituição, portanto, é o produto deste poder que organiza os poderes do Estado, mas que é superior a eles, por ser inicial, ilimitado e incondicionado.

A imagem do Poder Constituinte Originário está ligada a uma nova ideia de direito, a uma nova concepção de Estado, inspirada em princípios e valores que incorporam a transformação da situação existente. Isto posto, a Constituição nada mais é do que "um conjunto de normas relativas a essa existência política, e ao modo e forma dessa mesma existência".[7]

Mas, considerando a criação de normas jurídicas constitucionais, é possível identificar duas espécies ou formas para produzi-las. Uma produção originária e outra derivada.

Na produção originária, criam-se as normas fundamentais e primeiras do sistema normativo, as quais rompem com a ordem jurídica anterior, isto é, criam uma nova Constituição. Já a produção derivada de normas constitucionais tem a capacidade de modificar a Lei Fundamental do sistema jurídico, sem que haja um processo revolucionário de quebra da ordem jurídica, sendo feita de acordo e dentro dos limites estabelecidos pelas normas de produção originária.

Conforme José Afonso da Silva, não se pode ter a Constituição como eterna, "Se ela há de ser um instrumento de realização de valores fundamentais de um povo, e se esses valores, dada sua natureza histórica, são mutáveis, intuitivo e compreensível será que a obra do Constituinte Originário, que retira do povo cambiante a seiva legitimadora de seu produto, seja também suscetível de mudanças".[8] A Constituição não pode ser um documento eterno, necessita acompanhar o desenvolvimento da sociedade e adaptar-se aos novos tempos.

A manifestação do Poder Reformador da Constituição, por ela criado e limitado, se veicula por meio de emendas à Constituição e, também, se manifesta pelo exercício do poder de revisão, conforme o previsto no art. 3º do ADCT.

---

[7] MEIRELLES TEIXEIRA, J. H. *Curso de direito constitucional*. São Paulo: Forense Universitária, 1991. p. 199.

[8] SILVA, José Afonso da. *Comentário contextual à Constituição*. São Paulo: Malheiros, 2005. p. 440.

O poder de reforma não se confunde com o Poder Constituinte Originário, na medida em que a ele está subordinado, tanto no que tange ao procedimento, como à titularidade e limitações.

Quando se fala em poder de reforma, com suas características peculiares, está-se frente a uma Constituição do tipo rígido, aquela que para realizar uma alteração constitucional necessita cumprir procedimentos mais complexos e difíceis do que os previstos para a atividade comum do Legislativo.

O poder de reforma, como poder constituído, instituído pelo Constituinte Originário, está sujeito a limitações de forma, de circunstâncias e de conteúdo.

Assim, conforme determina no *caput* do artigo 60 e seus §§1º e 2º, necessita de iniciativa própria, procedimento especial para análise e aprovação, em dois turnos, nas duas Casas do Congresso Nacional, pelo *quorum* qualificado de três quintos de seus membros.

O poder de emenda também se submete a limitações circunstanciais, vale dizer, não poderá ser exercitado na vigência de intervenção federal, de estado de defesa ou de estado de sítio, tendo em vista que podem comprometer a livre deliberação dos reformadores.

Nossa Lei Fundamental, no intuito de proteção dos pilares básicos do nosso Estado Democrático de Direito, previu a impossibilidade da reforma de determinadas matérias constitucionais, tais como: "I. a forma federativa de Estado; II. o voto direto, secreto, universal e periódico; III. a separação dos Poderes; IV os direitos e garantias individuais".

Aqui é necessário observar que o Constituinte Originário não só se preocupou em registrar as matérias que não estariam ao alcance do reformador, mas foi mais além, exigiu que não fossem objeto de deliberação as propostas de emendas tendentes a abolir o universo já registrado. Quis dizer que, os titulares do poder de alterar a Constituição, não devem perder tempo com a análise de propostas de emendas que possam violar as matérias escolhidas como limites para seu exercício.

São as denominadas cláusulas pétreas, que representam o núcleo essencial do Estado determinado pelo Constituinte Originário e que ele quer preservar. Isto, entretanto, não significa que se está pretendendo uma Constituição eterna, pois nada impede que o povo rompa com a ordem então constituída, e, por meio da manifestação do Poder Constituinte Originário, se dê uma nova Lei Fundamental.[9]

---

[9] STF, MS nº 23047-MC, Relator Ministro Sepúlveda Pertence: "as limitações materiais ao poder constituinte de reforma, que o art. 60, parágrafo 4º enumera, não significam a intangibilidade literal da respectiva disciplina na Constituição originária, mas apenas a proteção do núcleo essencial dos princípios e institutos cuja preservação nelas se protege".

2 A supremacia da Constituição, a internalização dos tratados internacionais de direitos humanos e os direitos fundamentais

Como se sabe, o Direito, conforme seu âmbito territorial de atuação, pode ser nacional, internacional e comunitário.

Por nacional se deve entender o conjunto de normas que integram o direito positivo de um Estado, criado pelo poder competente e posto à observância dentro dos limites territoriais de um país, isto é, respeitado dentro de suas fronteiras.

Quando se fala em Direito Internacional se está fazendo referência a um conjunto de normas que se aplicam às relações dos Estados entre si, ou entre estes e agrupamentos ou organismos internacionais, ou seja, no alicerçamento de um sistema jurídico-político embasado no paradigma clássico das relações horizontais entre Estados soberanos.

Atualmente, deparamos, no campo internacional, com um novo ramo do Direito, que tem por objeto a criação de entidades supranacionais, as quais, por sua vez, são distintas dos Estados nacionais e dos clássicos organismos internacionais. Surgem de tratados e integram o que se tem denominado de Direito Comunitário ou Direito da Integração.

Essas entidades supranacionais têm poderes diretos e coercitivos não só sobre os Estados que dela participam, mas também sobre suas populações, o que decorre da transferência de certos atributos emanados das suas soberanias para a entidade que os agrupa.

Porém, é a Constituição, na qualidade de lei fundamental do Estado, que, ainda, autoriza o Estado a firmar tratados, conforme disciplina constitucionalmente prevista.

Segundo Arnaldo Sussekind, "O tratado é o instrumento básico e preponderantemente utilizado pelo Direito Internacional Público para a consecução das suas finalidades".[10]

A Convenção de Viena, quando trata sobre o Direito dos Tratados, conceitua o tratado como "acordo internacional concluído por escrito entre Estados e regido pelo Direito Internacional, quer conste de um instrumento único, quer dois ou mais instrumentos conexos, qualquer que seja sua denominação específica" (art. 2º, I, "a").

A VI Conferência Internacional Americana (Convenção de Havana sobre Tratados, 1928) disciplinou que "Os Tratados não são obrigatórios senão depois de ratificados pelos Estados contratantes,

---

[10] SUSSEKIND, Arnaldo. *Direito internacional do trabalho*. São Paulo: LTr, 1983. p. 36.

ainda que esta cláusula não conste nos plenos poderes dos negociadores, nem figure no próprio tratado" (art. 5º) e, ainda, que "A falta de ratificação ou a reserva são atos inerentes à soberania nacional e, como tais, constituem o exercício de um direito que não viola nenhuma disposição ou norma internacional. Em caso de negativa, esta será comunicada aos outros contratantes" (art. 7º).

A atual Constituição brasileira prevê, no art. 84, VIII, que compete privativamente ao Presidente da República "celebrar tratados, convenções e atos internacionais, sujeitos a referendo do Congresso Nacional".

Assim, entre nós, a internalização dos tratados depende, conforme nossa Lei Fundamental, da sua celebração e assinatura pelo Presidente da República, da sua aprovação pelo Congresso Nacional, por meio de um decreto legislativo, e de sua promulgação pelo Chefe do Executivo, via decreto, bem como de sua publicação no *Diário Oficial da União*.

Este mesmo procedimento já não acontece quando se trata do ato de denúncia tratados, vale dizer: sendo o tratado, as convenções e atos internacionais, acordos de vontades firmado entre Estados soberanos, o seu distrato, o ato de sua denúncia, não necessita de participação do Congresso Nacional, sendo ato próprio do Chefe do Executivo Federal.

Como dependente de previsão constitucional, é possível identificar um conflito entre as normas que decorrem do tratado e a ordem jurídica interna.

Luís Roberto Barroso usa expressão "direito constitucional internacional" para identificar o conjunto de princípios e regras que envolvem a solução de conflitos entre normas internacionais e estrangeiras, de um lado, e as normas constitucionais, de outro.[11]

Mas o que interessa é saber como o tratado ou as convenções internacionais, frutos específicos de um acordo de vontades se colocam diante da Constituição do Estado que o firmou.

O Ministro Gilmar Ferreira Mendes, em seu voto no RHC nº 79785, cuja relatoria coube ao Ministro Sepúlveda Pertence, enfatizou que "assim como não o afirma em relação às leis, A Constituição não precisou dizer-se sobreposta aos tratados: a hierarquia está ínsita em preceitos inequívocos seus, como os que submetem sua aprovação e a promulgação das convenções ao processo legislativo ditado pela

---

[11] BARROSO, Luís Roberto. *Interpretação e aplicação da Constituição*. 2. ed. São Paulo: Saraiva, 1998. p. 15.

Constituição (...) e aquele, em conseqüência, explicitamente admite o controle da constitucionalidade dos tratados (art. 102, III, 'b')".

Nosso sistema constitucional diferenciou os tratados que definem direitos humanos daqueles que têm outro objeto. É o que se identifica na leitura dos §§2º e 3º do artigo 5º da Constituição Federal de 1988.

O §2º do artigo 5º diz que "Os direitos e garantias expressos nesta Constituição não excluem outros decorrentes do regime e dos princípios por ela dotados, ou dos *tratados internacionais em que a República Federativa do Brasil seja parte*".

Como se vê, a Lei Fundamental brasileira reconheceu, em relação aos demais tratados, caráter especial aos tratados internacionais que tratam sobre direitos humanos, o que não significa que possam afrontar a supremacia constitucional. Tal entendimento não abre espaço para, simplesmente, equipara-los à legislação ordinária. Trata-se, de uma supra-legalidade, reconhecida pelo Constituinte Originário, quando alarga o rol dos direitos fundamentais, incluindo, dentre eles, os decorrentes de tratados dos quais a República Federativa do Brasil seja parte.

Já, o §3º do citado artigo 5º, acrescentado pela Emenda Constitucional nº 45, de 8 de dezembro de 2004, reza: "Os tratados e convenções internacionais sobre direitos humanos que forem aprovados em cada Casa do Congresso Nacional, em dois turnos, por três quintos dos votos dos respectivos membros, serão equivalentes às emendas constitucionais".

Isto posto, primeiramente, é necessário registrar que as expressões direitos do homem, direitos humanos e direitos fundamentais não devem ser utilizadas como sinônimos, em que pese estes últimos serem também humanos, e isto além de, às vezes, abarcarem direitos representados por entes coletivos.

O mais importante é que a diferenciação anotada pode trazer consequências práticas. A expressão "direitos fundamentais" se aplica aos direitos humanos positivados na Constituição de um determinado Estado, em um determinado momento histórico. Já por direitos humanos se quer referir àqueles direitos, próprios do ser humano, independentemente da sua vinculação com certa ordem constitucional, de tal modo que revelam um caráter internacional, supranacional.

Assim, a eficácia dos direitos humanos, que não integram o rol expresso dos direitos fundamentais de um determinado Estado, depende de sua recepção na ordem jurídica interna, sendo este o núcleo principal do presente estudo: saber se os direitos humanos que decorrem de tratados, dos quais a República Federativa do Brasil seja parte, quando incorporados à Constituição, gozam de normatividade privilegiada.

Como se vê, esta hipótese de incorporação das normas internacionais de direitos humanos decorrente de tratados, acordos ou convenções internacionais ao ordenamento jurídico constitucional brasileiro visa ampliar o campo dos nossos direitos fundamentais, acrescendo e alargando o rol constitucional expresso, em que pese a necessidade de observância de procedimento próprio para que isto aconteça, conforme prevê o artigo 84, VIII, da Constituição Federal de 1988.

A Emenda Constitucional nº 45 inova a disciplina e insere, no citado artigo 5º, o §3º: "Os tratados e convenções internacionais sobre direitos humanos que forem aprovados em cada Casa do Congresso Nacional, em dois turnos, por três quintos dos votos dos respectivos membros, serão equivalentes às emendas constitucionais".

Uma rápida leitura do dispositivo em questão leva a considerar que as normas decorrentes de tratados, que não disponham sobre direitos humanos, serão internalizadas como uma lei ordinária federal, de conformidade com a jurisprudência do STF proclamada no RE nº 80.004 e embasada no posicionamento defendido pelo Ministro Francisco Rezek, isto é, "assentada, por maioria, a tese de que, ante a realidade do conflito entre tratado e lei posterior, esta, porque expressão última da vontade do legislador republicano deve ter prevalência garantida pela Justiça — sem embargo das conseqüências do descumprimento do tratado no plano internacional". Concluindo que: "admitindo vozes majoritárias que, faltante na Constituição do Brasil garantia de privilégio hierárquico do tratado internacional sobre as leis do Congresso, era inevitável que a Justiça devesse garantir a autoridade da mais recente das normas porque paritária sua estatura no ordenamento jurídico".[12]

Já, ao analisar o §1º do artigo 5º da Constituição Federal quando diz que "As normas definidoras dos direitos e garantias fundamentais têm aplicação imediata", juntamente com o §2º do mesmo artigo, que determina que os direitos e garantias ali previstos não excluem outros que decorrem do regime e princípios por ela adotados ou dos tratados internacionais em que o Brasil seja parte, deve-se entender que o Constituinte Originário quis que, uma vez internalizados, os direitos humanos advindos de tratados tenham vigência imediata, independentemente de qualquer intermediação legislativa, de modo a criar, diretamente, situações jurídicas subjetivas a favor dos brasileiros e estrangeiros residentes no país.

---

[12] *RTJ*, v. 83, p. 809-848, mar. 1978.

Paulo Otero entende que:

A aplicabilidade directa das normas constitucionais sobre direitos fundamentais, determinando que os direitos fundamentais deixem de ter a sua eficácia concreta 'prisioneira' da vontade do legislador, tornando imediatamente operativas as normas jusfundamentais consagradas na Constituição junto de qualquer aplicador (público ou privado) do Direito. (...) Verifica-se, deste modo, que a aplicabilidade directa das normas constitucionais sobre direitos fundamentais lhes confere uma dupla eficácia reforçada: essas normas prevalecem na ausência de lei e mesmo contra lei expressa que as viole, envolvendo, nesta última hipótese, uma competência de rejeição aplicativa das normas consideradas inconstitucionais.[13]

Isto posto, sem deixar de registrar a opinião daqueles que, como José Afonso da Silva, consideram que a recepção dos tratados que preveem tais direitos deve ser automática, diferentemente do que ocorre com os outros tipos, que dependem sempre do referendo congressual e da ratificação governamental para sua eficácia interna.[14]

Porém, a Emenda Constitucional nº 45/2004, ao incluir no artigo 5º o §3º, dispôs que só os tratados ou convenções de direitos humanos que forem aprovados, em cada Casa do Congresso, em dois turnos, pelo *quorum* de três quintos dos votos dos respectivos membros, serão equivalentes às emendas constitucionais.

É claro que esse §3º, regula e interpreta a segunda parte do §2º do artigo 5º e admite que a incorporação de tratados se dê com *status* de emenda constitucional, como norma constitucional formal.

Tal entendimento não resolve o problema, pois leva a admitir que possam existir direitos humanos decorrentes de tratados, incorporados ao direito pátrio, com *status* de normas constitucionais materiais e formais, como, também, de normas do nível das leis ordinárias federais. Esta diferença é importante porque só as normas infraconstitucionais que violem as internacionais acolhidas, segundo o sistema previsto no §3º, serão inconstitucionais e sujeitas ao controle da constitucionalidade na via de defesa e na via de ação direta. Já o conflito com as recebidas pelo regime das normas ordinárias será resolvido pela aplicação da mais nova ou pelo sistema de solução do conflito entre lei especial e lei geral, conforme o caso.

---

[13] OTERO, Paulo. *Instituições políticas e constitucionais*. Coimbra: Almedina, 2007. v. 1, p. 590-591.
[14] SILVA, José Afonso da. *Comentário contextual à Constituição*. São Paulo: Malheiros, 2005. p. 179.

Em um regime que adota o sistema de Constituição formal e rígida, não se pode aceitar que possuam nível superior as normas só materialmente constitucionais e, consequentemente, que possam existir fora da Constituição, o que, frente à disposição do art. 5º, §2º, não se pode esquecer que a inclusão dos direitos humanos decorrentes de tratados em que o Brasil seja parte no rol dos direitos fundamentais foi obra do Constituinte Originário que tudo pode, inclusive reconhecer que têm *status* constitucional, em que pese sujeitos ao procedimento previsto para sua internalização.

A partir do advento da Emenda Constitucional nº 45/2004, os direitos humanos decorrentes de tratados passam a ter procedimento de internalização e poderão ter *status* de normas constitucionais formais, decorrentes do trabalho do Poder Reformador e que, por isso, devem estar sujeitas às limitações impostas para seu exercício.

3 O controle da constitucionalidade dos tratados

O sistema constitucional brasileiro admite que cabe ao Judiciário o exercício do controle da constitucionalidade das leis e atos normativos, o que pode ser realizado por um único órgão, caracterizando o sistema concentrado, quando só o STF detém a competência para conhecer e decidir sobre as questões relativas à inconstitucionalidade e o sistema difuso, quando a atribuição para fiscalizar o respeito à Constituição é conferida a todos os juízes e tribunais.

No sistema difuso, próprio da via de defesa, a apreciação da inconstitucionalidade surge incidentalmente no curso de um processo comum, sendo submetida à apreciação do Judiciário na medida em que for relevante para solução do conflito de interesses objeto da ação.

Na hipótese, o interessado se defende contra a aplicação de uma lei inconstitucional e tem por finalidade subtrair alguém dos efeitos da lei inconstitucional, caracterizando um instrumento de garantia dos direitos subjetivos do indivíduo e, portanto, a decisão tem efeitos *inter partes*, vale dizer, o ato normativo impugnado continua válido e produtor de efeitos para os demais atingidos, pois a declaração de inconstitucionalidade não anula a lei, só impede sua aplicação ao caso que propiciou a análise.

O sistema concentrado, próprio da via de ação, tem por objetivo retirar do sistema jurídico a lei inconstitucional, o que proporciona a restauração da harmonia do sistema jurídico, ameaçada pela permanência, no ordenamento jurídico positivo, de uma lei discordante da norma fundamental do sistema.

A apreciação da constitucionalidade de um tratado pode ser motivo de uma via de ação, quando a decisão do STF terá efeitos *erga omnes*, ou, ainda, vir a ser alegada no curso de um processo comum e analisada na medida em que for necessária para a solução do pleito formulado perante qualquer juiz ou tribunal, sendo analisado pelo STF, conforme dispõe o art. 102, III, "b", da CF/88.

O juiz, no controle concreto, pode, inclusive, pronunciar a inconstitucionalidade de uma lei estrangeira em face da Constituição sob a qual foi editada e isto desde que possam fazer, também, as autoridades judiciárias do Estado de origem. Neste caso, a declaração de inconstitucionalidade só implica a sua não incidência ao caso concreto.

Ao falar da fiscalização da inconstitucionalidade dos tratados é preciso lembrar que, no Brasil, ele só será incorporado ao direito interno após a aprovação, pelo Congresso Nacional, veiculada por decreto legislativo e ratificado e promulgado pelo Presidente da República, por meio de decreto, assumindo, conforme o procedimento adotado, a mesma estatura de emenda constitucional ou, ainda, de lei ordinária federal.

Porém, é bom observar que os tratados constituem ato bi ou multilaterais de direito internacional, e, assim, a declaração de inconstitucionalidade não acarreta sua nulidade, vale dizer, a decisão judicial acerca da desconformidade com a lei fundamental do sistema jurídico positivo brasileiro não atinge os atos dos outros sistemas normativos, sejam eles internacionais ou internos dos demais países signatários dos tratados. A declaração de inconstitucionalidade atinge só as normas nacionais de internalização dos tratados, ou seja, sua aprovação, ratificação e promulgação.

Conforme o Ministro Gilmar Ferreira Mendes, a ação direta pode ser ajuizada em face do decreto legislativo que internaliza a eficácia dos tratados, antes da edição do decreto do Chefe do Executivo, com vistas a obstar a recepção do tratado na ordem jurídica interna, para que o Presidente da República fique impedido de implementar sua ratificação e promulgação. Tal possibilidade não significa que se está admitindo conferir caráter preventivo ao controle abstrato de normas, pois este o Brasil não conhece.[15]

Anota, ainda, o Ministro que "Numa das poucas vezes — senão a única — em que o STF, no juízo abstrato de constitucionalidade, teve a oportunidade de aferir a legitimidade de um tratado — a Convenção

---

[15] MENDES, Gilmar Ferreira. *Jurisdição constitucional*: o controle abstrato de normas no Brasil e na Alemanha. 2. ed. São Paulo: Saraiva, 1998. p. 168.

da OIT 110, de 1958, reconheceu-se a inconstitucionalidade do Decreto Legislativo 33, de 05.08.1964, que aprovou o Tratado e do Decreto 58.826, de 14.07.1966, que o promulgava".

Porém, não há dúvida quanto ao fato de que a declaração de inconstitucionalidade de um tratado no direito interno pode desencadear a responsabilidade internacional do país.

Considerar o *status* dos tratados, no sistema constitucional brasileiro, quando preveem direitos e garantias fundamentais é importante para que se possa analisar o controle da constitucionalidade dos tratados, isto é, admitindo que se encontram no mesmo nível de uma lei ordinária federal, sempre será possível, a partir da realização de seu procedimento de internalização, controlar a sua constitucionalidade. É, também, possível falar em fiscalização da constitucionalidade dos tratados, quando se trata da positivação dos direitos humanos decorrentes de tratados, no plano das emendas à Constituição, haja vista as limitações a que está sujeita.

Diferente é o resultado quando se admite que a partir de sua recepção, nos termos do §2º do art. 5º, integram nosso catálogo na condição de direitos fundamentais constitucionalmente previstos e passam a ser aplicados, diretamente, até pelos nossos tribunais, pois aí o que se vê é a realização do fenômeno *lex posteriori derrogat a priori*, ou seja, na hipótese, automaticamente se pode identificar o instituto da revogação, ou até de uma aplicação do princípio da interpretação mais favorável, como forma de solucionar um conflito entre a norma internacional e a interna, já que o art. 5º, §2º, exige que essa contradição seja superada.

O entendimento, em regra, não é pacífico.

O STF teve oportunidade de enfrentar a questão quando do julgamento do HC nº 90450/MG, no dia 23.09.2008, na Segunda Turma, cuja relatoria coube ao Ministro Celso de Mello. Tratava-se da prisão civil por infidelidade do depositário. Como se sabe, a CF, no artigo 5º, LXVII, prevê que:

> Não haverá prisão por dívida, salvo a do responsável pelo inadimplemento voluntário e inescusável de obrigação alimentícia e a do depositário infiel". Por sua vez, a Convenção Americana sobre os Direitos Humanos, no art. 7, n.7, não aceita a prisão por dívida, inclusive pelo inadimplemento voluntário do depositário infiel. Na ocasião foi reconhecida a hierarquia constitucional dos tratados internacionais de direitos humanos. Segundo a ementa se trata de "Ilegitimidade jurídica da decretação da prisão civil do depositário infiel. Não mais subsiste, no sistema normativo brasileiro, a prisão civil por infidelidade depositária, independentemente da modalidade de depósito, trate-se de depósito voluntário (convencional) ou

cuide-se de depósito necessário, como o é o depósito judicial. Precedentes. TRATADOS INTERNACIONAIS DE DIREITOS HUMANOS; AS SUAS RELAÇÕES COM O DIREITO INTERNO BRASILEIRO E A QUESTÃO DE SUA POSIÇÃO HIERÁRQUICA. — A convenção Americana sobre Direitos Humanos (CF art. 5º e parágrafos 2º e 3º. Precedentes — Posição hierárquica dos tratados internacionais de direitos humanos no ordenamento positivo interno do Brasil: natureza constitucional ou caráter de supralegalidade? Entendimento do Rel. Ministro Celso de Mello, que atribui hierarquia constitucional às convenções internacionais em matéria de direitos humanos. A INTERPRETAÇÃO JUDICIAL COMO INSTRUMENTO DE MUTAÇÃO INFORMAL DA CONSTITUIÇÃO — A questão dos processos informais de mutação constitucional e o papel do Pode Judiciário: a interpretação judicial como instrumento juridicamente idôneo de mudança informal da Constituição. A legitimidade da adequação, mediante interpretação do Poder Judiciário, da própria Constituição da República, se e quando imperioso compatibilizá-la, mediante exegese atualizadora, com as novas exigências, necessidades e transformações resultantes dos processos sociais, econômicos, necessidades e transformações resultantes dos processos sociais, econômicos e políticos que caracterizam, em seus múltiplos e complexos aspectos, a sociedade contemporânea. HERMENÊUTICA E DIREITOS HUMANOS; A NORMA MAIS FAVORÁVEL COMO CRITÉRIO QUE DEVE REGER A INTERPRETAÇÃO DO PODER JUDICIÁRIO — Os magistrados e Tribunais, no exercício de sua atividade interpretativa, especialmente no âmbito dos tratados internacionais de direitos humanos, devem observar um princípio hermenêutico básico (tal como aquele proclamado no Artigo 29 da Convenção Americana de Direitos Humanos), consistente em atribuir primazia à norma que se revele mais favorável à pessoa humana, em ordem a dispensar-lhe a mais ampla proteção jurídica — O Poder Judiciário, nesse processo hermenêutico que prestigia o critério da norma mais favorável (que tanto pode ser aquela prevista no tratado internacional como a que se acha positivada no próprio direito interno do Estado), deverá extrair a máxima eficácia das declarações internacionais e das proclamações constitucionais de direitos, como forma de viabilizar o acesso dos indivíduos e dos grupos sociais, notadamente os mais vulneráveis, a sistemas institucionalizados de proteção aos direitos fundamentais da pessoa humana tornarem-se palavras vãs. Aplicação, ao caso, do Artigo 7º, n. 7 (Pacto de São José da Costa Rica): um caso típico de primazia da regra mais favorável à proteção efetiva do ser humano.

Na postura adotada, não se tratou de buscar a superioridade constitucional ou não da norma internacional ou da que integra o sistema jurídico, mas de atender ao princípio vetor de nossa ordem jurídica, que é o da dignidade da pessoa humana.

Fábio Comparato pergunta "qual das duas situações — o sacrifício da liberdade do depositário ou do interesse econômico do depositante representa a solução que melhor respeita a dignidade humana?" Conclui formulando as seguintes recomendações aos Magistrados:

1. Como o sistema de direitos humanos situa-se no ápice do ordenamento jurídico, o juiz não deve julgar demanda alguma, antes de verificar a possível incidência, no caso, das normas desse sistema, ainda que não haja a esse respeito nenhuma alegação das partes. 2. Tratando-se de um sistema integrado de normas, nacionais e internacionais, deve o juiz, em atenção ao disposto no art. 5º, parágrafo 2º, da Constituição Federal, certificar-se sempre da vigência dos tratados internacionais sobre direitos humanos, de que o Brasil é parte.[16]

O Tribunal Pleno do STF, no julgamento do Habeas Corpus nº 79785/RJ, em 29 de março de 2000, sob a relatoria do Ministro Sepúlveda Pertence, considerou, ao enfrentar a possibilidade de erigir o duplo grau de jurisdição em garantia constitucional:

(...) tantas são as previsões, na própria Lei Fundamental do julgamento de única instância ordinária, já na área cível, já, particularmente, na área penal. 3. A situação não se alterou, com a incorporação ao Direito Brasileiro da Convenção Americana de Direitos Humanos (Pacto de São José), na qual, efetivamente, o artigo 8º, 2, h, consagrou como garantia, ao menos na esfera processual penal, o duplo grau de jurisdição, em acepção mais própria: o direito de 'toda pessoa acusada de delito' 4. Prevalência da Constituição, no Direito brasileiro, sobre quaisquer convenções internacionais, incluídas as de proteção aos direitos humanos, que impede, no caso, a pretendida aplicação do Pacto de São José: motivação II. A Constituição do Brasil e as convenções internacionais de proteção de prevalência da Constituição que afasta a aplicabilidade das cláusulas convencionais antinômicas. 1. Quando a questão — no estágio ainda primitivo de centralização e efetividade da ordem jurídica internacional — é de ser resolvida sob a perspectiva do juiz nacional — que, órgão do Estado, deriva da Constituição sua própria autoridade jurisdicional — não pode ele buscar, senão nessa Constituição mesma, o critério da solução de eventuais antinomias entre normas internas e normas internacionais; o que é bastante afirmar a supremacia sobre as últimas da Constituição, ainda quando esta eventualmente atribua aos tratados a prevalência no conflito: *mesmo nessa hipótese, a primazia*

---

[16] COMPARATO, Fábio Konder. Aula proferida na Escola Paulista da Magistratura, em 22 de janeiro de 2001.

derivará da Constituição e não de uma apriorística força intrínseca da convenção internacional o que significaria emprestar à norma convencional força ab-rogante da Constituição mesma, quando não delimitadora do seu sistema, o que não é de admitir.

Se o Constituinte Originário de 1988 incluiu no catálogo dos direitos fundamentais expressos no artigo 5º, os decorrentes dos tratados dos quais o Brasil seja parte, admitiu que teriam *status* constitucionais e, portanto, estariam a compor o universo das cláusulas pétreas, conforme dispõe o art. 60, §4º, inciso IV. Isto posto, o legislador reformador, pela Emenda Constitucional nº 45/2004, incluiu, no artigo 5º, o §3º da CF, previsão no sentido que os "tratados e convenções internacionais sobre direitos humanos que forem aprovados, em cada Casa do Congresso Nacional, em dois turnos, por três quintos dos votos dos respectivos membros, serão equivalentes às emendas constitucionais".

A partir de então, surge questionamento acerca da possibilidade de os tratados de direitos humanos serem internalizados pelo procedimento previsto no §3º do art. 5º, e adquirirem o *status* de norma constitucional formal.

Ora, o que se pergunta é: os tratados de direitos humanos podem ser internalizados por outro processo? Os direitos fundamentais decorrentes de tratados aprovados pelo sistema previsto para a aprovação das emendas à Constituição são também cláusulas pétreas?

4 Os direitos fundamentais decorrentes de tratados internacionais, internalizados com *status* de emendas constitucionais, podem integrar as denominadas cláusulas pétreas, previstas no artigo 60, §4º, inciso IV, da CF?

Flávia Piovesan defende que deve ser afastado o entendimento segundo o qual, em face da inclusão do §3º no artigo 5º, todos os tratados de direitos humanos já ratificados, devem ser recepcionados como lei federal, pois que, em que pese anteriores à Emenda Constitucional nº 45/2004, por força do §2º do citado artigo 5º da CF, todos os tratados de direitos humanos, independentemente do *quorum* de aprovação, são materialmente constitucionais, e a nova disciplina do *status* constitucional formal só veio a reforçar tal natureza.

Em que pese a coerência do entendimento aqui registrado, ele não resolve o problema referente a considerar que os tratados de direitos humanos, por sua natureza constitucional formal adquirida pelo processo de aprovação pelo Legislativo equivalente ao das emendas à Constituição, adquiram a qualidade de cláusulas pétreas, de limite ao exercício do Poder Reformador.

Nos termos do inciso IV, do §4º, do artigo 60 da CF, não podem ser consideradas válidas, as mudanças constitucionais que minimizem a proteção dos direitos e garantias individuais.

Sem enfrentar, neste momento, a questão relativa à extensão da expressão "direitos e garantias fundamentais", se abarcam ou não os direitos sociais, deve-se ressaltar que a Lei Fundamental, não proíbe que o Poder Reformador amplie o rol já existente, inclusive por aqueles previstos em tratados de direitos humanos, internalizados nos moldes do §3º do art. 5º da CF, como norma constitucional formal.

Assim sendo, surge a pergunta: os novos direitos, criados pelo reformador ou os previstos em tratados internalizados como norma constitucional formal, serão também cláusulas pétreas?

Antes de mais nada é bom lembrar que quando se fala em cláusulas pétreas, na qualidade de limite para o exercício do poder de reforma da Constituição, tal previsão tem como fundamento a superioridade do Poder Constituinte Originário frente a um poder constituído, por ele criado e cujo exercício se fará nos moldes por ele previsto, o que significa dizer que o reformador terá de se submeter aos ditames por ele previsto.

Se a existência das cláusulas pétreas se embasa na superioridade hierárquica do Constituinte Originário, frente ao Poder Reformador, se admite que o rol de direitos fundamentais pode ser ampliado pelo legislador reformista, o que não significa dizer que teria sentido que ele pudesse limitar a si próprio.

Só o Poder Constituinte Originário pode criar limites para a sua mudança, assim, não é aceitável que o Poder Reformador, instituído por aquele e a ele subordinado, viesse impedir amanhã, a partir de novo entendimento, sua alteração, pois é o mesmo, de igual hierarquia, agora e no futuro.

Este, também, é o entendimento de Gilmar Ferreira Mendes, Inocêncio Mártires Coelho e Paulo Gustavo Gonet Branco, quando defendem que "Se o poder constituinte de reforma não pode criar cláusulas pétreas, o novo direito fundamental que venha estabelecer — diverso daqueles que o Constituinte Originário quis eternizar — não poderá ser tido como um direito perpétuo, livre de abolição por uma emenda subseqüente".[17]

---

[17] MENDES, Gilmar Ferreira; COELHO, Inocêncio Mártires; BRANCO, Paulo Gustavo Gonet. *Curso de direito constitucional*. 4. ed. São Paulo: Saraiva, 2009. p. 259.

Este é um raciocínio lógico que parte da ideia de supremacia constitucional formal. Se a Constituição é a lei fundamental do sistema jurídico, se subordina todo o complexo normativo subsequente, então, os direitos decorrentes de tratados ou convenções internacionais dos quais o Brasil seja parte, internalizados nos termos do §3º do artigo 5º, equivalentes às emendas constitucionais, não integram o rol das cláusulas pétreas, não limitam materialmente a previsão de outros direitos, mesmo que venham a colidir com outros previstos em emendas constitucionais, ou que, previstos em tratados, sejam recepcionados como a elas equivalentes.

Isto posto, resta lembrar que, como já aceito no curso deste estudo, a hierarquia constitucional material dos tratados internacionais de proteção dos direitos humanos se extrai da interpretação do §2º do artigo 5º e que, em face da sua inclusão no rol dos direitos fundamentais pelo Constituinte Originário, não permite que tais tratados ou convenções internacionais tenham paridade hierárquica com as leis federais.

O reformador poderia ter seguido o exemplo da Argentina, que, em vez de conferir *status* de emenda à Constituição aos tratados internacionais que preveem direitos humanos, por serem recepcionados pelo tal processo de aprovação, reconhece hierarquia constitucional a tais documentos quando ratificados pelo Estado brasileiro.

Informação bibliográfica deste capítulo, conforme a NBR 6023:2002 da Associação Brasileira de Normas Técnicas (ABNT):

FERRARI, Regina Maria Macedo Nery. Os direitos fundamentais decorrentes de tratados internacionais. *In*: BACELLAR FILHO, Romeu Felipe; GABARDO, Emerson; HACHEM, Daniel Wunder (Coord.). *Globalização, direitos fundamentais e direito administrativo*: novas perspectivas para o desenvolvimento econômico e socioambiental: Anais do I Congresso da Rede Docente Eurolatinoamericana de Direito Administrativo. Belo Horizonte: Fórum, 2011. p. 309-326. ISBN 978-85-7700-501-7.

DIREITO INTERNACIONAL DOS DIREITOS HUMANOS E SEUS REFLEXOS NO DIREITO ADMINISTRATIVO: BREVES APONTAMENTOS*

LARISSA RAMINA

O presente trabalho dedica-se a propor breves apontamentos acerca da natureza do direito internacional dos direitos humanos e do direito internacional geral, bem como sobre a forma de relacionamento das normas convencionais do direito internacional dos direitos humanos com os ordenamentos jurídicos administrativos estatais.

A reflexão proposta exige que sejam feitas algumas considerações sobre os fundamentos do direito internacional dos direitos humanos, o que por sua vez pressupõe que se esclareçam suas relações com o direito internacional geral.

No âmbito do direito internacional clássico, movimentaram os bastidores acadêmicos da primeira metade do século XX as teorias dualistas e monistas, que tentavam explicar as relações entre o direito interno e o direito internacional. A mais antiga dessas teorias, chamada

---

* Palestra preparada para apresentação no I CONGRESSO DA REDE DOCENTE EURO-LATINOAMERICANA DE DIREITO ADMINISTRATIVO, no painel "Tratados internacionais de direitos humanos e Administração Pública democrática", às 18h30 do dia 24.02.2011, na Pontifícia Universidade Católica do Paraná.

de dualismo, surgiu em 1899, com Heinrich Triepel, e defendia a idéia de que direito interno e direito internacional constituíam noções diferentes, pois fundamentadas em dois ordenamentos jurídicos distintos, o interno e o internacional, não havendo hierarquia entre os mesmos. Segundo essa teoria, o direito internacional deveria ser incorporado ao direito interno, ou transformado em norma interna. Originalmente, o direito internacional incorporado seria igualado ao direito interno, e perante os tribunais, o conflito seria resolvido em benefício da norma mais recente. Esta prevaleceria, sendo ela interna-interna ou internacional-interna. A síntese dessa teoria pode ser resumida nos seguintes postulados: a cisão rigorosa entre o direito interno e o direito internacional, a tal ponto que se nega a possibilidade de conflito entre ambos; o fundamento respectivo dessas ordens jurídicas difere, vez que o direito interno fundamenta-se na vontade de um só Estado, ao passo que o direito internacional fundamenta-se na vontade de vários Estados; há relação de subordinação no direito interno e de coordenação no direito internacional; ordem jurídica interna e internacional distinguem-se nas relações, sujeitos, fontes e estruturas; existem duas esferas, quando muito tangentes, mas jamais secantes, portanto há separação nítida entre Estado e ordem jurídica internacional. Decorre da separação das duas ordens jurídicas a validade de normas internas contrárias ao direito internacional; a impossibilidade de uma ordem jurídica determinar a validade das normas de outra ordem jurídica; a necessidade de transformação da norma internacional para integrar-se ao direito interno e a inocorrência de primazia de uma sobre a outra, já que pertenceriam a dois círculos que estão em contato íntimo, mas que não se sobrepõem jamais. Sendo assim, não havendo hierarquia entre as fontes internas e internacionais, não haveria conflito de fontes nas relações entre direito interno e internacional. Havendo duas ordens jurídicas independentes, estas não poderiam se chocar, já que a recepção do direito internacional seria realizada pela transformação do direito internacional em direito interno. É fácil constatar que essa concepção surgiu em uma sociedade internacional marcada pela idéia de soberania absoluta e pautada, nas relações internacionais, pelo princípio da não intervenção nos negócios internos dos Estados, interpretado de forma extrema.

Doutrinadores importantes prestaram-se a relativizar os postulados das doutrinas dualistas. No Brasil, Celso Albuquerque Mello explicou que o dualismo do final do século XX deveria significar que o direito internacional precisa ser incorporado ao direito interno, mas não que o direito interno posterior possa revogar uma norma de direito internacional internalizada, uma vez que a noção de soberania não é estática e abstrata, devendo ser interpretada dentro de seu contexto histórico.[1] O conceito tradicional de soberania, que na ideia clássica pode ser definido como um feixe de competências que o Estado possui e que lhe é outorgado pela ordem jurídica internacional é, portanto, meramente formal. Estado soberano seria, assim, aquele que se encontra direta e imediatamente submetido à ordem jurídica internacional. O próprio Jean Bodin afirmara que o direito natural e o direito das gentes estavam acima da soberania, logo, defendeu que, na prática, nunca existira uma soberania realmente absoluta.

Para as teorias monistas, cujo maior expoente foi Hans Kelsen, ao contrário, direito interno e direito internacional são aspectos de uma única ordem jurídica e, por conseguinte, haveria uma norma hierarquicamente superior. Esta teoria assume duas posições principais, quais sejam, a que defende a primazia do direito interno e a que defende a primazia do direito internacional, além de outras variantes menos importantes.

Em que pese esse debate encontre-se hodiernamente superado, as teorias dualistas e monistas em muito influenciaram as teses que hoje envolvem o relacionamento entre o direito interno e o direito internacional dos direitos humanos. Em face daquela distinção fundamental clássica entre direito internacional e direito interno, há vozes que inserem o direito internacional dos direitos humanos na lógica do direito internacional geral. Ao contrário, a pretensão deste trabalho será sustentar que as normas internacionais de direitos humanos diferenciam-se das normas de direito internacional geral pelo seu objeto singular, que visa à proteção do ser humano. O direito interno é um direito de subordinação que origina uma ordem jurídica cujos sujeitos subordinam-se ao poder do Estado em sua tripla função, legislativa, executiva e judiciária. O direito internacional público, ao contrário, é um direito de coordenação entre Estados soberanos e não conhece legislador, juiz ou sanção obrigatória fora dos limites do consentimento dos Estados, em que pese esteja cada vez mais forte a ideia de um direito imperativo — *jus cogens* — que ultrapasse aquela dimensão consensual.

As normas internacionais de direitos humanos, portanto, não pertencem ao direito de subordinação, vez que, como qualquer norma de direito internacional, desenvolvem-se no contexto da sociedade internacional. Também não pertencem, todavia, ao direito de coordenação, uma vez que pretendem gerar um direito de proteção do indivíduo. A impotência do direito internacional geral de assegurar essa

---

[1] MELLO, Celdo de Albuquerque. *Direito constitucional internacional*. 2. ed. Rio de Janeiro: Renovar, 2000.

função protetora, na concepção aqui defendida, dá origem a normas internacionais específicas que traduzem uma evolução da concepção clássica do direito internacional.

Segundo as teorias clássicas das duas esferas relatadas anteriormente, há um ordenamento internacional e vários ordenamentos internos separados radicalmente. O direito internacional, direito consensual, procede da vontade política dos Estados, de forma que toda norma internacional tem uma dimensão e um significado políticos.

De acordo com a concepção clássica do direito internacional e das relações internacionais, a questão dos direitos humanos permaneceria dentro da competência exclusiva dos Estados, princípio previsto expressamente no artigo 2º, §7[2] da Carta das Nações Unidas de 1945, pois a participação do indivíduo na vida internacional deveria ser "mediada" pelo Estado. Nicolas Politis já dizia em 1927 que "o Estado soberano é para seus sujeitos uma gaiola de ferro de onde eles só podem se comunicar com o exterior através de barreiras muito estreitas".[3]

O princípio da competência exclusiva, juntamente com a clássica ausência de personalidade jurídica internacional do indivíduo, constituiu obstáculo teórico impossível para que o direito internacional apreendesse o interesse propriamente individual. Abandonados aos Estados, os direitos humanos dependeriam das eventuais relações entre o homem a ser protegido e o Estado em questão, bem como da qualidade das relações que os Estados alimentam entre si. O vínculo nacional do indivíduo a um Estado determinado condicionaria uma eventual proteção, sendo o indivíduo um simples beneficiário de uma norma internacional protetora que, em princípio, obedeceria à regra geral da reciprocidade que embasa o direito internacional convencional.

Não obstante, no período que se seguiu à Segunda Guerra Mundial, palco de atrocidades inimagináveis contra os seres humanos, surgiu com muito impulso o direito internacional dos direitos humanos, ultrapassando a contradição inerente ao direito internacional clássico, segundo a qual os direitos humanos só poderiam ser protegidos por um direito interestatal feito pelos Estados e para os Estados, e saindo da problemática geral do direito internacional que é aquela das relações

---

[2] "Art. 2º. (...) §7º. Nenhum dispositivo da presente Carta autorizará as Nações Unidas a intervirem em assuntos que dependam essencialmente da jurisdição de qualquer Estado ou obrigará os membros a submeterem tais assuntos a uma solução, nos termos da presente Carta; este princípio, porém, não prejudicará a aplicação das medidas coercitivas constantes do Capítulo VII."

[3] SUDRE, Frédéric. *Droit Européen et International des Droits de l'Homme*. Paris: PUF, 2011. p. 22 *et seq.*

interestatais. Trata-se, indubitavelmente, de inovação fundamental do direito internacional da segunda metade do século XX, com a afirmação do direito de autodeterminação dos povos, que encontra expressão na Carta das Nações Unidas, no artigo 1º, §2[4] trazendo consequências para a própria natureza do direito internacional.

Frédéric Sudre ressalta o caráter ideológico do direito internacional dos direitos humanos, pelo fato de ser um direito construído em função do interesse do homem e que parte do postulado da igualdade de todos os homens, independentemente de raça, sexo, religião, opinião, ou seja, parte de uma ideologia comum a toda a humanidade.[5] A Declaração Universal dos Direitos Humanos de 1948 e os tratados posteriores dedicados à temática remetem à ideia de identidade universal da pessoa humana e por isso têm um valor que transcende a política.

Apesar de todas as críticas que se pode elaborar contra a Declaração Universal, no sentido de ser antes de tudo expressão do individualismo ocidental, é oportuno reconhecer, nesse breve estudo, que a Declaração Universal de 1948 aumentou o campo de exercício dos direitos humanos para toda a comunidade universal, além de conferir àqueles direitos uma dimensão internacional inédita nos documentos nacionais, até mesmo por incluir direitos que ultrapassam o contexto estatal, como o direito de buscar asilo[6] e o direito de deixar qualquer país.[7]

Esse reconhecimento a todo ser humano, de um mínimo de direitos, prepara as bases para um novo direito comum internacional. Nesse sentido, o direito internacional dos direitos humanos pretende expressar valores, como dignidade e igualdade, que constituem um fundo comum a todas as civilizações e religiões, e que vai irradiar efeitos nas legislações internacionais e nas constituições nacionais a partir da segunda metade do século XX.

É fato que a Declaração Universal dos Direitos Humanos de 1948 enuncia direitos que exigem uma garantia, mas não organiza essa garantia dos direitos. Por isso, evidentemente, necessita de complementação por outros textos. Isso não impede, todavia, que a Declaração esteja situada na origem de todo o processo de internacionalização dos direitos humanos, muito embora a unidade do direito internacional dos direitos humanos

---

[4] "Artigo 1. Os propósitos das Nações Unidas são: 2. Desenvolver relações amistosas entre as nações, baseadas no respeito a princípio da igualdade de direito e de autodeterminação dos povos, e tomar outras medidas apropriadas ao fortalecimento da paz universal."

[5] SUDRE, *op. cit.*, p. 22 *et seq.*

[6] Artigo 14.

[7] Artigo 13.

em seu fundamento ideológico contraste com a pluralidade de Estados e a diversidade de regras de direito internacional que regem suas relações.

O processo de internacionalização dos direitos humanos trouxe como consequência imediata a humanização do direito internacional, que por isso sofreu transformações acentuadíssimas no decorrer do século passado. Antonio Augusto Cançado Trindade chama a atenção para a consolidação do novo paradigma do direito internacional contemporâneo nos últimos 60 anos, marcando o fim da velha dimensão puramente interestatal do direito internacional público e o acesso dos indivíduos à justiça internacional. Ressalta, ainda, que essa dimensão interestatal correspondeu a uma única época da evolução do direito internacional, a época da "personificação" do Estado no século XIX e de seu pretenso monopólio da personalidade jurídica internacional, e que essa desfiguração do *droit des gens* em um direito interestatal trouxe consequências desastrosas para os seres humanos. O autor enfatiza que a pessoa humana deve ser restabelecida à posição central no direito das gentes, emancipando-se em relação ao seu próprio Estado.[8]

O direito internacional tradicional do início do século XX se caracterizava pelo voluntarismo estatal ilimitado, que se refletia na admissão do uso da força armada, da celebração de tratados desiguais, da manutenção de colônias, protetorados e zonas de influência, consolidando uma ordem oligárquica e injusta. Pouco a pouco, o direito internacional transformou-se em direito de emancipação do ser humano, ultrapassando os antigos parâmetros do direito clássico da paz e da guerra, inclusive proibindo a guerra no artigo 2º, §4, da Carta das Nações Unidas.[9] Desde a metade do século XX o direito internacional reconheceu a necessidade da própria reconstrução da ordem jurídica internacional com base na salvaguarda dos direitos da pessoa humana, utilizando-se desses direitos como base para a própria restauração do direito internacional.[10] O sistema internacional de proteção dos direitos humanos, ainda em processo de construção, e com todas as suas mazelas, é o instrumento que tem permitido na prática a humanização do direito internacional contemporâneo e o acesso do indivíduo à justiça internacional.[11]

---

[8] TRINDADE, Antonio Augusto Cançado. *Évolution du droit international au droit des gens. L'accès des individus à la Justice International. Le regard d'un juge*. Paris: Pedone, 2008. p. 8.

[9] "Artigo 2, §4. Todos os membros deverão evitar em suas relações internacionais a ameaça ou o uso da força contra a integridade territorial ou a independência política de qualquer Estado, ou qualquer outra ação incompatível com os Propósitos das Nações Unidas."

[10] TRINDADE, *op. cit.*, p. 141.

[11] PIOVESAN, Flávia. *Direitos humanos e o direito constitucional internacional*. 10. ed. rev. e atual. São Paulo: Saraiva, 2009. p. 111 *et seq*.

Paralelamente ao fenômeno da humanização do direito internacional, constata-se a emergência de um novo direito constitucional ocidental, aberto a princípios e valores com ênfase no valor da dignidade humana, e que se projeta como um "constitucionalismo global", destinado a proteger os direitos humanos e a limitar o poder estatal, mediante a criação de um aparato internacional de proteção de direitos. José Joaquim Gomes Canotilho ressalta que a conquista territorial, a colonização e o interesse nacional como fins do Estado foram hoje substituídos pelo objetivo de construção de "Estados de Direito Democráticos, Sociais e Ambientais", no plano interno, e Estados abertos e internacionalmente amigos, no plano externo, estreitando os vínculos entre direito constitucional e direito internacional. Constata o autor, ademais, que o constitucionalismo global tem como paradigma as relações entre o Estado e o povo e a elevação da dignidade humana a pressuposto obrigatório de todos os constitucionalismos. Por isso, verifica-se hoje a transformação do direito internacional em parâmetro de validade das próprias Constituições nacionais, e o Poder Constituinte soberano criador de Constituições deixa de ser um sistema autônomo que gravita em torno da soberania do Estado.[12] Deixa-se de visualizar a humanidade como sujeito de direito a partir da ótica do Estado, para reconhecer os limites do Estado a partir da ótica da humanidade.[13]

A proteção internacional dos direitos humanos trouxe reflexos importantes ao princípio da não intervenção nos negócios internos dos Estados e à própria noção tradicional de soberania absoluta do Estado, que passa a ser relativizada no sentido de admitir-se a intervenção em prol da proteção dos direitos humanos, mediante condições estritas.[14] Flávia Piovesan ressalta a transição de uma concepção "hobbesiana" de soberania, centrada no Estado, para uma concepção "kantiana" de soberania, centrada na cidadania universal.[15] Essa transição acarreta a admissão da personalidade jurídica internacional dos indivíduos como titulares de direitos protegidos por normas internacionais, e a conformação dos Estados em torno dos valores democráticos e do respeito aos direitos humanos,[16] com a construção do sistema universal e dos

---

[12] CANOTILHO, José Joaquim Gomes. *Direito constitucional*. 5. ed. 2. reimp. Coimbra: Almedina, 1992. p. 554.

[13] TRINDADE, *op. cit.*, p. 8 *et seq.*

[14] A respeito, recomenda-se a leitura da obra RICOBOM, Gisele. *Intervenção Humanitária*: a guerra em nome dos direitos humanos. Belo Horizonte: Fórum, 2010. 404 p.

[15] PIOVESAN, *op. cit.*, p. 111 *et seq.*

[16] Em virtude da brevidade deste trabalho, não serão discutidas as questões atinentes ao universalismo e ao relativismo cultural, pertinentes ao tema.

sistemas regionais de proteção àqueles direitos, nos âmbitos europeu e interamericano.

A transformação do direito internacional no decorrer da segunda metade do século XX e a consequente interpenetração das ordens jurídicas estatais com a ordem jurídica internacional trouxe, inegavelmente, um impacto negativo nas teorias dualistas que embasam a lógica do direito internacional clássico. Frédéric Sudre explica que essa negação ocorreu tanto no plano das origens do direito internacional dos direitos humanos, quanto no plano de seu conteúdo.[17]

Com relação às origens do direito internacional dos direitos humanos, o surgimento desse ramo do direito se deve ao reconhecimento da unidade das políticas interna e externa dos Estados. As experiências totalitárias da primeira metade do século XX, baseadas na lógica da descartabilidade da pessoa humana, que resultaram no envio de milhões de pessoas a campos de concentração, foram palco do genocídio concebido como projeto político e industrial. A partir de então, houve um despertar da consciência humanitária universal, em todas as áreas do conhecimento, no sentido de resgatar a dignidade humana como sustentáculo e parâmetro principal para a reformulação de uma nova ordem jurídica internacional, deslocando o foco das relações interestatais para as relações entre o Estado e os indivíduos. A construção normativa e institucional do direito internacional dos direitos humanos, que, portanto constitui um fenômeno do pós-Segunda Guerra Mundial, se deve à convicção de que a barbárie totalitária poderia ter sido evitada se, à época, existisse um efetivo sistema internacional de proteção dos direitos humanos, restringindo a "razão de Estado" e relativizando a concepção absoluta de soberania de forma a retirar da competência exclusiva dos Estados as matérias atinentes à proteção dos direitos humanos. Os horrores da Segunda Grande Guerra associaram intimamente as ordens jurídicas estatais ao direito internacional, fazendo emergir o entendimento de que a violação das normas mais elementares no plano nacional traz como consequência a violação das normas de direito internacional, em outras palavras, que o totalitarismo interno acompanha-se de uma política estrangeira agressiva e imperialista.[18]

A Carta de São Francisco, de 1945, constitutiva da Organização das Nações Unidas, vinculou de forma absoluta os temas de preservação da paz e da segurança internacionais ao tema da proteção dos direitos

---

[17] SUDRE, *op. cit.*, p. 22 *et seq.*
[18] PIOVESAN, *op. cit.*, p. 22 *et seq.*

humanos. Em outras palavras, consolidou-se a compreensão de que não seria possível evitar um terceiro conflito mundial, mantendo a paz universal sem a efetiva proteção dos direitos humanos. A Carta das Nações Unidas repousa sobre a ideia de interdependência da paz e da segurança internacionais, de um lado, e sobre a melhoria das condições econômicas e sociais e a proteção dos direitos humanos, de outro.[19] Não se deve olvidar a importância anterior do Tratado de Versalhes de 1919, que criou a Liga das Nações, antecessora da ONU, e também a Organização Internacional do Trabalho, crucial para a positivação dos direitos econômicos e sociais. A Carta de São Francisco, entretanto, foi o documento que trouxe para os Estados-Membros da Organização a obrigação expressa de promover "o respeito universal e efetivo dos direitos humanos e das liberdades fundamentais para todos, sem distinção de raça, sexo, língua ou religião".[20]

A Organização das Nações Unidas nasceu, portanto, com a missão de favorecer, desenvolver e encorajar o respeito aos direitos humanos no âmbito de seus órgãos originários, e também com competências para criar órgãos subsidiários específicos para lidar com a temática da proteção dos direitos humanos, com o poder de promover estudos e recomendações aos Estados-Membros da Organização. Uma vez que a Carta de São Francisco não se dedicou a definir o conteúdo dos direitos humanos a serem protegidos, nem tampouco as garantias dessa proteção, tal tarefa foi deixada para a Assembleia Geral, por meio da Comissão de Direitos Humanos criada posteriormente, e de outros órgãos e organizações internacionais de caráter universal, como a Organização Internacional do Trabalho e a UNESCO. As organizações internacionais de caráter regional, como a Organização dos Estados Americanos, que promoveu a construção do sistema interamericano de proteção dos direitos humanos, e o Conselho da Europa, que impulsionou a criação do sistema europeu de proteção dos direitos humanos, tiveram participação igualmente importante.

A emergência da Organização das Nações Unidas, com todo o complexo sistema construído no decorrer da segunda metade do século XX, acabara por atravessar, definitivamente, a tela do Estado que separava a ordem jurídica interna da ordem jurídica internacional, fazendo dos direitos humanos a interface de relacionamento daquelas ordens jurídicas.

---

[19] Ver Preâmbulo e artigos 1º, §3º; 55 (c); 13, §1º (b); 62, § 2º; 68; 87; 2 § 2; 55 e 56 da Carta das Nações Unidas.

[20] Carta das Nações Unidas, artigo 55.

Frédéric Sudre ressalta, ainda, que a negação das teorias dualistas que embasam o direito internacional clássico, resultado da introdução da proteção dos direitos humanos no plano internacional, acontece também no plano do conteúdo do direito internacional dos direitos humanos, abrindo espaço para que "o direito internacional penetre no coração do santuário da soberania estatal".[21] O Preâmbulo da Declaração Universal dos Direitos Humanos de 1948 estabelece que os direitos humanos constituem "o fundamento da liberdade, da justiça e da paz no mundo", e seu artigo 28 afirma a necessidade de uma ordem jurídica internacional onde as liberdades da pessoa possam ser efetivadas. Evidencia-se, portanto, que o direito internacional dos direitos humanos aplica-se às relações entre o Estado e seus próprios nacionais, ou estrangeiros sob sua jurisdição, fazendo com que estes indivíduos possam passar do direito estatal ao direito internacional, em alguns casos, diante de instâncias internacionais.

A originalidade profunda do direito internacional dos direitos humanos está em deslocar o foco das relações interestatais, estabelecendo um direito de origem internacional, mas cujo foco está nas relações dos sujeitos entre si e entre estes e o Estado, e que pode ser aplicável à organização política do Estado, atingindo dois de seus elementos constitutivos, a população e o aparelho político.[22] O direito estatal, incluindo o direito administrativo, por isso, sente o impacto direto das normas internacionais de proteção dos direitos humanos. Por outro lado, os Estado partes de tratados de direitos humanos podem ter o direito de denunciar outros Estados por violações e, eventualmente, de processá-los em instâncias internacionais. Trata-se de verdadeira revolução jurídica, que traz consequências importantes.

O saudoso professor argentino Jorge Luis Salomoni referia-se a esse fenômeno como "processo geral de internacionalização dos ordenamentos jurídicos", ou "sistema internacional de direitos humanos".[23] Tomando os exemplos da Argentina e do Brasil, com a inserção do §3º ao artigo 5º da Constituição Federal de 1988, que permite alçar um tratado de direitos humanos ao patamar constitucional obtendo maioria congressual qualificada, afirmava uma "tendência de constitucionalização dos direitos

---

[21] SUDRE, *op. cit.*, p. 22, *et seq.*

[22] COMBACAU, J.; SUR, S. *Droit Internacional Public*. 3. ed. Paris: Montchrestien, 1997. p. 42.

[23] SALOMONI, Jorge Luis. Impacto de los Tratados de Derechos Humanos sobre el Derecho Administrativo Argentino. *In*: SALOMONI, Jorge Luis; BACELLAR FILHO, Romeu Felipe; SESÍN, Domingo Juan (Org.). *Ordenamientos internacionales y ordenamientos administrativos nacionales*: jerarquía, impacto y derechos humanos. Buenos Aires: Ad-Hoc, 2006. p. 15.

humanos na América do Sul, e principalmente nos dois países com as magnitudes culturais de Brasil e Argentina".[24]

No caso argentino, esclarece o referido professor que a Corte Constitucional Argentina entende que os tratados de direitos humanos deverão aplicar-se conforme as condições de sua vigência, entendidas estas condições como aquilo que o sistema internacional de direitos humanos estabelece como direitos, por meio de seu órgão jurisdicional, qual seja, a Corte Interamericana de Direitos Humanos, significando que a hermenêutica do que é direito hoje, na Argentina, está fora de suas fronteiras.[25] Explica ainda que a fonte global do ordenamento será sempre a Constituição, mas que foi a própria Constituição que estabeleceu a seguinte hierarquia de fontes na Argentina: em primeiro lugar, os tratados de direitos humanos, seguindo-se a Constituição, os tratados gerais, e a legislação nacional. Logo, segundo esta hierarquia de fontes, primará o tratado de direitos humanos sobre o ordenamento jurídico administrativo.[26]

Portanto, e em virtude do previsto na Convenção Americana de Direitos Humanos, nos artigos 28, §3º,[27] que estabelece a cláusula federal, e 24,[28] que estabelece o princípio da igualdade, conclui-se não ser possível que um ente da federação tenha uma norma de direitos mais protetiva aos direitos dos particulares do que outro ente da federação, ainda que a matéria seja atinente ao direito administrativo. Tal situação tornaria vulnerável o princípio da igualdade, que tem impacto importante sobre as prerrogativas estatais.

O Professor Jorge Luis Salomoni ressalta ainda que o fundamento e o limite do direito administrativo é o interesse público. Assim, se o poder público atuar fora do interesse público, o ato será nulo. Por outro lado, existe uma situação de superioridade da Administração Pública na relação jurídica que mantém com o particular, vez que este se fundamenta no interesse público, enquanto o particular age no seu interesse próprio. Haverá nesse caso uma restrição de direitos do particular, em razão desta relação de subordinação jurídica com o

---

[24] *Ibid.*, p. 16.

[25] *Id.*

[26] *Ibid.*, p. 20.

[27] "Art. 28. Cláusula federal. § 3º. Quando dois ou mais Estados-Partes decidirem constituir entre eles uma federação ou outro tipo de associação, diligenciarão no sentido de que o pacto comunitário respectivo contenha as disposições necessárias para que continuem sendo efetivas no novo Estado assim organizado as normas da presente Convenção."

[28] "Art. 24. Igualdade perante a lei. Todas as pessoas são iguais perante a lei. Por conseguinte, têm direito, sem discriminação, a igual proteção da lei."

interesse público. A questão principal seria, diante dessa situação, relativa à forma de execução dessas restrições de direitos.

O artigo 30 da Convenção Americana de Direitos Humanos dispõe que "as restrições permitidas, de acordo com esta Convenção, ao gozo e exercício dos direitos e liberdades nela reconhecidos, não podem ser aplicadas senão de acordo com leis que forem promulgadas por motivo de interesse geral e com o propósito para o qual houverem sido estabelecidas". Isso significa que essas leis

> devem ter sido adotadas em função do bem comum, conceito que deve ser interpretado como elemento integrante da ordem pública no Estado democrático, cujo fim principal é a proteção dos direitos essenciais do homem, e a criação de circunstâncias que o permitam progredir espiritual e materialmente e alcançar a felicidade. Bem comum e ordem pública na Convenção são termos que devem ser interpretados dentro de seu sistema, que tem uma concepção própria, segundo a qual os Estados americanos requerem sua organização política sobre a base do exercício efetivo da democracia representativa e dos direitos do homem que têm como fundamento os atributos da pessoa humana, e devem ser objeto de proteção internacional.[29]

Conclui o Professor Jorge Luis Salomoni que o conceito de bem público não é um conceito disponível para o legislador e para o administrador. Decorre desse raciocínio que o juiz deve fazer um juízo de constitucionalidade do interesse público, que por sua vez deve perseguir os objetivos estabelecidos na Convenção Americana de Direitos Humanos e obedecer às exigências de uma sociedade democrática que considere o equilíbrio entre os diferentes interesses em jogo.

João Antunes dos Santos Neto, na mesma seara, reforça que a consagração exclusiva do princípio da supremacia do interesse público sobre o privado fez com que a Administração Pública conservasse um conceito de interesse público alheio aos limites da ordem democrática, pois pré-constituído e baseado em premissas que não mais são aceitas como verdadeiras. A título de exemplo, cita a contraposição ao interesse privado, a somatória dos interesses da "maioria" dos integrantes do corpo social, entre outros, que se prestam a aumentar o abismo entre autoridade e liberdade. Ressalta ainda que o respeito aos direitos humanos exige, justamente, que se busque o equilíbrio desses dois institutos.[30]

---

[29] SALOMONI, *op. cit.*, p. 25.

[30] SANTOS NETO, João Antunes dos. *O impacto dos direitos humanos fundamentais no direito administrativo*. Belo Horizonte: Fórum, 2008. p. 422.

É certo que no contexto do Estado globalizado, delineado por uma gama de interesses contrapostos das mais variadas ordens, não é mais possível identificar a existência de um interesse público pré-constituído e permanente. O mesmo autor chama a atenção para a ideia de que o conceito de interesse público deve ser delineado com base na ética, por meio de uma formulação casuística, observando-se a ponderação de valores, princípios e regras, com respeito ao princípio da dignidade da pessoa humana.[31] Essa didática proporcionará a aproximação entre o direito administrativo e o sistema internacional de proteção dos direitos humanos, centrado na ideia de universalidade dos direitos da pessoa humana e na consagração do princípio democrático.

João Antunes dos Santos Neto sustenta a existência de um direito à implementação de um ambiente administrativo minimamente organizado, pautado no princípio da dignidade da pessoa humana, e que tenha disponíveis instrumentos de acesso à participação popular, que preservem o direito subjetivo do cidadão de demandar por aquele direito inclusive em sede judicial, e que sirvam à obtenção do menor desequilíbrio possível entre autoridade e liberdade. Trata-se de verdadeira participação popular na administração social e na tomada de decisões estatais.[32] Esta democracia administrativa há de ser alcançada a partir da observância, pelo Poder Público, do denominado direito à participação administrativa, consagrado na Constituição brasileira de 1988, tendo como premissa o fato de que a Administração Pública contemporânea configura a *interface* entre o Estado e a sociedade, devendo buscar respostas às demandas sociais. Para isso, a interpretação do Direito Administrativo deve ser sempre a favor dos direitos fundamentais.

Hoje, um Estado, municipal, estadual ou nacional, deve ser um Estado que ponha toda a sua organização administrativa para efetivar o princípio da realização da dignidade humana, e dos direitos dos particulares. Logo, a Administração é instrumental ao sistema de direitos.[33]

O estudo da normatividade internacional de direitos humanos é essencial, portanto, para estabelecer parâmetros mínimos a serem respeitados pelos Estados. O direito internacional dos direitos humanos deve conjugar-se com o direito interno, fortalecendo o sistema de proteção daqueles direitos. O esforço deve ser no sentido de reforçar o entendimento dos direitos humanos no marco de uma crescente interação

---

[31] *Ibid.*, p. 423.
[32] *Ibid.*, p. 426.
[33] SALOMONI, *op. cit.*, p. 31.

da ordem jurídica nacional, regional e global, movidas pela mesma racionalidade de prevalência da dignidade humana.

O Professor Jorge Luis Salomoni chama a atenção para o fato de a Corte Interamericana de Direitos Humanos ter revogado sentenças da Corte Constitucional Argentina, agindo como um tribunal de quarto grau. Segundo seu entendimento, a Corte argentina não poderia discutir se a Corte Interamericana se excedeu em sua atribuição de revogar uma sentença da Corte Constitucional, uma vez que o último intérprete é a própria Corte.[34]

A Corte Europeia de Direitos Humanos, por sua vez, não pode revogar sentenças dos tribunais constitucionais dos países membros do sistema europeu de proteção dos direitos humanos, já que esse sistema está pensado para declarar eventuais violações e estabelecer uma indenização substitutiva pela violação do direito. Nesse caso, portanto, a norma não sai do ordenamento jurídico, nem uma sentença de um tribunal constitucional pode ser declarada nula pela Corte Europeia. Ao contrário, a Corte Interamericana tem discutido a constitucionalidade, ou melhor, a adequação da sentença da Corte argentina à Convenção Americana de Direitos Humanos.

Não é mais possível, portanto, conceber que o direito internacional dos direitos humanos e o direito interno, em especial o Direito Administrativo, constituem dois ramos do direito que discutem coisas absolutamente distintas, e que jamais se inter-relacionam.

Conclui-se que a universalidade dos direitos humanos exige que algumas posições sejam revistas quando se tratar das relações que envolvem Estado e indivíduos. Atente-se para a ideia de que a irradiação dos direitos humanos na ordem jurídica produz efeitos para além do direito positivo, significando a irradiação da própria ideia de justiça em todos os âmbitos do Direito. No Estado Social e Democrático de Direito, a relação estreita entre Administração Pública e lei deve compreender a ideia de vinculação ao direito, que baseado no princípio da dignidade humana, será o direito justo.[35]

Embora não exista um ordenamento supranacional universal, reconhecido como tal por todos os Estados, existe um "direito internacional dos direitos humanos", que é a expressão normativa dos direitos que se pautam no princípio da dignidade humana e cuja evolução espantosa no pós-Segunda Guerra Mundial, como reação aos regimes totalitários da época, objetivou a construção de um âmbito de proteção que viesse

---

[34] *Id.*

[35] SANTOS NETO, *op. cit.*, p. 427.

de fora do Estado nacional, contra abusos estatais ou não estatais. Ficara evidente, na experiência da Segunda Grande Guerra que não bastava proteger os direitos humanos nas Constituições nacionais para afastar sua violação, restando necessária a construção de um aparato jurídico para a proteção daqueles direitos no plano internacional, cujo marco inicial foi a Declaração Universal dos Direitos Humanos de 1948. O movimento de positivação dos direitos humanos na ordem internacional trouxe inexoravelmente o reconhecimento da personalidade jurídica internacional do indivíduo, deslocando o foco das relações internacionais do âmbito interestatal para o âmbito do Estado e os indivíduos.

A Carta da Organização das Nações Unidas vinculou de forma irreversível o propósito supremo de manutenção da paz e da segurança internacionais com a preservação dos direitos humanos. A consequência dessa previsão foi a inserção definitiva da temática dos direitos humanos na agenda internacional, fazendo com que o respeito a esses direitos deixasse a agenda doméstica para se tornar parâmetro das relações internacionais a partir da segunda metade do século XX. Diante dessa realidade, aliada com a tônica da globalização econômica do final do século XX, consagrada na criação da Organização Mundial do Comércio, definitivamente a proteção dos direitos humanos deixa de ser assunto exclusivo do Estado nacional, relativizando-se o próprio princípio da soberania.

A noção de soberania, conforme já lembrado, deve ser contextualizada de acordo com a época histórica. Estado soberano, portanto, é aquele que se encontra direta e imediatamente submetido à ordem jurídica internacional. E a ordem jurídica internacional do século XXI é aquela pautada na proteção dos direitos humanos. Defender a manutenção da autoridade suprema do Estado sobre qualquer ordem de caráter supranacional é defender, em última instância, a teoria clássica da soberania estatal absoluta.

Informação bibliográfica deste capítulo, conforme a NBR 6023:2002 da Associação Brasileira de Normas Técnicas (ABNT):

RAMINA, Larissa. Direito internacional dos direitos humanos e seus reflexos no direito administrativo: breves apontamentos. *In*: BACELLAR FILHO, Romeu Felipe; GABARDO, Emerson; HACHEM, Daniel Wunder (Coord.). *Globalização, direitos fundamentais e direito administrativo*: novas perspectivas para o desenvolvimento econômico e socioambiental: Anais do I Congresso da Rede Docente Eurolatinoamericana de Direito Administrativo. Belo Horizonte: Fórum, 2011. p. 327-341. ISBN 978-85-7700-501-7.

CONFERÊNCIA DE ENCERRAMENTO

DERECHO ADMINISTRATIVO GLOBAL Y DERECHO FUNDAMENTAL A LA BUENA ADMINISTRACIÓN PÚBLICA*

JAIME RODRÍGUEZ-ARANA MUÑOZ

1 Introducción

La existencia del Derecho Administrativo Global es, a día de hoy, una realidad indudable. Sin embargo, la ausencia de un sistema de fuentes, de principios y, sobre todo, de un Ordenamiento jurídico-administrativo global es causa de que la gobernanza, gobernación o gobernabilidad pública global adolezca, en estos sus primeros balbuceos, de fallas y contradicciones de todos conocidas. Tan es así que el modelo financiero y económico global ha campado a sus anchas durante un tiempo en que, efectivamente, la regulación, por inconfesables, razones no se ha aplicado, sea desde las agencias "ad hoc", desde los bancos centrales o desde los propios legisladores.

A pesar de registrar que el Derecho Administrativo Global no ha cumplido hasta el momento el papel que se esperaba de él: ordenación jurídica del poder para la libertad de todos los seres humanos, no se

---

* Conferencia de cierre presentada en el I CONGRESSO DA REDE DOCENTE EUROLA-TINOAMERICANA DE DIREITO ADMINISTRATIVO, a las 20h del día 24.02.2011, en la Pontifícia Universidade Católica do Paraná.

puede desconocer que en la realidad jurídica general, en el espacio jurídico global se han indo produciendo, quizás demasiado tímidamente y probablemente demasiado lentamente, toda una serie de hechos y regulaciones que, aunque sea fragmentariamente, acreditan la existencia de parciales regulación administrativas de escala supranacional.

Esto es así, no sólo porque el fenómeno de la globalización alcanza y llega a todas las ciencias sociales sin excepción, sino porque en nuestro caso comprobamos con frecuencia la existencia de sectores de la denominada actividad administrativa en sentido amplio que están trufados de regulaciones transnacionales o, por mejor decir, transgubernamentales, que obligan al estudioso del Derecho Administrativo a tener presente esta nueva realidad. Es el caso, entre otros, de la seguridad pública, de la regulación de la energía, de las telecomunicaciones, de la inmigración, del medio ambiente o, por ejemplo, de la llamada ayuda al desarrollo. Esto es así, entre otras razones, porque hoy la interdependencia y la cooperación intergubernamental nos enseñan que la solución a muchos problemas de dimensión pública ha de buscarse a través de esta nueva versión del pensamiento abierto, plural, dinámico y complementario que se llama globalización.

Es decir, existen cuestiones que escapan a las fronteras de la dimensión nacional y se convierten en fenómenos globales. El más relevante, el más trascendente, aunque no el más eficaz, es la lucha por los derechos humanos en el mundo. Una asignatura todavía pendiente que aconseja que el Derecho Administrativo, Derecho del poder para la libertad como diría el profesor González Navarro, supere rígidos esquemas y salte las trincheras de lo nacional para situarse en un nuevo plano. Uno nuevo plano, el de lo global que, como señalan los profesores Kingsbury, Krisch y Stewart en su trabajo titulado "El surgimiento del Derecho Administrativo Global", es la consecuencia de los sistemas transnacionales de regulación o cooperación regulatoria que se producen a través de Tratados Internacionales y Redes Intergubernamentales de Cooperación informales que, en efecto, han desplazado muchas decisiones hasta ahora residenciadas en el espacio nacional al espacio global. En este marco, la emergencia del derecho fundamental a la buena Administración pública en la Carta Europea de Derechos Fundamentales de 2000 es una noticia que puede asegurar mejor que las reglas del Derecho Administrativo Global estén presididas precisamente por la exigencia ciudadana, con las connotaciones que veremos más adelante, de la buena Administración pública. Un derecho fundamental que, además, por su obvia relevancia, es también un principio general del derecho Administrativo.

En efecto, este nuevo panorama afecta sobremanera a los principios sobre los que descansa el Derecho Administrativo. Es verdad que en nuestra disciplina coexisten dos tradiciones jurídicas que están siendo afectadas por la globalización. Más, desde luego, el sistema jurídico-administrativo de corte francés que el esquema del "rule of law" de inspiración anglosajona. Pero, en cualquier caso, ambos sistemas tienen que "aggiornarse" a la nueva realidad. Es más, en sede de principios, los fundamentos del Estado de Derecho, aquellos sobre los que se han levantado ambos edificios jurídicos, cobran ahora una especial relevancia porque no podemos ocultar que estas nuevas formas de actividad pública de dimensión global no pueden escapar al control jurídico que legitima la acción pública ni desconocer la existencia de un derecho fundamental de naturaleza global, precisamente por ser un derecho humano, a una buena Administración pública. En el ejercicio de estos poderes regulatorios, que tienen diferentes protagonistas, incluso de naturaleza privada, deben asegurarse técnicas que impidan que la tentación de eludir el control sea la principal característica de la denominada nueva Administración global que despliega su actividad en el llamado espacio jurídico global. Por eso, en los inicios, en los primeros balbuceos de este todavía incipiente Derecho Administrativo Global, la jurisprudencia, y sobre todo los principios del Derecho sobre los que se levantó esta magnífica construcción jurídico-política, están fundando un nuevo Derecho Público Universal, que como señala agudamente el profesor Meilán, es ya un Derecho prudencial.

En este contexto, las experiencias de Derecho Administrativo Global en distintos sectores como pueden ser el de los derechos humanos, el del comercio internacional, el cultural, el agrícola, o el deportivo, entre otros, todos ellos de dimensión universal, van a mostrarnos un conjunto de resoluciones de naturaleza judicial y unas normas y prácticas administrativas que, desde luego, superan las fronteras nacionales. En efecto, desde el principio de legalidad, hasta la separación de los poderes pasando por la primacía de los derechos fundamentales de las personas, y entre ellos el de la buena Administración pública, sin perder de vista la relevancia del pluralismo, de la racionalidad, de la transparencia, del buen gobierno, de la rendición de cuentas, así como de la instauración de un efectivo sistema de "checks and balances", encontramos principios y criterios del Estado de Derecho, que nos permiten hablar de un Derecho Administrativo Global de base principial.

Ciertamente, uno de los peligros que se avizoran cuando nos acercamos al estudio de la Administración global, del espacio jurídico-administrativo global y, sobre todo, cuando estudiamos el Derecho

Administrativo Global, es la facilidad con la que estas nuevas realidades jurídicas y estructurales pueden lesionar el derecho fundamental a la buena Administración escapando del control o del sistema de "accountability" o de rendición de cuentas que debe caracterizar a una verdadera y genuina Administración democrática. Por eso, ahora que percibimos la emergencia de este nuevo Derecho Administrativo en el que existe, todavía "in fieri", una nueva Administración global que opera en el nuevo espacio jurídico global, es fundamental desde ya que los principios sobre los que va a descansar esta nueva realidad jurídico-público se inscriban claramente en los postulados del Estado de Derecho.

Es verdad que ahora se pone el acento en la rendición de cuentas, en la transparencia, en la racionalidad, en la evaluación, en la legalidad y, entre otros paradigmas, en la participación. Expresiones del derecho fundamental a la buena Administración pública. Estos son los nuevos principios que ahora están de moda en los estudios de Derecho Administrativo Global. Ahora bien, siendo muy importante que las formas de producción de actos administrativos y de normas de la Administración Global estén inspiradas por el primado de estos principios, no podemos olvidar que el Estado de Derecho, además, trae consigo, como conquista irrenunciable, la centralidad de los derechos fundamentales de las personas y el equilibrio y separación entre los poderes. Si sólo atendemos, en el estudio de los principios, a criterios de eficacia o de eficiencia y nos olvidamos de la manera en que el poder administrativo global incide en la mejora de las condiciones de vida de la ciudadanía podríamos caer en una perspectiva puramente funcionalista del Derecho Administrativo Global.

El Derecho Administrativo Global, como señalan los profesores Kingsbury, Krisch y Stewart, incluye todo un conjunto de técnicas que deben estar amparadas por el Estado de Derecho, particularmente a través de estándares que aseguren valores tan importantes como pueden ser la transparencia, la racionalidad, la legalidad, la participación y la evaluación. Es decir, las políticas públicas globales que produce la nueva Administración Global han de estar presididas por patrones jurídicos, entre los que ocupan un lugar central los derechos fundamentales de las personas.

El problema de la legitimidad de la acción administrativa global no debe ser contemplado únicamente desde la perspectiva de la eficacia y de la eficiencia. Más bien, la legitimidad ha de venir amparada por sistemas democráticos de producción de actos y normas en los que brille con luz propia el pleno respeto y promoción de los derechos fundamentales de los ciudadanos, y entre ellos, especialmente, el de la buena Administración pública.

El espacio administrativo global es un espacio jurídico. Es importante esta precisión porque la afirmación de un espacio administrativo global sin la caracterización jurídica podría llevarnos de la mano a la perspectiva tecnoestructural en cuya virtud se intenta, tantas veces, contemplar la realidad sin más límites que los de la eficacia o la eficiencia. Algo que en este tiempo, como en el pasado, constituye uno de los desafíos más importantes del Derecho Administrativo: o se convierte de verdad en el Derecho del Poder para la libertad, o, sencillamente, termina por ser la "longa manus" del poder, la justificación técnica del poder sin más.

Los actos y normas emanados por las cinco formas de Administración Global hasta ahora conocidas deben realizarse en el marco de los principios del Estado de Derecho que preside el entero sistema del Derecho Administrativo en todo el mundo. Es decir, los actos y normas procedentes de los organismos internacionales formales (Consejo de Seguridad de la ONU y comités derivados Alto Comisionado de las Naciones Unidas para los refugiados, Organización Mundial de la salud, Banco Mundial o Grupo de Acción Financiera Internacional) de las redes transnacionales de cooperación entre funcionarios de órganos de regulación nacional (Comité de Basilea), de órganos regulatorios nacionales bajo Tratados,

Redes u otros regímenes cooperativos (Administración dispersa como la OMC), de órganos híbridos público-privados (Comisión del Codex Alimentarius, ICANN), o de instituciones privadas de naturaleza regulatoria (ISO, deben estar producidos en el marco del Estado de Derecho. Ello quiere decir, entre otras cosas, que el dilema entre eficacia y legalidad, tantas veces presente en la gestión pública, debe resolverse siempre, y en todo caso, en el marco de los principios del Estado de Derecho.

La acción administrativa global, desplegada en el espacio jurídico-administrativo global, afecta cada vez a más ciudadanos. Sólo en el espacio jurídico europeo se calcula que las decisiones de la Unión Europea afectan directamente al 70% de empresas y ciudadanos. Por eso es cada vez más importante explicar el Derecho Administrativo en la dimensión nacional, internacional y global.

Los principios del Estado de Derecho son de aplicación tanto al Derecho Administrativo Estatal como al Derecho Administrativo Global. El Derecho Administrativo Estatal y el Derecho Administrativo Global, que han de estar sincronizados y actuar de manera complementaria. Al mismo tiempo, si bien existen el Ordenamiento jurídico interno instancias y técnicas de control y de "accountability", manifestaciones del derecho fundamental a la buena Administración, también deben existir en el nivel global, en el espacio jurídico-administrativo global. En este sentido, ante la ausencia en el ámbito de la gobernanza global de órganos de control, de técnicas de "accountability", ante la constatación de un espacio administrativo global, es fundamental, si queremos que ese espacio esté sometido al Derecho Administrativo, que en el marco de la actuación administrativa global se respeten los principios del Estado de Derecho y, entre ellos, el derecho fundamental a la buena Administración pública.

2 El derecho administrativo norteamericano y la buena administración

Ciertamente, los estudios que han provocado el debate y el estudio sobre la incidencia de la globalización en el Derecho Administrativo han partido del área anglosajona. El Instituto de Derecho Internacional y Justicia en colaboración con el Centro de Derecho Ambiental Urbanístico, ambos de la Facultad de Derecho de la New York University vienen trabajando desde hace algún tiempo en un proyecto de investigación denominado la emergencia o el surgimiento del Derecho Administrativo Global bajo la dirección de los profesores Stewart y Kingsbury. Entre nosotros, ha sido Manuel Ballbé quien mejor ha entendido la incidencia de este fenómeno en el Derecho Administrativo y quien ha tenido el acierto de explicar el antecedente norteamericano para comprender hasta que punto el Derecho Administrativo Global parte de una concreta experiencia histórica de gobierno centrada en el siglo pasado en los EEUU como consecuencia del modelo del Estado regulador, hoy incorporado a muchos países de cultura jurídica continental, y de las relaciones producidas en USA entre el Estado central y los cincuenta Estados de la Unión.

El trabajo de Manuel Ballbé referido se titula "El futuro del Derecho Administrativo en la globalización: entre la americanización y la europeización" y está publicado en el número 174 de la española Revista de Administración Pública en diciembre de 2007. La rúbrica de la investigación es bien provocativa porque, en efecto, así como tenemos en el mundo, por lo que se refiere al Derecho Administrativo, la influencia del sistema del "rule of law" inglés y la incidencia del modelo del "droit administratif" francés, en el origen del Derecho Administrativo Global también vamos a toparnos con dos aproximaciones bien distintas según que nos situemos en el área anglosajona o en el espacio europeo. Esto no quiere decir, como veremos, que nos hallemos ante dos esquemas diametralmente opuestos. Más bien, lo que ambas maneras de acercarse al Derecho Administrativo Global nos enseñan es que es posible encontrar una síntesis, una integración de lo mejor de ambas tradiciones jurídicas. En Europa, por ejemplo, la crisis del pluralismo y de la participación real puede resolverse con algunas experiencias norteamericanas y, a la vez, los problemas de la seguridad o de la mercantilización institucional estadounidense pueden atemperarse o encauzarse teniendo en cuenta lo que acontece en el viejo continente en esta materia.

En la evolución del Derecho Administrativo Estadounidense es menester caer en la cuenta de la relevancia que tiene el principio del pluralismo. La capacidad exitosa de modificar las normas de los grupos y colectividades, además de constituir una expresión cabal de la vitalidad de la sociedad civil norteamericana, representa la necesidad de encontrar espacios de equilibrio en el seno de la deliberación pública, en el marco de la acción de los poderes públicos que se realiza a través de los concretos procedimientos administrativos. En España, como ha recordado Ballbé, en la elaboración de la ley de procedimiento administrativo de los años cincuenta del siglo pasado se tuvieron presentes ideas y aproximaciones acerca del principio de participación de la ley norteamericana de los años cuarenta. Principio que es expresión del derecho fundamental a una buena Administración pública.

Un momento relevante en la construcción del Estado administrativo norteamericano se produce, como señala Ballbé, con la depresión de 1929 y la llegada a la presidencia de Roosevelt y su programa conocido como New Deal. En este período dos profesores de Derecho Administrativo de Harvard, Landis y Frankfurter fueron importantes asesores del presidente. Hasta tal punto que diseñaron la legislación en materia de mercado de valores y el propio Landis fue nombrado presidente de la Securities Exchange Commission, la todopoderosa SEC en 1934. En este marco, como relata Ballbé, el Derecho Administrativo adquiere un protagonismo y una relevancia desconocida hasta entonces: se estableció un modelo regulador en el que las empresas debían crear en su seno un departamento de riesgos financieros, informar sobre sus cuentas, someterse periódicamente a auditorías financieras, contables, así como a determinadas actuaciones de certificación y acreditación. Todo un cambio en relación con un sistema de mercado en el que se pensaba que éste solucionaría todos los problemas. Hoy, en plena crisis económica, encontramos numerosos escándalos financieros en los EEUU que demuestran que es posible falsificar la información y mantener una determinada apariencia acerca de la situación financiera. Por eso, es fundamental en el Derecho Administrativo Global, consecuencia de la existencia de razonables y equilibradas funciones de control y regulación, que se pueda verificar y comprobar sobre la realidad los datos que suministran las empresas al Ente regulador del mercado de valores. Es una exigencia de la buena Administración que debe presidir la actuación de las agencias reguladoras.

La obligación de las empresas de suministrar determinada información periódicamente a la SEC ayudó sobremanera a la afirmación de otro de los principios centrales del Derecho Administrativo Global, hoy sin discusión: la transparencia y el correlativo derecho de la ciudadanía a conocer, al acceso a la información, manifestaciones del derecho fundamental de los ciudadanos a una buena Administración pública. Las evaluaciones externas vienen a continuación, lógicamente. Este modelo de regulación era la coherente consecuencia de una manera de concebir el poder: el poder es de los ciudadanos y son éstos quienes deben tener derecho a conocer, a ser informados, a acceder a la información. La razón es obvia aunque no por ello muy practicada en la cotidianeidad: si el poder es del pueblo y los políticos y funcionarios no son más, ni menos, que administradores provisionales y temporales del poder, deben responder, rendir cuentas periódicamente ante la ciudadanía del ejercicio de las funciones que les fueron encomendadas en su día por la ciudadanía. He aquí, pues, la esencia del llamado regulador: la regulación, el Derecho, se convierte en presupuesto de eficacia y eficiencia al servicio objetivo del pueblo.

Junto al principio de limitación del poder, en 1946 nos encontramos con el principio de participación pluralista en la ley de procedimiento administrativo, expresión del derecho fundamental a la buena Administración pública. Fragmentación y limitación del poder junto a la participación plural, son dos de las principales aportaciones del Derecho Administrativo Norteamericano a la globalización del Derecho Administrativo. Mientras que en Europa nos hemos centrado en el principio de legalidad, en Estados Unidos la centralidad de los ciudadanos en el sistema ha traído consigo una revalorización que hoy es fundamental de la limitación del poder y de la participación ciudadano en la conformación y configuración de la formación de la voluntad de los órganos administrativos.

La ley de procedimiento de 1946, todavía vigente, es el código del procedimiento administrativo norteamericano. Se puede decir que esta Ley es la encarnación del principio de participación en el seno del procedimiento administrativo. Para entender el sentido del principio de participación hay que tener en cuenta que tal criterio es contemplado por los norteamericanos como la proyección del sistema constitucional pluralista sobre el Derecho Administrativo. Es, pues, una de las bases constitucionales del Derecho Administrativo Norteamericano. Además, hay que encajar el principio de la participación en el sistema del equilibrio de los poderes, "checks and balances", sistema que se articula sobre tres pilares tal y como nos recuerda el catedrático de Derecho Administrativo de la Universidad Autónoma de Barcelona.

El principio del equilibrio entre los poderes, sea a nivel territorial o institucional, puede decirse que forma parte ya del acervo común de los principios inspiradores del Derecho Administrativo Global que estamos estudiando en sus principios. De la misma manera, el modelo de agencias reguladoras del poder ejecutivo también debe considerarse un elemento central de la construcción del Derecho Administrativo Global. En el otro sentido, en el Derecho Norteamericano a principios de siglo pasado también se produjo una fuerte influencia del modelo del Estado administrativo europeo, si bien aprovecharon algunos de sus excesos para plantearlo en una perspectiva más equilibrada y moderada.

La ley de procedimiento administrativa de 1946, que se inscribe en este contexto, propició que, efectivamente, en el marco de la elaboración de las resoluciones y las normas administrativas, la presencia de los grupos afectados no fuese algo decorativo o formal, sino lago real porque la sociedad está viva y se plantea, con iniciativas y propuestas, influir en la toma de decisiones. En el fondo de esta cuestión late, como ya señalamos anteriormente, una idea que es fundamental en la concepción del sistema democrático. El poder de toma de decisiones en el espacio global administrativo, que ha des ser jurídico, ha de poder tener en cuenta las diferentes dimensiones y aspectos que están presentes. Se trata de hacer real la democracia deliberativa y que tengan acceso al espacio público los diferentes matices y elementos que lo componen.

En este contexto aparece lógicamente la ley de transparencia y acceso a la información. En esta ley se potencia el control judicial de los actos de las agencias reguladores y se revitaliza la participación de la sociedad a través de los grupos interesados en los procedimientos correspondientes. La incidencia de esta norma, sobre todo en el espacio iberoamericano, es muy grande. A día de hoy muchas repúblicas centro y sudamericanas ya han aprobado leyes reguladoras del derecho al acceso a la información y de transparencia, o están a punto de hacerlo.

Otro campo de regulación global que nace en Norteamérica se refiere a los códigos de buen comportamiento o códigos éticos, que también en Europa están de moda y que constituyen, igualmente, la expresión ética del derecho fundamental de los ciudadanos a la buena

Administración pública. Se trata de regulaciones, a veces sin fuerza normativa, que incluyen criterios de buen comportamiento para diferentes profesiones. Cuándo se trata de la codificación de la ética, de la buena conducta en la función pública, entonces parece que el Derecho Administrativo tendría algo que decir puesto que se trata del "humus", del substrato sobre el que deben operar los funcionarios y los políticos, que con una adecuado sistema de sanciones administrativas y normas penales, forma parte de una codificación que alcanza una clara dimensión global.

3 El espacio jurídico-administrativo europeo y los derechos fundamentales de la persona

El Derecho Administrativo de corte continental, el que nace según algunos tras la revolución francesa de 1978 presenta un tono autoritario que trae causa precisamente de la explicación histórica en cuya virtud la burguesía accede y se encarama al poder. En este contexto, el acto administrativo es el gran mito que justifica esta versión unilateral del poder y el sentido que desde el principio se confió a los conceptos de privilegio y prerrogativa. No podemos olvidar que, efectivamente, la elusión del control judicial por parte de la Administración pública es uno de los principios sobre los que se montó en Francia este ordenamiento que permitió la organización del Estado, tantas veces construido al margen y de espaldas, a pesar de las solemnes declaraciones programáticas de las más "progresistas" Constituciones. En Europa, la tradición del Derecho Administrativo ha preterido en sus inicios la centralidad de la condición humana para lanzarse a la construcción y diseño de un modelo de Estado al que se reclamaba que solucionara todos los problemas sociales. El esquema del esquema de bienestar en el que hoy vivimos no es más que una fiel representación de esa gran construcción autoritaria que pide a los ciudadanos que no se preocupen de los asuntos comunes, colectivos, porque para ello ya está el Estado, las estructuras administrativas y los funcionarios.

Es verdad que los principios configuradores del Estado de Derecho: legalidad, separación de los poderes y reconocimiento de los derechos individuales tienen, de alguna manera, matriz europea. Pero también es verdad que en su desarrollo y evolución han ido quedando un tanto desdibujados ante la omnipresencia y omnipotencia de un Estado del que los ciudadanos debían esperarlo todo, prácticamente todo. Esto explica la escasa virtualidad operativa de la participación real en Europa y la fuerza que poco a poco ha ido asumiendo el llamado Estado de partidos como dueño y señor de la realidad política, y tantas veces económica, en el solar del viejo continente. La separación de poderes se ha ido tornando una quimera ante la posición hegemónica de los partidos. El reconocimiento de los derechos humanos se entiende en clave positivista, como si la dignidad del ser humano viniera de la ley. La arbitrariedad, como ausencia de racionalidad y, por ello, el dominio de los fuertes sobre los débiles está dirigiendo los destinos de un continente en degradación permanente precisamente por haber renunciado a su raíces culturales y al sentido originario del principio de legalidad, de la separación de poderes y de la centralidad de los derechos fundamentales de la persona.

En este contexto, la interacción de los Ordenamientos, la emergencia del Derecho Administrativo Global y la proyección de los principios del nuevo Derecho Comunitario de rostro humano, están permitiendo que, en efecto, el viejo continente salga del marasmo y de la atonía cultural en que se encuentra, para tomar el relevo que históricamente le corresponde. En este sentido, una tarea pendiente que tiene el Derecho Administrativo Europeo es, precisamente, revitalizar lo jurídico del espacio administrativo continental para evitar que la captura de lo económico sobre lo institucional no continúe pervirtiendo el sentido de un Ordenamiento nacido para que la justicia brille con luz propia en el viejo continente y no para ponerse al servicio del poder, sea éste de naturaleza política o económica.

La europeización del Derecho Administrativo es hoy una realidad. Una realidad que, sin embargo, no está del todo asumida al interior de los Estados miembros ni interiorizada por numerosos operadores jurídicos de los Estados de la Unión Europeo. Una de las razones de tal situación se encuentra, efectivamente, en las resistencias mostrencas a la compartición de espacios de soberanía a la Unión por parte de los Estados y por un emergente nacionalismo que impide que el espacio jurídico global sea la realidad que debiera tras tantos años de andadura comunitaria. En cualquier caso, se trata de un proceso jurídico imparable que, con luces y sombras, poco a poco va calando en la conciencia jurídica europea. La europeización del Derecho Administrativo es un proceso que se va produciendo a golpe de reglamento, a golpe de directiva y, en la medida en que ambas fuentes del Derecho son de aplicación obligatoria en los Estados miembros de la Unión, en esa medida el Derecho Administrativo Comunitario va siendo más conocido y también más utilizado por los Tribunales de justicia de los países miembros. Estas normas jurídicas han venido disciplinando la acción sectorial de la Administración, esfera de actuación de la Administración europea que contiene las principales políticas públicas de la Unión: agricultura, pesca, seguridad, política social, entre otras.

Schmidt-Assmann ha llamado la atención sobre la posición jurídica del ciudadano en el Derecho Administrativo Comunitario, que aunque ocupa un lugar destacado, no ofrece el mismo plano de centralidad que tiene en el Derecho Alemán porque esa posición del ciudadano parece confundirse con la defensa de la legalidad objetiva, con la intención de asegurar la efectividad del Derecho. Esto, según este autor alemán, se pon de relieve en dos puntos.

Primero, los ciudadanos pueden recurrir la transposición de las directivas aunque la dimensión del interés general afectado sigue siendo un problema por su abstracción y su generalidad. Y, segundo, en materia de medio ambiente se intenta sensibilizar al ciudadano para que pueda participar en la elaboración y configuración de estas políticas públicas comunitarias de tanta trascendencia. Como señala Schmidt-Assmann, con ello se pretende no descargar la responsabilidad sólo en el aparato ejecutivo del Estado, sino movilizar a los propios ciudadanos como administradores del medio ambiente.

Según Schmidt-Assmann, la clave conceptual del Estado de Derecho sigue siendo la libertad individual. Así, el Estado de Derecho, sigue diciendo este profesor, se nos muestra como la forma de Estado capaz de dejar espacio al individuo, de garantizar su autonomía individual. Sin embargo, la aparición del modelo del Estado social de Derecho incorpora una forma solidaria de ejercicio de las libertades porque el ciudadano ciertamente no está sólo en el mundo, sino que está en relación continua y permanente con otras personas y con instituciones sociales y de naturaleza pública. Concebir la cláusula del Estado de Derecho como una cápsula para el asilamiento del individuo me parece poco acorde con los postulados de la justicia y de la racionalidad. Más bien, esa dimensión de la cláusula del Estado social de Derecho va a hacer posible que el Estado deje de ser un espectador pasivo para convertirse en un decisivo actor que, a través de la regulación, crea condiciones, genera contextos y marcos en los que, en efecto, el ejercicio de las libertad, en todas sus manifestaciones, sea más real y efectiva.

Como es sabido, en el preámbulo del Tratado sobre la Unión Europea se refiere al Estado de Derecho y a la democracia como intereses compartidos por los Estados miembros, intereses que tras el Tratado de Ámsterdam son ya principios generales de la Unión Europea. Como señala Schmidt-Assmann, tanto el Estado de Derecho como la democracia son, pues, la base común del Derecho Administrativo

Europeo, actualmente en fase de construcción. En el Estado de Derecho, como recuerda este profesor a la luz de la jurisprudencia del Tribunal de Justicia de las Comunidades Europeas, es el Derecho el que da forma y medida al Estado, a su eficacia y a la vida colectiva que se desarrolla en su seno. El Derecho ha de presidir el espacio administrativo europeo y el funcionamiento de las Administraciones públicas europeas. En el Estado de Derecho las personas han de disfrutar de sus derechos fundamentales y han de poder ser garantizados en casos de conflicto o controversia con arreglo a parámetros de justicia articulando procedimientos administrativos, dice Schmidt-Assmann que conduzcan a la racionalidad. Justicia y racionalidad, por tanto, son dos principios básicos del espacio jurídico europeo que ya son patrimonio también del Derecho Administrativo Global.

La cláusula del Estado de Derecho ayuda a entender el sentido que tiene el Derecho Administrativo Global también como Derecho del poder público global para el ejercicio solidario de las libertades por parte de los ciudadanos del espacio jurídico administrativo global. Europa es un espacio jurídico comprometido con la libertad y con la efectividad de los derechos fundamentales de la persona. La Carta Europea de los Derechos Fundamentales, en la que se reconoce en su artículo 41 el derecho fundamental a la buena Administración pública, bascula en esta dirección, a la que debería seguir su constitucionalización en el Tratado por el que se instituye una Constitución para Europa.

Pues bien, en el origen de la constitucionalización de estos derechos en las Cartas Magnas de los Estados miembros, los derechos fundamentales se concebían como límites frente al poder público. En palabras del profesor García de Enterría, imponían un ámbito de libre determinación individual completamente exento del poder del Estado. Esta dimensión de los derechos fundamentales era la lógica consecuencia del establecimiento de los postulados del Estado Liberal de Derecho. En él, todo el sistema jurídico y político se orienta hacia el respeto y la promoción de la persona en su dimensión meramente individual.

Sin embargo, el tránsito del Estado liberal de Derecho al Estado social de derecho ha traído consigo una nueva dimensión del papel y de la funcionalidad de los derechos fundamentales. Una nueva orientación que encuentra su apoyo en la superación de la clásica emancipación entre Estado y sociedad.

Los derechos fundamentales ya no son, desde esta nueva perspectiva, meras barreras a la acción de los Poderes Públicos. Muy al contrario, se configuran, como afirma Pérez Luño, como un conjunto de valores o fines directivos de la acción positiva de los Poderes Públicos. El

Estado social de derecho se orienta, no sólo a la proclamación solemne de espacios exentos de intervención para el ejercicio de la libertad, sino que debe propiciar ambientes proclives para su ejercicio efectivo por parte de todos los ciudadanos, especialmente para los más débiles e indefensos.

El papel que juegan los derechos fundamentales en el Estado social de Derecho debe completarse, forzosamente, con una referencia a la necesidad de una adecuada participación de los ciudadanos en el control inmediato del funcionamiento del sistema político al servicio objetivo del interés general. Así, solo a través de esa participación social en la responsabilidad y en la tomas de decisiones, el hombre puede llegar a realizarse como personalidad propia y —esto es decisivo— esa realización personal le permite desempeñar mejor su papel en la sociedad. Esta idea de los derechos fundamentales de la persona en el Estado social ha sido, poco a poco, desnaturalizada por un deficiente entendimiento de la intervención pública en cuya virtud, más que promover el ejercicio de estos derechos, terminó por condicionar irracionalmente a través de una sutil dependencia del ciudadano respecto al sistema de partidos que ha caracterizado buena parte del desarrollo del modelo en el viejo continente.

En alguna medida, en la base de esta intervención pública, justificada para asegurar el ejercicio de los derechos, aparece una mentalidad estadista, de fuerte sabor positivista, que explica hasta que punto se ha introducido, a veces bajo la sugerente fórmula de la ampliación de los derechos humanos, una concepción que se ha traducido en una sinuosa dictadura de los más fuertes sobre los más débiles que ha perturbado un adecuado entendimiento del Derecho Administrativo como Derecho del poder público para la libertad, tal y como lo entiende, entre nosotros el profesor González Navarro. En este sentido, me parece de interés comentar el sentido de la cláusula del Estado de Derecho entendida como vinculación de la actividad administrativa a la ley y al Derecho.

En efecto, la Ley Fundamental de Bonn afirma la vinculación "a la ley y al Derecho del poder ejecutivo y judicial". También la Constitución española dispone, en su artículo 103, que "La Administración Pública sirve con objetividad los intereses generales y actúa (...) con sometimiento a la Ley y al Derecho" y el artículo 10.1, dispone que "la dignidad de la persona, los derechos inviolables que le son inherentes, el libre desarrollo de la personalidad el respeto a la ley y a los derechos de los demás son fundamento del orden político y de la paz social".

Las fórmulas "Ley y Derecho", "dignidad de la persona" o "derechos inviolables que le son inherentes", parecen sugerir la idea de un derecho Administrativo en el que junto a normas y regulaciones coexisten principios, principios que son los que dotan de sentido y congruencia la construcción de un Estado de Derecho que en muchos Estados de la Unión Europea se reduce a un rancio positivismo que solo admite la existencia de principios en cuanto corolarios inmanentes de las normas jurídicas en sentido formal.

Europa, que ha sido el escenario de tantos anhelos de libertad a lo largo de la historia, encuentra precisamente en la exaltación de la libertad y en la incapacidad de soportar su carencia, uno de los nervios de su plena identificación cultural. La cultura europea se ha configurado sobre una radicalización de lo insoportable, es decir, sobre una extrema resistencia a la privación de libertad. Por ello no es casual que el nuevo camino hacia su unidad, emprendido cuando aún estaban abiertas las heridas de la Segunda Guerra Mundial, haya sido, hasta hoy, un camino de afirmación de libertades, si bien, hasta el momento, sobre todo de orden económico.

Paralelamente a la afirmación y el desarrollo jurídico de estos derechos y libertades, se ha llevado a cabo la construcción de unas instituciones comunes que han tenido, durante largo tiempo, la misión primordial de garantizarlos. Posteriormente, la madurez de estas instituciones permitió que asumieran un papel de dirección de determinadas políticas comunes, de representación de los intereses, también comunes, de los ciudadanos y, en definitiva, de ejercicio del poder que corresponde a una comunidad organizada políticamente para servir al bien común.

En este punto, podríamos preguntarnos cuales son las causas de que la construcción europea en marcha se continúe hoy percibiendo como una realidad, economicista y ajena a la vida de los ciudadanos, cuando no burocráticamente opresora. Probablemente, la respuesta a esta gran cuestión nos ayude a comprender la importancia del Derecho Administrativo Global como Derecho comprometido con los valores del Estado social de Derecho y con los principios generales que permiten que las regulaciones tengan sentido, tengan congruencia y, fundamentalmente, trasluzcan la lucha por la justicia en un mundo en el que con frecuencia encontramos tecnoestructuras que pretenden someter al Derecho a una fórmula más de "racionalidad" económica.

En este punto es menester caer en la cuenta del diferente entendimiento que de la libertad se ha realizado a ambas orillas del océano Atlántico. Se trata de poner de relieve las profundas diferencias que en orden al concepto de la libertad encontramos en el sistema jurídico continental y en el sistema jurídico anglosajón. Ambas tradiciones, como ya he señalado en más de una ocasión, más que confrontarse deben ser articuladas a través de los postulados del pensamiento abierto, plural, dinámico y complementario que está en la base del Derecho Administrativo Global. Es decir, es fundamental conciliar adecuadamente las tradiciones constitucionales anglosajona y continental. Obtener lo mejor de ambos sistemas jurídicos, desde esquemas de complementariedad, ayuda a comprender el sentido que tiene este Derecho Administrativo Global que hoy emerge con gran vitalidad.

El sistema anglosajón opera sobre la idea de la "liberty" liberal y tiende a concebir los derechos y las libertades políticas como límites a la actuación de los poderes públicos. Frente a ella, la tradición romano-germánica que impera en el continente nos muestra a estos derechos como inseparablemente unidos a ciertas obligaciones positivas que los poderes públicos han de adoptar en relación con los ciudadanos.

Estas construcciones jurídicas, que encierran dos maneras distintas de entender la persona, deberán confluir en la medida en que la tensión entre el individuo y la sociedad, entre la persona y el poder, debe resolverse en clave de interdependencia, sin por eso vaciarse el valor intrínseco de la persona. He aquí, pues, uno de los apasionantes desafíos que Derecho Administrativo Global tiene por delante y que habrá de resolver desde el diálogo entre las diferentes tradiciones y sistemas jurídicos-públicos al servicio de la centralidad del ser humano y de su dignidad innegociable.

Como es sabido, los Tratados Fundacionales y el resto del Derecho Originario de las Comunidades Europeas no establecieron una carta de Derechos Fundamentales hasta el año 2000. Ello fue consecuencia, según parece, del enfoque funcionalista que asumió la Comunidad en su nacimiento, consistente en aproximar realidades económicas y favorecer libertades comerciales como paso previo, en teoría, a la integración política. No es este el momento ni el lugar para analizar si el camino elegido ha sido el correcto, pero quizá sea útil recordar lo que uno de los fundadores de La Comunidad Económica Europea, Jeann Monnet afirmaba, al final de su vida: "si hubiera de comenzar de nuevo el proceso de unificación europea, lo haría por la educación y por la cultura, no por la economía".

El contenido preferencialmente económico de las Comunidades Europeas posibilitaron que los Tratados Constitutivos solo establecieran medios para la protección de los derechos a la no discriminación por razón de nacionalidad y sexo, a la propiedad (en su forma industrial y comercial), a la libre circulación de personas, mercancías y capitales, el libre establecimiento empresarial, el secreto profesional y la garantía de no discriminación en el ejercicio de los derechos laborales y sindicales. Sin amargo, la idea de competencia, omnipresente en los Tratados y en buena parte del Derecho derivado ha provocado un auténtico terremoto en las formas tradicionales de entender la intervención de los poderes públicos en la economía, hasta el punto de desmantelar, de alguna forma, conceptos e instituciones que por largo tiempo presidieron el Derecho Administrativo en los países de tradición continental.

Tampoco el tránsito histórico de la unión Europea ha supuesto un gran avance en materia de regulación de derechos fundamentales de la persona. Las distintas normas que se han ido incorporando tanto a las bases constitucionales como al Derecho derivado, apenas han alterado el status quo. Todas ellas, desde el Acta única hasta el propio Tratado de Maastricht, han venido siendo consideradas por quienes abogan por la constitucionalización plena de los derechos fundamentales en una Constitución europea de Europa, oportunidades perdidas. Todo lo más, como señala el profesor Diez Picazo, han conseguido incorporar al acervo comunitario europeo, por remisión, el contenido del Convenio Europeo de Protección de los Derechos Humanos, firmado en Roma en 1950, cuyo mecanismo de garantía, el Tribunal de Estrasburgo, no es una institución comunitaria, aunque sí del Consejo de Europa, con los problemas que ello conlleva.

En todo caso, el Convenio Europeo de Derechos Humanos es Derecho interno de los Estados miembros. Los Estados han de cumplirlo, asumen la obligación de su cumplimiento. Además, como señala el profesor Cassese, el Convenio tiene una influencia indirecta en los Estados pues tal y como dispone el artículo 6 del Tratado de la Unión "la Unión respetará los derechos fundamentales tal y como se garantizan en el convenio europeo de derechos humanos". Así las cosas, nos hallamos ante una protección múltiple de los derechos fundamentales de la persona: por las Constituciones nacionales, por el Convenio y por el Tratado de la Comunidad Europea, en este último caso también como principios establecidos por el Convenio (Cassese).

Un punto interesante del alcance de la protección de los derechos fundamentales en el solar europeo se refiere a que mientras el Convenio afirma expresamente que el derecho fundamental se garantiza frente a un juez, el Tribunal de Estrasburgo ha ido más allá y, superando la distinción entre actividad administrativa y judicial, ha establecido, como señala el profesor Cassese, que el derecho fundamental se tutela también en procedimientos administrativos semicontenciosos. Así, de esta manera, el Tribunal ha llevado normas, configuradas por el Convenio para procesos ante jueces, a procedimientos que se realizan ante autoridades administrativas de naturaleza contenciosa o semicontenciosas. En este contexto, aparecen principios, que en el campo del orden sancionador y en las actividades de ordenación, son ya propios del Derecho Administrativo Global, como pueden ser el principio de independencia e imparcialidad del órgano resolutor, el principio de contradicción, el principio de proporcionalidad, el principio de racionalidad, el principio de publicidad, o el derecho a un defensor. Evidentemente, como advierte Cassese, esta interpretación del Tribunal de Estrasburgo se refiere a procedimientos administrativos en los que existe una función materialmente jurisdiccional, como puede ser el ejercicio de la potestad sancionadora por parte de la Administración pública.

En realidad, si el Tribunal de Estrasburgo entiende, en el caso de una demanda individual, que ha habido una lesión del Convenio y que el Derecho interno sólo de manera indirecta permite reparar tal violación, entonces concederá a la parte perjudicada, si así procede, una satisfacción equitativa. Además, el artículo 46 del Convenio dispone que los Estados contratantes se comprometen a acatar las sentencias definitivas en los litigios de que sean partes, sobre cuya ejecución el Comité de Ministros tiene funciones de vigilancia. Sin embargo, el contenido de las indemnizaciones en ocasiones es bastante desproporcionado y con frecuencia la ejecución de las sentencias condenatorias al Estado deja mucho que desear. Ciertamente, la indemnización que lleva aparejada la lesión del Convenio ha sido criticada por la doctrina al entender que lo razonable sería que el propio Tribunal pudiera anulara actos y normas. Si embargo, todavía algunos piensan que la soberanía reside únicamente en el ámbito estatal, que es dónde se pueden anular actos y normas. Esta es, desde luego, una limitación derivada del deficiente entendimiento de la dimensión global o de la coherencia de un sistema jurídico que bascula sobre un espacio jurídico supranacional como es el europeo.

El caso del Tribunal de Estrasburgo y del propio Consejo de Europa plantea la necesidad de simplificar esta dualidad de autoridades sobre el solar europeo, de manera que la Administración supranacional europea sea más sencilla y más adecuada a la realidad del tiempo en que vivimos. Es verdad que hoy en día la jurisprudencia del Tribunal de Estrasburgo ha establecido un conjunto de principios de Derecho Administrativo sustantivo o material que deben ser respetados por las Administraciones públicas nacionales en cuanto que realicen procedimientos de naturaleza contenciosa. Pero, a pesar de ello, el espacio jurídico europeo precisa de una Constitución, un poder ejecutivo, un poder judicial y un poder legislativo que permitan el recto ejercicio de los postulados del Estado de Derecho para todos los países de la Unión Europea.

Otra vía de creación del Derecho Comunitario Europeo, la jurisprudencial procedente del Tribunal de Luxemburgo, ha sido más relevante. Los mecanismos puestos en marcha para garantizar el ejercicio efectivo de los derechos y libertades netamente comunitarios, especialmente los recursos ante el Tribunal de Justicia de las Comunidades Europeas de Luxemburgo, se encontraron muy pronto con problemas derivados de la necesidad de resolver litigios en los que, además de las libertades consagradas en los Tratados, la propia acción de la Comunidad o de los Estados miembros ponía en cuestión el ejercicio de otros derechos fundamentales no expresamente reconocidos en los Tratados. El Tribunal de Luxemburgo ha pretendido resolver esta cuestión justificando sus incursiones en el ámbito de los derechos fundamentales de la persona a partir de considerarlos como "principios generales del Derecho Comunitario" derivados de la tradición jurídica común de los Estados Miembros". Lo cual es muy cierto y, a falta de su reconocimiento en la futura Constitución europea, muestra has que punto en el Derecho Administrativo Europeo la incidencia de los derechos fundamentales ha sido y es sobresaliente.

En este sentido, no se puede olvidar que la proyección, por ejemplo, del principio de tutela judicial efectiva, en lo que se refiere a la justicia ahora llamada cautelar, ha tenido un gran avance precisamente en la jurisprudencia del Tribunal de Justicia de las Comunidades Europeas, de dónde ha saltado a la jurisprudencia de los Estados miembros. El caso "factortame", recogido por ejemplo en la jurisprudencia del Tribunal Supremo español en una resolución del año 1990 pone de manifiesto hasta que punto el Derecho Procesal Administrativo Europeo ha desembocado en el establecimiento de principios de Derecho Administrativo Supranacional como el que reza así: el proceso para el que tiene la razón no puede ser un obstáculo que le quite precisamente la razón.

Así, poco a poco, se ha ido perfilando una construcción ciertamente "procesal" de derechos como el de audiencia al ciudadano, o garantías como la irretroactividad de las disposiciones limitadoras de derechos, la proporcionalidad de las sanciones o la obligación de resarcir los daños ocasionados por los incumplimientos de las normas comunitarias. Piénsese, en este punto, la sentencia que obligó a al Reino Unido a indemnizar a los pescadores españoles que habían sido privados ilegítimamente de su derecho a faenar en aguas inglesas con sus buques de bandera británica.

También la sentencia del Tribunal de Justicia de las Comunidades Europeas de Luxemburgo, de 5 de octubre de 1.994, incorpora al ámbito de los derechos fundamentales comunitarios, el "respeto a la vida privada", tras examinar la licitud de unas pruebas médicas como requisito de acceso a un empleo al servicio de las instituciones comunitarias. En cualquier caso, esta construcción jurisprudencial no satisface a la doctrina mayoritaria, que la considera plagada de incertidumbres, cuando no de cierta discrecionalidad. Sin embargo, a pesar de los pesares, esta jurisprudencia muestra hasta que punto en el ámbito del Derecho Administrativo Europeo los derechos fundamentales de la persona son uno de sus principales pilares.

Las autoridades judiciales, en especial los Tribunales Constitucionales de los Estados miembros de la Unión Europea han criticado este procedimiento de creación jurisprudencial del Tribunal de Luxemburgo, manteniéndose hoy un cierto *status quo* de equilibrio entre la primacía del Derecho Comunitario Europeo frente a las normas nacionales incluso de rango constitucional.

Para lograr sus fines propios, la Europa unida debe asumir el reto de llevar lo más lejos que sea posible la protección efectiva y la promoción de los derechos fundamentales de sus ciudadanos. Por ello, la síntesis de las actuales regulaciones de los derechos fundamentales de cada Estado miembro debe aspirar a ser un repertorio de máximos, no de mínimos. Debe aspirar, por tanto, a incorporar al acervo jurídico comunitario las regulaciones más perfectas y más acordes al sentido de la dignidad del ser humano. Así, de esta manera, haciendo un estudio analítico de los derechos fundamentales de la persona en todas las Constituciones de los Estados miembros de la Unión Europea se podría llegar a un catálogo comúnmente aceptado por todos los países en los que en efecto brille con luz propia la dignidad del ser humano, fundamento del Estado de Derecho.

Schmidt-Assmann ha llamado la atención sobre la constatación de la construcción sistémica del Derecho Administrativo a partir de los derechos fundamentales, tendencia que se aprecia en los nuevos tiempos. Sin embargo, para este profesor alemán, esta línea de trabajo presenta algunos riesgos como el de dar una relevancia exacerbada a la equidad como justicia del caso concreto o construir una dogmática administrativa excesivamente especializada en torno a algunos concretos derechos fundamentales de la persona. Tal peligro se produce, obviamente, si se mantiene una posición de la relevancia de los derechos fundamentales sin tener presente el concepto de libertad solidaria, o, si se quiere, olvidando la dimensión social que ahora acompaña a la cláusula del

Estado de Derecho. Los derechos fundamentales de la persona no atienden, solo y exclusivamente, a los intereses individuales, al igual que el interés general no es, no puede ser, el interés de los poderes públicos. Hoy el contenido de los derechos fundamentales, porque parten de la centralidad de la dignidad del ser humano, reclaman que el Estado propicie espacios para el ejercicio de la libertad solidaria por todos los ciudadanos, especialmente los más débiles. Hoy, la definición de los intereses generales ya no se realiza unilateralmente por la Administración pública, sino que ésta debe abrirse a la realidad social y dialogar con las instituciones y grupos que trabajen en ese concreto sector sobre el que adoptar algunas decisiones de política pública.

Del mismo modo, la idea de que la protección de los derechos fundamentales supone tutelar especialmente los intereses individuales es una idea que olvida que la protección de los derechos del hombre, en la medida en que son derechos que el Estado reconoce porque son innatos a la condición humana y con el hombre vienen y con el hombre se van, tiene una evidente dimensión pública que al Ordenamiento jurídico toca cuidar. Reducir los derechos fundamentales a intereses individuales se antoja una posición individualista que puede pasar por alto otros derechos fundamentales tanto o más importante que la libertad y la propiedad como el derecho a la vida, primero y principal de los derechos fundamentales de la persona.

Igualmente, si concebimos los intereses generales desde la perspectiva de la protección de los intereses particulares o privados, es el caso de la captura de los reguladores que se produjo, como hemos señalado, en un determinado momento en los Estados Unidos, entonces estaremos reduciendo lo colectivo, lo públicos a lo unilateral al pensamiento único en definitiva. Los derechos fundamentales en el Estado social de Derecho nos plantean el problema global de la libertad solidaria y los intereses generales en este modelo de Estado, el más citado en las Constituciones modernas, reclama nuevas perspectivas desde el pensamiento abierto, plural, dinámico y complementario.

En alguna medida, esta dimensión individual del Derecho Administrativo de la que habla Schmidt-Assmann parece haber justificado, según su criterio, una serie de principios como el de interdicción de la arbitrariedad, prohibición de exceso, proporcionalidad, adecuación, exigibilidad, igualdad o confianza legítima. El profesor Schmidt-Assmann señala, en este sentido, que estos principios han sido subsumidos en una suerte me metaprincipio general o potestad general de la Administración de actuar conforme a equidad, o de acuerdo a la justicia del caso concreto. Concebir este metaprincipio en criterio o guía única para la actuación administrativa implica, según Schmidt-Assmann, a colocar la realidad, las circunstancias de cada caso en el primer plano de la práctica administrativa superando toda tendencia a automatizar la aplicación del Derecho y a tipificar la actuación de la Administración pública. En opinión de este autor, aplicar tal criterio supone, además, que la Administración está en condiciones de conocer individualizadamente las circunstancias de todos los ciudadanos, lo que, desde su punto de vista, trae consigo que la Administración ha de atender los intereses individuales de los administrados.

Este planteamiento me parece que no tiene en consideración que si la Administración está sometida a la Ley y al Derecho es porque ambos conceptos, que ordinariamente tienden a identificarse, no siempre se expresan a través de los mismos instrumentos jurídicos. Y, además, en ocasiones, hasta es posible que se puedan encontrar leyes que no son jurídicas: la historia nos enseña, como sabemos, multitud de casos. El sometimiento del poder al Derecho, que como hemos señalado ya es una de las principales tareas del Derecho Administrativo Global para evitar la tiranización del Derecho por los poderes públicos o económicos, supone que las normas jurídicas respiren, se muevan y se desarrollen en el oxígeno de los principios del Derecho que, lejos de formulaciones diseñadas para atender los intereses individuales de los ciudadanos, son la representación real de la aspiración a la justicia que late, como no, en el Derecho Administrativo. Y, entre ellos, el principio de equidad y el de la justicia del caso concreto, que en eso consiste nada menos que la función de la jurisprudencia, ayudan sobremanera a comprender el alcance que tiene la centralidad de la dignidad de la persona para el Derecho Administrativo Global. Por una razón, porque la dignidad del ser humano poco o nada tiene que ver con los intereses de los individuos. Significa, sobre todo, que en la construcción del Derecho Administrativo Global, y, por ello, en la actividad de la Administración pública global, la dimensión personal, la sensibilidad hacia las personas sea determinante de las políticas públicas. Para mi está cuestión adquiere plena congruencia a partir del concepto de Derecho Administrativo que se maneje. Si se tiene claro, como es mi caso, que estamos en presencia de un Derecho del poder público para la libertad, entonces la dignidad del ser humano también encierra conceptos supraindividuales como el de solidaridad. Si el Derecho Administrativo o la actividad administrativa se entiende como mera aplicación mecánica y automática de una norma a la realidad, entonces es posible que no exista posibilidad de que el Derecho tenga protagonismo alguno.

4 El derecho fundamental a la buena administración en su dimensión global

El Derecho Administrativo Global, tal y como sostienen Kingsbury, Krisch y Stewart, se refiere a todas la regulaciones, procedimientos y principios que ayuden a asegurar la "accountability", la transparencia, la participación, la racionalidad y el control en la toma de decisiones en el espacio administrativo global. Es decir, el Derecho Administrativo Global está muy relacionado con el contenido del derecho fundamental a la buena Administración pública, en el que la racionalidad, la objetividad, la legalidad, la eficacia o la responsabilidad ocupan un lugar central.

La realidad nos está demostrando como, poco a poco, las instituciones públicas globales van formulando, sobre todo en el área de la "accountability" y la participación, reglas y principios propios. Se trata de una serie de casos que relatan Kingsbury, Krisch y Stewart, y que comienza con establecimiento por el Consejo de Seguridad de la ONU de un procedimiento administrativo limitado para el listado y exclusión de personas objeto de sanciones por parte de la ONU en el que existe la posibilidad de revisión judicial y en el que se exige la racionalidad en las decisiones.

El panel de inspección del Banco Mundial se creó para garantizar la racionalidad ambiental de los proyectos. Algunas redes intergubernamentales han ido caminando hacia una mayor transparencia en sus procedimientos, como por ejemplo el llamado Comité de Bancos Centrales de Basilea, la OCDE, la Organización mundial de sanidad animal o las cumbres de jefes de Estado y de gobierno de los países iberoamericanos. También se aprecian avances en materia de participación de ONGs en los procesos de toma de decisiones en la Comisión del Codex Alimentarius. Las ONGs también han constituido en forma más o menos cooperativa sociedades de gobernanza regulatoria con empresas. En relación a ciertos patrones laborales y medioambientales, las empresas han intentado integrar a las ONGs en lo que previamente eran estructuras auto-regulatorias en orden a mejorar la legitimidad de los estándares y de los mecanismos de certificación establecidos por esas instituciones. En todos estos casos, lo que se aprecia es trabajo presidido por el Estado de Derecho, que tantas veces se expresa a través de racionalidad, participación, cooperación y posibilidad de control judicial de las decisiones administrativas.

Kingsbury, Krisch y Stewart llaman la atención acerca de cómo la teoría y la práctica del buen gobierno, de las buenas prácticas y los códigos a que han dado lugar en buena parte del sector público y privado de diferentes países proceden de los criterios establecidos en el Banco Mundial para otorgar ayudas financieras a determinados países. Estas condiciones para acceder a los créditos requiere la obtención de una serie de estándares en cuestiones tan relevantes como la lucha contra la corrupción o prácticas que promueven transparencia. La corrupción es, en tantos casos, uso del poder para fines particulares. Y la transparencia refleja el empeño de los gobiernos por ser casas de cristal ante los ciudadanos. La ética pública, por tanto, se nos presenta también como un elemento transversal del Derecho Administrativo Global en la medida en que el Derecho Administrativo siempre ha estado comprometido con la lucha frente a las inmunidades, oscuridades, y abusos en que puede, por acción u omisión, incurrir el poder público, sea en el marco del ejecutivo, del legislativo o del judicial.

A día de hoy, la consideración del buen gobierno y de la buena administración de los asuntos públicos es, desde luego, otro elemento principal del Derecho Administrativo Global. En la declaración del Milenio de Naciones Unidas y en los más destacados documentos de reforma del Estado de casi todos los países, a veces incluso en el marco de leyes y normas administrativas, hoy el derecho a la buena administración y al buen gobierno es, desde luego, un derecho de los ciudadanos.

En efecto, la consideración central del ciudadano en las modernas construcciones del Derecho Administrativo y la Administración pública proporciona, en efecto, el argumento medular para comprender en su cabal sentido este nuevo derecho fundamental a la buena administración señalado en el proyecto de la Constitución Europea (artículo II-101), de acuerdo con el artículo 41 de la Carta Europea de los derechos fundamentales. La persona, el ciudadano, el administrado o particular según la terminología jurídico administrativa al uso, ha dejado de ser un sujeto inerte, inerme e indefenso frente a un poder que intenta controlarlo, que le decía lo que era bueno o malo para él, al que estaba sometido y que infundía, gracias a sus fenomenales privilegios y prerrogativas, una suerte de amedrentamiento y temor que terminó por ponerlo de rodillas ante la todopoderosa maquinaria de poder en que se constituyó tantas veces el Estado. Hoy, también asistimos, a pesar de los pesares, al intento de la tecnoestructura global por considerar al ciudadano, no formalmente por supuesto, como un nuevo súbdito, cuado no, de nuevo, un esclavo, o una cosa susceptible de usar y tirar.

El artículo 41 de la Carta constituye un precipitado de diferentes derechos ciudadanos que a lo largo del tiempo y a lo largo de los diferentes Ordenamientos han caracterizado la posición central que hoy tiene la ciudadanía en todo lo que se refiere al Derecho Administrativo. Hoy, en el siglo XXI, el ciudadano, como ya hemos señalado, ya no es un sujeto inerte que mueve a su antojo el poder. Hoy el ciudadano participa en la determinación del interés general que ya no define unilateralmente la Administración pública. El ciudadano es más consciente de que el aparato público no es de la propiedad de los partidos, de los políticos o de los propios servidores públicos.

Una primera lectura del artículo 41 de la Carta de Derechos Fundamentales sugiere que dicho precepto es un buen resumen de los derechos más relevantes que los ciudadanos tenemos en nuestras relaciones con la Administración. La novedad reside en que a partir de ahora se trata de un derecho fundamental de la persona, cuestión polémica pero que en mi opinión no debiera levantar tanta polvareda porque el ciudadano, si es el dueño del aparato público, es lógico que tenga derecho a que dicho aparato facilite el desarrollo equilibrado y solidario de su personalidad en libertad porque la razón y el sentido de la Administración en la democracia reside en un disposición al servicio objetivo al pueblo.

Los ciudadanos europeos tenemos un derecho fundamental a que los asuntos públicos se traten imparcialmente, equitativamente y en un tiempo razonable. Es decir, las instituciones comunitarias han de resolver los asuntos públicos objetivamente, han de procurar ser justas —equitativas— y, finalmente, y, finalmente, han de tomar sus decisiones en tiempo razonable. En otras palabras, no cabe la subjetividad, no es posible la injusticia y no se puede caer en la dilación indebida para resolver. En mi opinión, la referencia a la equidad como característica de las decisiones administrativas comunitarias no debe pasar por alto. Porque no es frecuente encontrar esta construcción en el Derecho Administrativo de los Estados miembros y porque, en efecto, la justicia constituye, a la hora del ejercicio del poder público, cualquiera que sea la institución pública en la que nos encontremos, la principal garantía de acierto. Por una razón, porque cuándo se decide lo relevante es dar cada uno lo suyo, lo que se merece, lo que le corresponde.

La referencia la razonabilidad del plazo para resolver incorpora un elemento esencial: el tiempo. Si una resolución es imparcial, justa, pero se dicta con mucho retraso, es posible que no tenga sentido, que no sira para nada. El poder se mueve en las coordenadas del espacio y del tiempo y éste es un elemento esencial que el Derecho comunitario destaca suficientemente. La razonabilidad se refiere al plazo de tiempo en el que la resolución pueda ser eficaz de manera que no se dilapide el legítimo derecho del ciudadano a que su petición, por ejemplo, se conteste en un plazo en que ya no sirva para nada.

El derecho a la buena administración es un derecho fundamental de todo ciudadano comunitario a que las resoluciones que dicten las instituciones europeas sean imparciales, equitativas y razonables en cuanto al fondo y al momento en que se produzcan. Dicho derecho según el citado artículo 41 incorpora, a su vez, cuatro derechos.

El primero se refiere al derecho a que todo ciudadano comunitario tiene a ser oído antes de que se tome en contra suya una medida individual que le afecte desfavorablemente. Se trata de un derecho que está reconocido en la generalidad de las legislaciones administrativas de los Estados miembros como consecuencia de la naturaleza contradictoria que tienen los procedimientos administrativos en general, y en especial los procedimientos administrativos sancionadores o aquellos procedimientos de limitación de derechos. Es, por ello, un componente del derecho a la buena administración que el Derecho Comunitario toma del Derecho Administrativo Interno. No merece más comentarios.

El segundo derecho derivado de este derecho fundamental a la buena administración se refiere, de acuerdo con el párrafo segundo del citado artículo 41 de la Carta de Derechos Fundamentales, se refiere al derecho de toda persona a acceder al expediente que le afecte, dentro del respeto de los intereses legítimos de la confidencialidad y del secreto profesional y comercial. Nos encontramos, de nuevo, con otro derecho de los ciudadanos en los procedimientos administrativos generales. En el Derecho Administrativo Español, por ejemplo, este derecho al acceso al expediente está recogido dentro del catálogo de derechos que establece el artículo 35 de la ley del régimen jurídico de las Administraciones públicas y del procedimiento administrativo común. Se trata, de un derecho fundamental lógico y razonable que también se deriva de la condición que tiene la Administración pública, también la comunitaria, de estar al servicio objetivo de los intereses generales, lo que implica, también, que en aras de la objetividad y transparencia, los ciudadanos podamos consultar los expedientes administrativos que nos afecten. Claro está, existen límites derivados del derecho a la intimidad de otras personas así como del secreto profesional y comercial. Es decir, un expediente en que consten estrategias empresariales no puede consultado por la competencia en ejercicio del derecho a consultar un expediente de contratación que le afecte en un determinado concurso.

El tercer derecho que incluye el derecho fundamental a la buena administración es, para mí, el más importante: el derecho de los ciudadanos a que las decisiones administrativas de la Unión europea sean motivadas. Llama la atención que este derecho se refiera a todas las resoluciones europeas sin excepción. Me parece un gran acierto la letra y el espíritu de este precepto. Sobre todo porque una de las condiciones del ejercicio del poder en las democracias es que sea argumentado, razonado, motivado. El poder que se basa en la razón es legítimo. El que no se justifica es sencillamente arbitrariedad. Por eso todas las manifestaciones del poder debieran, como regla motivarse. Su intensidad dependerá, claro está, de la naturaleza de los actos de poder. Si son reglados la motivación será menor. Pero si son discrecionales, la exigencia de motivación será mayor. Es tan importante la motivación de las resoluciones públicas que bien puede afirmarse que la temperatura democrática de una Administración es proporcional a la intensidad de la motivación de los actos y normas administrativos.

En el apartado tercero del precepto se reconoce el derecho a la reparación de los daños ocasionados por la actuación u omisión de las instituciones comunitarias de acuerdo con los principios comunes generales a los Derechos de los Estados miembros. La obligación de indemnizar en los supuestos de responsabilidad contractual y extracontractual de la Administración está, pues, recogida en la Carta. Lógicamente, el correlato es el derecho a la consiguiente reparación cuándo las instituciones comunitarias incurran en responsabilidad. La peculiaridad del reconocimiento de este derecho, también fundamental, derivado del fundamental a la buena administración, reside en que, por lo que se vislumbra, el régimen de funcionalidad de este derecho se establecerá desde los principios generales de la responsabilidad administrativa en Derecho Comunitario.

El apartado cuarto dispone que toda persona podrá dirigirse a las instituciones de la Unión en una de las lenguas de los Tratados y deberá recibir una contestación en esa lengua.

Por su parte, la jurisprudencia ha ido, a golpe de sentencia, delineando y configurando con mayor nitidez el contenido de este derecho fundamental a la buena administración atendiendo a interpretaciones más favorables para el ciudadano europeo a partir de la idea de una excelente gestión y administración pública en beneficio del conjunto de la población de la Unión Europea.

Debe tenerse presente, también, que el artículo 41 del denominado Código Europeo de Buena Conducta Administrativa de 1995 es el antecedente del ya comentado artículo 41 de la carta de los Derechos Fundamentales. Es más, se trata de una fiel reproducción.

Lorenzo Membiela ha recopilado en un trabajo recientemente publicado en Actualidad Administrativa, en el número 4 de 2008 algunas de las sentencias más relevantes en la materia, bien del Tribunal Europeo de Derechos Humanos, bien del Tribunal de Justicia de las

Comunidades Europeas, bien del Tribunal de Primera Instancia de las Comunidades Europeas. Evidentemente, la jurisprudencia ha ido decantando el contenido y funcionalidad del llamado principio a una buena Administración, principio del que más adelante se derivaría, cómo su corolario necesario, el derecho fundamental a la buena administración. Por ejemplo, en el 2005, el 20 de septiembre encontramos una sentencia del Tribunal Europeo de Derechos Humanos en la que se afirma que en virtud del principio a la buena administración el traslado de funcionarios de un municipio a otro debe estar justificado por las necesidades del servicio.

Una sentencia de 24 de mayo de 2005, también del Tribunal Europeo de Derechos Fundamentales, señaló, en materia de justicia, que el principio de la buena administración consagra la celeridad en los procesos judiciales. Expresión del derecho fundamental a la motivación de las resoluciones administrativas lo podemos encontrar en la sentencia del Tribunal Europeo de Derechos Humanos de 23 de abril de 1997, en cuya virtud cualquier restricción de los derechos de defensa debe estar convenientemente motivada. También es consecuencia de la buena administración pública la resolución en plazo razonable de los asuntos públicos, de manera que cómo dispone la sentencia del Tribunal de Justicia de las Comunidades Europeas de 12 de julio de 2995, "la inactividad de la Administración más allá de los plazos establecidos en las normas constituye una lesión al principio de la buena administración pública". Igualmente, por sentencia del Tribunal de Primera Instancia de las Comunidades Europeas de 16 de marzo de 2005 es consecuencia del principio de la buena administración, la óptima gestión de los organismos administrativos, lo que incluye, es claro, el respeto a los plazos establecidos y al principio de confianza legítima, en virtud del cual la Administración pública, merced al principio de continuidad y a que no puede separase del criterio mantenido en el pasado salvo que lo argumente en razones de interés general.

Es también una consecuencia del principio de la buena administración, dice el Tribunal de Primera Instancia de las Comunidades Europeas el 27 de febrero de 2003, que la Administración ha de facilitar todas las informaciones pertinentes a la otra parte actuante en el procedimiento administrativo.

Esta dimensión del buen gobierno, de la buena administración, como obligación de la Administración global y como derechos de todos los ciudadanos se encuentra presente entre las tareas más importantes que tiene por delante la globalización del Derecho Administrativo tal y como razona agudamente el profesor Daniel C. Esty en su trabajo "Good governant at the supranacional scale: Globalizing Administrative Law", publicado en el volumen 115, número 7, de mayo de 2006 por la revista de la escuela de Derecho de la Universidad de Yale. En efecto, a través de la buena administración de las instituciones de la Administración global es posible comprender mejor el alcance que tal principio proporciona como criterio fundamental para construir el Derecho Administrativo a nivel global a partir de la lucha contra la corrupción, tarea que como ya se ha comentado en este trabajo en más de una ocasión es el origen de la aparición como sistema científico del Derecho Administrativo allá por los finales del siglo XVIII. El profesor Esty plantea en su estudio la relevancia de esta operatividad del Derecho Administrativo Global junto a lo que para el son las principales transformaciones que debe afrontar el Derecho Administrativo Global que hemos planteado también en estas líneas: la mejor regulación de la responsabilidad administrativa, la necesidad de regular de la mejor forma posible los fenómenos de informalidad y flexibilidad que se aprecian tantas veces en la manera de producir actos y normas por parte de las diferentes instituciones que componen la Administración pública global, un mejor encaje de los actores privados que realizan tareas de interés general entre la panoplia de entidades que conforman esta Administración global, una más atinada comprensión del fenómeno del gobierno y la gobernanza de instituciones públicas a nivel mundial, un recto entendimiento desde nuevos parámetros más abiertos, plurales, dinámicos y complementarios de lo que es el interés general, así como la necesidad de resolver los problemas que la política plantea en esta materia, sobre todo cuando se intenta dominar a nivel global la Administración desde determinados esquemas tecnoestructurales de naturaleza política.

Es más, puede decirse, de alguna manera, que el repertorio de principios del Derecho Administrativo Global parte de esta capital consideración. Por una razón fundamental: porque las exigencias de transparencia, racionalidad, motivación, objetividad, responsabilidad, participación, pluralismo... que debe caracterizar a la acción de la Administración global se deducen de este derecho del ciudadano, por ser el dueño de las instituciones públicas, a una buena administración y a un buen gobierno de los asuntos públicos.

Por ejemplo, el principio de participación en el orden procesal, el derecho de audiencia, es hoy uno de los principios más relevantes de este emergente Derecho Administrativo Global. Puede parecer algo obvio, pero algunas resoluciones del órgano de apelación de la OMC ya entendido que los Estados miembros deben respetarlo. Kingsbury, Krisch Stewart nos ilustran con algunos ejemplos: el derecho de las personas a ser oídas en el código anti-doping del Comité Olímpico Internacional, la participación de las ONGs en el proceso de toma de decisiones del Codex Alimentarius, la posibilidad de participación o de audiencia en redes globales híbridas que se ocupan de la certificación sustentable en materia silvicultura, el acceso público a la información sobre las disposiciones medioambientales de la Convención de Aarhus.

El principio de racionalidad, corolario también del derecho a la buena administración global, es un principio que ha pasado de la dimensión interna a la global. Sin embargo, como señalan Kingsbury, Krisch y Stewart, en materia de regulación global todavía hay un largo camino por recorrer aunque algunas organizaciones globales, como el Comité de Basilea o la Corporación Financiera Internacional del banco Mundial poco a poco van caminando en esta dirección.

Otro principio es el de posibilitar que las decisiones de la Administración global puedan ser revisadas ante un órgano judicial independiente. La revisión es, pues, una exigencia de la buena administración. Por eso, como también nos enseñan Kingsbury, Krisch y Stewart, el Tribunal de Estrasburgo, en virtud de los artículos 6 y 13 de la Convención, ha reconocido el derecho de que las decisiones de los organismos intergubernamentales puedan ser revisadas, el órgano de apelación de la OMC igualmente lo sancionó, como el Tribunal de Arbitraje para el deporte. En es punto también nos encontramos con sombras en lo que se refiere al contenido de este derecho de revisión como nos demuestran los problemas existentes para la revisión de algunas sanciones del Consejo de Seguridad de Naciones Unidas o en las dificultades para superar la perspectiva interna o doméstica de la revisión (ACNUR).

Cuando los derechos fundamentales de la persona adquieren a nivel global el lugar que le corresponde, entonces se comprende mejor, como señalan Kingsbury, Krisch y Stewart, que el Derecho Administrativo Global incorpore en su seno un repertorio de patrones o estándares sustanciales para la acción administrativa que tienen que ver con la proyección de la fuerza de estos derechos en orden al ejercicio de una mejor y más humana acción administrativa. Estos autores citan, desde esta perspectiva, la importancia que tiene para el Derecho Administrativo Global la incorporación a su acervo de principios, por ejemplo, del principio de proporcionalidad, que ocupa un lugar central, como se sabe, en la propia jurisprudencia del Tribunal de Derechos Humanos de Estrasburgo al aplicar la convención en determinados casos. La proporcionalidad también aparece, como es lógico, en las resoluciones de algunos órganos administrativos globales como la federación Internacional de Deportes cuando ha de sancionar algunas conductas en materia, por ejemplo de "dopping". En el mismo sentido, tal y como comentan Kingsbury, Krisch y Stewart, la proporcionalidad la encontramos también en algunas restricciones establecidas a los principios de libre comercio bajo el GATT, que son permitidas únicamente si cumplen ciertos requisitos diseñados para asegurar un ajuste racional entre fines y medios.

Una materia en la que los principios del Derecho Administrativo Global pueden alterar el status quo es la referente a las inmunidades de que gozan los entes intergubernamentales para ser enjuiciados bajo una ley nacional. En este sentido, el Tribunal Europeo de Derechos Humanos están jugando un papel muy relevante aplicando testes de proporcionalidad y sopesando en la operación de balance y contraste jurídico la posibilidad de que se pueda recurrir ante el organismo inter-gubernamental. Así lo ha declarado el Tribunal en una sentencia de 1997 al sentenciar que las reglas de inmunidad de Estado del Derecho Inter-nacional Público no se pueden considerar como principio en cuya virtud se pueda imponer una restricción desproporcionada del derecho de acceso al Tribunal, según lo dispuesto por el artículo 6 de la convención. Como señalan Kingsbury, Krisch y Stewart, esta línea de trabajo permite que el carácter absoluto de estas inmunidades tradiciones pierda tal naturaleza precisamente en atención al principio de proporcionalidad. Igualmente, una ojeada a la realidad nacional y global muestra, en el marco de diferentes temas como pueden ser la seguridad y las decisiones de los Bancos centrales, que en estos supuestos la transparencia no tiene la misma intensidad que en otras materias. Lo importante, sin embargo, es que la trasparencia y la "accountability" no sean orilladas a nivel global sino que, por el contrario, cuándo han de ser aplicadas en ciertos campos puedan brillar con luz propia. El principio sería tanta transparencia como sea posible y tanta restricción como sea irrescindible.

Es verdad, no se puede negar, que en el orden internacional existen diversos patrones que fundan diversos marcos normativos que han de convivir en el contexto del Derecho Administrativo Global. El problema, todos lo sabemos, es que estos patrones admiten diversas interpretaciones, a veces incluso claramente contradictorias, entre esos marcos normativos. Este problema, sin embargo, debe resolverse en el marco del Estado de Derecho, en el marco de la centralidad de los derechos fundamentales de la persona, que conforman los criterios mí-nimos, el solar sobre el descansa el Derecho Administrativo Global. La interpretación que se realice sobre esta cuestión entendemos que debe ser respetuosa con el sentido capital que en el Ordenamiento global tiene la dignidad del ser humano.

Kingsbury, Krisch y Stewart señalan los tres patrones clásicos del orden internacional según la terminología utilizada por la escuela británica de relaciones internacionales: Pluralismo, solidaridad y cosmopolitismo. Patrones que han de ser comprendidos desde una perspectiva supranacional evidentemente. El pluralismo desde este punto de vista hace referencia a la manera tradicional en la que el Derecho Internacional ha entendido las relaciones entre los Estados a través de Tratados, acuerdos internacionales de manera que la Administración internacional limita su actividad a las áreas de entendimiento interestatal. La solidaridad, en este enfoque, trabaja a partir de la búsqueda de valores comunes a los diferentes Estados planteando la acción de la Administración pública global en esta dimensión de cooperación y colaboración. Por su parte, lo que podríamos denominar cosmopolitismo considera que el gobierno global no es sólo interacción a nivel gubernamental general sino también, y sobre todo, trabajo conjunto entre agentes públicos y privados o sociales. Obviamente, estos tres patrones no se producen en estado puro en el escenario global. Según los casos y los tiempos, aparecen unos y otros con más o menos intensidad, conectados más o menos. Así, como comentan Kingsbury, Krisch y Stewart, mientras en materia de control de armas y de desarme estamos en presencia del enfoque pluralista, en lo que atiende a la Corte Penal Internacional prevalece la solidaridad y en cuestiones de Administración de lo global en el mundo deportivo, nos hallamos ante la dimensión cosmopolita.

La relevancia de estos patrones del orden internacional en materia de Derecho Administrativo Global ha sido puesta de relieve por los profesores anglosajones que seguimos en este epígrafe al considerar que tales criterios pueden yuxtaponerse a tres conceptos diversos y complementarios de entender el Derecho Administrativo Global que tienen gran trascendencia desde la perspectiva de los principios: la llamada "accountability administrativa internacional, la protección de los derechos de las personas y la promoción de la democracia. En el Derecho Administrativo Global, ya lo hemos adelantado, hay componentes de estos tres conceptos que han de comprenderse de manera complementaria. Es posible que en ciertas materias prevalezca alguno de estos elementos, pero los tres forman parte de su esencia, y los tres son los rasgos de identidad de este Ordenamiento jurídico que actualmente está todavía "in fieri", en formación.

Si nos situamos en las coordenadas de la accountability, el tema central va a ser el del aseguramiento de la responsabilidad de los diferentes actores en juego, sean subordinados o periféricos en relación con el ente matriz, a través de la protección de la legalidad de la acción administrativa. Si nos centramos en la segunda dimensión, la más relevante desde mi punto de vista, nos encontramos con una acción administrativa global orientada a la protección de los derechos civiles de manera que en la conformación de los correspondientes procedimientos administrativos y de revisión, se garantice la participación, presencia y capacidad de recurrir de los particulares potencialmente afectados por estas regulaciones. Finalmente, la tercera función del Derecho Administrativo Global se dirige a subrayar su misión de Derecho promotor de democracia. Es verdad que estos tres elementos aparecen configurando el Derecho nacional de muchos países del mundo, sobre todo en los que forman parte de la cultura jurídica grecorromana y anglosajona. De ahí, pues, que en la construcción del Derecho Administrativo Global haya que tener en cuenta los diferentes sistemas jurídicos en la búsqueda de patrones comunes que se integren en forma de accountability, derechos, tanto de Estados como de ciudadanos, y democracia. Tarea que es francamente difícil a la vista de las diferencias que todavía existen en este punto en muchas culturas pero que debe afrontarse en la búsqueda de mayores cotas de desarrollo y protección de la dignidad del ser humano.

Desde el punto de vista de la "accountability" interna, el Derecho Administrativo Global es un derecho que vela por unas determinadas condiciones de legalidad en un orden institucional que se califica como independiente. En este sentido, como señalan Kingsbury, Krisch y Stewart, como la Administración global actúa a través de la interacción o articulación de diferentes componentes, el Derecho Administrativo requiere de mecanismos que garanticen de cada parte pueda realizar la tarea asignada de acuerdo con las normas del régimen del ente de que se trate. Estos mecanismos suponen ordinariamente una cierta forma de vigilancia y supervisión de los límites de la delegación de que se trate y de la adecuación a las normas que emanan del centro de la institución global. En este sentido, dicen estos autores, se puede contemplar el panel de inspección del Banco Mundial, como un medio para que el Consejo Ejecutivo controle la gerencia y como un medio para que la gerencia central controle a los encargados operacionales. Otros dos casos que refieren estos profesores se refieren al funcionamiento del órgano de solución de controversias de la OMC como mecanismo para ayudar a que se cumplan las reglas del régimen global en relación con las Administraciones nacionales. El otro supuesto atiende a la aparición de reglas europeas en procedimientos administrativos de los Estados miembros que permitan la participación en la revisión judicial de las decisiones administrativas correspondientes: así es más fácil que se cumpla regulación supranacional europea puesto que de esta forma es más fácil que las regulaciones supranacionales se cumplan a nivel nacional. Se trata, pues, de introducir en las regulaciones internas reglas globales que permitan la aplicación del Derecho Global. Es un Derecho que subraya la legalidad y la revisión judicial como un medio de control de las agencias centrales sobre actores subordinados o periféricos, si bien la jurisprudencia de la Corte Internacional de La Haya o del Tribunal de Justicia de las Comunidades Europeas, como es sabido, ofrece amplias lagunas. Estamos, pues, ante una dimensión del Derecho Administrativo Global aplicable a estructuras administrativas de naturaleza cooperativa tanto desde la versión de la solidaridad como del cosmopolitismo.

En la segunda dimensión de protección de los derechos, el Derecho Administrativo Global se basa en la cláusula del Estado de Derecho. Aquí lo importante es que la lesión del derecho en cuestión pueda ser recurrida por el Estado a la persona afectada por un organismo independiente. Esta modalidad de Derecho Administrativo Global opera en aquellos casos, dicen Kingsbury, Kresch y Stewart, en que la Administración global actúa directamente sobre ciudadanos. Es el caso del reconocimiento del debido proceso ante órganos globales como el Consejo de Seguridad de la ONU o en el régimen anti-doping internacional. Subrayar este enfoque, dicen estos autores, supone dar preferencia a un planteamiento liberal, al individualismo. Sin embargo, superando esta concepción ciertamente unilateral, es posible asentar la base del Derecho Administrativo Global más bien sobre una perspectiva universal de los derechos humanos. El problema vendría a partir de la interpretación de los derechos humanos, interpretación que el contenido y la letra de la declaración universal resuelve en gran medida, al menos en lo que se refiere a los mínimos que permiten un desarrollo digno del ser humano. Es verdad que en un orden plural nadie debe imponer sus puntos de vista, pero no es menos cierto que en un orden plural la dignidad del ser humano puede ser colocada como valor común, lo cual es muy importante para que ese reconocimiento de los derechos humanos sea una realidad como principio fundante del Derecho Administrativo Global. Desde la perspectiva del Derecho Administrativo Global como derecho que protege, valga la redundancia, derechos de los Estados, las cosas se complican todavía más en la medida en que tal perspectiva no parece encaminada a solucionar, salvo por criterios de votación, los problemas de diversidad que se presentan en un mundo global de naturaleza pluralista.

Finalmente, y para terminar, el Derecho Administrativo Global como Derecho comprometido con la democracia, presenta algunos problemas. Uno no menor es la ausencia de Tribunales de justicia independientes a nivel global. Otro reside en la diversidad de entendimientos que el sistema democrático ofrece en diversas partes del globo. Sin embargo, como ha sostenido Anne-Marie Slaughter, es posible trabajar en esta dirección si se asegura la rendición de cuentas de los funcionarios encuadrados en las diferentes redes de gobierno en que funcionara la Administración global. Es, desde luego, una posibilidad que, en mi opinión, debe ser contemplada como un punto de partida posible para llegar a mayores cotas de legitimidad democrática.

5 Reflexión conclusiva

El Derecho Administrativo Global es un Derecho "in fieri", en formación, que no está sistematizado, que todavía no se ha estudiado con pretensiones sistémicas, aunque se admite su existencia como se reconoce que la globalización también alcanza, como no, al campo del Derecho Administrativo. Los autores que en mi opinión más han estudiado el tema, Kingsbury, Krisch y Stewart, cuyo estudio sobre la emergencia del Derecho Administrativo Global es uno de los materiales más relevantes sobre la materia, son partidarios de ir con cautela, siguiendo más bien un enfoque pragmático. Observar lo que funciona y construir desde esa perspectiva.

Es verdad que la realidad nos enseña que en los últimos tiempos existen órganos intergubernamentales y estructuras público-privadas, a veces incluso privadas, que realizan tareas de relevancia jurídica en el llamado espacio jurídico global, especialmente en la vertiente administrativa. Este dato ha de ser tenido muy en cuenta a la hora de estudiar, no sólo las formas de composición de la Administración global, sino los actos y las normas que se producen.

Las diversas maneras de comprender el Derecho, el Ordenamiento jurídico plantean algunas dificultades acerca del establecimiento de principios sobre los que levantar el edificio del Derecho Administrativo Global, pues no hay una Constitución global, ni tampoco poderes públicos a nivel global claramente establecidos. Sin embargo, sobre la base de la Declaración Universal de los Derechos Humanos es más que posible, junto a la realidad de las normas, actos y resoluciones judiciales que se producen en este ámbito, establecer un catálogo de principios que para quien escribe deben partir de la cláusula del Estado de Derecho. Si somos fieles a lo que supuso la aparición del Derecho Administrativo en Europa tras la caída del Antiguo Régimen, tenemos que ser conscientes de que hoy el régimen general requiere de nuevos impulsos jurídicos que restauren, que recuperen el sentido del Derecho Administrativo como un derecho que lucha por reducir a los poderes públicos y económicos a sus justos límites. A través del principio de buena Administración, compendio donde lo haya del sentido de sus principios inspiradores: racionalidad, participación, pluralismo, rendición de cuentas, transparencia, revisión, responsabilidad, encontramos un buen camino para ir construyendo un orden jurídico-administrativo global que permita que, en efecto, el Derecho Administrativo sea lo que debe ser: el Derecho del poder para la libertad.

Agustín Gordillo nos recuerda en este tiempo que son precisamente los principios de seguridad jurídica y de justicia los principios que deben presidir esta nueva expresión de la tendencia permanente a la unidad del Ordenamiento jurídico que hoy, para el caso del Derecho Administrativo, denominamos, Derecho Administrativo Global. En ese sentido, proyectando ambos principios sobre la realidad económica, el principio de racionalidad, del que hemos tratado extensamente en estas líneas, se nos presenta, como advierte magistralmente el profesor Gordillo como un principio que es la misma proyección del más general principio de racionalidad derivado del Estado de Derecho al funcionamiento de la actividad económica y financiera. Probablemente, si en este tiempo de convulsiones que vivimos la racionalidad económica hubiera prevalecido, muchos de los desaguisados que han acontecido no hubieran sido posibles. Porque la regulación habría funcionado, porque los reguladores no se habrían dejado capturar por el mercado. En una palabra, porque los principios del Derecho Administrativo Global habrían podido detener una escalada de descontrol sin precedentes. Sin embargo, lo que prevaleció fue la irracionalidad en que consiste el mercado sin control, sin límites, sin regulación.

A través de los postulados del pensamiento abierto, plural, dinámico y complementario, pienso que es más sencillo comprender el alcance del Derecho Administrativo Global, de entre sus muchas versiones y aproximaciones, a partir de esta perspectiva de garante y asegurador de los derechos de los ciudadanos. Si nos quedamos en un enfoque funcional que legitime los excesos y los abusos de una tecnoestructura que no aspira más que al dominio global a través del poder y la economía, entonces habremos perdido el tiempo. En este tiempo en que el Derecho Administrativo Global está surgiendo, buena cosa seria recordar el papel central del ciudadano y construir un edificio jurídico en el que el derecho fundamental de toda persona a una buena Administración pública tenga contenido y se pueda exigir también globalmente.

Informação bibliográfica deste capítulo, conforme a NBR 6023:2002 da Associação Brasileira de Normas Técnicas (ABNT):

RODRÍGUEZ-ARANA MUÑOZ, Jaime. Derecho Administrativo Global y Derecho Fundamental a la Buena Administración Pública. *In*: BACELLAR FILHO, Romeu Felipe; GABARDO, Emerson; HACHEM, Daniel Wunder (Coord.). *Globalização, direitos fundamentais e direito administrativo*: novas perspectivas para o desenvolvimento econômico e socioambiental: Anais do I Congresso da Rede Docente Eurolatinoamericana de Direito Administrativo. Belo Horizonte: Fórum, 2011. p. 345-381. ISBN 978-85-7700-501-7.

PARTE II

TRABALHOS APRESENTADOS

PRÊMIO ROBERTO LINHARES DA COSTA

A ECOEFICIÊNCIA COMO PRINCÍPIO NORTEADOR DAS CONTRATAÇÕES PÚBLICAS*

CAROLINE DA ROCHA FRANCO

1 Introdução

O estudo proposto por este trabalho deve ser compreendido a partir da realidade socioambiental contemporânea. O princípio da ecoeficiência não expressa uma simples inovação da dogmática e teoria jurídicas. Para apreendê-lo em toda sua profundidade, deve-se inicialmente ilustrar o contexto com que se depara o jurista atualmente, principalmente em relação ao desenvolvimento tecnológico desenfreado e, consequentemente, as possibilidades cada vez maiores de pujantes degradações ambientais.

A título de introdução, e em traços largos, serão apresentados alguns elementos relevantes para se delinear este pano de fundo, o que em certa medida evidencia a necessidade de se buscar novos mecanismos aptos a intervir na realidade brasileira que viabilizem a condução a um novo modelo de desenvolvimento e de consumo.

---

* Artigo laureado com o Prêmio Roberto Linhares da Costa, por ocasião da aprovação em 1º lugar no concurso de artigos jurídicos realizado no I CONGRESSO DA REDE DOCENTE EUROLATINOAMERICANA DE DIREITO ADMINISTRATIVO, nos dias 23 e 24.02.2011, na Pontifícia Universidade Católica do Paraná.

Na seara administrativa, e mais especificamente no âmbito das licitações, nas quais a Administração Pública figura como consumidora, é exatamente o princípio da ecoeficiência um dos caminhos possíveis para se alcançar este objetivo, como será demonstrado nos tópicos que seguem a essa apresentação.

2 Novas perspectivas de modelo de consumo: a questão ambiental e social

A existência humana fundada no antropocentrismo relegou a último plano o cuidado com a natureza. Entendendo-se o "progresso" como a busca incessante pelo conforto e melhoria da qualidade de vida, durante muito tempo foram desconsideradas as consequências ambientais ocasionadas pela exploração irresponsável dos recursos naturais e o custo disto para as gerações futuras.

Nas palavras do constitucionalista José Afonso da Silva:

> O desenvolvimento econômico tem consistido, para a cultura ocidental, na aplicação direta de toda a tecnologia gerada pelo Homem no sentido de criar formas de substituir o que é oferecido pela Natureza, com vista, no mais das vezes à obtenção do lucro em forma de dinheiro, e ter mais ou menos dinheiro é, muitas vezes, confundido com melhor ou pior qualidade de vida [...]. Mas o conforto que o dinheiro compra não constitui todo conteúdo de uma boa qualidade de vida. A experiência dos povos ricos o demonstra, tanto que também eles buscam uma melhor qualidade de vida. Porém, essa cultura ocidental, que hoje busca uma melhor qualidade de vida é a mesma que destruiu e ainda destrói o principal modo de obtê-la: a Natureza, patrimônio da Humanidade, e tudo o que pode ser obtido a partir dela, sem que esta seja degradada.[1]

O modelo de consumo despreocupado com a devastação da natureza trouxe poluição e com ela inúmeros e os mais diversos problemas de saúde para o ser humano, sem contar os danos irreversíveis ao planeta. Assim, mesmo detendo-se o conforto proveniente dos benefícios tecnológicos, a reflexão sobre os reflexos deste desenvolvimento inconsequente traz respaldo para um novo modelo, que questiona o consumo pelo consumo.

A busca pela qualidade de vida e o conforto permanecem, contudo, há tentativas buscando compatibilizar o desenvolvimento

---

[1] SILVA, José Afonso da. *Direito ambiental constitucional*. 5. ed. São Paulo Malheiros, 2004.

econômico-social com a preservação da qualidade do meio ambiente, do equilíbrio ecológico e social.

Diversos eventos congregaram pesquisadores para debater o tema e elaborar programas que pautem o consumo responsável dos recursos naturais. Citam-se como exemplos a Conferência Internacional para o Meio Ambiente Humano (Estocolmo, 1972), a consolidação da Agenda 21, a Rio-92 ou Eco-92, a Rio+5 e a Cúpula de Joanesburgo.[2] Seria sustentável, conforme definição da Comissão Mundial sobre Meio Ambiente e Desenvolvimento, aquela forma de desenvolvimento capaz de suprir o atendimento das necessidades das presentes gerações sem comprometer o atendimento das necessidades das gerações futuras. É o desenvolvimento que não esgota os recursos para o futuro.

3 Administração Pública e seu papel para a construção de um novo modelo de consumo

O discurso relativo ao desenvolvimento ambientalmente sustentado foi muito difundido pelo poder público, notadamente pela elevação da proteção ao meio ambiente à tutela constitucional (art. 225 da CF) e principalmente através de campanhas educacionais e de conscientização. Entretanto, poucas foram as medidas efetivamente adotadas pela estrutura interna da Administração para valorização do tema.

Esta discussão em âmbito administrativo é de notável relevância, tendo em vista que as licitações públicas movimentam de 10% a 30% do PIB de países desenvolvidos ou em desenvolvimento.[3] Assim, quando a Administração Pública toma a sustentabilidade[4] como um dos princípios norteadores de seus contratos, além de racionalizar internamente a real necessidade de contratação, estimula seus fornecedores a buscar alternativas que atentem à responsabilidade ambiental por meio do incentivo ao mercado de consumo sustentável.

---

[2] Debates importantes, cuja construção histórica não se aprofundará neste artigo. Recomenda-se a leitura de Marcelo Dias Varella (*Direito internacional econômico ambiental*. Belo Horizonte: Del Rey, 2004), bem como Karin Kässmayer (*Direito ambiental e a busca ao desenvolvimento sustentável pelas empresas privadas*: aspectos jurídicos. 2002. Monografia (Bacharelado em Direito) – Faculdade de Direito, Universidade Federal do Paraná, Curitiba, 2002).

[3] BIDERMAN, Rachel; MACEDO, Laura Silvia; MONZONI Mario; MAZON, Rubens (Org.). *Guia de compras públicas sustentáveis*: uso do poder de compra do governo para a promoção do desenvolvimento sustentável. Rio de Janeiro: Ed. FGV, 2006. p. 11.

[4] O conceito de sustentabilidade compreende outros temas além das considerações ambientais. Para fins deste trabalho se abordará a sustentabilidade ambiental.

Tal desvalor na concreta prática de gestão pública provavelmente ocorreu por uma concepção equivocada de licitação, na qual se propõe a vantajosidade econômica do momento da aquisição como fator principal da contratação.[5]

Odete Medauar define licitação como "o processo administrativo em que a sucessão de fases e atos leva a indicação de quem vai celebrar contrato com a Administração. Visa, portanto, a selecionar quem vai contratar com a Administração, por oferecer proposta mais vantajosa ao interesse público".[6]

Partindo-se desta definição, deduz-se que a proposta mais vantajosa ao interesse público comporta como um de seus critérios a economicidade do produto/serviço, contudo não corresponde, nem de longe, ao único a ser verificado para que se constate a efetiva vantajosidade à esfera social.

Ou seja, quando se propõe que a licitação visa à seleção de uma proposta destinada ao atingimento do interesse público,[7] infere-se a possibilidade da implementação de políticas públicas[8] por meio deste processo administrativo de contratação e não somente selecionar o produto/serviço que seja de maior valia para suprir a vontade da máquina estatal.

Essa ideia não é novidade, visto que com o estabelecimento de critérios de preferência na contratação com Microempresas (ME) e Empresas de Pequeno Porte (EPP), dispostos pela Lei Complementar nº 123/06, implementou-se uma política de incentivo econômico e social às ME e EPP sob a égide constitucional; ainda, cita-se a licitação dispensável, disposta pelo inciso XX do art. 24 da Lei nº 8.666/93

---

[5] Talvez esta concepção equivocada se dê pelo fato de a modalidade de licitação mais popular ser, atualmente, o pregão, na qual o tipo menor preço é critério de julgamento e classificação. Contudo, deve se atentar que mesmo para a modalidade pregão o interesse precípuo da contratação deve ser atender ao interesse público primário da Administração e não simplesmente ao interesse público derivado.

[6] MEDAUAR, Odete. *Direito administrativo moderno*. 14. ed. São Paulo: Revista dos Tribunais, 2010. p. 187.

[7] Registre-se distinção feita por Celso Antônio Bandeira de Mello, na qual "os interesses públicos ou interesses primários — que são os interesses da coletividade como um todo — são distintos dos interesses secundários, que o Estado (pelo só fato de ser sujeito de direitos) poderia ter como qualquer outra pessoa, isto é, independentemente de sua qualidade de servidor de interesses de terceiros: os da coletividade" (MELLO, Celso Antônio Bandeira de. *Curso de direito administrativo*. 28. ed. São Paulo: Malheiros, 2011. p. 72).

[8] Segundo Regina Maria Macedo Nery Ferrari, as políticas públicas compreendem o conjunto de atividades que se destina à realização do interesse público. São, portanto, o complexo de ações estatais no sentido da concretização dos fins definidos pela Constituição, notadamente os direitos fundamentais (*Revista Eletrônica sobre a Reforma do Estado – RERE*, Salvador, n. 19, p. 473, set./nov. 2009. Disponível em: <http://www.direitodoestado.com/revista/RERE-19-SETEMBRO-2009-REGINANERY.pdf>. Acesso em: 05 fev. 2011).

(Lei Geral de Licitações – LGL), a qual também é uma forma da Administração Pública, por meio do processo de contratação, implementar política pública de inclusão social, posto que facilita o acesso dos contratos administrativos aos deficientes físicos; de igual forma, a licitação dispensável pelo art. 24, XXVII, da LGL também declara opção de fomento instaurada pela contratação pública quando reconhece as cooperativas de catadores de materiais recicláveis como aliadas da Administração.

Desta forma, a Administração Pública, notadamente através de seu poder de compra, pode se colocar como interventora no mercado por meio de práticas diferenciadas de consumo, estimulando e criando políticas que fortaleçam um modelo menos pautado no acúmulo despropositado e que seja mais racional.

Assim, a partir da concepção de licitação como processo administrativo, essencial que esta compreenda também um meio de se implementar políticas definidas pela Constituição como essenciais à felicidade, efetivando-se direitos fundamentais, tais como o direito ao meio ambiente ecologicamente equilibrado, que figura entre eles.[9]

4 Princípio constitucional da eficiência

Dos princípios que figuram no *caput* do art. 37 da Constituição, merece destaque o da eficiência, o qual detém força normativa principalmente após sua positivação, imposta pela Emenda Constitucional nº 19/98.

Foi inserido sob contexto da Reforma do Aparelho do Estado, a qual deteve como pressuposto a redução do aparelhamento do Estado com o intuito da busca por um modelo de gestão que melhor atendesse ao interesse público, ou seja, a hipotética e, aqui superficialmente abordada, passagem da Administração Pública burocrática para a gerencial.

Relativo a este princípio percebe-se em diversos manuais a exímia dificuldade em estabelecer seus contornos e conferir-lhe conceituação. Costuma-se ter percepção até instintiva do seu significado, pois é de complexa definição. Alguns doutrinadores, como bem constata Emerson Gabardo, optam por uma explicação que em muito confunde eficiência

---

[9] Constituição Federal: "Art. 225. Todos têm direito ao meio ambiente ecologicamente equilibrado, bem de uso comum do povo e essencial à sadia qualidade de vida, impondo-se ao Poder Público e à coletividade o dever de defendê-lo e preservá-lo para as presentes e futuras gerações".

com economicidade,[10] bem como eficiência com celeridade, ou outros de seus atributos:

> Por ser o termo eficiência multifacetado e, até mesmo ambíguo, muitas vezes ele é usado em um sentido extremamente restrito. Loureiro admite a possibilidade de ser entendida a eficiência ora como celeridade, ora como economicidade. Casos claros de redução do conceito, ao que em regra só é apontado como um dos seus elementos. Tem-se, portanto, a contenção do condicionamento em um de seus condicionantes.
>
> Tal utilização do termo é equivocada, haja vista que no caso da economicidade, esta deve ser entendida não como sinônimo de eficiência, mas como um dos aspectos que a determina, e nem sempre.[11]

Em seu trabalho, Gabardo ainda cita o entendimento de alguns autores que acabam por definir o conceito de eficiência com base em um de seus aspectos:

> [...] entendimento de Luis S. Cabral de Moncada, ao propor que eficiência refere-se ao acomodamento da gestão econômica " a um aproveitamento racional dos meios humanos e materiais de que dispõe, minimizando os custos de produção, de modo a poder responder na maior escala possível às necessidades que se propõe a satisfazer". Juarez Freitas também assevera serem equivalentes eficiência e economicidade, todavia, em termos absolutamente distintos de Moncada. Na conceituação do professor gaúcho é ampliado o conceito de economicidade, que passa a ser identificado com o de eficiência (que, por sua vez, é entendida como a "otimização da ação estatal").[12]

---

[10] Como exemplo, citam-se as concepções de Evandro Martins Guerra, que define o princípio da eficiência como a "busca do mais alto nível de produtividade com o mínimo de recursos possível, revelando um desempenho satisfatório na produção de serviços de qualidade a custos operacionais reduzidos" (GUERRA, Evandro Martins. *Direito administrativo sintético.* Belo Horizonte: Fórum, 2007). Também Edimur Ferreira de Faria, o qual afirma que "embora a Administração Pública não tenha, em princípio, a função de produzir resultados econômicos, deve atuar em consonância ao princípio do custo/benefício" (FARIA, Edimur Ferreira de. *Curso de direito administrativo positivo.* 5. ed. Belo Horizonte: Del Rey, 2004. p. 50). Ainda, confunde o conteúdo do princípio da eficiência Lucas Rocha Furtado, para o qual "a eficiência é um dos aspectos da economicidade, esta compreendendo também eficácia e efetividade". Para Furtado "a economicidade é gênero e eficiência, eficácia e efetividade são suas manifestações" (FURTADO, Lucas Rocha. *Curso de direito administrativo.* 2. ed. Belo Horizonte: Fórum, 2010. p. 115).

[11] GABARDO, Emerson. *Princípio constitucional da eficiência administrativa.* São Paulo: Dialética, 2002. p. 28.

[12] GABARDO, *op. cit.*, p. 29

Em verdade, defini-lo não constitui fácil tarefa, posto que a expressão detém múltiplos sentidos, que variam conforme os autores e as teorias ponderadas. Isso porque se a proposta da positivação da eficiência como princípio constitucional estava intimamente relacionada com o ideário da transformação estatal em estrutura subsidiária,[13] não significa que, após sua entrada em vigor, sejam esses seus efeitos jurídicos.

Tal entendimento relaciona-se em homenagem à hermenêutica sistemática do ordenamento constitucional, na qual se constata que ao adentrar na esfera jurídica o princípio da eficiência deve ter interpretação em consonância aos demais dispositivos e princípios. Assim, por meio da positivação do princípio da eficiência pela EC nº 19/98, potencializou-se o conteúdo normativo dos demais comandos do ordenamento jurídico, tanto os de economicidade e celeridade (que não coincidem com o princípio da eficiência, posto que dele são atributos, conforme já mencionado), quanto os de cumprimento de direitos fundamentais.[14]

Pretende-se partir justamente desta abrangência do princípio e de seus atributos para respaldar o estabelecimento pela Administração da política de prioridade para as contratações públicas ambientalmente sustentáveis sobre as contratações com os produtos de métodos tradicionais.

Objetiva-se com esta breve explanação demonstrar que o princípio não pode ser requisitado a validar discursos que vejam nas licitações meros procedimentos para seleção da proposta mais vantajosa à Administração, sob a ótica de gestão gerencial. Se as licitações devem ser eficientes, devem ser processos aptos a garantir o cumprimento dos princípios constitucionais, todos eles, bem como conferir efetividade aos direitos fundamentais, possibilitando-se, portanto, a concreção de políticas públicas.

5 Ecoeficiência e seus efeitos práticos

O conceito de ecoeficiência foi definido e aprovado em 1992 pelo World Business Council for Sustainable Development (WBCSD) como

---

[13] Interessante leitura de GABARDO, Emerson. *Interesse público e subsidiariedade*. Belo Horizonte: Fórum, 2009.

[14] GABARDO, Emerson; HACHEM, Daniel Wunder. Responsabilidade civil do Estado, "faute du service" e o princípio constitucional da eficiência administrativa. *In*: GUERRA, Alexandre Dartanhan de Mello; PIRES, Luis Manuel Fonseca; BENACCHIO, Marcelo (Org.). *Responsabilidade civil do Estado*: desafios contemporâneos. São Paulo: Quartier Latin, 2010. p. 239-292.

a "competitividade na produção e colocação no mercado de bens ou serviços que satisfazem às necessidades humanas, trazendo qualidade de vida, minimizando os impactos ambientais e o uso de recursos naturais, considerando o ciclo inteiro de vida da produção e reconhecendo a 'eco-capacidade' planetária".[15] Tal definição foi desenvolvida para incentivar as empresas na busca pelo desenvolvimento sustentável.

Pode-se inferir sua existência no direito público como integrante do princípio da eficiência, disposto no *caput* do art. 37 da Constituição Federal, conjugado ao princípio da defesa do meio ambiente, disposto pelos arts. 225 e 170, VI, da CF. Isto considerando os termos já apresentados acerca da hermenêutica constitucional sistemática necessária para estabelecer o conteúdo normativo do princípio da eficiência.

Ocorre que em agosto de 2010, a Lei nº 12.305/2010[16] positivou como princípio a ecoeficiência em seu art. 6º, V.[17] Com isso se pode afirmar o reconhecimento do legislador de que o poder de compra deve estar atrelado às questões ambientais, *colorindo* o princípio da eficiência administrativa.

Se antes de tal diploma a Administração Pública já detinha faculdade discricionária justificável por meio de princípios constitucionais para o incentivo a políticas protetivas ao meio ambiente em sede licitacional, ainda que não o fizesse, com a positivação do princípio da ecoeficiência se conferiu maior respaldo jurídico às contratações sustentadas justamente pelo reconhecimento expresso do legislador de que o poder de compras deve estar atrelado às questões ambientais.

Mesmo que este reconhecimento esteja calcado em diploma diverso do que regulamenta as contratações públicas, seria no mínimo contraditório a Administração permanecer com o entendimento tradicional de processo licitatório, o qual desconsidera esta demanda.

---

[15] ALMEIDA, Renilda Ouro de. *A ecoeficiência e as empresas do terceiro milênio*. Disponível em: <http://www.perspectivas.com.br/18c.htm>. Acesso em: 12 jan. 2011.

[16] Institui a Política Nacional de Resíduos Sólidos; altera a Lei nº 9.605, de 12 de fevereiro de 1998, e dá outras providências.

[17] "Art. 6º São princípios da Política Nacional de Resíduos Sólidos: (...) V – a ecoeficiência, mediante a compatibilização entre o fornecimento, a preços competitivos, de bens e serviços qualificados que satisfaçam as necessidades humanas e tragam qualidade de vida e a redução do impacto ambiental e do consumo de recursos naturais a um nível, no mínimo, equivalente à capacidade de sustentação estimada do planeta;"

6 Possível colisão de princípios: economicidade versus ecoeficiência

Ainda com a apresentação de todos estes argumentos em prol de processos de contratos que racionalizem o tradicional modo de consumo da Administração, pode-se argumentar que mesmo com a positivação do princípio da ecoeficiência, não é certa a determinação para que o administrador público racionalize internamente as contratações, no sentido de realizá-las de maneira ambientalmente sustentável. Isto porque poderia haver uma colisão entre o princípio da ecoeficiência com o princípio da economicidade, posto que atualmente os produtos/ serviços ambientalmente sustentáveis costumam ser mais caros.

Conforme Robert Alexy, princípios correspondem a "normas que determinam que algo seja realizado na maior medida possível, dentro do contexto jurídico e real existentes".[18] Novamente recorrendo-se à leitura sistemática do texto constitucional, bem como à abrangência do princípio da eficiência, de acordo com o já tratado, compreende-se que o mandato de otimização contido no princípio da economicidade não se sobrepõe ao dever de defesa do meio ambiente preconizado pelo art. 170, VI, da CF, posto que a economia que está em jogo é a de curto prazo.

Pode ser que no momento da contratação realmente o valor pago por um produto/serviço que contribua à preservação ambiental seja mais caro que uma contratação tradicional. Contudo, não se pode olvidar que é o Estado quem arca com as despesas para com a saúde pública, a qual detém reflexos claros deixados pela poluição; com o recolhimento e aumento desenfreado do lixo, arcando com toda a questão de política de resíduos, como criação de aterros, logística de descarte, etc.; com a despoluição de rios, lagos...

Assim, se é o Estado que arca com estes inúmeros custos gerados pelos produtos tradicionais, torna-se incoerente não tomar postura para reduzi-los, remodelando seu consumo. O ciclo de vida dos produtos ambientalmente sustentáveis é comprovadamente mais curto que os produtos tradicionais. Logo, este pode ser mais barato quando do momento da aquisição, porém, gerará custos maiores no futuro. Com isso, há apenas conflito aparente com o princípio da economicidade e somente se vista a contratação a curto prazo.

---

[18] ALEXY, Robert. *Teoría de los derechos fundamentales*. Madrid: Centro de Estudios Constitucionales, 1993. p. 86.

Ademais, dado notável poder de compra da Administração Pública, ao optar pela contratação sustentada, ela potencializa este mercado fornecedor, o que faz com que os preços destes produtos/serviços tendam a baixar. Desta forma, a questão ambiental não pode ser dissociada da questão social, logo, a escolha racional prevalece em enaltecer a ecoeficiência.

Mesmo sendo tratado o momento da aquisição como determinante para a aplicação do princípio da economicidade, pode-se citar a ADI-MC/DF nº 3.540, na qual o Supremo Tribunal Federal se manifestou sobre o possível conflito entre preservação ao meio ambiente e desenvolvimento econômico, conforme segue:

> A ATIVIDADE ECONÔMICA NÃO PODE SER EXERCIDA EM DESARMONIA COM OS PRINCÍPIOS DESTINADOS A TORNAR EFETIVA A PROTEÇÃO AO MEIO AMBIENTE.
>
> A incolumidade do meio ambiente não pode ser comprometida por interesses empresariais nem ficar dependente de motivações de índole meramente econômica, ainda mais se se tiver presente que a atividade econômica, considerada a disciplina constitucional que a rege, está subordinada, dentre outros princípios gerais, àquele que privilegia a "defesa do meio ambiente" (CF, art. 170, VI), que traduz conceito amplo e abrangente das noções de meio ambiente natural, de meio ambiente cultural, de meio ambiente artificial (espaço urbano) e de meio ambiente laboral. Doutrina.
>
> Os instrumentos jurídicos de caráter legal e de natureza constitucional objetivam viabilizar a tutela efetiva do meio ambiente, para que não se alterem as propriedades e os atributos que lhe são inerentes, o que provocaria inaceitável comprometimento da saúde, cultura, trabalho e bem-estar da população, além de causar graves danos ecológicos ao patrimônio ambiental, considerando este em seu aspecto físico ou natural.
>
> A QUESTÃO DO DESENVOLVIMENTO NACIONAL (CF, ART. 3º, II) E A NECESSIDADE DE PRESERVAÇÃO DA INTEGRIDADE DO MEIO AMBIENTE (CF, ART. 225): O PRINCÍPIO DO DESENVOLVIMENTO SUSTENTÁVEL COMO FATOR DE OBTENÇÃO DO JUSTO EQUILÍBRIO ENTRE AS EXIGÊNCIAS DA ECONOMIA E AS DA ECOLOGIA.
>
> - O princípio do desenvolvimento sustentável, além de impregnado de caráter eminentemente constitucional, encontra suporte legitimador em compromissos internacionais assumidos pelo Estado brasileiro e representa fator de obtenção do justo equilíbrio entre as exigências da economia e as da ecologia, subordinada, no entanto, a invocação desse postulado, quando ocorrente situação de conflito entre valores constitucionais relevantes, a uma condição inafastável, cuja observância não comprometa nem esvazie o conteúdo essencial de um dos mais significativos direitos fundamentais: o direito à preservação do meio ambiente, que traduz bem de uso comum

da generalidade das pessoas, a ser resguardado em favor das presentes e futuras gerações. (STF, ADI-MC 3540, Ementa, Relator(a): Celso de Mello, Julgamento: 31.08.2005, Órgão Julgador: Tribunal Pleno, Publicação: DJ 03.02.2006)

7 Mecanismos de implementação do princípio da ecoeficiência

A questão a respeito da hermenêutica principiológica sistemática justificar as contratações sustentadas encontrou reforço conferido pela legislação infraconstitucional. A Lei nº 8.666/93, conhecida como Lei Geral de Licitações, deteve recente alteração em seu art. 3º pela Lei nº 12.349, de dezembro de 2010, que é conversão da Medida Provisória nº 495/2010, inserindo-se como dever da licitação a garantia do desenvolvimento nacional sustentável.

A questão do desenvolvimento sustentável é novidade legislativa, visto que não era objeto da MP. Estudando o Projeto de Lei de Conversão (PLV) nº 13/2010, constatam-se 32 emendas que colocavam em debate diversos pontos da MP, mas não se encontra debate razoável pela Câmara dos Deputados acerca da inserção da sustentabilidade ambiental na Lei de Licitações. Muito menos pelo Senado, que aprovou o projeto em poucos dias, já que ele saiu da Câmara no dia 24.11.2010 e foi encaminhado à sanção no dia 30.11.2010.

Infere-se a partir desta inserção o dever expresso de se privilegiar nas contratações públicas produtos e serviços que levem em conta as consequências ambientais e sociais de sua produção, incentivando o mercado à produção de bens e promoção de serviços que atendam a critérios de responsabilidade ambiental.

O ordenamento jurídico brasileiro, portanto, põe em relevo o princípio da ecoeficiência, dentro do contexto da persecução e satisfação do interesse público, prevendo inclusive mecanismos políticos de ação estatal — notadamente através do poder de compra do Poder Público — que viabilizam a efetivação desse princípio.

8 Conclusão

As contratações públicas, em regra, devem ser antecedidas de licitação, sendo que este processo administrativo deve visar à satisfação do interesse público, não se atendo a somente compreender aquisições vantajosas à vontade econômica e organizacional da Administração, sendo, com isso, capazes de promover políticas públicas de incentivo social.

Partindo-se da premissa de que a eficiência administrativa não se confunde com seus atributos e, dada sua abrangência, compreendendo-se a sua interpretação pautada numa hermenêutica constitucional sistemática, na qual o princípio está intimamente ligado ao cumprimento de direitos fundamentais, pode-se afirmar que o princípio da ecoeficiência prescrito pela Política Nacional de Resíduos Sólidos, o qual reconhece a necessidade de se atrelar o poder de compra às questões ambientais, *colore* o princípio da eficiência administrativa.

Sua positivação não correspondeu à nova concepção no ordenamento jurídico, contudo é importante por conferir supedâneo expresso e uma efetiva opção pelo cumprimento do dever constitucional de proteção ambiental.

Constata-se que a modificação da Lei nº 8.666/93 está atrelada ao conceito de ecoeficiência, dando maior respaldo à sua concepção.

Contudo, para que a concreção de seus objetivos se torne mais pujante, é necessário que se realize um maior aprofundamento teórico, bem como sejam editadas normas disciplinadoras (a exemplo da IN SLTI/MPOG nº 01/2010) que demarquem o alcance e conteúdo deste princípio, bem como confiram delimitação prática ao disposto pelo art. 3º da Lei de Licitações.

De nada adianta o respaldo conferido pelo legislador ao administrador público se este não compreender a conjuntura e eleger a pauta como objetivo de política pública, conformando assim um novo paradigma de consumo.

Informação bibliográfica deste capítulo, conforme a NBR 6023:2002 da Associação Brasileira de Normas Técnicas (ABNT):

FRANCO, Caroline da Rocha. A ecoeficiência como princípio norteador das contratações públicas. *In*: BACELLAR FILHO, Romeu Felipe; GABARDO, Emerson; HACHEM, Daniel Wunder (Coord.). *Globalização, direitos fundamentais e direito administrativo*: novas perspectivas para o desenvolvimento econômico e socioambiental: Anais do I Congresso da Rede Docente Eurolatinoamericana de Direito Administrativo. Belo Horizonte: Fórum, 2011. p. 387-398. ISBN 978-85-7700-501-7.

RESUMOS EXPANDIDOS

A OTIMIZAÇÃO DA APLICAÇÃO DOS RECURSOS ORÇAMENTÁRIOS COMO INSTRUMENTO DE IMPLEMENTAÇÃO DE POLÍTICAS PÚBLICAS CONCRETIZADORAS DE DIREITOS SOCIOAMBIENTAIS E AS POSSIBILIDADES DE CONTROLE SOCIAL

ADRIANA ESTIGARA

DANIELA MUSSKOPF

O controle social do orçamento é determinante para o sucesso das políticas públicas. Almeja-se vislumbrar as possibilidades de exercício da fiscalização pela sociedade quanto à eficiência e à observância dos parâmetros constitucionais, a fim de voltar a execução orçamentária à concretização do interesse público.

Para Mauro dos Santos, o orçamento é um dos elementos estruturantes da gestão pública e evidencia a capacidade de resposta do governo às demandas sociais.[1] Nele, o Poder Público expressa seu programa de atuação, discriminando a origem e o montante dos recursos e

---

[1] SANTOS, Mauro Rego Monteiro dos. *Como exercer o controle social sobre o orçamento*. Disponível em: <www.fase.org.br/v2/admin/.../10_Mauro%20Santos%20-26.doc>. Acesso em: 10 dez. 2010.

os dispêndios a serem efetuados.[2] É um verdadeiro *espaço de luta política*, onde as diferentes forças da sociedade buscam inserir seus interesses.[3]

O exercício da cidadania, pela participação do orçamento é decisivo para a eficiência da atividade governamental, a transparência, a publicidade e a democratização do sistema político.[4]

Efetivamente, o controle social implica fiscalização direta da atividade pública quanto à eficiência e à observância dos limites estabelecidos pela Constituição.[5]

Proporcionam o controle social, além da ação popular e da ação civil pública, os instrumentos de transparência da gestão fiscal da Lei de Responsabilidade Fiscal, como a participação popular e as audiências públicas, as demonstrações contábeis obrigatórias relativas à execução orçamentária, instrumentalizadas pelo Relatório Resumido da Execução Orçamentária e pelo Relatório de Gestão Fiscal e a disponibilização das contas durante todo o exercício.

Em que pese a evolução oportunizada pela Lei de Responsabilidade Fiscal, na perspectiva de contribuir para o aperfeiçoamento dos mesmos, o sistema de controle poderia evoluir oportunizando *um maior acesso da população à informação, especialmente em meio eletrônico; uma informação seja acessível à população, por meio da publicação de balanços sociais, em linguagem simplificada, e o uso de informações quantitativas, não monetárias, gráficos, informações qualitativas e a substituição de terminologias técnicas por sinônimos mais populares e pelo fomento à cultura de controle social.*

Informação bibliográfica deste capítulo, conforme a NBR 6023:2002 da Associação Brasileira de Normas Técnicas (ABNT):

ESTIGARA, Adriana; MUSSKOPF, Daniela. A otimização da aplicação dos recursos orçamentários como instrumento de implementação de políticas públicas concretizadoras de direitos socioambientais e as possibilidades de controle social. *In*: BACELLAR FILHO, Romeu Felipe; GABARDO, Emerson; HACHEM, Daniel Wunder (Coord.). *Globalização, direitos fundamentais e direito administrativo*: novas perspectivas para o desenvolvimento econômico e socioambiental: Anais do I Congresso da Rede Docente Eurolatinoamericana de Direito Administrativo. Belo Horizonte: Fórum, 2011. p. 401-402. ISBN 978-85-7700-501-7.

---

[2] PISCITELLI, Roberto Bocaccio *et al. Contabilidade Pública*: uma abordagem da administração financeira pública. 5. ed. São Paulo: Atlas, 1997.

[3] Harada afirma que o "orçamento é conhecido como uma peça que contém a aprovação prévia da despesa e da receita para um período determinado" (HARADA, Kiyoshi. *Direito financeiro e tributário*. São Paulo: Atlas, 2003. p. 75).

[4] PEREIRA, Paulolinto. *Controle social no orçamento-programa*: um enfoque na Administração Pública Municipal. Disponível em: <http://www.niltonandrade.com.br/index.php?option=com_content&task=view&id=48&Itemid=61>. Acesso em 14 abr. 2009.

[5] FREITAS, Juarez. A democracia como princípio jurídico. *In*: FERRAZ, Luciano; MOTTA, Fabrício. *Direito público moderno*. Belo Horizonte: Del Rey, 2003. p. 167-197.

ALGUMAS LINHAS SOBRE A PROTEÇÃO DO MEIO AMBIENTE NO SISTEMA INTERAMERICANO DE PROTEÇÃO DOS DIREITOS HUMANOS

ALEXANDRE CITOLIN

1 Introdução

O presente trabalho tem como objetivo investigar como se dá a proteção do meio ambiente no âmbito administrativo, jurisprudencial e normativo do Sistema Interamericano de Proteção dos Direitos Humanos, doravante denominado de SIDH, bem como sua vinculação política ao direito ao desenvolvimento.

2 Âmbito administrativo, jurisprudencial e normativo do SIDH

A Assembleia Geral da Organização dos Estados Americanos[1] e a Comissão Interamericana de Direitos Humanos[2] reconhecem em seus

---

[1] ORGANIZAÇÃO DOS ESTADOS AMERICANOS. Disponível em: <http://www.oas.org/consejo/pr/cajp/direitos%20humanos.asp#meio%20ambiente>. Acesso em: 16 set. 2010.

[2] COMISSÃO INTERAMERICANA DE DIREITOS HUMANOS. Relatório sobre a situação

documentos a vinculação da proteção do meio ambiente aos direitos humanos.

Os casos submetidos tanto à Comissão, quanto à Corte Interamericana, envolvendo a proteção do meio ambiente, foram decididos favoravelmente ao meio ambiente pela evocação dos direitos à vida, à saúde e à propriedade, previstos na Convenção Americana de Direitos Humanos, e em circunstâncias relacionadas às terras tradicionalmente ocupadas pelos indígenas, isto é, uma proteção reflexa e proporcionada pelo reconhecimento da forte ligação coletiva, cultural e de subsistência dos povos indígenas com o meio ambiente. Entre os casos citam-se: Mayagna Awas Tingui *versus* Nicarágua e Yakye Axa *versus* Paraguay.[3]

A razão é simples: não há um direito do meio ambiente exigível diretamente no SIDH. O Protocolo Adicional à Convenção Americana sobre Direitos Humanos em matéria de Direitos Econômicos, Sociais e Culturais, denominado de Protocolo de San Salvador, até traz em seu artigo 11 o reconhecimento do direito ao meio ambiente sadio,[4] porém, ele afasta a sua exigibilidade direta mediante petições pelo disposto no próprio Protocolo em seu artigo 19, o qual confere apenas tal possibilidade aos direitos sindicais (artigo 8º) e relacionados com a educação (artigo 13).[5]

3 Proteção do meio ambiente, direito ao desenvolvimento e vontade política dos Estados

O SIDH reconhece que o meio ambiente é assunto reservado à esfera política de cada Estado pela importância do consumo de recursos naturais para o desenvolvimento, conforme entendimento assentado pela Comissão Interamericana no Capítulo VIII do informe sobre a situação dos direitos humanos no Equador: "...el derecho al desarrollo

---

dos Direitos Humanos no Equador de 24 de abril de 1997. Disponível em: <http://www.cidh.oas.org/countryrep/Ecuador-sp/indice.htm>. Acesso em: 05 set. 2010.

[3] CORTE INTERAMERICANA DE DIREITOS HUMANOS. Disponível em: <http://www.corteidh.or.cr/casos.cfm>. Acesso em: 25 ago. 2010.

[4] "1. Toda a pessoa tem direito a viver em meio ambiente sadio e a contar com os serviços públicos básicos. 2. Os Estados Partes proverão a proteção preservação e melhoramento do meio ambiente." (PROTOCOLO Adicional à Convenção Americana sobre Direitos Humanos em Matéria de Direitos Econômicos, Sociais e Culturais. Artigo 11. Disponível em: <http://www.oas.org/juridico/portuguese/treaties/A-52.htm>. Acesso em: 22 ago. 2010).

[5] GUIA de defesa ambiental: construindo a estratégia para o litígio de casos diante do Sistema Interamericano de Direitos Humanos. p. 18. Disponível em: <http://www.aida-americas.org/node/1538>. Acesso em: 07 set. 2010.

implica que cada Estado tiene la libertad de explotar sus recursos naturales, incluyendo la otorgación de concesiones y la apertura a inversiones internacionales".[6]

4 Conclusão

Apesar do SIDH reconhecer o vínculo entre o meio ambiente e direitos humanos, a proteção daquele acontece, na prática, de maneira reflexa e limitada, uma vez que se concebe que esta tutela (ou gestão), em especial dos recursos ambientais, pertencem à esfera das políticas públicas estatais, conforme as suas pretensões de gozo do direito ao desenvolvimento, as quais, não raras vezes, implicam na pilhagem da natureza.

Diante disso, é possível afirmar que a conservação do meio ambiente depende do modelo de desenvolvimento perquirido politicamente pelo Estado, o significa que a tutela do meio ambiente dependerá da construção (ou fortalecimento) de espaços de ação política democrática.

Informação bibliográfica deste capítulo, conforme a NBR 6023:2002 da Associação Brasileira de Normas Técnicas (ABNT):

CITOLIN, Alexandre. Algumas linhas sobre a proteção do meio ambiente no Sistema Interamericano de Proteção dos Direitos Humanos. *In*: BACELLAR FILHO, Romeu Felipe; GABARDO, Emerson; HACHEM, Daniel Wunder (Coord.). *Globalização, direitos fundamentais e direito administrativo*: novas perspectivas para o desenvolvimento econômico e socioambiental: Anais do I Congresso da Rede Docente Eurolatinoamericana de Direito Administrativo. Belo Horizonte: Fórum, 2011. p. 403-405. ISBN 978-85-7700-501-7.

---

[6] COMISSÃO INTERAMERICANA DE DIREITOS HUMANOS. Relatório sobre a situação dos Direitos Humanos no Equador de 24 de abril de 1997. Disponível em: <http://www.cidh.oas.org/countryrep/Ecuador-sp/indice.htm>. Acesso em: 05 set. 2010.

A EFETIVIDADE DO MERCOSUL E A RECEPÇÃO DE SUAS NORMAS NOS ORDENAMENTOS JURÍDICOS NACIONAIS

ALEXANDRE GAIO

ANA PAULA PINA GAIO

O artigo 4º, inciso IX, da Constituição Federal determina à República Federativa do Brasil a observância do princípio da cooperação internacional em suas relações internacionais, sendo que o parágrafo único deste artigo, complementando-o, prescreve que o Estado deverá promover a integração entre os povos da América Latina. Isto significa que à República Federativa do Brasil cumpre exercer prestações positivas com o fim de promover a integração entre os povos da América Latina, regida por um direito comunitário, destacando-se que este objetivo foi estatuído na condição de princípio constitucional fundamental, o qual deve ser atendido de forma efetiva. A afronta deste princípio constitucional fundamental consiste na forma mais grave de inconstitucionalidade, comprometendo a subsistência do sistema constitucional e, consequentemente, do Estado Democrático de Direito.

A República Federativa do Brasil firmou, em 26 de março de 1991, o Tratado de Assunção com a Argentina, o Uruguai e o Paraguai, no qual foi criado o Mercado Comum do Sul (MERCOSUL), também com a finalidade de atender tal comando constitucional, efetivando-se a integração entre os povos da América Latina, mediante a implementação de uma comunidade latino-americana de nações. Entretanto, o MERCOSUL não se reveste das características inerentes à supranacionalidade, já que as suas normas não possuem aplicabilidade direta e imediata e hierarquia normativa superior às demais normas dos ordenamentos jurídicos dos Estados-Partes e, desta forma, não integram um direito comunitário. De fato, as normas do MERCOSUL precisam ser incorporadas em cada Estado-Parte para poderem vigorar no âmbito do bloco e na ordem jurídica interna de cada um deles. Outrossim, quando incorporadas na ordem jurídica interna brasileira, as normas do MERCOSUL, em regra, assumem *status* de lei ordinária e, portanto, não gozam de hierarquia normativa.

Ressalta-se que somente os tratados e convenções internacionais que versem sobre direitos humanos e que sejam aprovados pelo *quorum* qualificado de três quintos, em cada Casa do Congresso Nacional, em dois turnos, possuirão *status* de emenda constitucional. Por outro lado, a aprovação destas normas por *quorum* qualificado agrava o problema da dificuldade na sua recepção, ao passo que aumentam a possibilidade de rejeição pelo Congresso Nacional.

Diante da ilação de que as normas do MERCOSUL são normas de direito internacional público e, considerando o determinado pela Constituição Federal em seus artigos 49 e 84, inciso VIII, deve-se concluir que a sua relação com as demais normas de direito interno rege-se pela concepção dualista. De fato, o dualismo pressupõe a separação total entre o direito internacional público e o direito interno e, assim, o primeiro somente vigorará na ordem jurídica interna se for por ela recepcionado.

O artigo 40 do Protocolo de Ouro Preto[1] determina que a norma internacional, depois de aprovada, seja incorporada por cada Estado-Parte e, somente depois de esta ser realizada por todos os países integrantes, que a norma passará a viger no âmbito do bloco. O MERCOSUL não representa uma modalidade de integração, regida por um direito comunitário, embora constitucionalmente destinada a tanto, e sim uma ordem jurídica de direito internacional público e, portanto, há grande dificuldade no procedimento de internalização de suas normas e, quando vigem no ordenamento jurídico brasileiro, são normativamente frágeis, pois assumem, em regra, hierarquia de lei ordinária.

Embora tenham sido propostas diversas alterações constitucionais visando solucionar não somente o problema da dificuldade na integração

---

[1] Definiu a estrutura definitiva e a personalidade jurídica internacional do bloco do MERCOSUL, com especial destaque para os órgãos intergovernamentais do Conselho do Mercado Comum (CMC) e do Grupo de Mercado Comum (CMC).

das normas do MERCOSUL à legislação interna brasileira, como também a ausência de hierarquia normativa constitucional, a mais importante delas, a proposta de emenda apresentada na revisão constitucional de 1993, foi rechaçada pelo Congresso Nacional.

A criação do Parlamento do MERCOSUL é uma incipiente tentativa de solucionar o problema da efetividade de suas normas, especialmente da insegurança jurídica que decorre da incerteza a respeito da aplicabilidade de suas normas, cuja criação visou o aperfeiçoamento dos procedimentos de internalização das normas do bloco e do próprio reforço da segurança jurídica regional, além do aprimoramento das funções parlamentares e melhor qualidade técnica na regulamentação interna das suas normas.

Informação bibliográfica deste capítulo, conforme a NBR 6023:2002 da Associação Brasileira de Normas Técnicas (ABNT):

GAIO, Alexandre; GAIO, Ana Paula Pina. A efetividade do Mercosul e a recepção de suas normas nos ordenamentos jurídicos nacionais. *In*: BACELLAR FILHO, Romeu Felipe; GABARDO, Emerson; HACHEM, Daniel Wunder (Coord.). *Globalização, direitos fundamentais e direito administrativo*: novas perspectivas para o desenvolvimento econômico e socioambiental: Anais do I Congresso da Rede Docente Eurolatinoamericana de Direito Administrativo. Belo Horizonte: Fórum, 2011. p. 407-409. ISBN 978-85-7700-501-7.

A PARTICIPAÇÃO SOCIAL NOS CONSELHOS DE SAÚDE: A CIDADANIA ATIVA COMO CONDIÇÃO DE EFETIVIDADE

ANDRESSA FRACARO CAVALHEIRO

A participação da comunidade nas decisões que dizem respeito à saúde no Brasil foi uma das principais reivindicações do processo de reforma sanitária inscrito no contexto das reformas sociais iniciadas a partir da segunda metade da década de 1970, quando se deu o processo de abertura política e democrática no Brasil, cuja peculiaridade reside na descompressão planejada que abre espaços para coalizões heterogêneas, onde, para os diversos atores sociais envolvidos, a descentralização e a instituição de práticas participativas constituiriam estratégias fundamentais para a implementação das reformas do Estado.[1]

A reforma almejada pelo Movimento Sanitário consistia na instituição de um sistema regionalizado, unificado e descentralizado de ações e serviços de saúde, contando com universalização do atendimento e cobertura, hierarquização e integralidade do sistema, o qual devia instituir mecanismos participativos, visando assegurar o controle social das políticas de saúde.

---

[1] COTTA, Rosângela Minardi Mitre; MENDES, Fábio Faria; MUNIZ, José Roberto. *Descentralização das políticas de saúde*: do imaginário ao real. Viçosa: UFV, 1998. p. 17-18.

O movimento de reforma sanitária culminou com a realização, em 1986, da 8ª Conferência Nacional de Saúde, do que resultou a criação do Sistema Único de Saúde (SUS), por meio da promulgação da Constituição da República Federativa do Brasil, em 5 de outubro de 1988, cuja participação social é uma das diretrizes.

A questão da participação social em saúde é disciplinada por meio da Lei nº 8.142, de 28 de dezembro de 1990, que determina conte o SUS, em cada esfera governamental, com duas instâncias colegiadas: a conferência de saúde e o conselho de saúde, mecanismos de viabilização da participação popular.

Entretanto, embora o controle social se dê de forma cada vez mais consolidada nos conselhos de saúde, refere Conh[2] que estudos sobre a dinâmica de seu funcionamento demonstram que sua efetividade e eficácia quanto à sociedade aí exercer a representação de seus interesses e que tal representação diga respeito a um conjunto de interesses mais gerais de grupos ou segmentos sociais mais amplos são muito diferenciadas, não se constituindo necessariamente em espaços efetivos de negociação de diferentes interesses em jogo, estando seu desempenho, segundo Vasconcelos e Pasche, condicionado pela organização da sociedade civil em cada contexto, razão pela qual pode ou não exercer, de fato, as prerrogativas que lhe são atribuídas em lei, eis que em muitos locais ocorre manipulação política em sua composição e funcionamento, em claro comprometimento à sua representatividade.[3]

Afigura-se como possível solução a estes problemas o desenvolvimento, por parte do Estado e da sociedade, de um novo conceito de cidadania que não se relacione fundamentalmente com os direitos reconhecidos pelos aparelhos estatais, mas, notadamente, com as práticas sociais e culturais que dão sentido de pertencimento desta cidadania com seu espaço e tempo,[4] uma cidadania ativa, portanto.

Compete à sociedade, deste modo, não permitir a manipulação de seus interesses, trabalhando conjuntamente com o Estado para a alteração das relações até então mantidas, a fim de que estas se tornem verdadeiramente horizontais e fundadas sobre a comunicação e real

---

[2] COHN, Amélia. Políticas de saúde: implicações e práticas. *In*: CAMPOS, Gastão Wagner de Souza *et al*. (Org). *Tratado de saúde coletiva*. São Paulo: Hucitec; Rio de Janeiro: Fiocruz, 2009. p. 244.

[3] VASCONCELOS, Cipriano Maia de; PASCHE, Dário Frederico. O sistema único de saúde. *In*: CAMPOS, Gastão Wagner de Souza *et al*. (Org). *Tratado de saúde coletiva*. São Paulo: Hucitec; Rio de Janeiro: Fiocruz, 2009. p. 547.

[4] LEAL, Rogério Gesta. *Estado, Administração Pública e sociedade*: novos paradigmas. Porto Alegre: Livraria do Advogado, 2006. p. 50.

colaboração entre sujeitos públicos e cidadãos[5] para o enfrentamento dos problemas relativos à concretização da saúde, enquanto direito de todos, em atendimento integral à diretriz constitucional da participação social.

Assim, se cabe ao Estado por meio da gestão pública compartida do direito à saúde[6] não só garantir sua implementação e efetividade, mas possibilitar o exercício de uma cidadania ativa, cabe à sociedade assumir seu papel e reconhecendo sua falha, eis que os mecanismos de participação social em saúde já estão há muito disponibilizados, efetivamente participar nos conselhos de saúde, exercendo uma cidadania que, espera-se, torne-se de fato ativa.

Informação bibliográfica deste capítulo, conforme a NBR 6023:2002 da Associação Brasileira de Normas Técnicas (ABNT):

CAVALHEIRO, Andressa Fracaro. A participação social nos Conselhos de Saúde: a cidadania ativa como condição de efetividade. *In*: BACELLAR FILHO, Romeu Felipe; GABARDO, Emerson; HACHEM, Daniel Wunder (Coord.). *Globalização, direitos fundamentais e direito administrativo*: novas perspectivas para o desenvolvimento econômico e socioambiental: Anais do I Congresso da Rede Docente Eurolatinoamericana de Direito Administrativo. Belo Horizonte: Fórum, 2011. p. 411-413. ISBN 978-85-7700-501-7.

---

[5] ARENA, Gregório. A administração condivisa. *In*: LEAL, Rogério Gesta (Org.) *A Administração Pública compartida no Brasil e na Itália*: reflexões preliminares. Porto Alegre: Edunisc, 2008. p. 42.

[6] A esse respeito, as obras LEAL, Rogério Gesta. *Condições e possibilidades eficaciais dos direitos fundamentais sociais*: os desafios do poder judiciário no Brasil. Porto Alegre: Livraria do Advogado, 2009 e, LEAL, Rogério Gesta. *Estado, Administração Pública e sociedade*: novos paradigmas. Porto Alegre: Livraria do Advogado, 2006.

O PRINCIPIO DA PRECAUÇÃO E A PREVALÊNCIA DO MEIO AMBIENTE

DANIEL GAIO

1 Introdução

A despeito de inexistir no texto constitucional uma categorização hierárquica formal, evidencia-se que o legislador constituinte optou por prever uma grande quantidade de reservas ou relações de preferência. Nesse sentido, cabe analisar em que medida a Constituição Federal estabelece a prevalência do meio ambiente nas situações abrangidas pelo princípio da precaução.

2 Desenvolvimento

Ainda que o meio ambiente seja fundamental para garantir as condições básicas de vida relacionadas ao princípio da dignidade da pessoa, a existência de outros interesses constitucionais igualmente relevantes impede que se estabeleça uma relação de precedência abstrata absoluta ao meio ambiente; e tampouco a um valor oposto ao dele.[1] De

---

[1] Na mesma direção, a favor de uma relação de igualdade entre o meio ambiente e outros valores constitucionais, ver BENJAMIN, A. H. Constitucionalização do ambiente e ecologização da Constituição brasileira. *In*: CANOTILHO, J. G.; LEITE, J. R. M. (Org.).

acordo com esse entendimento, não há como aplicar de modo indistinto o princípio *in dubio pro ambiente*,[2] embora seja adequado a sua utilização nas ocasiões abrangidas pelo princípio da precaução,[3] ou seja, quando existirem dúvidas acerca dos riscos ao meio ambiente e à saúde.

Nesse sentido, ainda que não se possa atribuir primazia genérica ao meio ambiente, há de se observar que em algumas situações conflitantes o legislador constituinte expressamente indicou relações de preferência em favor da causa ambiental, como quando estabelece que incumbe ao Poder Público "controlar a produção, a comercialização e o emprego de técnicas, métodos e substâncias que comportem risco para a vida, a qualidade de vida e o meio ambiente".[4]

Nessa seara, é oportuno citar a consolidada legislação federal acerca dos agrotóxicos, bem como o recente julgado do Supremo Tribunal Federal, que vedou a importação de pneus usados em decorrência da prevalência do meio ambiente e da saúde.[5] Ressalta-se que essa preferência igualmente se aplica em contraposição a discutíveis critérios formais de competência, como já decidiu o STF ao proibir o amianto, ainda que em juízo provisório.[6]

Cabe assinalar que a relação de preferência ou reserva especial em favor do meio ambiente deve possuir relevância decisiva na solução dos conflitos abrangidos pela norma constitucional,[7] ainda que em circunstâncias excepcionais se admita a desconstituição da ponderação realizada pelo legislador constituinte.

Direito constitucional ambiental brasileiro. São Paulo: Saraiva, 2007. p. 73. Em outro sentido, defendendo que o meio ambiente é um valor superior aos demais bens jurídicos constitucionais colidentes, ver SILVA, J. A. *Direito ambiental constitucional.* 6. ed. São Paulo: Malheiros, 2007. p. 70.

[2] Para a defesa desse princípio, ver FARIAS, P. J. L. *Competência federativa e proteção ambiental.* Porto Alegre: Sergio Antonio Fabris, 1999. p. 356.

[3] Cf. LEITE, J. R. M. Sociedade de risco e Estado. *In:* CANOTILHO, J. J. G.; LEITE, J. R. M. (Org.). *Direito constitucional ambiental brasileiro.* São Paulo: Saraiva, 2007. p. 171-179.

[4] Cf. o art. 225, §1º, V, CF.

[5] Cf. STF. ADPF 101. Pleno. Maioria. Rel. Min. Carmem Lúcia. Julgado em 24 jun. 2009. Anota-se que este acórdão ainda não foi publicado. Para mais informações, ver o *Informativo do STF,* n. 552.

[6] Ver, em especial, os votos dos Ministros Eros Grau e Joaquim Barbosa. *In:* Med. Caut. em ADI nº 3.937-7. Pleno. Maioria. Rel. Min. Marco Aurélio. Julgado em 04 jun. 2008. Publicado em 10 out. 2008.

[7] Cf. HÄBERLE, P. *La garantía del contenido esencial de los derechos fundamentales.* Madrid: Dykinson, 2003. p. 38-39.

3 Conclusão

Embora seja indispensável a necessidade de sopesamento entre os valores constitucionais, não há como ignorar as ponderações abstratas específicas realizadas pelo legislador constituinte. Nesse sentido, a Constituição Federal expressamente assegura a prevalência do meio ambiente e da saúde quando existirem dúvidas acerca dos riscos causados por produtos ou atividades — como, até o momento, é o caso do amianto e dos produtos transgênicos (OGMs).

Informação bibliográfica deste capítulo, conforme a NBR 6023:2002 da Associação Brasileira de Normas Técnicas (ABNT):

GAIO, Daniel. O principio da precaução e a prevalência do meio ambiente. *In*: BACELLAR FILHO, Romeu Felipe; GABARDO, Emerson; HACHEM, Daniel Wunder (Coord.). *Globalização, direitos fundamentais e direito administrativo*: novas perspectivas para o desenvolvimento econômico e socioambiental: Anais do I Congresso da Rede Docente Eurolatinoamericana de Direito Administrativo. Belo Horizonte: Fórum, 2011. p. 415-417. ISBN 978-85-7700-501-7.

OS MOVIMENTOS SOCIAIS COMO ELEMENTO CONSTRUTO DA CONSCIÊNCIA SOCIOAMBIENTAL EM UMA SOCIEDADE GLOBAL*

JOSÉ QUERINO TAVARES NETO

CLAUDIA MARIA BARBOSA

1 Introdução

Um assunto mal resolvido no universo acadêmico é a concepção e papel de movimentos sociais, especialmente na construção dos processos de realização da democracia e de maturação política da sociedade atual, elitista e burguesa. A ausência de um protagonismo desses movimentos nesse processo se dá inicialmente e preponderantemente pelas dificuldades inerentes aos espaços privilegiados de poder, em especial o espaço do Direito, em seu projeto não emancipatório e perpetuador de interesses hegemônicos.

---

* Esta pesquisa é desenvolvida com o apoio do CNPQ, conforme projeto de pesquisa aprovado em edital MCT/CNPq 15/2007.

Existe uma linha tênue entre movimentos sociais e Estado evidenciada na probabilidade de confronto e/ou subjugação entre um e outro, mormente porque está-se diante de projetos de considerável contestação ao *status quo* no qual o Estado, com raríssimas exceções, tende à perpetuação dos interesses do capital.

A questão é em que medida os movimentos sociais contribuem para uma nova consciência socioambiental numa sociedade global? Seriam os movimentos sociais clássicos, ou seja, aqueles que possuem um perfil centrado na luta de classes, suficientes e eficientes para fazer frente à nova ordem global que se instalou após o fim das grandes metanarrativas? De que forma se pode pensar o papel dos movimentos sociais como projeto emancipatório na sociedade pós-moderna, que tem seu foco deslocado da ordem nacional para o âmbito global, face sua forma predatória do processo da globalização?

2 Desenvolvimento

O papel dos movimentos sociais na democratização e maturação política da sociedade brasileira atual impõe uma grande diversidade de análise. Kula[1] reconhece que "Os Movimentos Sociais são atividades massivas cuja finalidade tem propósito de duas categorias de objetivos: a mudança do sistema existente numa repartição da renda social e a mudança do sistema político".

Na consecução de tais objetivos, constituem-se os movimentos sociais em importante forma de mobilização em uma sociedade global, cada vez mais intensa no que tange à transferência dos processos decisórios antes centrados no Estado Nacional, para o campo do capital internacional.

Devem ainda ser compreendidos como elemento cimentar do socioambientalismo, para construção de uma nova consciência na sociedade global em que estamos inseridos. O socioambientalismo busca conciliar as dimensões de sustentabilidade, mas vai além, porque defende a necessidade de construção de um modelo de desenvolvimento que preserva os recursos naturais, protege o meio ambiente, garante a diversidade cultural, assegura os direitos das minorias, promove e distribui justiça social, possibilita condições de vida digna, promove valores democráticos e fortalece a cidadania,[2] condições que, quando

---

[1] KULA, Witold. *Problemas y métodos da história econômica*. Barcelona: Península, 1977. p. 69.

[2] BARBOSA, C., M. Reflexões para um judiciário socioambientalmente responsável. *Revista da Faculdade de Direito da Universidade Federal do Paraná*. Curitiba, v. 48, p. 117, 2008.

presentes, importam em ruptura com o modelo de sociedade hegemônico hoje vigente, ruptura essa necessária para que possa de forma eficaz tutelar os bens socioambientais.[3]

Neste contexto, reconhecer direitos socioambientais e protegê-los adequadamente, assim como pensar uma justiça que possa ser eficaz, mas também apta a solver disputas além de seu espaço territorial são desafios que se impõem a esses atores, cujo papel se discutirá.

3 Conclusão

Como instrumentos emancipatórios, os movimentos sociais oferecem resistência relevante ao processo de globalização hegemônico imperante em nossa sociedade e, positivamente, ofertam contrapeso na construção de novos processos decisórios convergentes entre a sociedade civil local e a sociedade civil global.[4]

Embora seja clara a emergência de grupos e movimentos em defesa de direitos específicos de determinados atores, no contexto da diversidade e fragmentação da pós-modernidade, fortalecem-se também, paradoxalmente, movimentos que têm como bandeira direitos de caráter global, coletivo e difuso, como o ecodesenvolvimento de Sacks, a ecologia profunda, defendida por Naess,[5] e, em outra medida, o socioambientalismo propugnado por Marés,[6] os quais dividem a tentativa de compreender e propor mudanças para enfrentar os desafios da sociedade no século XXI. Compreender e dimensionar o papel desses atores é essencial para que se possam operar mudanças na sociedade atual.

Informação bibliográfica deste capítulo, conforme a NBR 6023:2002 da Associação Brasileira de Normas Técnicas (ABNT):

TAVARES NETO, José Querino; BARBOSA, Claudia Maria. Os movimentos sociais como elemento construto da consciência socioambiental em uma sociedade global. *In*: BACELLAR FILHO, Romeu Felipe; GABARDO, Emerson; HACHEM, Daniel Wunder (Coord.). Globalização, direitos fundamentais e direito administrativo: novas perspectivas para o desenvolvimento econômico e socioambiental: Anais do I Congresso da Rede Docente Eurolatinoamericana de Direito Administrativo. Belo Horizonte: Fórum, 2011. p. 419-421. ISBN 978-85-7700-501-7.

---

[3] MARÉS, C. F. Introdução ao direito socioambiental. *In*: LIMA, A. (Org.). *O direito para o Brasil socioambiental*. Porto Alegre: Sergio Antonio Fabris, 2002. p. 38.

[4] FALK, R. *Globalização predatória*: uma crítica. Portugal: Instituto Piaget, 1999.

[5] Para entender mais sobre ecologia profunda, ver <http://www.deepecology.org/movement.htm>.

[6] *Op. cit.*

O DESENVOLVIMENTO DA PERSPECTIVA SOCIOAMBIENTAL NO ÂMBITO DO DIREITO INTERNACIONAL E SEUS REFLEXOS NA ATUAÇÃO DO ESTADO BRASILEIRO

LEANDRO FERREIRA BERNARDO

"Socioambientalismo" é para designar a imbricação entre os valores ambiental e social, diante da constatação de que o desenvolvimento da humanidade em um sentido mais amplo passa pela proteção de tais valores.

A preocupação contemporânea com o ambiente começa a ganhar realce a partir da segunda metade do século passado, sobretudo com a Conferência de Estocolmo de 1972.

A preocupação com o "social" resulta do desenvolvimento de um processo de reconhecimento da necessidade de se respeitar as diferenças entre as mais distintas pessoas e povos. Incluem-se aqueles que foram excluídos do desenvolvimento capitalista, propugnado pelo ocidente para o mundo nos últimos séculos e os que mais sofreram os efeitos danosos decorrentes desta marginalização.

O socioambientalismo passou a ganhar mais espaço nos documentos de Direito Internacional. Exemplo é a Convenção sobre Diversidade Biológica, que, embora trate fundamentalmente da questão ambiental, reconhece no preâmbulo a relevância da proteção às populações indígenas e suas formas de vida tradicionais para a manutenção do meio ambiente.

O direito interno não restou imune às preocupações socio-ambientais contemporâneas. A CR elevou a altos patamares a preocupação com preservação do meio ambiente, sobretudo no art. 225 e seguintes.

Em relação à inclusão de grupos e indivíduos que, historicamente, estiveram à margem da preocupação estatal, A CR, da mesma forma, apresenta grandes avanços, quando comparada às que a antecederam. Como exemplo, observa-se que receberam especial atenção as populações indígenas, quilombolas, os miseráveis.

Por outro lado, a emergência do valor socioambiental traz novas problemáticas à atuação finalística do Estado e, portanto, para o Direito Administrativo contemporâneo. Cite-se o caso de inação ou atuação insatisfatória do Estado, que já se fazem discutir nos tribunais pátrios.

Tais problemáticas envolvendo a ação estatal não ficam restritas a discussões judiciais internas, mas, pelo contrário, são levadas ao crivo de organismos internacionais e possibilita pressões indiretas, como a dificuldade no acesso a financiamentos etc.

Torna-se necessário que as políticas públicas do Estado se adaptem às condições daí advindas, a fim de garantir um mínimo aceitável à sociedade. A ação estatal, seja legislativa, judicial ou executiva, deverá ter, cada vez mais, uma capacidade de suprir, de forma rápida, os anseios surgidos doravante.[1]

Os novos desafios enfrentados pelo Estado, sobretudo com o desenvolvimento da globalização e do incremento da comunicabilidade transfronteiriça, que, de outra banda, possibilita uma maior pressão internacional sobre sua ação, trazem graves reflexos políticos, jurídicos, econômicos etc.

Contudo, é necessário que referida comunicabilidade do Estado com o exterior seja resultado de análise e com participação da sociedade sobre a qual os resultados irão incidir, e não decorrentes de imposição unilateral, sob pena de ilegitimidade.[2]

Não é diferente com a construção do sociambientalismo no Brasil. Embora no âmbito internacional já haja importantes balizas reitoras do

---

[1] "Novos carecimentos nascem em função da mudança das condições sociais e quando o desenvolvimento técnico permite satisfazê-los" (BOBBIO, Norberto. *A era dos direitos*. Trad. Carlos Nelson Coutinho. Rio de Janeiro: Elsevier, 2004. p. 6).

[2] "O primeiro dos mitos extraídos do conceito defeituoso de globalização é que assistimos à agonia da soberania e do Estado-nação e, assim, da possibilidade de definir e executar um projeto próprio de sociedade e país" (RICUPERO, Rubens. *O Brasil e o dilema da globalização*. 2. ed. São Paulo: Ed. SENAC, 2001. p. 41).

desenvolvimento da comunidade internacional,[3] não se pode descurar que a comunicabilidade entre o exterior e o local possibilita, inclusive, a assimilação de ações mais avançadas já praticadas no nosso meio, pelo direito estrangeiro. Exemplo disso é a dificuldade encontrada na concretização das metas de redução de emissões de carbono, idealizadas no Protocolo de Kyoto. Internamente o Estado tem demonstrado alguma capacidade que, certamente, pressionará outros países a proceder da mesma forma.

Em que pese reconhecendo as conquistas já alcançadas no direito internacional, o Estado brasileiro deve buscar avançar ainda mais na satisfação dos valores socioambientais, ainda mais quando se tem que tais valores, de caráter difuso,[4] se negligenciados, importarão em prejuízo do desenvolvimento nacional — tomado tal termo não sob uma perspectiva economicista que considera números da macroeconomia, mas que analisa a real condição de vida dos indivíduos e do seu entorno.

Informação bibliográfica deste capítulo, conforme a NBR 6023:2002 da Associação Brasileira de Normas Técnicas (ABNT):

BERNARDO, Leandro Ferreira. O desenvolvimento da perspectiva socioambiental no âmbito do direito internacional e seus reflexos na atuação do Estado brasileiro. *In*: BACELLAR FILHO, Romeu Felipe; GABARDO, Emerson; HACHEM, Daniel Wunder (Coord.). *Globalização, direitos fundamentais e direito administrativo*: novas perspectivas para o desenvolvimento econômico e socioambiental: Anais do I Congresso da Rede Docente Eurolatinoamericana de Direito Administrativo. Belo Horizonte: Fórum, 2011. p. 423-425. ISBN 978-85-7700-501-7.

---

[3] "As relações entre as políticas da ONU e as políticas públicas nacionais são de mútua influência, mas com distintas intensidades. As políticas da ONU influenciam a grande maioria das políticas públicas dos países-membros, em especial dos países com baixo e médio níveis de desenvolvimento. Para muitos desses países, o apoio e o auxílio da ONU é benfazejo, é condição de sobrevivência" (RODRIGUES, Gilberto M. A. A Organização das Nações Unidas e as Políticas Públicas Nacionais. *In*: BUCCI, Maria Paula Dallari (Org.). *Políticas públicas*: reflexões sobre o conceito jurídico. São Paulo: Saraiva, 2006. p. 211).

[4] MARÉS, Carlos Frederico. Introdução ao direito socioambiental. *In*: LIMA, André (Org.). *O direito para o Brasil socioambiental*. Porto Alegre: Sergio Antonio Fabris, 2002. p. 32.

O DEVER CONSTITUCIONAL DE CONCRETIZAÇÃO DO DIREITO À SAÚDE

SAULO LINDORFER PIVETTA

1 O texto constitucional não apenas define expressamente a saúde como direito de todos (art. 196), mas também especifica, no mesmo artigo, o principal titular do dever de sua concretização: o Estado. Entretanto, a realidade sanitária brasileira não se amolda a esta previsão. Dados do IBGE revelam que 57,6% do total de leitos disponibilizados pelo SUS pertencem a instituições privadas.[1] A partir dessa noção introdutória, este breve escrito se destina a refletir sobre o destinatário constitucional do dever de concretização do direito à saúde. Para adequadamente compreender esse tema específico, é necessário apresentar, mesmo que em traços largos, como a Carta Magna brasileira dispõe a respeito do direito à saúde, o que será feito a seguir.

2 O direito à saúde foi alçado ao *status* constitucional apenas com a Lei Maior de 1988. Até então, as Constituições eram silentes em relação ao tema. Ainda, a Constituição Cidadã marca um avanço: ao tempo em que universalizou o acesso à rede pública (art. 196), definiu a saúde como direito social (art. 6º).

---

[1] Pesquisa disponível em: <http://www.ibge.gov.br/home/estatistica/populacao/condicao-devida/ams/2005/tabela14.pdf>.

Interessante notar que o art. 6º integra o Título II da Constituição Federal — "Dos Direitos e Garantias Fundamentais". Trata-se, portanto, de *direito fundamental*, aplicando-se ao direito à saúde o mesmo regime jurídico-constitucional definido para os demais direitos desta natureza. Além de formalmente fundamental, o direito em comento também se reveste de fundamentalidade material, haja vista a relevância do bem jurídico que visa tutelar — a saúde (a qual, aliás, encontra íntima relação com outros valores basilares do ordenamento jurídico pátrio, como a vida e a dignidade da pessoa humana). Seu conteúdo abrange desde uma dimensão de defesa, até uma dimensão prestacional, em sentido amplo, abarcando uma série de ações concretas que deverão ser realizadas para que o direito à saúde possa ser concretizado.[2]

3 A redação expressa da Constituição (art. 196) aponta que é o Poder Público, sobretudo a Administração Pública, o principal destinatário constitucional do dever de concretização do direito à saúde. O art. 197, em seguida, oportuniza à iniciativa privada a realização de ações e serviços de saúde. Outrossim, o art. 199, §1º, da CF autoriza que as instituições privadas sem fins lucrativos (art. 199, §2º) participem do Sistema Único de Saúde, desde que de forma *complementar*.

A tese defendida no início deste tópico merece acolhimento não apenas em razão do texto expresso da Constituição, mas principalmente porque: (i) a transferência das ações e serviços de saúde para a iniciativa privada não retira do Poder Público a responsabilidade final pela efetiva realização de tais ações e serviços; (ii) são frágeis os mecanismos de controle dos recursos públicos transferidos às instituições privadas em razão da prestação de serviços de saúde para a rede pública; (iii) a saúde, em razão de sua relevância axiológico-normativa, deve ser gerida como prioridade do Estado, motivo pelo qual não devem ser acatadas de modo acrítico construções teóricas como a da reserva do possível; (iv) de qualquer forma, a suposta escassez de recursos públicos não justifica uma participação tão alta da iniciativa privada na gestão da saúde pública, tendo em vista que os serviços prestados por entidades particulares são reembolsados pelo Estado a um elevado custo; (v) com o fortalecimento da participação da iniciativa privada na prestação de serviços sanitários corre-se o risco de desvirtuamento dos comandos constitucionais, com a saúde pública se convertendo mais em mercadoria do que em requisito indispensável para a realização dos objetivos da República.

---

[2] SARLET, Ingo Wolfgang. Algumas considerações em torno do conteúdo, eficácia e efetividade do direito à saúde na Constituição de 1988. *Interesse Público – IP*, Sapucaia do Sul, ano 3, n. 12, p. 91-107, out./dez. 2001. p. 92-97.

4 Do exposto, conclui-se que a realidade sanitária brasileira, exposta de maneira exemplificativa no item **1** deste trabalho, encontra-se afastada do quadro previsto constitucionalmente, com a iniciativa privada abarcando uma parcela bastante significativa da rede pública de saúde. Esta situação pode configurar, em casos concretos, verdadeira omissão inconstitucional. Existindo dever expresso insculpido na Carta Magna, além dos fundamentos apresentados no item **3**, cabe ao Estado operacionalizar a implementação de políticas públicas,[3] sociais e econômicas, que importem na concretização do direito fundamental à saúde. Não é lícito ao Poder Público, portanto, atuar de maneira subsidiária na execução das políticas sanitárias brasileiras.

Informação bibliográfica deste capítulo, conforme a NBR 6023:2002 da Associação Brasileira de Normas Técnicas (ABNT):

PIVETTA, Saulo Lindorfer. O dever constitucional de concretização do direito à saúde. *In*: BACELLAR FILHO, Romeu Felipe; GABARDO, Emerson; HACHEM, Daniel Wunder (Coord.). *Globalização, direitos fundamentais e direito administrativo*: novas perspectivas para o desenvolvimento econômico e socioambiental: Anais do I Congresso da Rede Docente Eurolatinoamericana de Direito Administrativo. Belo Horizonte: Fórum, 2011. p. 427-429. ISBN 978-85-7700-501-7.

---

[3] Para um estudo aprofundado, cf. BREUS, Thiago Lima. *Políticas públicas no Estado constitucional*: problemática da concretização dos direitos fundamentais pela Administração Pública brasileira contemporânea. Belo Horizonte: Fórum, 2007.

SOBRE OS CONFERENCISTAS E PALESTRANTES (PARTE I)

Adriana da Costa Ricardo Schier
Doutora e Mestre em Direito do Estado pela UFPR. Professora de Direito Administrativo da UniBrasil. Professora do Instituto de Direito Romeu Felipe Bacellar. Diretora Acadêmica do Instituto Paranaense de Direito Administrativo. Advogada em Curitiba.

Adriana Taller
Abogada. Magíster en Asesoramiento Jurídico de Empresas por la Universidad Austral. Abogada Especializada para la Magistratura, título otorgado por la Universidad Católica Argentina. Profesora Titular por concurso, de la asignatura Derecho Administrativo de la carrera de Abogacía de la Facultad de Derecho de la Universidad Nacional de Rosario. Profesora de las carreras de posgrado de especializaciones en Derecho Administrativo y de Especialización en Derecho Inmobiliario, Urbanístico y de la Construcción, de la Facultad de Derecho de la Universidad Nacional de Rosario, de la carrera de Especialización en Ingeniería de Gestión Empresaria, Facultad de Ciencias Exactas, Ingeniería y Agrimensura, y de la Especialización en Gestión del Hábitat Local de la Facultad de Arquitectura, Planeamiento y Diseño, ambas de la Universidad Nacional de Rosario. Directora del Centro de Investigaciones de Derecho Administrativo de la Facultad de Derecho de la Universidad Nacional de Rosario. Directora del área de dictámenes en la asesoría jurídica del rectorado de la Universidad Nacional de Rosario. Integrante del Cuerpo Colegiado Entrevistador del Consejo de la Magistratura de la Provincia de Santa Fe, en representación de la Universidad Nacional de Rosario. Consejera docente del Consejo Directivo de la Facultad de Derecho de la Universidad Nacional de Rosario. Miembro fundadora de la Red Docente Eurolatinoamericana de Derecho Administrativo.

Ana Cláudia Finger
Mestre em Direito do Estado pela UFPR. Professora de Direito Administrativo da UniBrasil e da Universidade Positivo. Professora do Instituto de Direito Romeu Felipe Bacellar. Membro do Instituto Paranaense de Direito Administrativo. Editora Acadêmica da *A&C – Revista de Direito Administrativo & Constitucional*. Advogada em Curitiba.

Angela Cassia Costaldello
Doutora e Mestre em Direito do Estado pela UFPR. Professora de Direito Administrativo e Direito Urbanístico da Faculdade de Direito da UFPR. Ex-Procuradora do Estado e Procuradora do Ministério Público Junto ao Tribunal de Contas do Estado do Paraná. Membro do Instituto Paranaense de Direito Administrativo.

Antonello Tarzia
Profesor Titular de Derecho Público Comparado en la Universidad LUM Jean Monnet de Casamassima (Bari). Doctor en Derecho Público (Universidad de Pavia). *Laurea summa cum laude* en Economia delle Amministrazioni Pubbliche e delle Istituzioni Internazionali (Università Commerciale Luigi Bocconi de Milan). Profesor Titular de Derecho Público Comparado, Derecho Constitucional y Derecho Constitucional Italiano, Europeo y Comparado en la Universidad LUM Jean Monnet. Fue profesor contratado de Derecho Público Económico (2006-2011) y Derecho Público (2008-2011) en la Universidad Bocconi de Milan. Fue profesor contratado de Derecho Público Comparado de la Economía en el doctorado en Diritto Internazionale dell'Economia en la Universidad Bocconi (2007-2009) y de Derecho de la Regulación y de la Competencia en el master en Economía e Gestione delle Imprese di Pubblica Utilità en la Universidad Bocconi (2006-2007). Professor visitante de Direito Público da Economia na Integração Europeia no mestrado em Direitos Fundamentais e Democracia en la UniBrasil de Curitiba, Brasil (2008). Miembro fundador de la Asociación Internacional de Derecho Administrativo. Miembro de la Associazione di Diritto Pubblico Comparato ed Europeo. Jefe de redacción de la *Revista Diritto Pubblico Comparato ed Europeo*. Vicepresidente del Foro Mundial de Jóvenes Administrativistas. Miembro del Instituto Paranaense de Direito Administrativo. Miembro del Conselho Consultivo de *A&C – Revista de Direito Administrativo & Constitucional*. Miembro de la Associazione di Diritto Pubblico Comparato ed Europeo. Miembro del Instituto Paranaense de Direito Administrativo.

Carol Proner
Doutora em Direito Internacional pela Universidade Pablo de Olavide (Sevilha). Coordenadora do Programa de Mestrado em Direitos Fundamentais e Democracia da UniBrasil. Codiretora do Programa Máster-Doutorado Oficial da União Europeia, Derechos Humanos, Interculturalidad y Desarrollo – Universidade Pablo de Olavide/Universidad Internacional da Andaluzia (Espanha). Membro do Comitê Acadêmico-Diretivo do Programa Máster-Doctorado en Derechos Humanos, Interculturalidad y Desarrollo – *In memoriam* Joaquín Herrera Flores. Coordenadora líder (UniBrasil) do PROCAD Democracia e Inclusão Tecnológica entre Universidade Federal de Santa Catarina, UniBrasil, PUCPR e UNISANTOS. Estudos de pós-doutorado na École de Hautes Etudes de Paris. Professora visitante da Universidade de Salento (Itália).

SOBRE OS CONFERENCISTAS E PALESTRANTES (PARTE I) | **433**

Claudio Martín Viale

Abogado, egresado de la Universidad Nacional de Córdoba. Especialista en Derecho Administrativo. Doctor en Derecho y Ciencias Sociales por la Universidad Nacional de Córdoba. Profesor coordinador de la cátedra de Derecho Constitucional y Administrativo de la Universidad Nacional de Córdoba y de la cátedra de Derecho Administrativo de la Universidad Empresarial Siglo 21, en ambas por concurso. Profesor permanente y visitante en cursos de postgrado en distintas universidades. Director de la especialidad en Derecho Administrativo de la Universidad Nacional de la Matanza. Presidente de la Asociación Argentina de Derecho Administrativo. Miembro fundador de la Asociación de Derecho Público del Mercosur. Secretario del Instituto Jacques Maritain, Córdoba, Argentina. Procurador del Tesoro de la Provincia de Córdoba (Periodo 2005/2007). Asesor de la Sindicatura General de la Nación (1999). Con Juez del Superior Tribunal de Justicia de la Provincia de Córdoba (Periodo 1997/2005). Con Juez de la Cámara Federal de Córdoba (Periodo 2004). Director del Diario Comercio y Justicia (año 1999). Miembro del comité consultivo de las revistas *El Foro de Córdoba* y de *Actualidad en el Derecho Público*.

Clèmerson Merlin Clève

Professor Titular de Direito Constitucional da UFPR e da UniBrasil. Doutor em Direito Constitucional pela Pontifícia Universidade Católica de São Paulo. Mestre em Ciências Humanas, especialidade Direito, pela Universidade Federal de Santa Catarina. Estudos de pós-graduação na Faculté de Droit de l'Universitè Catholique de Louvain (Bélgica). Professor convidado do Programa de Doutorado da Universidad Pablo de Olavide (Sevilla/Espanha). Foi vice-presidente eleito da Associação Brasileira dos Constitucionalistas Democratas (2004-2006). Membro do Instituto Brasileiro de Direito Constitucional, do Instituto Brasileiro de Direito Administrativo, do Instituto dos Advogados Brasileiros, do Instituto dos Advogados do Paraná, do Instituto Paranaense de Direito Administrativo, da Sociedade Brasileira de Direito Público, do Instituto Ibero-Americano de Direito Constitucional, da Academia Brasileira de Direito Constitucional e do Instituto Internacional de Estudos de Direito do Estado. Membro dos conselhos editoriais da Editora Juruá, da Revista *Interesse Público*, da *Revista de Direito do Estado*, da *Revista de Direito Constitucional e Internacional*, da *A&C – Revista de Direito Administrativo e Constitucional*, da *Revista Crítica Jurídica* (Revista Latinoamericana de Política, Filosofia y Derecho). Membro dos conselhos consultivos da *Revista Latino-Americana de Estudos Constitucionais* e da Sociedade Brasileira de Direito Público. Membro do conselho científico dos *Cadernos da Escola de Direito e Relações Internacionais das Faculdades do Brasil*. Líder do NINC - Núcleo de Investigações Constitucionais em Teorias da Justiça, Democracia e Intervenção da Universidade Federal do Paraná. Ex-Procurador da República. Procurador do Estado do Paraná. Advogado em Curitiba.

Eneida Desiree Salgado

Doutora e Mestre em Direito do Estado pela UFPR. Professora de Direito Constitucional e de Direito Eleitoral da UFPR. Professora do curso de graduação e do mestrado em Direitos Fundamentais e Democracia da UniBrasil. Professora do Instituto de Direito Romeu Felipe Bacellar. Vice-líder do NINC - Núcleo de Investigações Constitucionais em Teorias da Justiça, Democracia e Intervenção da Universidade Federal do Paraná. Membro do Instituto Paranaense de Direito Administrativo.

Enrique Omar Aragón

Abogado por la Universidad Nacional del Litoral. Magíster en Derecho Administrativo por la Universidad Austral. Docente en la carrera de Especialización en Derecho Administrativo de la Facultad de Derecho de la Universidad Nacional del Litoral. Docente Ordinario de Derecho Internacional Privado de la Facultad de Derecho de la Universidad Nacional del Litoral. Docente en la carrera de Especialización en Derecho Laboral de la Facultad de Derecho de la Universidad Nacional del Litoral. Investigador Categorizado de la Universidad Nacional del Litoral. Director general de Asesoría en la Fiscalía de Estado de la Provincia de Santa Fe. Miembro fundador de la Red Docente Eurolatinoamericana de Derecho Administrativo.

Federico José Lisa

Doctor en Ciencias Jurídicas por la Universidad Católica de Santa Fe. Abogado especializado en Derecho Administrativo, Notario y Abogado por la Universidad Nacional del Litoral. Juez de la Cámara de lo Contencioso Administrativo Nº 1 de la Provincia de Santa Fe, República Argentina. Titular de la cátedra de Derecho Administrativo de la Facultad de Derecho (subsede Paraná) de la Pontificia Universidad Católica Argentina. Docente de la cátedra de Derecho Administrativo de la Facultad de Ciencias Jurídicas y Sociales de la Universidad Nacional del Litoral. Docente de los posgrados de Especialización en Derecho Administrativo de la Facultad de Ciencias Jurídicas y Sociales de la Universidad Nacional del Litoral, de la Facultad de Derecho de la Universidad Nacional de Rosario, de la Universidad Nacional de La Matanza y de la Facultad de Derecho de la Universidad Nacional del Nordeste. Docente de la carrera de posgrado en Derecho de Daños de la Facultad de Ciencias Jurídicas y Sociales de la Universidad Nacional del Litoral. Fue docente invitado en la carrera de Especialización en Derecho Administrativo de la Universidad Nacional del Comahue; en la carrera de posgrado sobre Derecho de Daños de la Facultad de Derecho del Rosario de la Pontificia Universidad Católica Argentina; en la carrera de posgrado en Derecho de Daños de la Facultad de Derecho de la Universidad Nacional de Salta; y de la carrera de Doctorado de la Facultad de Ciencias Jurídicas y Sociales de la Universidad Nacional del Litoral. Miembro fundador de la Red Docente Eurolatinoamericana de Derecho Administrativo.

Jaime Rodríguez-Arana Muñoz

Doctor en Derecho por la Universidad de Santiago de Compostela. Doctor *honoris causa* por la Universidad Hispanoamericana de Nicaragua. Catedrático de Derecho Administrativo en la Universidad de La Coruña y director de su departamento de Derecho Público Especial. Presidente del Foro Iberoamericano de Derecho Administrativo y de la Asociación Española de Ciencias Administrativas. Vicepresidente de la Asociación Internacional de Metodología Jurídica y del Instituto Iberoamericano de Derecho Público y Administrativo Jesús González Pérez. Vicepresidente de la red internacional en posgrado de Derecho. Miembro de la Real Academia Española de Jurisprudencia, de la Academia Iberoamericana de Derecho Electoral, de la Academia Nicaragüense de Jurisprudencia. Presidente honorario de la Asociación Centroamericana de Derecho Administrativo. Miembro del consejo académico de la maestría en Derecho Administrativo de la Universidad Católica de Guayaquil, de la maestría en Derecho Administrativo de la Universidad Austral de Argentina y del curso de Especialización en Derecho Administrativo de la Universidad del Nordeste (Argentina). Miembro fundador de la Asociación Internacional de Derecho Administrativo y de la Asociación Iberoamericana de Derecho Electoral. Miembro de los Consejos Editoriales de diversas revistas jurídicas. Miembro del Consejo Científico del Centro Internacional de Estudios Políticos y del Observatorio del Notariado para la sociedad de la Información. Pertenece a la Sociedad Española de Evaluación de Políticas Publicas, a la Asociación Española de Ciencia Regional y es miembro fundador del Capítulo Español de "Transparencia Internacional". Miembro del Instituto "González Pérez" de Administración Pública y del Instituto Internacional de Ciencias Administrativas. Presidente del Consejo Académico de Goberna & Derecho y copreside el consejo académico de Syntagma, Centro de Estudios Estratégicos (Madrid). Ha sido profesor de Derecho Administrativo en las Universidades de Santiago de Compostela, La Laguna y Las Palmas de Gran Canaria. Es profesor consulto de la Escuela de Abogados del Estado de la Procuración del Tesoro de la República Argentina, profesor visitante en la Universidad Católica del Táchira (Venezuela), en la Universidad de Montevideo (Uruguay), en el Instituto Superior de Estudios Sociales de Maia (Portugal), y en la Universidad Hispanoamericana de Nicaragua. Es profesor extraordinario de la Universidad Católica de Salta (Argentina). Miembro de número del Instituto Chileno de Derecho Administrativo y miembro honorario de la Fundación Bonaerense de Ciencias Administrativas, del Instituto Paranaense de Derecho Administrativo, de la Asociación Peruana de Derecho Administrativo, de la Asociación Nicaragüense de Derecho Administrativo y de la Asociación Mexicana de Derecho Administrativo. Es profesor de las Maestrías de Derecho Administrativo en las Universidades de San Francisco de Quito de Ecuador, Externado de Colombia, Católica de Guayaquil y Panamericana de México. Igualmente, es profesor del curso de Especialización en Derecho Administrativo de la Universidad del Nordeste (Argentina) y miembro del comité académico de dicho curso. Miembro fundador y miembro del Consejo Directivo de la Red Docente Eurolatinoamericana de Derecho Administrativo.

Janriê Rodrigues Reck
Doutor pela Universidade do Vale do Rio dos Sinos. Professor do Programa de Pós-Graduação, mestrado e doutorado, da Universidade de Santa Cruz do Sul.

Juan Carlos Cardona
Abogado por la Facultad de Derecho de Rosario. Profesor Titular de Derecho Administrativo, por concurso, en la Facultad de Derecho de la Universidad Nacional de Rosario. Profesor invitado en la asignatura Derecho Administrativo en los ciclos 1994 a 2009 por la Universidad Austral para el Master en Asesoramiento Jurídico de Empresas. Profesor de Derecho Administrativo en la carrera de posgrado. Especialización en Derecho Administrativo, de la Facultad de Derecho de la Universidad Nacional de Rosario. Profesor Titular, en uso de licencia, de Derecho Constitucional y Derecho Administrativo en la Universidad del Centro de Estudios Latinoamericano Rosario. Miembro fundador del Instituto de Derecho Administrativo del Colegio de Abogados de Rosario. Miembro titular del Instituto de Derecho Administrativo de la Academia Nacional de Derecho. Miembro titular de la Academia Nacional de Derecho y Ciencias Sociales de Córdoba. Presidente del Instituto de Derecho Administrativo del Colegio de Abogados de Rosario desde 2009 a 2011. Ex-Secretario Adjunto de la Asociación Argentina de Derecho Comparado, Filial Rosario. Ex-Miembro de la Unión Internacional de Abogados. Fundador en su carácter de Presidente del Consejo Coordinador de Cajas para Abogados y Procuradores de la República Argentina y Ex-Vicepresidente Primero de la Unión Internacional de Entidades de Previsión Social de la Abogacía con sede en Madrid. Integrante del Consejo de la Magistratura de la Provincia de Santa Fe en representación de la Facultad de Derecho de la Universidad Nacional de Rosario. Integrante del Consejo de selección de integrantes del Tribunal de Cuentas de la Provincia de Santa Fe en representación del Colegio de Abogados de la Segunda Circunscripción de la Provincia de Rosario. Asesor del Colegio de Profesionales de la Agrimensura de la Provincia de Santa Fe. Asesor del Colegio de Ingenieros Especialistas de la Provincia de Santa Fe, Segunda Circunscripción. Miembro fundador de la Red Docente Eurolatinoamericana de Derecho Administrativo.

Juan José Pernas García
Profesor Titular de Derecho Administrativo de la Facultad de Derecho de la Universidad de La Coruña. Doctor en Derecho por la Universidad de La Coruña. Secretario de la Facultad de Derecho de la Universidad de La Coruña (febrero 2005 a enero de 2007). Miembro del Observatorio de Políticas Públicas Ambientales, dirigido por Fernando López Ramón. Catedrático de Derecho Administrativo de la Universidad de Zaragoza. Miembro de la Asociación de Derecho Ambiental Español (ADAME). Coordinador de la especialidad de Derecho ambiental del Máster oficial en Asesoramiento Jurídico Empresarial de la Facultad de Derecho de la Universidad de La Coruña. Miembro del Consejo de Redacción de la publicación del Anuario de la Facultad de Derecho de la Universidad de La Coruña. Secretario del Módulo Jean Monnet de Derecho Ambiental Comunitario (1999-2006). Miembro del Observatorio del Litoral, adscrito al Instituto

Universitario de Estudios Marítimos de la Universidad de La Coruña, desde enero de 2005. Coordinador del blog de Actualidad Jurídica Ambiental. Investigador en las siguientes estancias de investigación: Centre de Recherches Interdisciplinaires en Droit de la l'Environnement de l'Aménagement et de l'Urbanisme (CRIDEAU) de la Universidad de Limoges; Centre de Documentation, de Recherche et d'Expérimentations sur le Pollutions Accidentelles des Eaux (CEDRE); Centre de Droit et d'Economie de la Mer (CEDEM) de la Universidad de la Bretagne Occidentale; Centro de Estudos de Direito do Ordenamento, do Urbanismo e do Ambiente (CEDOUA), de la Universidade de Coimbra; Institute of Maritime Law de la University of Southampton; Public Procurement Research Group, School of Law de la University of Nottingham; Centre de Recherche en Droit Administratif, (Bibliotheque CUJAS), Université Paris II; Biblioteca central de la Comisión Europea. Miembro de los siguientes proyectos de investigación: Seguridad marítima y medio ambiente: repercusiones jurídico-públicas del caso Prestige, Proyecto del Programa Nacional de Intervención Científica para la Acción Estratégica contra los Vertidos Accidentales del Prestige, Ministerio de Ciencia y Tecnología; "SOSMER", proyecto sobre seguridad marítima y protección del medio marino del Instituto Universitario de Estudios Marítimos, que forma parte del Programa Comunitario INTERREG III C Zona Sur (proyecto OQR TREND).

Justo J. Reyna
Profesor de Derecho Administrativo de la Facultad de Derecho de la Universidad Nacional del Litoral. Co-Director de la carrera de posgrado en Derecho Administrativo de la Universidad Nacional del Litoral. Decano de la Escuela de Abogados de la Provincia de Santa Fe. Docente invitado en diversas carreras de Especialización en Derecho. Director de la Revista de la Asociación Argentina de Derecho Administrativo. Miembro del Consejo Ejecutivo de la Asociación Argentina de Derecho Administrativo. Miembro fundador y Director Ejecutivo de la Red Docente Eurolatinoamericana de Derecho Administrativo.

Larissa Ramina
Doutora em Direito Internacional pela Universidade de São Paulo. Coordenadora Geral do Curso de Relações Internacionais da UniBrasil. Coordenadora Adjunta do Curso de Direito da UniBrasil. Professora de Direito Internacional e de Direitos Humanos do Curso de Graduação e do Mestrado em Direitos Fundamentais e Democracia da UniBrasil. Professora de Direito Internacional e de Direitos Humanos do UniCuritiba.

Luiz Alberto Blanchet
Doutor e Mestre em Direito do Estado pela UFPR. Professor Titular de Direito Administrativo da PUCPR. Membro do Instituto Paranaense de Direito Administrativo. Advogado em Curitiba.

Pablo Angel Gutiérrez Colantuono

Abogado egresado de la Universidad de Belgrano. Especialista en Derecho Administrativo y Administración Pública por la Universidad de Buenos Aires. Director de la Especialización en Derecho Administrativo y Profesor Adjunto Regular de Derecho Administrativo en la Universidad Nacional de Comahue. Profesor permanente y visitante en diversas carreras de posgrado y maestrías en Derecho Administrativo de la República Argentina y del extranjero. Vocal del Comité Ejecutivo de la Asociación Argentina de Derecho Administrativo.

Raquel Cynthia Alianak

Profesora Adjunta y profesora asociada de Derecho Administrativo de la Facultad de Derecho de la Universidad Nacional de Rosario. Profesora Titular de instituciones de Derecho Administrativo, Derecho Administrativo Especial y Seminario de Derecho Público en la Facultad de Derecho y Ciencias Sociales de la Universidad Católica Santa Maria de los Buenos Aires, de la ciudad de Rosario, y de la materia Derecho Administrativo en la Facultad de Derecho de la Universidad del Centro Educativo Latinoamericano de Rosario. Profesora estable del posgrado de Especialización en Derecho Administrativo de la Facultad de Derecho de la Universidad Nacional de Rosario y profesora invitada en el posgrado de Especialización en Derecho Administrativo de la Facultad de Derecho de la Universidad del Litoral (Santa Fe), y en los seminarios de actualización organizados por la Escuela de Abogados del Estado de la Provincia de Santa Fe. Master on Comparative Law (School of Law, University of San Diego, California, USA). Conjuez federal de primera instancia y de Cámara, en los Tribunales Federales de Rosario. Asesora Legal de la Cámara Argentina de la Construcción, y Presidente de la Comisión Legales de la Delegación Rosario de dicha Cámara. Vicepresidente de la Asociación Argentina de Abogados de la Construcción. Miembro fundadora de la Red Docente Eurolatinoamericana de Derecho Administrativo.

Regina Maria Macedo Nery Ferrari

Doutora em Direito do Estado pela UFPR e Mestre em Direito do Estado pela Pontifícia Universidade Católica de São Paulo. Professora de Direito Constitucional da UFPR e da Universidade Tuiuti do Paraná. Coordenadora Geral do Instituto de Direito Romeu Felipe Bacellar. Membro do Instituto Brasileiro de Direito Constitucional, do Instituto Brasileiro de Direito Administrativo e do Instituto Paranaense de Direito Administrativo. Membro do Conselho Editorial da *A&C – Revista de Direito Administrativo & Constitucional*. Procuradora aposentada da UFPR. Advogada em Curitiba.

Rogério Gesta Leal

Desembargador do Tribunal de Justiça do Estado do Rio Grande do Sul. Doutor em Direito. Professor Titular da Universidade de Santa Cruz do Sul. Professor visitante da Università Túlio Ascarelli, Roma Trè; Universidad de La Coruña, Espanha, e Universidad de Buenos Aires, Argentina. Professor da Escola Nacional de Formação e Aperfeiçoamento da Magistratura (ENFAM). Membro da Rede de

Direitos Fundamentais (REDIR), do Conselho Nacional de Justiça (CNJ), Brasília. Coordenador Científico do Núcleo de Pesquisa Judiciária, da Escola Nacional de Formação e Aperfeiçoamento da Magistratura (ENFAM), Brasília. Conselheiro do Observatório da Justiça Brasileira. Membro fundador e diretor de publicações da Rede Docente Eurolatinoamericana de Direito Administrativo.

Vivian Lima López Valle
Mestre em Direito do Estado pela UFPR. Professora de Direito Constitucional e Direito Administrativo da PUCPR. Professora do Instituto de Direito Romeu Felipe Bacellar. Membro do Instituto Paranaense de Direito Administrativo. Advogada em Curitiba.

SOBRE OS AUTORES DE TRABALHOS APRESENTADOS (PARTE II)

Adriana Estigara
Mestre em Direito Econômico e Socioambiental pela PUCPR. Especialista em Direito Processual Civil pelo Instituto de Direito Romeu Felipe Bacellar. Bacharel em Direito pela Universidade Tuiuti do Paraná. Professora de Direito Tributário e pesquisadora no campo do Desenvolvimento Sustentável e da Responsabilidade Social. Advogada na área do Direito Tributário e do Direito do Terceiro Setor.

Alexandre Citolin
Mestrando em Direito Econômico e Socioambiental pela PUCPR. Especialista em Direito Processual Civil Contemporâneo pela PUCPR. Bacharel em Direito pela Universidade Estadual de Ponta Grossa.

Alexandre Gaio
Mestrando em Direito Econômico e Socioambiental (linha de pesquisa "Sociedades e Direito") pela PUCPR. Especialista em Direito Público pela UFPR. Promotor de Justiça do Ministério Público do Estado do Paraná.

Ana Paula Pina Gaio
Mestranda em Direito Econômico e Socioambiental (linha de pesquisa "Sociedades e Direito") pela PUCPR. Especialista em Direito Público pela UFPR. Especialista em Direito Criminal pelo UniCuritiba. Promotora de Justiça do Ministério Público do Estado do Paraná.

Andressa Fracaro Cavalheiro
Mestranda em Direito pela Universidade de Santa Cruz do Sul. Especialista em Direito Administrativo pelo Instituto de Direito Romeu Felipe Bacellar. Docente do curso de Direito da Universidade Estadual do Oeste do Paraná, *campus* de Francisco Beltrão. Pesquisadora do Grupo de Estudo e Pesquisas em Direitos Humanos, da mesma Universidade, vinculado ao CNPq. Membro do Grupo de Pesquisa "Estado, Administração Pública e Sociedade", da Universidade de Santa Cruz do Sul. Advogada.

Caroline da Rocha Franco

Acadêmica do 5º ano da Faculdade de Direito da UFPR. Monitora da disciplina de Licitações e Contratos Administrativos na UFPR, sob orientação do Prof. Dr. Emerson Gabardo (2011). Membro da Consultoria Jurídica da *LICICON – Revista de Licitações E Contratos* (08/2010-04/2011). Prêmio Roberto Linhares da Costa, vencedora do Concurso de Artigos Jurídicos do I Congresso da Rede Docente Eurolatinoamericana de Direito Administrativo (PUCPR, Instituto de Direito Romeu Felipe Bacellar e UniBrasil). Membro do Conselho Deliberativo do Centro Acadêmico Hugo Simas, Faculdade de Direito da UFPR (2009-2010 e 2010-2011). Pesquisadora bolsista de iniciação científica da UFPR/TN em Direito Público: "Discricionariedade e pregão eletrônico: o processo de escolha pelo portal informatizado de compras" (2010-2011). 1º lugar na categoria de Direito do Trabalho, concurso de artigos jurídicos da *Revista Jurídica Themis*, Centro Acadêmico Hugo Simas (2010). Membro da organização do Encontro Paranaense de Estudantes de Direito, 2009. Secretária Geral do Centro Acadêmico Hugo Simas (Gestão Horizontes, 2008-2009). Coordenadora de comunicação e imprensa do Centro Acadêmico Hugo Simas (Gestão Construção 2007-2008). Membro do Conselho Editorial da *Revista Jurídica Themis* do Centro Acadêmico Hugo Simas (2007-2008). Membro do Conselho Editorial da Folha Acadêmica do Centro Acadêmico Hugo Simas (2007-2008). Secretária do Conselho de Representantes Discentes (CRD), Faculdade de Direito da UFPR (2007-2008). Membro do Conselho de Representantes Discentes no Departamento de Direito Civil e Processual Civil, Faculdade de Direito da UFPR (2007-2008).

Claudia Maria Barbosa

Doutora em Direito pela Universidade Federal de Santa Catarina. Professora Titular de Direito Constitucional da PUCPR. Professora permanente do Mestrado e Doutorado em Direito da PUCPR.

Daniel Gaio

Doutor em Direito pela PUC-Rio. Mestre em Direito pela Universidade de Lisboa. Bacharel em Direito pela UFPR. Pesquisador visitante junto à Università di Bologna.

Daniela Musskopf

Mestre em Direito pela PUCPR. Graduada em Direito pela PUCPR. Professora da PUCPR. Professora da Faculdade Estácio de Curitiba. Advogada.

José Querino Tavares Neto

Professor Adjunto da Faculdade de Direito da Universidade Federal de Goiás, do Mestrado em Direito da UNAERP e do Mestrado em Desenvolvimento Regional das Faculdades ALFA. Pós-doutor em Direito Constitucional pela Universidade de Coimbra com bolsa da CAPES. Bolsista da FUNADESP. Doutorando em Direito pela PUCPR.

Leandro Ferreira Bernardo

Mestrando em Direito Econômico e Socioambiental (linha de pesquisa "Sociedades e Direito") pela PUCPR. Especialista em Direito Constitucional pela PUCPR. Bacharel em Direito pela Universidade Estadual de Maringá. Procurador Federal em Maringá/PR, na Procuradoria Seccional Federal em Maringá/PR.

Saulo Lindorfer Pivetta

Mestrando em Direito do Estado no Programa de Pós-Graduação em Direito da UFPR. Pesquisador bolsista da CAPES. Vice-Presidente do CEJUR (Centro de Estudos Jurídicos do Programa de Pós-Graduação em Direito da UFPR). Professor de Direito Administrativo. Graduado em Direito pela UFPR (2011). Membro bolsista do Programa de Educação Tutorial da Faculdade de Direito da UFPR (2007-2009). Vencedor do prêmio Romeu Felipe Bacellar Filho, concedido por ocasião do Concurso de Monografias do XI Congresso Paranaense de Direito Administrativo, organizado pelo Instituto Paranaense de Direito Administrativo (2010). 1º lugar na X Jornada de Iniciação Científica da Faculdade de Direito da UFPR (2008). Coordenador executivo dos eventos "Direito Público em Tempos de Crise" (2009) e "Direitos Fundamentais e a Dogmática Jurídica Contemporânea" (2008), ambos realizados pelo Centro Acadêmico Hugo Simas (Faculdade de Direito da UFPR). Secretário-Geral do Centro Acadêmico Hugo Simas (Gestão Horizontes – 2008/2009). Orador do Centro Acadêmico Hugo Simas (Gestão Construção – 2007/2008).

Esta obra foi composta em fonte Palatino Linotype, corpo 10
e impressa em papel Offset 75g (miolo) e Supremo 250g (capa)
pela Gráfica e Editora O Lutador.
Belo Horizonte/MG, setembro de 2011.